A falência da política

FUNDAÇÃO EDITORA DA UNESP

Presidente do Conselho Curador
Herman Voorwald

Diretor-Presidente
José Castilho Marques Neto

Editor-Executivo
Jézio Hernani Bomfim Gutierre

Assessor Editorial
Antonio Celso Ferreira

Conselho Editorial Acadêmico
Alberto Tsuyoshi Ikeda
Célia Aparecida Ferreira Tolentino
Eda Maria Góes
Elisabeth Criscuolo Urbinati
Ildeberto Muniz de Almeida
Luiz Gonzaga Marchezan
Nilson Ghirardello
Paulo César Corrêa Borges
Sérgio Vicente Motta
Vicente Pleitez

Editores-Assistentes
Anderson Nobara
Arlete Zebber
Christiane Gradvohl Colas

Maurício Tragtenberg

A falência da política

Coleção Maurício Tragtenberg
Direção de Evaldo A. Vieira

© 2009 Beatriz Romano Tragtenberg

Direitos de publicação reservados à:

Fundação Editora da UNESP (FEU)
Praça da Sé, 108
01001-900 – São Paulo – SP
Tel.: (0xx11) 3242-7171
Fax: (0xx11) 3242-7172
www.editoraunesp.com.br
feu@editora.unesp.br

CIP – Brasil. Catalogação na fonte
Sindicato Nacional dos Editores de Livros, RJ

T685f
Tragtenberg, Maurício, 1929-1998

    A falência da política/Maurício Tragtenberg; direção [da coleção] Evaldo A. Vieira. – São Paulo: Editora UNESP, 2009.
    484p. (Coleção Maurício Tragtenberg)

Inclui bibliografia
ISBN 978-85-7139-959-4

    1. Ideologia.   2. Capitalismo.   3. Ciência política – Filosofia. I. Título. II. Série.

09-4256.   CDD: 320.01
                                                      CDU: 321.01

Editora afiliada:

Sumário

Apresentação   9

Preâmbulo   11

Parte I   13

1 A atualidade de Errico Malatesta   15
2 Organização popular, a saída lúcida   20
3 Lages, a cidade onde o povo tem o poder   24
4 Administração comunitária ressuscitou Boa Esperança   27
5 Costureiras mostram que cooperativismo pode ser possível   32
6 Piracicaba em marcha à ré   35
7 Metrô – participação ou incorporação?   37
8 Comissões de Fábrica e sindicatos   41
9 O voto e as ilusões   50
10 O dilema da estrela: branca ou vermelha?   54
11 Rathenau e a crise do liberalismo alemão   64
12 Os fundamentos despóticos do neoliberalismo   101
13 A nova eugenia   104
14 O conflito social, Maquiavel revisitado   114
15 A contribuição de Freud para o esclarecimento do fenômeno político   131
16 Uma revolução na Revolução Russa   139
17 De Lênin ao capitalismo de Estado – I   148
18 De Lênin ao capitalismo de Estado – II   154

19 O partido único   159
20 Do processo de Moscou ao de Pequim   163
21 A ambiguidade do Estado soviético   166
22 Rússia atual: produto da herança bizantina e do espírito técnico norte--americano (1)   167
23 Rússia atual: produto da herança bizantina e do espírito técnico norte--americano (II)   171
24 A luta contra a burocracia   175
25 Ideologia oficial, mentira oficial   176
26 O nacionalismo como ideologia da desconversa   179
27 "Qualquer Estado por natureza é conservador"   182
28 Burocracia, Estado e sociedade civil   185
29 A censura e o "complô das belas almas"   189
30 Fascismo "proletário" – a propósito do jornal *Hora do Povo*   192
31 Ainda sobre o autoritarismo de *Hora do Povo* – Resposta tranquila a um contraditor irado   195
32 A crise da legitimidade carismática   197
33 O declínio da liberdade sindical   201
34 Os colarinhos brancos   204
35 Inovações na administração do trabalho   207
36 O inferno fabril   211
37 Ecologia e capitalismo   213
38 Feminismo e fascismo   221
39 De Franco a Figueiredo   224
40 Hospício, loucura   227
41 De Weimar a Dallari   230
42 O cardeal dos direitos humanos   233
43 Hermínio Sacchetta, uma perda de todos   234
44 Emir Nogueira   237
45 Questão social: ainda caso de polícia?   238
46 Constituinte, para quê?   241
47 Max Weber na Assembleia (1)   244
48 Max Weber na Assembleia (2)   247
49 Max Weber na Assembleia (3)   250
50 Montoro visita Maquiavel   252
51 Resposta a um contraditor irado   255
52 Barre a escalada fascista de Maluf   258

Parte II   261

53 A Espanha do pacto social e da tortura   263

54 *Sabra e Chatila*: enquete de um massacre, de Amnon Kapeliouk por Maurício Tragtenberg   265
55 Resposta tranquila a um embaixador irado   299
56 Resposta de um intelectual a um coronel embaixador   302
57 Quando os "justos" têm as mãos sujas   305
58 Menachem Beguin visto por Einstein, H. Arendt e N. Goldman   307
59 Israel: o cisma na alma   310
60 O judeu, a classe média e o Estado Moderno   314
61 Palestinos: o Dia da Terra   316
62 A revolta palestina   318
63 Após Sadat, o quê?   321
64 África do Sul – *apartheid* esconde o conflito social   323
65 África do Sul – resposta a um funcionário do neonazismo   326
66 África do Sul – resposta a seu embaixador no Brasil   328
67 Traços comuns   331
68 O socialismo blindado do general Jaruzelski   333
69 Trabalhador não ganha "boas festas" nem "feliz ano novo"   335
70 Um dos pilares do Estado polonês é o sindicato atrelado   338
71 Polônia, ano zero   342
72 O Xá Está Frio   345
73 Irlanda   348
74 Alemanha, oh, Alemanha   351
75 Japão: escolarização e suicídio   354
76 Japão: a outra face do milagre (1)   359
77 Japão: a outra face do milagre (2)   362
78 Japão: a outra face do milagre (3)   365
79 Ainda sobre Círculos de Controle de Qualidade (1)   368
80 Ainda sobre os Círculos de Controle de Qualidade (2)   371
81 Uruguai sem anestesia   375
82 Um povo que resiste   378
83 A vitória de Mitterrand na França   381
84 A morte de um homem   382

Parte III   387

Seção I   389

85 Bakunin à moda da casa   389
86 Quem pode controlar o Estado e a burocracia no Brasil   390
87 Sociólogo afirma que país não tem oposição   397

88 Os fazendeiros do ar   399
89 O pacotão: um cruzado de direita no povo   402
90 Os que furtam com unhas políticas as eleições em Santa Catarina   403
91 O que é pacto social?   406
92 Quem paga o pacto social?   407
93 Peões e pelegos   412
94 Afinal, uma política de empregos   415
95 Constituinte e turnos de trabalho   418
96 Um polo bélico?   421
97 Carga pesada   423
98 Conflitos na sociedade   426

Seção II   437

 99 Unicamp: um golpe de mestre   437
100 A Unicamp e um forte odor de ditadura   439
101 As ilusões triunfalistas   441
102 Réquiem   443
103 Curso noturno na Unicamp: uma exigência social   446
104 O grande inquisidor   448
105 Curso de Letras da USP não tem prédio desde 1968   450
106 Pós-graduação exige uma política para a ciência   452
107 Acesso e retenção de alunos é questão central   455
108 Ciências sociais na mira do Capes   457
109 Os mandarins de uma escola   459
110 "Coociência", êxito de uma cooperativa   461

Seção III   467

111 Antes de tudo, os problemas populares   467
112 A (im)previdência social (2)   469
113 A (im)previdência social (3)   471
114 A saúde está doente (1)   474
115 A saúde está doente (2) – Final   476

Referências bibliográficas   479

Apresentação

Os trabalhos de Maurício Tragtenberg se caracterizam pela erudição meditada, a heterodoxia tolerante e autonomia intelectual. Estes são traços constantes numa obra sempre influente, dispersa em longo período de tempo e variada no assunto, mas que preserva sua agudeza e atualidade de maneira, por vezes, dramática.

Justamente por isso, com o intuito de preservar e divulgar as contribuições deste autor, falecido em 1998, a Editora UNESP apresenta ao público a COLEÇÃO MAURÍCIO TRAGTENBERG, composta pela parcela mais representativa de tudo que produziu: seus livros; ensaios publicados em revistas, especializadas ou não; ensaios incluídos em trabalhos coletivos; prefácios e introduções. São também inseridos na COLEÇÃO os artigos saídos esparsamente na imprensa e os escritos destinados apenas à coluna jornalística "No Batente".

Esta reunião de obras impôs certos cuidados formais, aos quais se voltaram tanto o coordenador da COLEÇÃO como a Editora UNESP, a saber: restabelecimento de textos por meio de comparação com originais; eventuais notas; compilação de artigos; revisão e demais procedimentos necessários a uma edição sólida, que esteja à altura de seu conteúdo e respeite a visita do pesquisador/leitor a este marco da produção intelectual brasileira.

Coordenador da Coleção e Editor

Preâmbulo

Maurício Tragtenberg manteve valiosa e duradoura colaboração em jornais de âmbito nacional, regional ou mesmo local, refletindo sobre assuntos variados, porém quase sempre a respeito da política, da espoliação do trabalhador e da corrupção do poder (sua propensão à tirania e à farsa).

Há algum tempo, a viúva de Maurício Tragtenberg, a atriz Beatriz Romano Tragtenberg, entregou-me diversos cadernos em espiral, contendo cópias xerográficas de artigos, ensaios, polêmicas, respostas, denúncias, homenagens e comentários sobre o trabalho e o trabalhador. Lendo essas cópias, achei que uma parte delas poderia compor um livro, especialmente por causa da unidade temática em torno da política.

O exame dessas colaborações deixou-me firme impressão dos fecundos e eruditos entendimentos da política, do poder político, do governo, do Estado etc., expostos por Tragtenberg, o que me levou a propor o título *A falência da política* para este livro.

Assim, separei as cópias, formando três partes e buscando reunir em cada uma delas os artigos escritos em sua maioria para jornais, havendo uns poucos publicados em revistas ou inéditos.

A maior produção jornalística de Maurício Tragtenberg, existente nesta coletânea, deu-se na década de 1980, com menor produção na década de 1970, pouca nas décadas de 1950 e 1990 e nenhuma na década de 1960. A busca dos escritos aqui editados foi ampla e a fixação dos textos nem sempre ocorreu sem dificuldades. Demandaram bastante zelo e tempo por causa principalmente da atualidade dos artigos e de sua relevância intelectual.

Foram feitas comparações entre os textos e, dentro do possível, minimizaram-se suas lacunas, para o que contei com o apoio da família de Tragtenberg. Das pesquisas de Dóris Accioly e Silva, dentre outros, valeram muito o achado e o estabelecimento de dois artigos da década de 1950, os primeiros textos conhecidos de Maurício Tragtenberg até o momento: "Rússia atual: produto da herança bizantina e do espírito técnico norte-americano", numerados com 1 e 2. Tais artigos espelham a crítica antecipada, original e corajosa aos soviéticos e à União Soviética, que se diziam a vanguarda do socialismo, pervertendo-o em sua gênese e aproximando-o do capitalismo.

As partes do livro expressam minha preocupação em concentrar em cada uma delas a dominância de determinado aspecto. Claro que, como preocupação, a divisão das partes mostra-se subjetiva, dependendo de minha leitura. De qualquer maneira, na primeira parte prevalece o tratamento do assunto mais na perspectiva de especulação teórica, o que não ocorre tanto nas outras.

A segunda parte vem composta de artigos, polêmicas e respostas voltados a situações localizadas ou a tópicos de ocasião, sobre os quais Tragtenberg realiza crítica mordaz e inteligente. Finalmente, a terceira parte, agora relativa ao Brasil, exigiu distribuição dos textos em seções, ante a variedade da matéria. Na primeira seção acham-se escritos sobre a conjuntura política da época, os quais não perderam a força e a utilidade, porque as observações tocam diretamente no tradicional modo de fazer política no Brasil, que ainda avilta muitos brasileiros. A segunda alude à educação no Brasil, um objeto mais ou menos constante na atenção de Tragtenberg. Finalmente, a terceira seção do livro está constituída de poucos artigos sobre a política previdenciária e a política de saúde, que possuem valor para todos.

O pensamento de Maurício Tragtenberg resulta de um atributo especial, como já assinalei antes, em outro lugar: não se trata apenas de mais um intelectual, mas de um intelectual que ensina a fazer da inteligência um ato de liberdade e de conhecimento.

Evaldo A. Vieira
Agosto de 2009

Parte I

A atualidade de Errico Malatesta*

Errico Malatesta nasceu em 1883 e morreu em 1932, tendo assistido, assim, à criação e à extinção da Primeira Internacional, à formação da Segunda Internacional – que teve como carro-chefe o Partido Social-Democrata Alemão –, à emergência da Revolução Russa e sua burocratização e, finalmente, à ascensão do fascismo na Itália.

Essa trajetória de vida de um filho da burguesia, que largou os estudos de Medicina no segundo ano, explica por que, ao longo de sua obra, está sempre presente uma grande temática, a reprodução do movimento real das classes na Itália entre 1853 e 1932: o socialismo libertário.

Da Primeira Internacional, apreende a noção de auto-organização do trabalhador e de sua ação direta, que serão os elementos fundantes de sua atuação social e política. Em relação à Segunda Internacional, assume atitude crítica, denunciando a confusão que havia se estabelecido entre participação (lema da social-democracia) e incorporação ao sistema capitalista. Verifica que os "participacionistas" se convertiam nos cães de guarda do sistema exploratório e opressivo – não era por acaso, então, que, na fase monopolista do capitalismo, em suas áreas desenvolvidas, a repres-

---
* *Folha de S.Paulo*, Folhetim, 16/01/1983.

são contra os trabalhadores passava a ser feita pela social-democracia, cujo exemplo maior foi a repressão à Revolução Alemã, em 1918, com o assassinato de Liebknecht e de Rosa Luxembourg.

Em relação à Terceira Internacional, Malatesta mantém a crítica clássica à burocracia emergente após 1918 na URSS (União das Repúblicas Socialista Soviéticas) – já delineada por Luigi Fabbri em *Ditadura e revolução* –, quando a revolução dos operários e camponeses é capturada pelos burocratas, e o socialismo começa a ser sinônimo de planismo estatal-burocrático, em que os gestores, coletivamente, detêm os meios de produção em nome dos produtores.

A Comuna de Paris

Mas, sem dúvida, será a proclamação da Comuna de Paris, em março de 1871, que influenciará Malatesta em suas propostas mais amplas: auto-organização dos trabalhadores, autogestão econômico-social e política, como sinônimo de um processo de socialização. Isso porque a Comuna de Paris – nunca suficientemente estudada – é a primeira grande revolução moderna, em que o proletariado tentou a extinção do poder político. Ela representou a prática da organização da esfera social e econômica pelas massas, a eleição pela população dos intermediários políticos (representantes) e econômicos (administradores), a ausência de privilégios e a revogabilidade universal dos eleitos.

Isso significou a constituição de um novo modo de produção constatado por Bakunin e Marx, pois a Comuna de Paris representava um poder político em extinção. Suas instituições criadas pelos produtores significavam um ponto de partida para a estruturação de um novo modo de produção, com a dominação do econômico pelo social (Bernardo, 1975, s. p.), muito longe de um planejamento da produção dependente da distribuição por meio do Estado, o que seria apenas uma reprodução do poder político. A Comuna de Paris tentava fundir o nível político ao econômico, por meio da extinção da esfera política. Isso, em uma proposta de uma sociedade autoinstitucionalizada. É a partir dessa prática social que Malatesta estruturará seus conceitos sobre a ação direta dos produtores, a auto-organização dos assalariados e a rejeição do planismo burocrático como sinônimo de "socialismo".

Após 1874, abate-se um período repressivo na história italiana, atingindo o movimento operário e os "internacionais", como eram chamados os adeptos da Primeira Internacional – operários, em sua maioria, que sofrem perseguições de todo tipo.

A repressão o leva a emigrar, desenvolvendo sua atividade de militante-operário em vários países europeus. É o período em que se polemiza duramente com Andrea Costa, que havia aderido à social-democracia e ao socialismo parlamentar. Malatesta mostra que a melhor maneira de sujeitar um povo consiste em lhe dar a ilusão de que participa de decisões.

Na Argentina, Malatesta participa da formação da Fora (Federação Operária Regional Argentina), que influenciará os trabalhadores de origem europeia até inícios do século XX. Na Europa, de volta da Argentina, participa do movimento operário na Espanha, na Bélgica e na França, insistindo na auto-organização do trabalhador a partir do local de trabalho como elemento fundante de sua ação político-social. Tal postura se dá em reação ao individualismo fundado em Stirner, que ainda encontrava adeptos entre os militantes libertários da época.

Os operários integrados

É por meio de sua polêmica com a social-democracia italiana e com os adeptos do socialismo parlamentar que Malatesta define seu perfil político e sua crítica à instituição "partido político".

Após a repressão à Comuna de Paris por Thiers, utilizando as armas que Bismarck havia lhe cedido para isso, desenvolvem-se, como verdadeira praga, partidos "bem-comportados" – são partidos "operários" que surgem dos partidos "plebeus", que deviam sua organização às velhas associações populares, fraternais e religiosas.

Após as revoluções de 1848, esses velhos partidos plebeus cedem espaço a outras instituições. Entre 1848 e 1871, os sindicatos e os conselhos se constituíam em elementos organizadores do operariado nascente, em que surgia, então, a preocupação da Primeira Internacional em articular os trabalhadores a partir de suas lutas fabris, nos sindicatos de militantes.

Com a formação da Segunda Internacional e a difusão dos partidos socialistas parlamentares pelo mundo, porém, aparece uma tecnocracia na constituição desses partidos "operários" – que mantém esse nome pelo fato de integrarem os trabalhadores em suas estruturas burocráticas. Não é por acaso que o estudo-modelo sobre partido burocrático tem como sujeito o Partido Social-Democrata Alemão, a obra de Michels intitulada *Os partidos políticos*.

Há uma razão para o Partido Social-Democrata Alemão ter sido o modelo de partido burocrático altamente centralizado: é que a Alemanha era o país onde a tecnocracia era mais poderosa, constituindo-se em força reprodutiva do sistema capitalista. Esses partidos social-democráticos mantêm a cisão entre o econômico e o político, não os integrando como havia feito a Comuna de Paris, razão pela qual aparecerão sob o bolchevismo na forma de partido único. Eis que Lênin, embora classifique Kautsky como "renegado", herda dele a concepção de partido-vanguarda, que faz a felicidade da burocracia partidária na URSS e no Leste Europeu.

Malatesta se diferenciava de outros teóricos do socialismo libertário – como Goodwin, Proudhon, Bakunin ou Kropótkin –, que procuravam fundamentar suas premissas socialistas na razão (Goodwin), nas leis do social (Proudhon) ou no determinismo evolucionista (Kropotkine). Ele buscou explicar a validade da proposta socialista libertária a partir do movimento real da sociedade e da ação da classe trabalhadora. É dessa perspectiva que os bens econômicos aparecem como fruto da "ação coletiva" dos produtores, na qual a solidariedade no processo produtivo é a base da solidariedade no social e político. Assim, igualdade, liberdade e solidariedade se constituem nos fundamentos ético-políticos da proposta de Malatesta. Nessa proposta, o futuro é entendido como ultrapassagem do presente, e a liberdade é tomada como um processo de ruptura com as formas de servidão econômico-social e política.

O socialismo libertário

Para Malatesta, a revolução não se constituía em um golpe de Estado, no qual um grupo toma o poder "em nome" dos trabalhadores. Para ele, a revolução se constituía em um ato de libertação, fruto de uma "vontade" sintonizada com a compreensão da conjuntura histórica específica. A proposta socialista libertária, para Malatesta, era a tradução de valores e motivações que permanecem no plano histórico, entendido como um processo em mudança contínua. A seu ver, a única lei geral era a lei do movimento, que demonstrava a importância e a precariedade dos sistemas fechados – quanto mais "acabados", mais precários.

Por isso, Malatesta não se perfila entre os criadores de "sistemas"; é mais uma atitude ante o real histórico, em que a exigência de auto-organização dos interessados (povo) e de igualdade e combate às hierarquias sociais opressivas colocam a exigência de uma igualdade que tenha a liberdade como fundamento – pressupondo que a liberdade sem igualdade é uma mistificação, a igualdade sem liberdade é uma nova escravidão.

Para ele, a quem relatividade e contingência marcam as concepções do social, conceitos como liberdade, igualdade e fraternidade não se constituíam em noções dogmáticas, mas sim em traduções do movimento real da sociedade, que apontava à hegemonia dos trabalhadores.

O ideal emancipatório

Porém, o ideal emancipatório da humanidade trabalhadora não se esgotava ao se converter em patrimônio teórico de uma minoria ilustrada. Para Malatesta, a vitória da proposta libertária se daria no momento em que seus princípios básicos se convertessem em categorias do senso comum da massa trabalhadora. Não se tratava de plasmar ideologicamente a população – o que seria a demonstração de um estranho autoritarismo –, mas, por intermédio da propaganda e da ação, conquistá-la para os princípios libertários.

É essa preocupação de Malatesta, em traduzir os grandes princípios libertários para linguagem do senso comum da população, que explica a forma coloquial da maioria de seus escritos, especialmente *Entre camponeses*, *No café* e *Nas eleições*.

Malatesta havia participado da insurreição de Bolonha de 1874, do levante camponês de 1877, em Benevento, emigrando para Londres, onde durante quarenta anos sedia sua ação político-militante. Na Argentina, onde permaneceu quatro anos, propaga as ideias libertárias entre os trabalhadores de origem italiana. Volta à Itália e é preso em 1898. Participa, em 1919, da Semana Rossa, quando o movimento sindical dirige um processo de greve geral na Itália – sem contar, porém, com o apoio do CGT (Comando Geral dos Trabalhadores), o movimento morre. Preso por Mussolini em 1921, estava com setenta anos e continuava a sobreviver exercendo a profissão de mecânico e eletricista, espantando a burguesia italiana, que tinha dificuldades em enxergar naquele operário idoso e gentil o "terrível" Malatesta. Morre em 1932, em plena vigência do fascismo.

De sua fidelidade a seus princípios, fala sua vida; a ele se aplica o julgamento de Robespierre pelos historiadores: nunca se atemorizou, nunca transigiu, não se corrompeu. É um exemplo de exigência da integração de teoria e prática, raro nos dias que correm.

Organização popular, a saída lúcida[*]

A angústia e o voluntarismo em política não são os melhores conselheiros; levam à danação seus praticantes e também muitos outros que nada têm a ver com projetos perigosos. Na medida em que permite discutir esse tipo de problemas e opções, *Resposta da sociedade à crise* é a grande tribuna popular do momento.

Creio eu que *Resposta da sociedade à crise* se constitui na grande voz dos dias que correm, mostrando o viável e o possível nos quadros atuais, valorizando a participação da base nos processos decisórios. É claro que isso é insuficiente para a mudança social, que exige reformas estruturais. A combinação dessas duas exigências possibilitará a síntese real.

Se ficarmos na posição de absolutizar práticas setoriais populares, estaremos remendando o regime com meia sola. No entanto, se pensarmos somente no poder de Estado sem nos preocuparmos com o poder nas organizações (fábricas, escolas, fazendas), estaremos construindo nova tirania.

Cabe combinar a ação conjuntural com a preocupação da mudança estrutural, porém não na forma do voluntarismo armado. Sua vitória, efetuada por organizações – em sua maioria dirigidas pela classe média voluntarista, atuando com "braço armado" e usando as organizações de massa como reduto –, só pode levar à destruição de todas as organizações de massa até agora estruturadas a duras penas. E também a uma regressão política que deixará a Idade Média para trás.

Em suma, por vias transversas, tal projeto trabalha a favor de uma minoria direitista "radical" que está à espera do "grande pretexto" para pôr as mangas de fora. Mire-se no exemplo da Espanha, onde, apesar de

---

[*] *Folha de S.Paulo*, 15/03/1981.

haver uma "abertura" maior que no Brasil, assistiu-se ao dramático inconformismo da direita radical do setor militar; inconformismo tão espalhado pelo exército que o rei, prudentemente, resolveu não aprofundar a investigação a respeito. É sabido que, de um lado, o país navega em uma crise de âmbito mundial do sistema capitalista de produção e, de outro, na crise da burocracia soviética patente nos pronunciamentos poloneses.

Não duvidamos que o Estado, por meio de sua fração direita radical na *Resposta do Estado à crise*, poderá lançar mão da repressão, irmã das políticas de "estabilização" econômica, nas quais o povo "paga o pato".

A condenação de Valter Fontoura do *Jornal do Brasil* e a indicação de Cantídio Sampaio a líder de bancada na Câmara Federal podem ser momentos de um processo de "fechadura" em andamento.

Continuidade no trabalho de base e firmeza não podem ser confundidos com tibieza. Quando Walesa desautoriza a greve de Lodz, ele tem em mente os fatores geopolíticos e a invasão russa sempre iminente: ele não é um "fazendeiro de ar" – em termos brasileiros, não "cutuca onça com vara curta". É firme, porém flexível, na negociação e, penso eu, essa deva ser a técnica das organizações populares. Porque a adesão ao voluntarismo radical verbal proveniente da classe média, às vezes, significa conformismo com estereótipos, confusão entre o ritmo do processo histórico, que é mais lento, e o ritmo da vida pessoal.

No Brasil, temos uma inflação de 130% ao ano, uma política sanitária que privilegia a saúde individual em detrimento da coletiva, que converte o Inamps (Instituto Nacional de Assistência Médica da Previdência Social) em mero instrumento de repasse de recursos públicos ao setor privado, via medicina de convênio, oferecendo ao povo uma atenção médica diferenciada conforme a classe social.

Planos de saúde diferenciados pela escala salarial tornam a vida do executivo e do quadro médio na indústria mais importante que a do simples trabalhador na linha de produção.

Na área da educação, a expansão brutal do ensino particular pago, confundido com democratização da educação; a retração da rede pública na área universitária; e a hegemonia da rede privada, com todos os aspectos antissociais da traficância do ensino (escolas sem equipamentos, nas quais basta haver professor, cuspe e giz para que o CFE (Conselho Federal de Educação) autorize a instalação de uma faculdade, como pelo menos assim foi até agora), definem uma situação.

Sem falar na crise partidária, em que há um PDS (Partido Democrático e Social), que nunca foi democrático, formado por assessores de tiranos e que, muito menos, é social, eis que, além de procurar dar legitimidade à tirania, nada fez contra a política antissocial nas relações trabalhistas, na qual o ruim – a Lei da Estabilidade após dez anos de serviço e sua burla fácil pela empresa – havia sido substituído pelo péssimo FGTS (Fundo de Garantia por Tempo de Serviço).

Partido esse que não se opôs à constituição dos recursos do FGTS, do PIS/Pasep (Programa de Integração Social/Programa de Formação do Patrimônio do Servidor Público) e do Funrural (Fundo de Assistência ao Trabalhador Rural) em meros instrumentos da política financeira governamental – que os utiliza especulativamente – na qual a mão de obra é a grande esquecida. Sem falar da repressão contra os líderes sindicais autênticos e da condenação de editores de jornais – Valter Fontoura, do *Jornal do Brasil* – por transmitirem declarações de terceiros, julgadas ofensivas às autoridades constituídas.

A maior prova da crise partidária é a recente eleição do presidente da Câmara dos Deputados. Marchesan, que apoiado pelo PDS, por alguns do PMDB (Partido do Movimento Democrático Brasileiro) e pelo PP (Partido Popular), tranquilamente assume o posto de homem de recados do Planalto. É que temos uma oposição que não se opõe.

Ao lado do chamado "pragmatismo" do PTB (Partido Trabalhista Brasileiro), do PDT (Partido Democrático Trabalhista) e de frações do PMDB em apoio ao PDS, há os pequenos grupos doutrinaristas que pretendem transladar mecanicamente formas de organização partidária, fidelidade ideológica e projeto político, oriundos da Revolução Russa de 1917, já que os entusiasmados com a China trocam de lealdade, adotando a Albânia.

Nesses grupos, domina a crítica irada, porém ineficaz. Condenados a produzirem e reproduzirem uma imprensa alternativa que não se constitui em alternativa ao movimento operário, escrevem para seus pares. De intelectuais para intelectuais. Como doutrinaristas oferecem soluções em longo prazo, prevendo sempre o apocalipse, que seria a queda brutal da taxa média de lucro e o afundamento do sistema: como isso não se dá em curto prazo, têm tendência a se transformarem em "fazendeiros do ar".

Quando a classe operária se auto-organiza, lutando e se definindo sem tutela de quem quer que seja (como o foi o caso dos operários das Máquinas Piratininga – tendo ganho de causa a todas as suas reivindicações em relação à economia e à estabilidade), essa imprensa se encolhe, não aparece, e é o *Notícias Populares*, tão execrado por alguns setores da intelectualidade acadêmica, que dá cobertura a essa ação autônoma de uma categoria operária.

Há também aqueles que sonham, por meio do domínio da UNE (União Nacional dos Estudantes), convertido em reduto de tendências, em criar clima social para ações que repitam os fatos ocorridos entre 1969 e 1974. Nesse espírito, estão contidas as reivindicações apresentadas ao sr. ministro da Educação: de antemão já se sabia que não seriam atendidas. Têm meramente efeito de espetáculo para o grande público.

A história se repete: a primeira vez como história e a segunda, como farsa. Basta aprender com a história.

Na Argentina, o ERP (Exército Revolucionário do Povo) e o Montoneros; no Chile, o MIR (*Movimiento de Izquierda Revolucionaria* [Movimento de Esquerda Revolucionária]); no Uruguai, os Tupamaros; combativos e valentes, foram, porém, inapelavelmente vencidos pela repressão "burocratizada" do Estado e isolados socialmente. O povo não os acompanhou em seu voluntarismo, típico da origem social de seus líderes, em sua esmagadora maioria da pequena burguesia.

A pequena burguesia, em época de crise, tende ao irracionalismo e é a pior postura em política. Os que sustentam a resposta "armamentista" à crise poderão argumentar que o Vietnã e a Nicarágua falam a seu favor. Muito pelo contrário, esses dois países desmentem totalmente as teses dos pequenos grupos vanguardistas militarizados; eis que a vitória nesses dois países se deu porque o povo apoiou e participou diretamente das lutas, o que não se deu na Argentina, no Brasil e no Uruguai.

O isolamento desses grupos no âmbito latino-americano sob o peso da repressão o levou a seu extermínio. Daí a importância da avaliação política nos dias atuais dessas práticas à luz do sucedido em nível continental e, ao mesmo tempo, da falácia em realizar uma prática política sem cálculo das relações de força, da conjuntura específica.

De um lado, tivemos os apocalípticos armados, que procuravam, na ação armada realizada por grupos disciplinados, o sucesso político; de outro, temos a organização das comunidades de base, o desenvolvimento de estruturas sindicais com lideranças autênticas crescendo em número, o movimento de mulheres se auto-organizando, e as prefeituras como a de Lajes (em Santa Catarina) e a de Boa Esperança (no Espírito Santo) fundadas na participação popular. Reconhecemos que tais práticas não se constituem em alternativa global ao sistema, não realizam mudanças estruturais, porém mostram a capacidade do povo em fazer e criar, dentro das condições mais adversas possíveis.

Sem dúvida, de nada adianta ter o poder em uma pequena comunidade, quatrocentos quilômetros longe dos centros urbanos, realizando práticas participativas, no sentido de uma ruptura estrutural com o sistema. O oposto, porém, a procura de uma ruptura estrutural com o sistema, é muito incerto e é muito certo que, na crise em que vivemos, tais atitudes poderão motivar uma repressão sem par sobre comunidades de base, sindicatos, associações de bairro, cuja construção levou anos e anos.

Lages, a cidade onde o povo tem o poder[*]

A Equipe Dirceu Carneiro administra o município de Lages, em Santa Catarina, que atualmente conta com duzentos mil habitantes, partindo da ideia básica de que administrar consiste em mobilizar a população, deixando que ela mesma encontre as soluções que atendam as suas necessidades mais prementes.

Dirceu Carneiro, prefeito eleito pela legenda do PMDB, arquiteto de profissão, chefia uma equipe de antiburocratas, na qual seus membros funcionam como "animadores sociais", procurando de todas as formas congregar a população na utilização dos recursos locais e na busca de alternativas econômicas independentes do consumo do petróleo. Em suma, mostrar ao povo a força que ele tem e desconhece.

O lema de Lages é "A força do povo", partindo da noção de que em um país subdesenvolvido somente a organização da população e a mobilização de seus recursos e de sua capacidade de trabalho permitem a uma administração municipal, sem poder de arrecadação fiscal, enfrentar os problemas de habitação, saúde e educação.

Lages mostra como um emprego na agricultura exige investimentos 12 vezes menores que na indústria, e é para o campo que tem que marchar. Lages realiza a inversão do êxodo rural por meio do aumento de ren-

---

[*] *Folha de S.Paulo*, 26/12/1980.

da dos agricultores, difundindo culturas mais rentáveis que o feijão e o milho tradicionais e, sobretudo, substituindo os adubos derivados do petróleo por adubos orgânicos.

Lages já tem dez hortas comunitárias, em que centenas de famílias participam desse mutirão, que implica melhoria da qualidade de vida de seus membros e aumento da renda familiar, resolvendo o problema do desemprego das mulheres, das crianças e dos aposentados que necessitem trabalhar. O "presidente", que mora no bairro, cede um lote lavrado, gradeado e até com um pouco de estrume e calcário para adubação. O técnico da Secretaria Municipal de Agricultura orienta *como* e *quando* plantar, além de oferecer mudas. O resto, a família do trabalhador resolve: consome o produzido, vendendo o excedente na Banca das Hortas Comunitárias do Mercado Público ou nas feiras livres da cidade.

Os lageanos aprenderam que em um terreno de cem metros quadrados cabe um pomar de setecentas a mil árvores. No quarto ano, a terra produzirá duzentos mil cruzeiros de frutas; outros plantam ervilhas, criam peixes, produzem mel, com assessoria de técnicos municipais. Tudo isso com base na união e formação dos Núcleos Agrícolas. É por meio deles que o trabalho de destoca, lavração e plantio é assessorado por técnicos da Prefeitura, que assistem e recomendam a diversificação de culturas. Na colheita, há a segurança do preço mínimo garantido. Agricultor nucleado também estuda, discute e produz; ele usa a força que tem: a força do povo.

Preparação do adubo

A decadência das serrarias deixou imensos montes de serragem espalhados pela cidade. Os lageanos, com ajuda da Nutri Húmus – empresa de adubos biológicos –, importam um coquetel de mais de cem bactérias multiplicadas em recipientes de trezentos litros com água, leite e açúcar. Regam os montes de serragem e em quatro meses obtêm adubo orgânico – cujo custo é um décimo do adubo químico – que reduz a acidez dos solos e pode ser feito em casa sem gastar divisas do país.

A política habitacional se apoia no mutirão, fundado no trabalho voluntário e na utilização de materiais de demolição. Há mais de mil famílias habitando casas construídas pelos moradores e vizinhos, utilizando tijolos, telhas e madeira de demolições. No lugar do metro de caibro serrado utilizado na construção, que custa 350 cruzeiros, Lages usa a bracatinga, cujo metro custa 15 cruzeiros, com idêntico resultado. Uma casa construída nessas bases, em terreno da prefeitura e paga a prazo, custa cinco vezes menos que a casa mais barata do BNH (Banco Nacional de Habitação).

O Projeto Lageano de Habitação atende aos que não têm renda suficiente para receberem um empréstimo do BNH. Lages levantou o "edifício da solidariedade", onde a população comparece doando um tijolo, um pouco de areia, uma telha. Isso permite que o edifício suba mais alguns andares.

Postos de saúde são construídos pelo povo, que convida o prefeito a inaugurá-los. São administrados pela comunidade na forma de plantões, com um médico os visitando em rodízio e atualizando as fichas de atendimento do povo. Pratica-se uma medicina preventiva, e não curativa.

Na área da educação, as escolas rurais são regidas por professores do meio rural, as cartilhas valorizam o trabalho agrícola e os alunos de cada escola cultivam a horta escolar. Ensina-se Matemática medindo a sala e o quintal, rudimentos de Física e Química valendo-se dos alimentos usados na cozinha.

Há as *Mostras do Campo*, nas quais a cultura popular tem seu espaço, como as festas anuais em sete distritos do interior, com desfiles de cavaleiros, danças típicas, torvas, contadores de "causos", e as feiras de artesanato. Pelo interior, há o Ônibus da Cultura equipado com som, projetor de *slides* e papel e tinta para as crianças desenharem. O teatro de bonecos Gralha Azul participa das campanhas educacionais, que incluem exposições de artes plásticas e concursos literários.

Mais de uma dezena de bairros têm sua associação de moradores, cuja diretoria é eleita por voto direto e secreto. Todo morador pode votar e ser votado. Elas constroem sua sede, instalam postos de medicina comunitária, constroem fossas sépticas. Viva seu Bairro" significa organizar-se e reivindicar os serviços que os moradores consideram essenciais e urgentes. Feito isso, a prefeitura e os moradores começam o trabalho: cascalho, bueiros, limpeza, pintura de cercas, recreação orientada.

Tem acesso a equipamento coletivo quem é organizado no Núcleo Agrícola, na Associação de Bairro, no Clube de Mães.

Essa é a contribuição da Equipe Dirceu Carneiro ao Brasil. É a mensagem de Lages à comunidade nacional: mobilização e organização popular, respeito às regras democráticas de participação, trabalho solidário e comunitário. Tudo isso mostra a capacidade construtiva do povo. Isso em um país onde seus pretensos representantes penalizam o povo desativando centros de saúde, investindo irrisoriamente na educação. No entanto, são muito eficientes em punir àqueles cujo crime é representar suas categorias profissionais, cassando líderes sindicais autênticos, intervindo em sindicatos que não se dobram ao poder econômico e político dominante, agredindo o povo com "soco inglês" usado por profissionais da agressão (Freguesia do Ó). Apesar disso, Lages existe. É isso aí.

Administração comunitária ressuscitou Boa Esperança*

Em um cenário nacional, o governo federal reconhece a existência de quarenta milhões de pessoas em miséria absoluta; o censo de 1970 mostra um terço da população brasileira como migrante; cresce o desemprego e o subemprego aliado à deterioração da qualidade da vida e ao aumento da violência urbana. Tudo isso, obra de uma política de crescimento econômico elitista e autoritária, que exclui a população dos processos de decisão.

Há exceções à desgraça. É o caso de Boa Esperança, município que ocupa uma área de 344 km² ao norte do Espírito Santo, a 300 km de Vitória, com 14.320 habitantes, dos quais 11.457 são da zona rural e 2.863, da urbana, e tem Amaro Covre (PDS) como prefeito.

Segundo relatório da prefeitura, entre 1964-70, com a erradicação dos cafezais, a economia do município se reduziu a um bar, uma casa de secos e molhados, duas lojinhas de tecidos e 18 mil cabeças de gado de corte. Os pecuaristas adquiriram terras dos pequenos e médios proprietários, ao mesmo tempo que saíam do município dez caminhões por mês, conduzindo famílias para os estados do Paraná, Mato Grosso, Goiás, Rondônia e Pará.

A situação de Boa Esperança se tornou tão precária que o Tribunal de Contas aconselhava a extinção do município e sua incorporação ao município de São Matheus.

---

* *Folha de S.Paulo*, 04/01/1981.

Tudo mudou

Deu-se o estancamento do êxodo rural, a erradicação da miséria, o pleno emprego para todos, a eletrificação rural, a construção de trezentos quilômetros de estradas, a produção de 12 milhões de sacas de café, de 26 mil litros de leite diários, de mil sacos de farinha de mandioca e a existência de 33 mil cabeças de gado, devido à mobilização comunitária como base da administração municipal, posta em prática pelo prefeito Amaro Covre de 1971 a 1973, e retomada em 1977, quando ele foi eleito por novos quatro anos.

Enquanto os municípios vizinhos a Boa Esperança cada dia mais empobrecem e sofrem o despovoamento, Amaro Covre e sua administração comunitária conseguiram uma ampliação do setor comercial, que passou de duas lojinhas de tecidos para 120 estabelecimentos, a diversificação das culturas agrícolas, com a introdução da pimenta do reino, da mamona e da cana-de-açúcar, além de assegurar atendimento médico e social a toda população, de caráter mais preventivo que curativo.

Sem recursos financeiros, sem contar com apoio dos governos estadual e federal, Boa Esperança realizou seu "milagre econômico" com sua capacidade de mobilizar recursos a partir da comunidade, eliminando, assim, o êxodo rural, a miséria e a decadência econômica.

Papel fundamental cabe às comunidades de base desenvolvidas pela Igreja que, a partir de 1971, assumiram a forma de entidades civis compostas por representantes de entidades econômicas e culturais e por líderes de comunidade do município.

Conforme conferência do prefeito Amaro Covre, em Vitória, em 29 de agosto de 1980, o importante foi

> fazer com que os problemas venham de baixo e as soluções, de cima, e não como vem sendo feito: problemas vistos abstratamente e soluções de salas de ar refrigerado em troca de dividendos eleitorais, que acabam não chegando ao homem (povo) nem com 20% do que ele precisa.

Os problemas são levantados na comunidade de base, cada escola do município se constitui em uma comunidade e para cada 12 famílias há um líder por rua, escolhido por elas; as comunidades se reúnem mensalmente, por convocação da professora local, e as reuniões são coordenadas pelos líderes. Esse trabalho se funda na manifestação das famílias sobre suas necessidades e na conscientização do empregado, diarista ou meeiro, sobre seus direitos. Tudo isso faz com que o prefeito leve ao povo o que ele necessita, e não aquilo que quer levar; as atas comunitárias são a base para elaboração do orçamento municipal e para o plano de aplicação.

Atuação das comunidades

As comunidades debatem problemas de medicina preventiva, construção de fossas, habitação e higiene, implantação de cursos profissionalizantes a seu critério, hortas e indústria caseiras, problemas de aposentadoria, segurança, educação, construção de prédios escolares. Debatem, no âmbito econômico, a construção de estradas, de pontes e de bueiros, a energia elétrica, a feira para o produtor, a formação de grupos para compra de máquinas e implementos agrícolas, de mudas e de sementes selecionadas, a assistência técnica e a veterinária.

Conjuntos de comunidades formam o centro de irradiação ou a agrovila, cujos membros se reúnem a cada bimestre com todos os líderes, vereadores, prefeito e assessores, delegado de polícia e diretores de escola e passam a analisar as atas, advindas da comunidade de base, e a elaborar planos de trabalho, no nível do centro de irradiação, para beneficiar todas as comunidades.

Há um Conselho Municipal de Desenvolvimento, composto pelos líderes, prefeito, vice, vereadores, representante de cada religião, representante de cada sindicato, juiz de paz, delegado de polícia e diretores de escola de primeiro e segundo graus, que realiza duas reuniões mensais, uma com líderes urbanos e outra com líderes rurais. Ele visita lavouras e promove os cursos que os líderes solicitarem. O conselho procura, junto ao prefeito, levar a cabo as soluções estudadas, participa da elaboração e aplicação do orçamento para que este propicie ao prefeito atender às reivindicações, sugere aos secretários de Estado dotações orçamentárias do interesse do município, e aos órgãos técnicos, o trabalho conforme as necessidades levantadas pelo Conselho.

A meta fundamental de Amaro Covre, em Boa Esperança, foi a criação desse Conselho Municipal de Desenvolvimento, que reúne a liderança do meio rural, para equacionar os problemas do município, contribuir com a formação de liderança rural autêntica que exprima a comunidade, criar cooperativas e descentralizar a agroindústria, para evitar alto custo dos fretes e assegurar mercado de trabalho aos filhos de agricultores. Isso se dá junto com a prática de culturas permanentes e de subsistência, de seleção de mudas e sementes, de cadastramento das famílias para conhecer as condições de vida de cada uma e da descentralização da medicina preventiva para os centros de irradiação, pois, segundo Amaro Covre, "essa deverá ir onde está o homem e não esperar que ele venha buscá-la na sede, aí ela não é mais preventiva e sim curativa, o que poderá custar muitas vidas e dinheiro".

Covre se preocupa com a formação de currículos escolares, da primeira a oitava séries, adaptados à realidade agrícola nos quadros de uma escola regional. Reduziu a burocracia ao mínimo, pois com a redução do número de funcionários "evitou-se que, em virtude de compromissos políticos, meia dúzia fique amparada e uma população inteira fique marginalizada".

A estrutura do poder comunitário de Boa Esperança é composta por 150 líderes de comunidades de bases rurais e 49 de bases urbanas. A prefeitura anima o poder comunitário. O poder político real está nas comunidades de base, fundamento dos centros de irradiação, base do Conselho Municipal de Desenvolvimento, que tem funções executivas, legislativas e fiscalizadoras por meio das Assembleias e da ação de seus líderes.

Ao Conselho, assembleia soberana do município, submetem-se o prefeito, a burocracia e os vereadores. O vereador é eleito pelos cidadãos e é um líder comunitário eleito pela comunidade a que pertence. Atua no conselho como líder comunitário e na Câmara, como vereador, tudo conforme as decisões do Conselho. O prefeito é membro do Conselho, dirige as reuniões e se submete à maioria. Atende às reivindicações trazidas pelos líderes comunitários e formula seu plano de governo com colaboração e fiscalização mensal do Conselho.

Há um duplo controle sobre a burocracia: o prefeito e a comunidade de base mensalmente cobram as tarefas de cada um e a veracidade das informações recebidas pela comunidade, pelos vereadores e pelo próprio prefeito. Como a organização comunitária resolve os problemas por consenso, as questões se resolvem em assembleia por maioria simples. Vereadores do PDS ou do PMDB se distinguem mais em função de suas tarefas como líderes comunitários. Não são as direções partidárias que decidem seus compromissos e tarefas, mas sim as comunidades a que pertencem.

Boa Esperança realiza a prática da democracia direta, na qual as relações de trabalho apresentam cunho igualitário, não se orientando para um modelo de crescimento fundado na concentração de renda, propriedade e poder. O acesso ao poder político é democratizado e o desenvolvimento cultural e econômico da comunidade é promovido.

A política econômica de Amaro Covre é orientada para a expansão da pequena e da média propriedade, que pressiona as áreas improdutivas, pela transformação do meeiro em pequeno proprietário, isso no Espírito Santo, onde entre 1970-5 desapareceram 10.127 propriedades com áreas inferiores e cem hectares. Procura a prefeitura protegê-lo da invasão das plantações de eucalipto da multinacional Aracruz-Brascan e combater a intermediação mediante a construção de depósitos para estocagem da safra. Escolas e postos de saúde são construídos pelo trabalho voluntário do povo com material cedido pela prefeitura. Boa Esperança confirma a sentença de Amaro Covre: "Nada de graça ou que não nasceu da iniciativa das comunidades tem sentido ou valor".

Administrações fundadas na mobilização popular, como a de Lages com a Equipe Dirceu Carneiro, a de Amaro Covre, em Boa Esperança, a administração municipal de Camaçari, as práticas em educação e saúde nas prefeituras de Piracicaba e de Sorocaba têm de ser sistematizadas tendo em vista a formulação de uma política de desenvolvimento não tecnocrática. Essas práticas "participacionistas" não excluem a necessidade de rupturas estruturais no sistema, porém mostram o que o povo pode fazer nas condições mais adversas possíveis e reafirmam o lema de Lages: "A força do povo".

Segundo Amaro Covre, tais práticas exigem

> doação e dedicação total às reivindicações dos municípios, para não cair no descrédito dos munícipes, evitando ao máximo decisões individuais, ouvindo primeiro as lideranças e vereadores; haverá divisão de erros e acertos, considerando que o trabalho em conjunto evita críticas destrutivas e proporciona melhores condições para executar as tarefas.

Ouviram, senhores ministros e secretários de Estado deste país, que, apesar de tudo, teima pela força de seu povo em ser viável.

Costureiras mostram que cooperativismo pode ser possível*

Da mesma maneira que os pioneiros de Rochdale – que originaram o cooperativismo – constituíam-se de um grupo de operários desempregados que buscava uma nova relação de produção, submetendo o capital à forma econômica cooperativada, vinte operárias desempregadas, esposas e viúvas de operários metalúrgicos de Monlevade, desenvolveram uma experiência em busca de uma "utopia concreta".

Monlevade é hoje uma cidade muito conhecida por seu sindicalismo combativo e autêntico, porém a experiência da Unilabor não é menos importante que o movimento sindical dos trabalhadores.

Unilabor significa trabalho cooperativo e tomou a forma, em Monlevade, de uma cooperativa de confecções de roupas. As 33 costureiras da Unilabor produziram, em 1978, cinquenta mil unidades completas de uniformes industriais, com produção diária de quatrocentas peças. A cooperativa funciona em um galpão industrial, onde também está instalada uma loja. Ao todo são 34 máquinas industriais de confecções, e há um fluxo razoável de crédito proveniente da Indústria Santista. A organização da produção é supervisionada na forma de rodízio pelas associadas. A administração da cooperativa está nas mãos de um conselho, o que torna dispensável a figura do gerente técnico, havendo somente a gerência comercial nas mãos de irmã Joana, uma religiosa holandesa que dedica algumas horas semanais à comercialização de uniformes.

Os produtos da Unilabor, por sua qualidade e preço, são altamente competitivos no mercado capitalista, e a cooperativa participa de concorrências abertas por grandes consórcios industriais, como a confecção dos uniformes fabris para a Companhia Siderúrgica Nacional, Acesita, Cemig, Belgo Mineira etc. Com isso, a produção da Unilabor circula em Salvador, no Rio de Janeiro, em Minas Gerais e em São Paulo.

Em média, as associadas retiram mensalmente o valor correspondente a três salários mínimos, e na última assembleia se deu a integralização, como quotas-partes, de vinte salários mínimos a cada associada. Para este ano, a Unilabor promete a redistribuição de parte dos lucros em dinheiro,

---
* *Folha de S.Paulo*, 10/01/1981.

ao mesmo tempo que planeja a construção de uma nova sede e a aquisição de mais seis máquinas.

Tudo começou com um clube de mães

A cooperativa teve início em 1969, a partir da formação de um Clube de Mães filiado à LBA (Legião Brasileira de Assistência). Na época, era constituído por vinte operárias domésticas e metalúrgicas desempregadas, das quais seis eram viúvas. A atual supervisora, Maria Rita, tinha que educar e alimentar nada mais que sete filhos.

Após constatarem o caráter antieconômico da produção artesanal e venda caritativa nos moldes da LBA, as operárias resolveram se organizar para produzir em conjunto. Juntaram as poucas máquinas de costura existentes em uma sala cedida e passaram a produzir vestidos para crianças e panos de prato com acabamento em bordado. O trabalho comunitário possibilitou a confecção de uniformes escolares, que até hoje são produzidos.

Os primeiros uniformes industriais foram feitos em duas máquinas de costura industrial cedidas pela LBA, nas quais cada peça podia ser confeccionada separadamente – pernas, cós, golas, punhos – para depois ser montada. As ideias cooperativistas foram injetadas pela ação de missionárias holandesas, e o modelo inicial de organização da Unilabor contou com a colaboração de assistentes sociais e de um sociólogo da Associação de Monlevade de Serviços Sociais, que apoiou a nova cooperativa com capital de giro. O resto ficou a cargo das associadas.

As dificuldades

O capitalismo paulista, tradicional fornecedor de uniformes industriais para a Belgo Mineira, resolveu sabotar a cooperativa, oferecendo uniformes por um valor 50% menor que o preço de custo para, assim, destruir a Unilabor. Porém, a solidariedade dos operários da Belgo salvou a cooperativa. Eles se recusaram a usar os uniformes paulistas e o Sindicato Metalúrgico de Monlevade comprou a produção da cooperativa para oferecê-la aos trabalhadores da Belgo Mineira.

Isso, entretanto, não evitou a segunda crise da cooperativa, pois não se tratava mais de lutar por um mercado, mas sim da existência de capital cooperado contando com o apoio "perigoso" dos trabalhadores. A saída foi mudar a forma de organização de trabalho: a livre produção domiciliar das cooperadas cedeu lugar a uma estrutura administrativa taylorista, à qual foi agregada a ideologia do solidarismo cristão no estilo da homônima Unilabor, uma fábrica de móveis que existia em São Paulo nos moldes cooperativistas, montada com auxílio de padres dominicanos.

O patrimônio foi reforçado com ajuda externa em máquinas e capital de giro, aumentando a influência das religiosas holandesas. Hoje, restam somente seis das costureiras pioneiras.

O problema mais sério se deu com a introdução do esquema taylorista, fundamentado na linha de produção, na valorização da produtividade e na centralização industrial. Tudo isso reduziu a participação das cooperadas. O desempenho produtivo ocupou o lugar da lealdade grupal, e a solidariedade foi substituída pela seletividade.

Apesar de tudo, alguma coisa ficou

Hoje, as mães desempregadas foram substituídas por um recrutamento que exige jovens solteiras e com habilidades. A cooperativa não se expandiu numericamente, pois problemas com o casamento e filhos impedem um desempenho industrial; daí a não confiabilidade no trabalho domiciliar.

A Unilabor paulista faliu e a Unilabor mineira se taylorizou. Isso tudo aconteceu devido ao temor de que se divulgasse aos "bem-pensantes" o solidarismo cristão participacionista, pois tudo o que é participação é visto na lógica industrial taylorista como um estigma a ser evitado.

O cooperativismo ficou na história da constituição do capital inicial a partir do trabalho. A produção em comum não constitui o cooperativismo, pois o capitalismo inexiste sem a cooperação no processo de trabalho organizado nos moldes a servir a lógica do capital. A cooperativa Unilabor cresceu quantitativamente, mas decresceu qualitativamente.

Com todos os desvios tayloristas, a Unilabor mostrou a viabilidade do cooperativismo de produção, demonstrando, na prática e de forma nítida, que o patrão é substituível e que o cooperativismo industrial alcança qualidade e preço menor. O auxílio financeiro global recebido pela cooperativa alcançou dez mil cruzeiros por emprego estável, enquanto a taxa de investimento da Sudene (Superintendência do Desenvolvimento do Nordeste), em Minas Gerais, exige cinquenta mil cruzeiros.

O cooperativismo de Monlevade está encontrando sua reprodução na Cretmoc (Montes Claros, Minas Gerais) e em um núcleo associativo existente em Capelinha (Minas Gerais). Há o perigo de que a gerência técnica substituindo o patrão–empresário sufoque o cooperativismo. Porém, por exemplo, no México, onde a maior fábrica de cimento é cooperativada, ficou demonstrado que o cooperativismo de trabalhadores constitui uma forma menos custosa socialmente.

Piracicaba em marcha à ré*

Vou tratar de uma infâmia: o desmantelamento da prática participacionista do prefeito João Hermann (PMDB) pelo atual prefeito Adílson Maluf (PMDB).

O atual prefeito extinguiu o cargo de secretário dos Cepecs (Centros Polivalentes de Educação e Cultura), cuja função explicarei mais adiante. Os alunos só têm recreação, a atividade pedagógica foi abolida. Demitidos funcionários sem reposição, proibidas as reuniões e as saídas dos professores de cada Cepec para visitar outros Cepecs com a finalidade de trocar experiências, anulando o Plano Municipal de Educação de João Hermann.

Professores e funcionários que foram demitidos receberam oferta de recontratação com salário inferior ao que recebiam. As mães dos menores têm de pagar mensalidades pelo atendimento dado a seus filhos. Um servente que recebia, em 1982, trinta mil cruzeiros, em 1983, recebeu uma oferta de 23 mil cruzeiros, quando deveria receber sessenta mil cruzeiros.

Monitoras – em sua maioria ex-empregadas domésticas com primeiro grau incompleto, que após treinamento teórico de dois meses e prático de mais um se tornaram excelentes pedagogas, tendo nos Cepecs acesso a informações que nossa infeliz estrutura social destina somente à elite –

---

* *Folha de S.Paulo*, 29/01/1983.

foram substituídas por diplomadas para atender a compromissos eleitorais do atual prefeito. Para elas, os Cepecs funcionaram também como real promoção social, pois como domésticas ganhavam 12 mil cruzeiros mensais, e como monitoras passaram a ganhar sessenta mil cruzeiros. Foi extinto o cargo de professor de educação complementar. Ele atendia a alunos das primeiras e quartas séries das escolas do Estado. Por exemplo, os alunos frequentavam as aulas no Estado de manhã e, à tarde, a educação complementar no Cepec, ou vice-versa, em um nível de trabalho muito acima da decadente "recuperação" das escolas estaduais, que não recuperam ninguém. Os Cepecs, em sua maioria, funcionavam em bairros pobres, oferecendo ao povo serviços como: berçário, creche, pré-escola, educação complementar, merenda balanceada, educação física e artística. Piracicaba foi o único município do país a oferecer atendimento integral a crianças de zero a seis anos.

Esses centros atendiam a mais de cinco mil crianças; em suas creches e no pré-primário trabalhavam funcionários e professores do bairro, selecionados por entrevista e concurso. Ali trabalhavam mais de duzentos servidores. Na escola, para 14 crianças havia um monitor, no berçário havia seis crianças para um monitor, na educação complementar havia, para cada vinte alunos, um monitor também. Não eram depósitos de crianças; elas recebiam atenção qualitativa.

O Departamento de Educação concentra o poder decisório: as práticas pedagógicas foram abolidas por sua iniciativa a pretexto de economia de lápis e papel. No bairro do Jaraguá, o mais pobre, sobraram quatro monitores no Cepec. Faltam diretor, supervisor e secretário, a creche está às vésperas de fechar. Mme. Lourdes Fuzeti, diretora do Departamento de Educação, define a nova pedagogia: "O importante é que a criança não morra, o resto não tem importância".

Demitidos três coordenadores do Programa de Saúde junto com três enfermeiras, além da tendência em transformar os postos de saúde – que adquiriram o respeito do povo pelos serviços prestados – em ambulatórios do Inamps. Com isso, a medicina curativa substitui a preventiva, e o Inamps direcionará a política de saúde. Visitas domiciliares e palestras ao povo sobre saúde findaram. Esse programa atendeu, em 1982, duzentas mil pessoas, em um trabalho que abrangia gestante, criança até três anos e mulher em idade fértil. As comissões de saúde recolhiam dados nos bairros passando-os aos postos, para melhor atendimento. Está sendo destruído o trabalho de uma equipe que criou o Conselho Orçamentário dos Cidadãos, em que o povo, no Teatro Municipal, discutia as prioridades a serem atendidas. Havia o Conselho Tarifário de Natureza Social, que decidia sobre tarifas de transporte coletivo, instituía o "passe do trabalhador" e implantava um sistema de trólebus – funcionam 53 trólebus para 85 ônibus particulares na cidade.

Está sendo desmontada uma prática pedagógica que estava vinculada à transmissão de conhecimentos ao homem comum, capacitando-o a lutar por uma sociedade mais justa. Tal prática era fundada no desenvolvimento do espírito de solidariedade, independência e criatividade.

S. Sa. o prefeito atual pertence ao PMDB. Não pertencendo a partido algum, sinto-me à vontade para perguntar aos dignatários do PMDB, como partido, e ao futuro governador Montoro: S. Sas. deixarão barato o desmantelamento pelo atual prefeito da obra de J. Hermann? Onde ficam a "participação" e o "governo com a comunidade"? S. Sas. estão com a palavra. Com a escolha de um agricultor para a Secretaria da Cultura, por patrocínio feudal do presidente do PMDB, ficou bem arranhada a proposta montorista: "governar com a comunidade". A omissão do PMDB no caso em tela corre o risco, aos olhos do povo – os que não têm privilégios burocráticos –, de transformar a "Proposta Montoro" rapidamente na "Proposta Monturo", e o PMDB em um inglório PMDS.

Metrô – participação ou incorporação?*

Antes de 1977, uma geração de técnicos formada pelo Metrô se preocupou com um sistema integrado de transportes urbanos para solução do transporte coletivo, em que Metrô e ferrovia atuariam como sistemas estruturais, enquanto ônibus e trólebus atuariam como sistemas alimentadores. A periferia urbana seria atendida pela ferrovia, cabendo ao Metrô atender áreas densas e corredores congestionados.

Porém, na gestão Souza Dias, o Metrô, embora recebendo o maior volume de recursos jamais visto, desativa as atividades desligadas estritamente de obras e operação. A equipe de planejamento do Metrô é assi-

---

* *Folha de S.Paulo*, 15/03/1985.

milada pela EMTU (Empresa Metropolitana de Transportes Urbanos). O Metrô era dirigido autocraticamente enquanto, durante o período Maluf, seus recursos diminuem radicalmente, passando a priorizar obras que permitam inaugurações eleitoreiras: trecho Brás-Belém, trecho Belém-Tatuapé, Terminal Rodoviário do Tietê e Estação República. Nesse período, em que o Metrô mantém seu nível de eficiência mais graças a seu quadro técnico, juntamente com a representação dos empregados – na forma de sindicato –, que pela participação da alta direção, inicia-se a evasão dos técnicos para outras empresas.

Em uma reunião do Sindicato dos Metroviários, participando setecentos deles, definiu-se a lista tríplice encaminhada a Almino Afonso, do que resultou a nomeação para diretor de Operações do engenheiro Frederico Businger, indicado em assembleia geral.

Em boletim distribuído aos metroviários, o sindicato salienta que os indicados deveriam ter um passado de respeito aos trabalhadores, integridade pessoal e profissional, além de capacidade técnica. Salientando ante a categoria que

> a responsabilidade pela escolha do futuro diretor de Operações é do sr. Almino Afonso e, portanto, seus compromissos básicos são com a empresa, isto é, esse diretor não será um representante dos trabalhadores na direção da empresa.

Isso mostra que a diretoria do Sindicato dos Metroviários não está disposta a ceder a qualquer manobra de cooptação, venha de onde venha, o que é muito importante nos dias atuais.

Propõe-se ela, como tarefa, discutir com todos os metroviários a formação de um Conselho de Representantes, cujo presidente participará das reuniões da diretoria do Metrô. Esse conselho deve exercer sua função apoiado nos trabalhadores, sem risco de isolamento ou cooptação.

No sentido de propiciar o debate, foi redigido um Primeiro Documento-Proposta para ser discutido na Assembleia Geral Extraordinária no sindicato. Intitula-se ele Conselho de Representantes de Funcionários.

Coloca-se como objetivo: ser canal de comunicação entre funcionários, chefias e diretoria e promover articulação entre funcionários de várias áreas por representantes eleitos, mantendo reuniões periódicas com a diretoria para discutir as principais questões de interesse da empresa. Aí cabe uma observação: questões de interesse do metroviário-peão não podem ficar fora dessa discussão.

Vê o documento, na formação desse Conselho, uma quebra do autoritarismo administrativo, inibindo o poder de arbítrio da diretoria, embora sem quebra de sua autonomia de gestão e de seus poderes estatutários. Em nome de autonomia de gestão, poderá a diretoria desconhecer as sugestões do Conselho de Representantes de Funcionários e, quanto aos poderes estatutários da diretoria, caberia que fossem divulgados a todos os metroviários, para que eles soubessem por que e como são mandados, dirigidos, e, assim, fazerem suas propostas alternativas.

Esse conselho obrigatoriamente poderá manifestar-se quanto à alteração de objetivos da empresa, à definição anual de programas de trabalho, ao orçamento anual e plano de investimento. Cabe a pergunta: a demissão de funcionário do Metrô será também previamente discutida por esse conselho? O documento silencia.

O documento acentua que esse conselho deverá propor tudo que otimize os recursos da empresa, garanta sua eficiência e as relações com a comunidade – banalidades que a Comissão de Fábrica criada inicialmente pela direção da Volkswagen já acentuava.

Porém, a crítica significativa refere-se ao fato de o presidente do conselho ter acesso às reuniões da diretoria como ouvinte, sem direito a voto. Sabe-se que, em uma situação de empate, um voto poderá desempatar. Além dessa mutilação da função do presidente do conselho, esse Primeiro Documento-Proposta, nas suas observações finais, estabelece que, no referente à autonomia de gestão da diretoria, cabe notar que as atribuições do Conselho de Representantes de Funcionários devem-se revestir de caráter eminentemente consultivo, a fim de não quebrar a hierarquia de poder que deve existir na empresa e de não tumultuar o seu processo decisório. Conclui que, opinando, sugerindo, propondo medidas, tendo acesso às reuniões da diretoria e do Conselho de Administração, esse conselho, mesmo sem decidir, exercerá papel fiscalizador e inibidor dos abusos do poder ou de malversação de dinheiros públicos, para isso sendo importante o acesso aos relatórios do Tribunal de Contas do Estado.

Trata-se de criar um CRF (Conselho de Representantes de Funcionários) meramente decorativo, pois seu caráter é eminentemente consultivo, sem poder de decisão. Como sem poder deliberativo e de decisão ele poderá fiscalizar o poder? Quanto aos relatórios dos Tribunais de Conta do Estado a que ele possa ter acesso, que importância tem na realidade? É sabido que ministro julgado culpado pelo Tribunal de Contas da União foi condenado a pagar irrisória quantia como indenização ao próprio Estado.

Em suma, é muito mais importante para o metroviário e seu sindicato procurarem se organizar massivamente e independentemente do poder administrativo da empresa, pois só assim o trabalhador não perderá sua identidade como classe, isto é, com interesses próprios que cabe a ele defender de forma organizada. É simpática a atitude do novo secretário, Almino Afonso, entregando ao sindicato a prerrogativa da escolha do diretor de Operações em lista tríplice. Também é lúcida a posição do sindicato em distinguir a escolha do diretor de Operações de qualquer pretensão ou mesmo representar os trabalhadores da empresa. Porém, esse Primeiro Documento-Proposta para criação do CRF deve ser visto sob o ângulo dos assalariados do Metrô. Em que medida ele aumenta sua influência real nos processos decisórios da empresa, em que medida a proposta de mantê-lo como órgão consultivo o torna um aleijão na empresa, um detentor de um poder meramente simbólico e não real.

Já ensinava Maquiavel que o poder ora se apresenta como leão, ora como raposa. Na época do "milagre" e da ditadura "fechada", o Estado se apresentava leonino – Atos Institucionais e Complementares, Lei de Segurança Nacional. Essa última ainda persiste. Com a crise do "milagre" e do sistema econômico, o Estado procura se apresentar como raposa, isto é, procura legitimar suas escolhas em nome da "consulta popular". No caso de várias Delegacias de Educação e de vários Institutos de Pesquisa do Estado, diversos escolhidos majoritariamente após "consulta" ficaram de fora porque o governador Montoro nomeou quem quis. Isso também vale no âmbito da prefeitura, em que se deu a nomeação de outra dinastia Godinho.

Participação real do assalariado sim, os modelos podemos encontrar nos Estatutos da Comissão de Fábrica Cobrasma (1968) e da Asama (1982). O que não deve acontecer é que o assalariado caia no conto da autogestão, cogestão ou participação que não lhe dão poder real e se convertem em meios de enfraquecer e desconversar sua campanha salarial. O pretexto de que todos devemos pagar pela crise não vale para o assalariado, pois as decisões que nela resultaram foram tomadas sem sua consulta, sem seu consentimento. Ele não pode pagar uma dívida que não contraiu. "Participação" ou "defesa do bem comum" e outras safadezas intelectuais não devem servir de máscara para encobrir novos arrochos salariais, submeter a autonomia do trabalhador e suas entidades ao "conchavo" com o "Estado de Justiça Social". O metroviário acima de tudo deve manter sua identidade de classe, como trabalhador, auto-organizar-se para defender seus interesses imediatos, entre os quais o salário ocupa o primeiro lugar. Não deve permitir que demagogias do tipo "participativo" lhe encubram a visão. D. Consuelo Badra, cronista social em Brasília, não deve temer que o Metrô fique nas mãos dos trabalhadores. Tranquilize-se, minha senhora, o CRF desse Primeiro Documento-Proposta tem cheiro patronal, burocrático; nele predomina a ideia de desconversar reivindicações salariais, empulhando o trabalhador com um falso poder. É preciso ver claramente, neste momento em que o Estado – em São Paulo – despe-se das vestes de leão e adota as de raposa, como já ensinava Maquiavel.

Comissões de Fábrica e sindicatos*

A relação entre Comissões de Fábrica e sindicatos, sejam os chamados "pelegos" ou os "combativos", e sua vinculação ao Estado estão na ordem do dia da discussão em relação à organização dos trabalhadores.

Nesse sentido, o livro de José Carlos Brito, *A tomada da Ford: o nascimento de um sindicato livre*, oferece amplo campo de debate a respeito.

Revela o autor os subterrâneos do chamado "mundo da fábrica", em que a repressão direta ao trabalhador opera por ações disciplinadoras: elas se dão por mediação das chefias, pelo ritmo da linha de produção ao qual o operário tem de se adaptar, pelo parcelamento das tarefas, que o transformam em um robô, pelo controle de qualidade, que o torna escravo de sua tarefa.

Não bastasse isso, o tempo programado para refeições ou utilização das instalações sanitárias é rigidamente controlado. Ele produz sob um barulho ensurdecedor, que torna impossível dialogar com o companheiro ao lado; qualquer distração pode levá-lo à condição de acidentado, e a administração o configura como agente de um "ato inseguro", culpabilizando-o pelos resultados do acidente de trabalho.

Porém, por meio do Programa Open House [Casa Aberta], a empresa permite que familiares de seus assalariados a visitem, em uma política de

---
* *Folha de S.Paulo*, Folhetim, 04/12/1983.

"relações humanas", que cria canais de comunicação com os assalariados por mediação de sua família, envolvendo-a no mundo da fábrica para que o operário o sinta como "sua fábrica", ou se sinta "em casa".

A empresa reproduz muito o modelo da família patriarcal na medida em que – na Ford Tratores – a figura do chefe é imposta como a figura do pai. Utiliza ele a técnica de, ante a mão de obra de linha, criticar os chefes intermediários.

Utiliza o desemprego temporário como recurso para submeter a mão de obra às ordens da administração, utilizando a estratégia de obrigá-la a trabalhar em um regime intensivo de trabalho que inclui horas extras diárias; isso leva a aumentar os estoques e logicamente à dispensa de parte dos trabalhadores. Os demitidos, porém, contam com a promessa de sua readmissão meses depois. Razão pela qual o sistema pressiona a mão de obra a aceitar ritmos de trabalho desumanos, horas extras desgastantes, obediência absoluta ao pai (gerente-geral) como condição de readmissão posterior. As chefias intermediárias definem quem volta, o que lhes dá um poder total sobre o trabalhador.

Enquanto a gerência automotiva da Ford aceitava a Comissão de Fábrica como interlocutor válido, a gerência de tratores "se orgulha" em não reconhecer o direito de auto-organização dos trabalhadores. Qualquer trabalhador subordinado à gerência de tratores que conversar com algum colega sindicalizado é retirado do setor e transferido, não sem antes sofrer interrogatório gerencial sobre o tema da conversa, se estava "vazando" informações à Comissão de Fábrica ou ao sindicato.

Um resultado da auto-organização

Durante as greves de 1978, emergiu uma Comissão de Trabalhadores que, embora não reconhecida de direito, o era, de fato, pela empresa.

As greves de 1978 encontraram os trabalhadores da Ford na vanguarda, em 1980, na eclosão do movimento grevista, inexistiu na Ford qualquer piquete, tal a unanimidade existente entre a mão de obra.

As demissões em massa devido à crise econômica do sistema global levaram, no início de 1981, a Volks a demitir 13 mil operários; a Ford, por sua vez, demitia quatrocentos, o que originou a greve dos seis dias, na qual eles reivindicavam "readmissão dos quatrocentos operários despedidos, estabilidade para os que permanecem e pagamento dos dias parados" (Brito, 1983, p.40-1).

Com base em um grupo informal de fábrica surgiu a Comissão Provisória, reconhecida por todos os trabalhadores da Ford, composta por 14 membros. Daí surgiu a passeata nos pátios internos da fábrica, da qual participaram seis mil operários, que realizavam assembleias constantes, pela manhã e à noite.

Pelo *Diário do Grande ABC*, os grevistas mostravam que "a Ford, em 1980, aumentou seus lucros em 412,5%, enquanto seu capital cresceu apenas 65,1%, enquanto o valor da mão de obra no custo final da produção gira em torno de 5%" (Brito, 1983, p.46-7).

O cancelamento do julgamento da greve pelo TRT (Tribunal Regional do Trabalho) por 24 horas levou os trabalhadores a retornarem à greve e realizarem uma passeata cercando a administração. Diante do fato, a direção da empresa aceitou a reivindicação de 120 dias de estabilidade, de reconhecimento da Comissão de Fábrica Provisória, até a implantação de uma definitiva, de desconto dos dias parados em cinco parcelas mensais e de os demitidos voltarem tão logo houvesse vagas – a Comissão controlaria, então, a readmissão.

Enquanto isso, a negociação entre a administração e os operários sobre o estatuto da Comissão de Fábrica Definitiva tinha andamento. Na Ford Ipiranga (em São Paulo), a administração convocava apenas os três representantes do sindicato para negociar, sem a presença dos membros da Comissão Provisória. A Comissão não questionou tal mudança, nem o sindicato. Os trabalhadores nada opinaram, desinformados a respeito.

Em 20 de novembro de 1981, eclode nova greve na Ford, em protesto pela condenação de sindicalistas cassados nos termos da Lei de Segurança Nacional. A greve foi uma parada de uma hora, e após o expediente veio a represália: demissão de 12 operários. Resultado: a Ford foi ocupada pelos trabalhadores, e declararia, pouco depois, que "aceitava a volta dos 11 demitidos e acabou ficando a ideia que todos voltaram. Na realidade, um estava de fora" (Brito, 1983, p.63).

Às 2h da madrugada, foi colocada em votação a volta ao trabalho em troca da readmissão dos 11 despedidos (na realidade eram 12). A grande maioria acabou votando o fim da greve, crendo que os demitidos eram 11. Segundo o autor, a Comissão errou porque permitiu que a negociação fosse feita separadamente, errou porque deveria ter tomado o microfone realmente colocando a proposta contra esta (readmissão de 11) dizendo que vocês, diretoria do sindicato, estão esquecendo que existe isto... Isto... Assim... E tal (Brito, 1983, p.73-4).

O presidente Jair Meneguelli assumiu verbalmente uma autocrítica reconhecendo vários erros cometidos pela direção, mas ainda em março de 1982 no Boletim Especial n. 4, 120 dias após o movimento da Ford, continuou sendo publicado pelo jornal oficial do sindicato, *Tribuna Metalúrgica*, que os demitidos eram 11, quando na realidade eram 12.

A formação da Comissão de Fábrica da Ford foi um resultado da auto-organização de seus operários, de seu alto nível de consciência social, que inicialmente se reuniam em grupos de vinte a quarenta, para trocar ideias, informações. "Daí surgiu a Comissão Provisória na Greve dos Seis Dias e, posteriormente, surgiram os membros da Comissão Definitiva" (Brito, 1983, p.88).

O que garantiu tudo isso foi a iniciativa própria dos trabalhadores, que realizavam passeatas diárias que mobilizavam de cinco mil a seis mil pessoas, percorrendo cinco quilômetros diários no interior da fábrica.

Segundo ponto de vista de muitos membros da Comissão da Ford, não tinha ela, em seu conjunto, condições de mobilizar todos os companheiros pela readmissão do 12º demitido, o autor do livro que faz a história da luta. Por sua vez, teria havido certo "vanguardismo" – do autor e de mais um membro da Comissão, na medida em que o primeiro tinha pouco tempo de empresa e o outro, embora sob sua liderança levantasse sua seção contra a não readmissão do 12º, não tinha condições de ser acompanhado pelas outras seções que compõem a fábrica.

Porém, é fora de dúvida que os Estatutos da Comissão de Fábrica da Ford se atrelam à estrutura sindical vigente, além de conferir ao trabalhador da Ford que é diretor do sindicato a condição de membro nato da Comissão. Em seu artigo 15, pode o sindicato avocar a representação dos empregados na discussão dos assuntos que sejam objeto da atuação da "Comissão de Fábrica" (Brito, 1983, p.99), e em seu artigo 4, lê-se que "dois diretores do Sindicato são membros efetivos da Comissão com o cargo de coordenador e vice-coordenador" (Brito, 1983, p.99).

O atrelamento da Comissão à diretoria do sindicato, por melhor que ela seja, é negativo, especialmente em um país onde o Estado intervém e destitui diretorias legitimamente eleitas por sua categoria, como ocorreu com o próprio Sindicato de São Bernardo do Campo.

O que ressalta disso é a ingenuidade do presidente cassado do sindicato, quando em declarações à imprensa dizia esperar que a Junta Interventora não utilizasse o Estatuto da Comissão de Fábrica da Ford para avocar a si a discussão de assuntos que cabiam a ela!

A falha central do Estatuto da Ford consiste em lá não haver sequer a figura da Assembleia dos Trabalhadores da Fábrica, a fonte de referência da Comissão é a diretoria do sindicato. Na medida em que ele sofreu intervenção, os próprios membros sindicalizados da Comissão falam em reunir-se na "sede do Sindicato Livre".

Comissão de Fábrica da Asama

Quão diferente de tudo isso é o Estatuto da Asama (São Paulo), cuja Comissão pertence a quem nela trabalha. No artigo 3 do capítulo 2º de seus Estatutos, constam como órgãos deliberativos: a Assembleia Geral e a Comissão dos Representantes dos Trabalhadores.

Qual é a função do Sindicato dos Metalúrgicos de São Paulo, em cujo âmbito territorial se situa a Asama Indústria de Máquinas S/A, nos Estatutos da Comissão? Clara e simplesmente, reza o artigo 4 do capítulo 2º dos Estatutos da Comissão de Fábrica: "O Sindicato dos Trabalhadores nas Indústrias Metalúrgicas, Mecânicas e de Materiais Elétricos de São Paulo será considerado como um órgão consultivo da Comissão".

Em suma, a Comissão de Fábrica da Asama, desatrelada da diretoria do sindicato oficial, por sua vez órgão do Estado e desatrelada de quaisquer seitas ou partidos políticos, pertence aos trabalhadores que nela trabalham. A cada dois anos serão eleitos membros para a Comissão e segundo o artigo 27 "serão elegíveis todos os empregados maiores de 18 anos da Asama S/A que na época da Assembleia Geral respectiva estejam em trabalho efetivo".

Não há nessa Comissão, para os trabalhadores que eventualmente sejam diretores do sindicato e operários da Asama, o privilégio de serem membros natos da Comissão com funções de coordenação. Para serem elegíveis nem sindicalizados precisam ser, por isso o parágrafo único do artigo 27 concede trinta dias para providenciar sua sindicalização.

A tomada da Ford, de José Carlos Brito, nas páginas 95-8, da mesma forma que a publicação dos *Estatutos de Comissões de Fábricas*, nas páginas 30-2, publicado pela 13 de Maio – Núcleo de Educação Popular, trazem ao conhecimento dos trabalhadores da Ford e da classe operária em geral o anexo 2º, *Processo interno de reclamações*, que disciplina o Processo Interno de Reclamações mencionado na cláusula 13 do Estatuto da Comissão da Ford.

Para domesticar o trabalhador, retirando-lhe a autonomia na luta e legitimando as chefias, foi instituído o Processo Interno de Reclamações, que permite a penetração da Seção de Recursos Humanos ou Industriais da empresa no seio da Comissão dos Trabalhadores.

Sabe-se que quanto mais regulamentado é um direito, mais perde quem deveria gozá-lo. O Processo Interno citado burocratiza as reclamações, dividindo-as em quatro estágios, que ocupam 35 dias até que elas sejam julgadas. Isso significa que a reclamação é praticamente "engavetada". Mesmo na falta de um artigo que a defina, a Assembleia dos Operários da Fábrica, ainda que atrelada à diretoria do sindicato, é uma arma, um fator de mobilização, um espaço ocupado pelo trabalhador na fábrica.

O reconhecimento dos aspectos positivos da existência da Comissão da Ford como ela existe atualmente não deve levar-nos a perder de vista a existência de outras comissões – como a da Asama – que representam, a nosso ver, o máximo de consciência possível do trabalhador brasileiro na luta por sua auto-organização com base no local de trabalho.

Colocamos as Comissões de Fábrica e Interfábricas como órgãos básicos e fundamentais do trabalhador, pois, por meio delas, ele controla e dirige sua própria luta. É por meio de Comissões de Fábrica, cujo exemplar típico temos atualmente na Asama, que o trabalhador "se apresenta com poderes para eleger e revogar o mandato de seus membros em Assembleia-Geral, convocada para esse fim" (Estatutos de Comissões de Fábricas, 1982, s. p.). E "nada impede que ocorra a fusão da luta entre várias empresas por meio da coordenação dos conselhos de fábrica por órgãos centrais constituídos por delegados eleitos e permanentemente revocáveis" (Bernardo, 1975, p.75).

Representam tais conselhos formas embrionárias de um novo modo de produção que não o dominante hoje. Embora lutem por reivindicações específicas, o mais importante não é sua vitória em curto prazo, mas sim que, por meio da luta, desenvolvam a associação, na forma de Comissão de Fábrica, que não só unifica a mão de obra, suprimindo a concorrência que o capital estabelece entre ela, como se constitui em uma organização horizontal, não hierárquica, na qual não há dirigentes e dirigidos. No caso em tela, ser líder é um resultado da participação na luta dos companheiros de trabalho, da ênfase na solidariedade oposta à competição; todos são iguais, ninguém é mais igual que os outros.

A autonomia das Comissões

Já Gramsci (1978, s. p.) acentuou a importância das Comissões fundadas na produção industrial, em um fato permanente e não apenas na luta pelo salário. Pannekoek coloca-as como a fonte da democracia operária, prática da autonomia e representação direta. É o solo em que se desenvolve a educação social e política do trabalhador; onde ele aprende que, para ele, a liberdade individual é uma mentira, pois tem que participar da luta coletiva para obter melhor retribuição de seu trabalho.

As Comissões de Fábrica degeneram quando transformadas em correias de transmissão de diretorias sindicais "pelegas" ou "autênticas", ou de seitas e partidos políticos. Enquanto na Comissão ecoa a voz do peão da linha de produção, na estrutura sindical vigente e nos partidos políticos o peão é reduzido a uma massa submissa e disciplinada, que é convocada para ouvir a voz dos que pretendem falar por ele.

Em que situação está o sindicalismo aqui para se arvorar em representante dos trabalhadores? Para criticar os órgãos que eles criam na forma de "grupo" ou "Comissão de Fábrica" no processo de suas lutas como "paralelismo"? Atrás de toda acusação de "paralelismo" há um burocrata sindical que defende a unicidade sindical, o imposto sindical e a taxa assistencial, que lhe permitem praticar o máximo de assistencialismo e o mínimo de reivindicações pelas quais lutar – o que caracteriza o sindicalismo burocrático criado desde 1931.

Pela prática, por meio da participação na Comissão de Fábrica, aprende o operário que na fábrica existe uma divisão do trabalho a que ele deve obedecer, fora da fábrica aprende que política é para ser praticada nos partidos, reivindicações econômicas nos sindicatos, o saber nas escolas, e a TV e o rádio definem o que tem e o que não tem valor cultural. Sua própria vida é dividida em fragmentos estanques. É a prática de sua luta nas

Comissões que lhe dá elementos para posicionar-se no plano político, econômico e cultural. Ele aprende na "escola de luta".

Ela lhe ensina que ao lutar por salário (economia) enfrenta a hierarquia fabril (o poder), auto-organiza-se e desenvolve sua consciência político-social e cultural. São partes de um todo.

O trabalhador tem de lutar contra o processo de "infantilização social" a que está submetido, que impede sua capacidade criadora e é responsável pela ideologia da nulidade operária, que permite a muitos exploradores de seu trabalho se apresentarem como seus defensores. São os autointitulados "dirigentes" políticos, sindicais e da política cultural que pretendem representá-lo.

Por meio da estrutura familiar tradicional, da escola, da tão alardeada "(de)formação sindical", dos partidos políticos – especialmente os que trazem o nome "operário" –, ele é educado para obedecer.

São escolas de submissão como é o presídio, o convento, o manicômio, a fábrica em que trabalha.

O desenvolvimento real do trabalhador só ocorre quando, em uma "comunidade de luta", que é uma Comissão de Fábrica ou Interfábrica, ele dirige o processo de sua luta, bem como sua finalidade.

A tomada da Ford, de José Carlos Brito, é da maior significação para o trabalhador. Dele tiramos uma lição clara como a água: trabalhador, se ninguém trabalha por você, que ninguém decida por você.

Quanto aos sindicatos, vejamos: M. Grondin (s. d., s. p.) realizou mil entrevistas abrangendo trabalhadores da metalurgia, da construção civil, das indústrias têxteis, do transporte coletivo, dos bancos, do comércio e da indústria química. Entre outras conclusões, verificou que o próprio nome do sindicato é ignorado por 50% dos trabalhadores; a localização de sua sede é desconhecida por 65%; 88% dos bancários, 90% dos metalúrgicos e 98% das demais categorias desconhecem o nome da federação à qual o sindicato está ligado. O nome do presidente do sindicato é desconhecido por 80,3% a 96,7% dos trabalhadores de diversas categorias, inclusive bancários. Entre 87% e 100% desconhecem os membros das diretorias. Desconhecem a ocorrência de assembleias regulares durante o ano, 75% do total. Apenas 46% dos sócios votaram na última eleição sindical, ou seja, 14,4% dos trabalhadores. Todos manifestam desejos de melhor informação a respeito de tudo que se refira a sindicato.

A falência da política

***

Desconhecimento do nome do sindicato, de sua localização, do nome do presidente, sem falar dos diretores, fraca participação nas eleições sindicais e assembleias, desconhecimento do que é feito com os recursos financeiros de que dispõe o sindicato, desinformação quanto ao sindicato, tudo isso mostra que a estrutura sindical vigente se mantém apesar dos trabalhadores. Na realidade, é uma estrutura destinada a discipliná-los, assisti-los por mediação do médico, dentista ou advogado. No entanto, com o poder de assinar contratos coletivos de trabalho em nome dos trabalhadores, sem sua participação no processo.

Dentro do quadro descrito, que caracteriza o sindicalismo brasileiro, é notória a incoerência entre as inúmeras diretorias sindicais, que lutam para que as categorias em nome das quais foram eleitas tenham registro em carteira, enquanto se negam a fazê-lo com professores assalariados do sindicato, que lá ministram cursos aos associados. A aplicação dos "bons princípios", "das boas intenções" do "discurso crítico" deve começar em casa, isto é, a partir da relação que a diretoria do sindicato mantém com seus funcionários.

Acentuamos o fato de que o trabalhador, no processo de sua luta, cria organizações horizontais (comissões, conselhos, delegados de seções), mediante as quais controla seu processo e sua finalidade. Ocorre que, por influência do sindicalismo burocrático e dos partidos políticos que pretendem "representá-lo", dá-se um processo de verticalização das organizações. Surgem os "dirigentes", definem-se os "dirigidos".

As relações de dominação no interior da fábrica passam para o espaço sindical, seus "dirigentes" se preocupam mais em desmobilizar a categoria que o contrário. Se, de um lado, a sucessão de Enclats, Conclats, Cuts coloca em contato as categorias de trabalhadores que na estrutura sindical vigente estão isoladas, de outro, pouco dizem àqueles da linha de produção. Esse afastamento aparece quando se marca uma greve nacional em um dia 25, a data em que o trabalhador recebe seu vale.

A tomada da Ford, de José Carlos Brito, é uma obra altamente educativa e pioneira; é a primeira história da formação de uma Comissão de Fábrica organizada por trabalhadores da indústria.

A pretexto de "falta de formação" e de "falta de consciência política" no sentido mais amplo do termo, muitas organizações, autointituladas "vanguarda", pretendem substituir o trabalhador quanto às suas formas de organização, à maneira de dirigir a luta e os objetivos que o trabalhador, como classe, pretende atingir.

Na realidade, não há nenhuma relação direta entre "capital cultural", maior ou menor escolaridade e nível de consciência social ou política. Houve muitos doutores das universidades que produziram Atos Institucionais, autores de leis de exceção.

Muitos ex-trabalhadores, esquecendo sua origem social, passam a viver de "organizações de apoio ao trabalhador", sem eles próprios trabalharem em sua profissão, em seu local de trabalho, entendido como o local de luta.

É necessário desmistificar a "incultura" livresca do trabalhador, tida por muitos como pretexto para tutelá-lo, "dirigi-lo", "falar em seu nome". Tem razão João Bernardo quando escreve, no jornal *Combate*[1]: "o proletariado enquanto classe nunca é inculto, pois pela sua situação social edifica as bases institucionais de um futuro possível".

O voto e as ilusões[*]

Há uma grande ilusão popular que o governo representativo eleito pelo sufrágio "universal" – analfabetos que constituem 50% da população não votam – seja o governo do povo ou o povo no governo. O regime representativo tem uma história que é importante conhecer para avaliar o quadro eleitoral atual no país.

No século XII, as cidades se libertaram do jugo do senhor e "juraram" organizar-se autonomamente para defesa mútua, organização da produção e troca; durante quatro séculos são o refúgio do trabalho livre na Europa. Os comerciantes criam "conjurações" para se defenderem nas cidades, independentes do senhor, do rei e da Igreja. Elas se unem por um fórum, no qual o povo é reunido pelo badalar dos sinos para discutir e resolver diretamente na praça seus problemas. O senhor, que inicialmen-

---

1 O jornal *Combate* foi publicado em Portugal entre 1975 e 1978. A iniciativa da criação do jornal deveu-se a Rita Delgado, João Crisóstomo e João Bernardo, que eram membros de uma organização clandestina marxista-leninista. (N. E.).

* *Folha de S.Paulo*, Folhetim, 14/11/1982.

te é chefe de um "bando" recebendo tributo e vendendo proteção, tornou-se rei. O "fórum" o expulsou, e ele se refugiou em uma cidade nova. Com as guerras, vieram os exércitos permanentes, favoreceu-se a concentração do poder no Estado e as "comunas" urbanas decaíram e perderam sua autonomia. Nos séculos XIV e XV, formou o rei o Conselho de Nobreza e o Conselho do Clero, nascendo, assim, os parlamentos com poder limitado: votação de créditos para guerra dependia de sua aprovação, diferente do poder ilimitado dos parlamentares atuais. Após o esmagamento das revoltas camponesas, com auxílio dos comerciantes se concentra o poder do rei, os subsídios se transformam em impostos, a burguesia se alia ao rei e os camponeses são reduzidos à servidão.

A burguesia, para defender-se da desobediência do povo e de sua recusa em pagar impostos, na Revolução Francesa, cria a Assembleia Parlamentar, fazendo-se defensora do governo representativo, no qual o povo elege seus "defensores": é o governo por procuração. O maior dos preconceitos políticos radica na fé em um governo representativo, por procuração. Sob a monarquia ou república, ele mostra apenas que o povo não se governa a si próprio. Ele é governado por representantes vinculados ao poder econômico dominante na sociedade, às "máquinas burocráticas" dos partidos políticos. No processo eleitoral, o povo abdica de sua própria iniciativa colocando-a nas mãos de uma assembleia de "eleitos". As constituições, tradicionalmente desrespeitadas, são refeitas para uso de todos. Mesmo aqueles que pretendem mudar o regime de propriedade não ousam tocar no regime representativo, procuram preservar, custe o que custar, o governo sob procuração. O Parlamento se torna instrumento de intrigas palacianas, enriquecimento pessoal e carreirismo político.

A liberdade real não implica ser representado, abandonando tudo aos eleitos, mas procurar lutar socialmente por si mesmo por meio das coletividades organizadas nos locais de trabalho.

Ação direta do povo

Muitos acham que o regime parlamentar nos deu liberdade política, esquecendo que as liberdades de imprensa, de reunião e de associação foram arrancadas no país-matriz do Parlamento – Inglaterra – pela ação direta do povo. Os operários no século XIX conquistaram seu direito à greve por meio da ocupação das manufaturas. Derrubando as grades do Hyde Park londrino, onde era proibida sua entrada, conquistaram seu direito à palavra na rua. Atribuir aos parlamentos o que é devido à ação popular é pensar que basta existir uma constituição para que haja liberdade e direitos respeitados.

O regime representativo introduzido na Europa pela burguesia trouxe algumas vantagens ao povo; o monárquico sob os senhores feudais, porém, também o fez, nem por isso endeusaremos a monarquia.

O regime representativo surgiu com a burguesia e com ela desaparecerá. Qualquer governo, seja constitucional ou não, tem tendência a alargar seu poder sobre o trabalhador, e pelo Parlamento tende a legislar sobre tudo e intervir em tudo o que é de sua competência ou não.

O voto universal é a aparência do governo popular; cada deputado é eleito por certo número de leitores; o corpo eleitoral em sua totalidade não é representado. O parlamentar, para transformar um projeto em lei, tem de fazer concessões, transações e conchavos, nos quais as considerações clientelísticas e partidárias predominam. Os deputados, senadores ou governadores, longe do povo, acabam por aumentar seu poder, emancipando-se da dependência do povo, ou de "todo poder saído do povo", mas que a ele não volta. A política se torna ciência oculta que o povo não entende.

Os candidatos defendem ferreamente seus programas. Farão isso após eleitos?

Nesse processo político, a propaganda dos princípios é substituída pela propaganda das pessoas. O único interesse dos partidos é a vitória das candidaturas.

A ilusão eleitoral consiste em pensar que depositando ritualmente um voto em uma urna o povo detém algum poder de decisão, quando o candidato é escolhido via "compra da legenda" em dinheiro ou via indicação das comissões estadual ou federal, nas quais tem grande peso o "capital de relações sociais".

A ilusão eleitoral leva o povo à inércia, ao endormecimento, esperando que alguém lute por ele. No fundo, é uma escola de conformismo social, em que se confunde mobilização popular real, partindo dos próprios interessados em defenderem suas reivindicações, com arregimentação de povo em comício, em que alguém indicado fala por ele.

Administradores da crise

No quadro nacional, observa-se a existência do PDS e do PTB como situacionistas e do PMDB, do PT (Partido dos Trabalhadores) e do PDT como oposicionistas.

O PTB, criado por Vargas para conter o povo quando saía dos limites permissíveis estabelecidos pelo poder, contou com forte apoio operário e forneceu a maioria dos "pelegos" sindicais e burocratas da Previdência Social, que infelicitam o país.

O PMDB tende a transformar-se, quanto mais passa o tempo, em PMDS. Isto é, em São Paulo, tenderá a definir os poderes de mando nas mãos do "clã parental" do senador Montoro, com apoio dos "quadros" do antigo Partido Democrata Cristão. Os "esquerdistas" do PMDB tenderão a se tornar marinheiros: irão ver navios.

Constituído como um conglomerado de tendências, essa grande "frente de aliança de classes" que é o PMDB só não implodirá após as eleições na medida em que seus governadores eleitos terão nas mãos o poder de nomeação para milhares de cargos públicos.

O peso da classe média e da camada intelectual nesse processo político não é desprezível, assim, via partidária, tenderão a ascender como "assessores do rei", constituindo-se em profissionais da dominação. Terão um discurso muito radical e uma prática muito medrosa.

Elegendo governadores em vários estados, o PMDB, nessa fase de crise do capitalismo mundial, elegerá os administradores da crise, que daqui a um ano ou pouco mais se verão na opção: reprimir o povo e continuar à testa do Estado ou não fazê-lo e ser deposto pelo Poder Federal por não ter "salvaguardado" a ordem.

O PT, que inicialmente constituiu uma esperança de valorização da auto-organização, ao eleger o caminho eleitoral, tende a formar, em cada trabalhador vereador, deputado ou senador, um ex-trabalhador.

Se não definir com clareza seu objetivo em termos de mudança estrutural, poderá ser cooptado pelo regime transformando-se em seu "braço esquerdo".

As eleições de Mitterrand, na França, e de Gonzalez, na Espanha, mostraram a tendência do capitalismo em crise: optar por solução "social-democrática" (reformar para não mudar). Isso, na França, tem levado Mitterrand a propor o congelamento de salários e a realizar uma política de "austeridade", na mesma linguagem que o ministro Delfim Neto usa aqui há anos; e economistas do PMDB propõem como "solução alternativa" para a crise: racionalização. Esse conceito pode significar, para o trabalhador, a manutenção das condições terríveis de trabalho, superexploração de sua força de trabalho.

Vença quem vencer as eleições, nada muda no interior das fábricas, nos campos e nas oficinas. Nos escritórios, nos bancos, nos hospitais.

As relações hierárquicas de dominação e exploração continuarão as mesmas, só que administradas por um governo que, em "nome do povo", poderá lhe pedir "sacrifícios" e, se for o caso, usar o aparelho repressivo do Estado como o usaram todos que ocuparam o poder, de Cabral até hoje.

Não há soluções mágicas ou milagrosas. Um bom ponto de partida é definir que só mediante a ação livre e direta de todos os assalariados, auto-organizados em seus locais de trabalho, o trabalhador pode esperar ser ouvido e ter um lugar ao sol. No processo de suas lutas, os trabalhadores aprenderão a se conhecer melhor e a conhecer aqueles que em seu nome querem falar. Não há vida por procuração, cada um tem de viver a sua, assim como não há luta por procuração, cada grupo humano tem que se auto-organizar para travar sua luta. A união dessas lutas será mais significativa que qualquer eleição. A solidariedade é o maior exemplo. O resto é literatura, e má.

Concluindo, a ilusão eleitoral faz parte da "ilusão do político", na qual intelectuais e políticos tendem a crer como suas (independentes da base econômica) as metas que se propõem a si e aos outros.

O dilema da estrela: branca ou vermelha?*

A vitória do PT com a eleição de prefeitos em cidades do porte de São Paulo, Porto Alegre, Vitória, ABCD (Santo André, São Bernardo do Campo, São Caetano do Sul e Diadema) surpreendeu o mundo político nacional; idêntica à surpresa causada quando do lançamento do PT como partido operário de massas, conjugando forças advindas do movimento sindical, dos movimentos sociais de base e das tendências ideológicas minoritárias de caráter marxista.

---

* *Jornal da Tarde*, 19/12/1988.

O PT surgia em um Brasil onde a esquerda estava viciada em uma concepção estreitamente leninista de partido, quando não stalinista, enfatizando unilateralmente o papel de "vanguarda" do partido. A viabilização do PT como partido acompanhou o fracasso de tentativas de um partido popular, entendido como expressão de uma suposta "frente popular". Tais grupos ainda insistem em caracterizar o PT como uma espécie de "partido tático" de coligação.

No plano exterior, o PT encontrou seus opositores nos setores mais burocratizados da chamada esquerda, como o PCB (Partido Comunista Brasileiro), o PC do B (Partido Comunista do Brasil) e o MR-8 (Movimento Revolucionário 8 de Outubro).

Por sua vez, os setores oriundos do sindicalismo combativo e das comunidades eclesiais de base vieram ao PT não na base de nenhum esquema marxista apriorístico, tão a gosto dos doutrinários, mas pela vida do "movimento real da classe" das grandes greves de 1978, que abalaram o militarismo e fizeram surgir um operariado calcado em duas vertentes: a "experiência" – vivida da classe nos embates político-sociais das greves – e o "movimento" – em que a mesma classe age socialmente por meio de sua prática social-política.

Já em 1981, por meio de um boletim, *Governe o Brasil, entre para o PT*, o partido já afirmava sua intenção de exercer o poder; aliás, qual partido não o quer?

Só que as condições de exercício do poder pelo PT apareciam no boletim do partido, editado em 1981, nos seguintes termos:

> Se você é trabalhador e acha que a situação não está boa; se você quer que o Brasil seja um país onde todos tenham garantia de emprego e um salário digno; se você quer um serviço de atendimento médico e ensino de boa qualidade e inteiramente gratuito; se você entende que o preço dos aluguéis é muito elevado e que os impostos são um roubo contra o trabalhador contribuinte; se você quer ter o direito de se organizar em um sindicato independente e que lute por seus direitos; se você acha que os trabalhadores rurais devem ter a terra que necessitam para plantar; enfim, se você acha que está tudo errado e que o Brasil precisa ser governado de uma maneira justa e honesta, venha então somar forças conosco e construir o PT – Partido dos Trabalhadores. Entre para o PT e governe o Brasil.

Assim, no *Texto de Apoio – PT*, de caráter interno – com subtítulo "O que é a consciência política e para que serve o Partido dos Trabalhadores?" –, o PT procura definir com clareza seu perfil de partido classista, como uma espécie de alavanca para otimizar a ação dos trabalhadores, unindo pensamento à ação transformadora, com a superação da consciência individualista e sua transformação em uma consciência sindical; é quando o trabalhador percebe que ele será ouvido se transformar sua força em uma força coletiva. A consciência sindical aparece como resultado dos enfrentamentos entre capital e trabalho no espaço da fábrica.

Porém, a consciência sindical é um momento da formação da consciência operária; ela fundamentará a consciência política. Essa última aparece quando o trabalhador percebe que são necessárias mudanças estruturais na sociedade, e isso só é possível com a ascensão social e política da classe trabalhadora em seu conjunto.

O PT aparece como um partido político que apresenta um programa e uma linha política coerente, uma estrutura organizacional (administrativa) estável, que coloca em prática no cotidiano os princípios gerais.

Com o surgimento do PT, seus organizadores visualizaram a possibilidade de a luta entre capital e trabalho sair dos limites fabris; da luta de uma categoria sindical para uma luta mais ampla que envolva a classe em seu conjunto. Essa luta envolve claramente a chamada conquista do poder político, entendido o poder político de uma classe como a capacidade que ela tem em tornar hegemônicos seus interesses, ou melhor, em tornar universais seus interesses particulares ou apresentar como do interesse da sociedade o que é do interesse de uma classe minoritária ou até de uma fração dessa classe.

O que ocorre é que, na atual sociedade, os que têm poder econômico tranquilamente podem dedicar-se a atividades políticas, formar inúmeros partidos, pertencer a facções de inúmeros outros ao mesmo tempo, enquanto o trabalhador não dispõe de tempo nem de recursos para tal atividade. Por isso, o texto *Para que serve o Partido dos Trabalhadores?* insiste em que eles têm interesse em acabar com um sistema no qual os "representantes" vão decidir a política longe do povo, alertando, porém, que o que existe não acabará de um dia para o outro. Apela para a organização de número cada vez maior de trabalhadores, que estes ganhem cada vez mais experiência na luta para mudar as leis, melhorar a situação e mostrar a todo mundo que é possível mudar as coisas quando se luta unido.

O documento citado mostra como a luta para mudar as leis e melhorar a situação é uma luta de longo prazo, como os partidos das classes dominantes se contentam em disputar postos de governo e mamatas, defendendo os interesses de um ou outro grupo econômico dominante. Quando surgem partidos propondo melhorias ao povo – alerta o documento – eles são criados longe do povo; daí concluir que a libertação dos trabalhadores deve ser obra dos próprios trabalhadores, isto é, que eles não devem deixar que alguns poucos façam política para os demais, que a política continua sendo uma "especialidade" de políticos profissionais.

No momento em que foi lançado o PT como partido de massas, não havia nenhum partido operário desse tipo no país. O PCB, por exemplo, havia surgido na ilegalidade em 1922, vegetaria até 1935, quando articulou a ANL (Aliança Nacional Libertadora), esmagada pelo golpe de Estado getulista em 1937. Vegetou na obscuridade até 1945, fim da Segunda Guerra Mundial. Entre 1945 e 1947 desfruta de dois anos de legalidade, constituindo-se em partido de massas, mas sua sujeição à chamada "linha justa" (dos PP CC do mundo todo) impediu seu crescimento; em 1947, início da Guerra Fria, volta à ilegalidade, da qual emerge muito pouco tempo antes.

Pode-se dizer que, até então, os trabalhadores não tinham sequer ideia de uma ação autônoma ou independente da classe, entendidos os trabalhadores oriundos das grandes migrações rurais–urbanas, no período compreendido entre 1937-45, que formaram o proletariado urbano das principais cidades brasileiras e que iriam fornecer a massa de manobra ao PTB e ao "populismo" em seu conjunto.

A radicalização das lutas sindicais, que chega ao auge em 1978, empurra os grevistas à esfera política; daí a formação do PT com os inúmeros grupos que permeiam sua composição interna.

Por sua vez, começou a tomar corpo no PT a influência dos parlamentares, em sua maioria com uma visão do partido como máquina eleitoral, atrelados ao legalismo, às mobilizações eleitorais.

No plano interno, verifica-se a existência de inúmeros grupos trotskistas, vinculados a orientações europeias da Quarta Internacional, em torno dos jornais *Em Tempo* e *O Trabalho*. Há uma corrente vinculada a uma orientação latino-americana trotskista em torno do jornal *Convergência Socialista*. Todos preocupados em criar um núcleo marxista–leninista no partido, que consiga transformá-lo em vanguarda, no sentido leninista do termo.

Os grupos oriundos dos movimentos sociais urbanos se articulam em torno do Partido Popular Socialista e das "comunidades de base", dando maior penetração à Igreja no PT, via diversas "pastorais", e ao que se convencionou chamar "política basista".

Porém, há o grupo majoritário – Articulação –, formado por sindicalistas oriundos do ABC (Santo André, São Bernardo e São Caetano) e intelectuais independentes, que detêm o controle da máquina do partido, formado em 1983 com o nome Articulação dos 113, a partir de um manifesto com 113 assinaturas. Esse manifesto foi lançado em junho de 1983. Entre outras coisas dizia:

> Estamos convencidos de que o PT vive, hoje, um momento muito difícil, mas não aquela crise que seus inimigos apregoam. Diante disto, resolvemos nos articular para uma intervenção coletiva na vida de nosso partido.
> No entanto, afirmamos, neste momento, a vigorosa vontade de milhares de militantes, que, apoiados no reconhecimento da necessidade histórica do PT, querem fazer do partido um dos instrumentos para os trabalhadores construírem uma sociedade socialista, em que não haja explorados nem exploradores.
> Defendemos, assim, o PT como um partido de massas, de lutas e de democracia. Combatemos, por isso, as posições que, por um lado, tentam diluí-lo em uma frente oposicionista liberal como o PMDB de ação predominantemente parlamentar–institucional; ou que se deixam seduzir por uma proposta "socialista" sem trabalhadores como o PDT. Também combatemos aqueles que, incapazes de traduzir nosso papel em termos de uma efetiva política de organização e acumulação de forças, encerram-se em uma proposta de partido vanguardista tradicional, que se autonomeia representante da classe trabalhadora.
> [...] Somos contra aqueles que, também não se submetendo à democracia interna do PT, subordinam-se a comandos paralelos e priorizam a divulgação de suas posições políticas, em detrimento daquelas do próprio partido. Ao contrário daqueles "iluminados", não temos respostas para todos os problemas do PT. Nem temos a receita infalível para superar a crise econômica do país, para vencer a ditadura e para chegar ao poder.

Há que esclarecer que esse documento, defendendo um PT de massas, de luta e democracia e criticando o "vanguardismo" partidário, os "iluminados", realiza uma profissão de fé tipo Labour Party ou no nível dos partidos social-democráticos, criticando o leninismo e as tendências minoritárias do partido. É bem verdade que essas tendências em nenhum momento pensaram em criar um partido paralelo ao PT, mas, sim, em influir em seu seio para que suas teses sejam hegemônicas no partido; por isso, sempre defenderam a necessidade de "democracia interna" no partido. O documento da Articulação critica também aqueles que obedecem a comandos "paralelos", esquecendo-se de que muitas das propostas dos sindicalistas da Articulação foram encaminhadas como posições próprias, sem discussão no PT.

O grupo Articulação conseguiu uma hegemonia no partido, marginalizando setores à direita e à esquerda. São sindicalistas unidos à *inteligentsia* petista, com participação de setores da Igreja e um setor oriundo da ALN, que se expandiram pelo país.

O grupo foi derrotado em duas ocasiões: na eleição da diretoria do Sindicato dos Químicos, quando o presidente da gestão anterior se elegeu contra o candidato da Articulação e passou a pertencer aos quadros do PT; e na eleição de Luíza Erundina à prefeitura de São Paulo, apoiada pelos movimentos de base e pelo Partido Popular Socialista (Poposo), quando a Articulação apostava na candidatura de Plínio de Arruda Sampaio. Embora convidado a exercer o cargo de secretário do Planejamento, preferiu retornar à Câmara Federal e trabalhar na articulação da candidatura de Lula à presidência.

O documento *Articulação: uma proposta de massas e socialista*, em seu item 83, considera que "algumas tendências dentro do PT constituem partidos dentro do partido. Tem havido um bloco entre elas [as tendências] para impor ao partido a tática geral e diversas táticas setoriais", enfatizando, no item 87 do documento, que, "dentro das atitudes mais doutrinaristas adotadas pelas tendências organizadas dentro do PT, ganha destaque a posição socialista", ressaltando tratar-se de fórmulas genéricas a respeito, longe da realidade.

O documento propõe a destruição radical com a ordem burguesa, do Estado burguês, considerando ser a destruição do Estado burguês passo necessário à constituição de uma sociedade sem classes. Reconhece a expansão desigual do capitalismo no Brasil, com o convívio de formas avançadas e atrasadas de exploração econômica. A existência de exploração, na qual domina a forma mercantil simples sobre a economia mercantil capitalista, a existência de 2,5 milhões de pequenas empresas familiares, industriais e comerciais e de uma agricultura de pequenos produtores, leva a Articulação a verificar que – conforme o item 90 – "enfim, o Brasil capitalista, desigualmente desenvolvido, não esgotou as formas econômicas pequeno-burguesas, nem a economia mercantil simples".

A Articulação propõe, por meio da disseminação de Comissões de Fábrica e Conselhos Populares, viabilizar o poder das bases, concluindo, em seu item 92, que "nesse sentido, com efeito, vale lembrar que o poder, para o socialismo, não apenas se toma, mas se constrói, na luta secreta do dia a dia, desde já".

No entanto, a Articulação não fica em generalidades. Por meio do documento *Articulação: um novo período*, o grupo discute, no item 54, os problemas de organização mostrando que, para combater o voto de cabresto, desenvolveram-se as pré-convenções, em que as questões em pauta são discutidas e votadas. Reconhecendo que

> na prática, não conseguimos não só eliminá-lo, como criamos uma série de entraves a uma participação massiva nas deliberações do partido. Nossas pré-convenções são caracterizadas por reuniões longas, com pautas carregadas em geral, muitas vezes conduzidas em linguagem de difícil acesso. Disso resulta que, na maioria dos casos, enquanto um pequeno número de militantes discute a pauta, a maioria dos filiados é chamada (muitas vezes de carro) para assinar a lista de presença e dar quórum. Sua participação é, assim, absolutamente passiva, reproduzindo as formas tradicionais de clientelismo.

Surgido de uma dissidência do PC do B, há o PRC (Partido Revolucionário Comunista), que esclarece cabalmente: seus militantes participam do PT como os demais filiados, segundo as normas internas do PT. Colocam-se favoráveis ao princípio da unidade de ação e da necessidade de determinada disciplina organizativa própria de um partido de massas com milhares de filiados e que integra as mais diversas concepções. Concluindo que, é claro, o PRC não é uma fração, tendência ou partido dentro do PT.

Embora o sindicalismo combativo tenha historicamente a tendência à ampliação e consequente burocratização concomitante, considerando o processo brasileiro, ele é uma das alavancas do PT; é muito claro perceber que cada instituição tem uma tendência a desdobrar suas funções, a perpetuar-se e a tornar-se seu próprio objetivo.

É necessário ter clareza quanto ao fato de que quanto mais forte se tornar o movimento sindical, mais ele tem tendência ao corporativismo, ocupado exclusivamente com seus interesses imediatos e restritos, desenvolvendo em seu seio uma burocracia que, como sempre, tem como objetivo fortalecer-se e crescer. É importante não perder de vista que o sindicalismo na atual situação está condenado a ocupar-se mais dos interesses de determinada categoria profissional de operários que do interesse do público em geral: os interesses do sindicato pesam mais que os interesses dos desempregados e da classe operária como um todo. Na medida em que os sindicatos são abertos a todos, suas opiniões sobre a generalidade da organização da sociedade perdem a importância. Quanto mais se amplia o sindicato, mais sua maioria se ocupa das pequenas questões momentâneas. Verifica-se uma tendência de eles se assegurarem uma situação privilegiada, criarem dificuldades para admissão de novos membros, uma tendência a entesourar fundos que temem depois comprometer, a procurarem o apoio dos poderes constituídos, absorvendo-se inteiramente no apoio mútuo, e a se tornarem um elemento conservador na sociedade.

Somente a existência real de um projeto socialista tornaria impossível o predomínio do egoísmo e conservadorismo sindical, o espírito corporativo, a acumulação dos capitais sindicais investidos, a confiança nas "boas" funções do Estado, as relações amigáveis com os patrões, a nomeação de empregados, os burocratas remunerados e os funcionários permanentes. Por sua natureza, o sindicalismo tende ao reformismo. Nesse sentido, nos parece que a evolução da CUT (Central Única dos Trabalhadores) caminhará a cada vez mais para uma maior aproximação à CGT, conforme ilustramos a seguir. Isso não quer dizer que desconheçamos o papel positivo do sindicato sob o capitalismo: organizar a resistência operária na luta econômico-social. Há outro aspecto do sindicalismo comum, o existente no país, a ser considerado: o grave não é aceitar um cargo de direção sindical, o grave é perpetuar-se no cargo.

A renovação dos chamados "dirigentes sindicais" é fundamental, seja para capacitar um número cada vez maior de trabalhadores a exercerem funções administrativas, seja para impedir que o trabalho de organizar se transforme em uma profissão. Quem fala em abolir o governo e substituir a administração dos homens sobre as coisas, esquece que a administração das coisas tem o domínio sobre os homens.

Ao lado do sindicalismo burocrático, que por meio da CUT constitui uma das alavancas do PT, alavanca carregada de perigos de burocratização, está a ênfase na atuação eleitoral e parlamentar com que ultimamente a facção dominante do PT tem marcado sua atuação.

O parlamento no regime atual, no Brasil, é parte integrante do Estado; é a casa legislativa do Estado, em que vigora a chamada "soberania popular", em que a lei é feita pelos representantes do povo – veja-se o aumento salarial dos "representantes" do povo, na calada da noite, para quatro milhões de cruzados. Teoricamente, representam a vontade da maioria; na prática, ela é o resultado de uma série de transações e ficções que falsificam a autêntica vontade popular.

O que se observa é a existência de parlamentares altamente "radicais" na campanha, quando seus discursos parecem "apelos às armas"; eleitos, voltam ao regaço do conservadorismo.

O parlamento cria uma categoria de "políticos" com seus interesses específicos, geralmente opostos aos do povo. O caminho do reformismo é o da legalidade, é tranquilo, mas cheio de armadilhas. A participação vitoriosa do PT nas eleições municipais, o lançamento de Lula como candidato a presidente e a participação do partido nas futuras eleições estaduais reforçam os traços reformistas que acentuamos anteriormente.

Caso siga o caminho do reformismo parlamentar no estilo da social-democracia alemã ou do Labour Party (Partido Trabalhista inglês), o PT tenderá a ser o grande partido de massa de trabalhadores assalariados, do pequeno comércio e da pequena indústria.

A tática eleitoral e parlamentar acabou, na Europa e nos Estados Unidos, com o espírito revolucionário das massas e conduziu à abdicação do socialismo. Os partidos da Segunda Internacional Socialista e os da Terceira Internacional Comunista ocupam, com os de prefeitos eleitos por suas legendas, papel importante nas administrações municipais italianas. Fazem até uma boa obra administrativa; são bons administradores, porém, talvez liberais, socialistas jamais!

Penso que não tem cabimento a nenhum partido que se diga representante dos trabalhadores opor-se às reformas sociais, esperando de braços cruzados a vinda de um Dom Sebastião socialista para salvar o povo esquecido e humilhado. Nada disso. Deve-se lutar por reformas, aqui e agora, sim; a crítica que fazemos ao reformismo embutido em uma política que acentua o parlamento e o eleitoralismo é que o reformismo torna impossíveis as reformas, inclusive.

Conclusivamente, podemos dizer que, no interior do PT, há uma luta entre várias tendências, definida ideologicamente por seus jornais internos, pelos grupos vinculados aos movimentos sociais, à Igreja e às CEBs, pelos intelectuais independentes e pelos sindicalistas provindos do movimento sindical. A predominar a linha eleitoral-parlamentar no PT, os interesses eleitorais poderão ou não levar a melhor sobre todas as razões doutrinárias concernentes ao futuro. Para ilustrar melhor o rumo social-democrático adaptado ao Brasil que o PT está trilhando, "aqui e agora", nada melhor que a palestra proferida por Luiz Inácio Lula da Silva a alunos, funcionários e professores da EAESP (Escola de Administração de Empresas da Fundação Getúlio Vargas), dias atrás, cuja fita gravada está à disposição de qualquer leitor que queira ouvi-la na EAESP.

Luiz Inácio Lula da Silva incita os empresários paulistas a se modernizarem: que compreendam que estamos no pré-capitalismo, tal a visão dos empresários atuais sobre distribuição de renda, assinalando que empresários evoluídos ficam marginalizados em suas entidades de classe. Argumentando que o direito à cidadania está vinculado à distribuição de renda, criticando a falta de democracia interna nas fábricas, onde não é permitida a formação de uma Comissão de Fábrica, afirma sua crença em Deus como símbolo da fraternidade, amor e justiça. Enquanto isso, o empresário nacional – pequeno – deve ter privilégios no sistema financeiro. Em relação à ação sindical, define Lula não haver diferença entre a CUT e a CGT; andarão juntas por muito tempo, não há diferença entre Meneguelli, Joaquinzão e Luiz Antonio: a pauta de reivindicação é idêntica.

Em relação ao PT e às classes sociais, admite Lula que todos os segmentos (ou classes) sociais possam estar lá representados. Salienta que o PT apresentará a Sarney um plano de emergência, quando cabia ao PMDB fazê-lo. Para ele, no dia em que houver um governo que a sociedade perceba que é sério, algo mudará. Conclui dizendo que no país, de 1964, consumiam-se quarenta quilos de carne por ano por habitante, e hoje se consomem 11.

Conclusivamente, por tudo que foi enunciado anteriormente, parece-nos que, a predominar como tendência hegemônica àquela vinculada a Lula, o PT se definirá como um vasto partido de trabalhadores com caráter de partido de massa, amparado em um movimento sindical amplo, que tenderá a crescer cada vez mais e em movimentos sociais, que pressionarão por reformas concretas. Por tudo isso, estamos diante de um estilo social-democrático de atuação política, o que não significa mera cópia de modelos europeus, já porque Brasil não é Europa.

Outro elemento que o leitor arguto deverá considerar é a inevitável distância entre as afirmações abstratas em documentos partidários, a manifestação verbal de líderes acatados em conferências ou comícios públicos e a prática política real no cotidiano.

Rathenau e a crise do liberalismo alemão*

Walter Rathenau

Filósofo, político, técnico e economista, Walter Rathenau foi um dos maiores industriais alemães. Sua obra define um homem de ação e pensamento profundo, uma visão profética de um futuro presente, ocupando o primeiro plano entre os ensaístas sociais contemporâneos.

Como Fichte, admitia a sociedade dos "perfeitos" e defendia a existência do "reino do espírito", inserida em sua visão de mundo.

> Quem quiser medir a significação de Rathenau, deverá situar sua personalidade no centro de sua criação, compreendendo assim tudo que ele é e tudo que ele faz. Ele próprio, assim o queria (Kessler, 1928, p.7).

Descendente de uma antiga família de industriais alemães, nascido em 29 de setembro de 1867, em Berlim, onde seu pai, Emil Rathenau, adquiriu uma pequena fábrica de máquinas em sociedade com um amigo.

Com a crise de 1873, Emil Rathenau deixa a direção da pequena fábrica, realizando viagens de estudos, visitando sucessivamente Viena, Filadélfia e Paris. Na Exposição Universal, em Paris, vê pela primeira vez a lâmpada incandescente inventada por Edison. Contrariamente ao ceticismo da época, Emil Rathenau vê nessa lâmpada uma revelação. Reconhece que o futuro pertence à lâmpada incandescente, que não se tratava somente de uma lâmpada de luxo, mas sim, um processo econômico de iluminação de utilização universal (Kessler, 1928, p.18).

Em 1881, compra a carta-patente em nível europeu da invenção de Edison, criando um Comitê de Pesquisas, fundando a Deutsche Edison Gesselschaft for Angewandte Elektrizitat [Sociedade Edison Alemã de

---

* TRAGTENBERG, M. Relatório de pesquisa. São Paulo: Escola de administração de empresas de São Paulo – Fundação Getúlio Vargas, s. d.

Eletricidade Aplicada] que se torna mais tarde a AEG (Allgemeine Elektrizitats-Gesselschaft – Sociedade Geral de Eletricidade).

Essa empresa teria início em 1914, com capital de cinco milhões de marcos rapidamente ultrapassados para quatrocentos milhões de marcos, empregando 62 mil operários e funcionários em 150 filiais espalhadas pelo mundo.

Emil Rathenau foi um dos pioneiros da grande indústria alemã e um precursor dos "trustes" horizontais. O que ele dizia na época, "correspondia ao futuro" – escreveu o próprio Walter Rathenau – "e esse futuro, ele antevisava tão claramente como nós visamos o presente" (Rathenau, 1925a, v.15, s. p.).

Emil Rathenau possuía uma visão nominalista das coisas, não pensava em termos de categorias, mas em termos do específico: "devemos ganhar dinheiro para os acionistas" – costumava ele repetir – "é nossa única tarefa, ela só terá possibilidade de realização na medida em que asseguremos à empresa uma alta taxa de lucro" (Kessler, 1928, p.21).

Enquanto o pai estava interessado em coisas pedestres em uma empresa, o filho, Walter Rathenau, estava orientado por interesses artísticos e vivia em companhia de artistas e escritores. Isso não o impediu de reconhecer, por ocasião da morte do pai, "as qualidades mais elevadas que o Espírito Eterno destina aos homens que ama e abençoa: a simplicidade, a paixão pela verdade e a faculdade de amar" (Rathenau, 1925a, v.12, p.9).

Walter Rathenau, aluno do físico Helmholtz, de Dilthey, defende, aos 22 anos, tese sobre a absorção da luz pelos metais em doutorado. Emprega-se como técnico na Aluminium Industria A.G. (sociedade anônima da indústria do alumínio) em Neuhausen, na Suíça. Em 1893, dirige a Elektrochemische Weke-GMBH (usinas eletroquímicas de Bitterfeld Ltda.).

Nessa época, publica ensaios sobre economia e sociologia no jornal *Die Zukunft*, dirigido por seu amigo Maximilian Harden, iniciando sua carreira de escritor.

Em 1899, deixa Biterfeld com a finalidade de escrever, mas a AEG lhe propõe o cargo de diretor. Aceita a proposta e, durante quatro anos, constrói centrais elétricas em Manchester, Amsterdã, Buenos Aires e Baku.

Deixa a AEG para participar da direção de um banco alemão, o Berliner Handelgesellschaft, reorganizando as empresas industriais pertencentes ao grupo, nas quais tinha participação acionária.

Faz parte dos cem conselheiros da administração, pertencentes aos ramos das indústrias de eletricidade, de metalurgia, de minas, de transporte, de química, de tecidos, do vidro e de potassa, fábricas de automóveis e de pedras preciosas, englobando 86 empresas alemãs e 31 estrangeiras.

Após deixar Biterfeld, vai residir em Berlim; sua casa era frequentada por artistas como Max Reinhardt, E. Munch e Wedekind.

Mme. Hindenburg queria vê-lo ministro, porém, como já havia dito, "sendo judeu, sentia-me cidadão de segunda classe" (Carta de Rathenau a mme. Hindenburg apud Kessler, 1928, p.58). Para um judeu, mesmo burguês, na Alemanha Imperial, a carreira pública era inviável. Profundamente vinculado à atividade econômica, não sentia entusiasmo na participação política (Carta de Rathenau a mme. Hindenburg apud Kessler, 1928, p.58). Sentia a discriminação que sofria o grupo judaico, porém não escondia sua admiração pelo tipo germânico. Para ele, os judeus eram alemães de origem judaica, judeus sem dúvida, mas alemães também, como são os alemães de origem saxã. Pretende levar às últimas consequências a assimilação do judeu na Alemanha, razão pela qual em seu texto *Hore Israel* [Escuta, Israel] se dirige aos judeus que sofrem e sentem-se humilhados por serem estrangeiros, "semicidadãos", pretendendo libertá-los do "gueto espiritual" em que vivem.

Posteriormente, escreverá que é "um alemão de origem judaica, meu povo é o povo alemão, minha fé, a fé alemã que está acima de quaisquer confissões, minha pátria, a pátria alemã" (Rathenau, 1918a, p.99).

Nessa época, publica *Hore Israel, No jardim das Hespérides*, que é um relatório de viagem, *Der Warheit – Rache* [A vingança da verdade], *Rabbi Elieser Wieb* [A esposa do rabi Elieser], *Physiologie der Geschafte* [Fisiologia dos negócios] e *Zur Mechanik der Geistes oder vom Reich der Seele* [Da mecânica do espírito ou do reino de Deus].

Ele não se restringe às atividades de escritor e participa diretamente dos problemas da vida pública alemã. Quando Von Tirpitz e Guilherme II procedem ao armamento naval, Rathenau se insurge violentamente contra o militarismo germânico, criticando o uso da força como instrumento de política externa. À força, ele opõe as forças econômicas, intelectuais e morais. No plano da política interna, protesta contra o absolutismo imperial, lançando a ideia da criação de um partido liberal-burguês de âmbito nacional.

Em 1907, o chanceler, príncipe Von Bulow, vitorioso nas eleições e pretendendo dar uma fachada liberal a seu gabinete clerical, convida Rathenau – a quem considerava mais um jovem milionário diletante do que um liberal a ser levado a sério – a acompanhar, na qualidade de "observador", Dernburg, o secretário de Estado para as colônias, nas visitas às colônias inglesas na África, e no leste e no sudoeste africanos. Em 1908, após duas visitas aos mesmos locais, publica *Reflexionen* [Reflexões] e *Ungeschriebene Schriften'* [Escritos não escritos], e finalmente lança sua obra de maior fôlego: *Zur Kritik der Zeit* [Crítica de minha época], dedicada a Gerhardt Haupmann.

Nesses escritos, defende um critério intuicionista de verdade – antecipando-se a Henri Bérgson,

> apresenta uma imagem da humanidade não como um intelectual que percorre o caminho de demonstração em demonstração, de construção em construção, mas como um artista que de um só golpe evoca a imagem do conjunto, reflexo de uma visão interior unitária (Kessler, 1928, p.7).

É criticado por todos os economistas do mundo acadêmico que se recusam a levar a sério suas incursões na área, pretextando não ser ele um especialista. Outros o criticam achando ridículo o fato de um industrial integrante de centenas e centenas de Conselhos de Administração tornar-se um "profeta do espírito". Outros julgam comprometedor seu ataque ao luxo e suas tendências favoráveis à socialização dos monopólios industriais, à abolição da herança, à taxação rígida da riqueza e à emancipação do proletariado. Outros criticam o fato de ele não viver conforme seus escritos, pois termina por adquirir uma mansão, o castelo de Freienwald.

Entre seus escritos iniciais, *Impressionen* [Impressões] aparecia como uma distração de um milionário diletante, cuja luxuosa apresentação provocava ironia sarcástica. Com a publicação de *Kritik der Zeit* e *Mechanik der Geistes* [O espírito da mecanização] havia ganhado uma corte de inimigos. Rathenau possuía uma lúcida consciência do paradoxo da situação em que vivia: um milionário criticando seus iguais.

Rathenau participa de uma tradição tipicamente alemã: o anticapitalismo romântico dos intelectuais alemães. Segundo seu autorizador e biógrafo Kessler, suas verdadeiras motivações eram mais profundas: era a exigência profunda de viver e pensar em nível profundo as *implicações da mecanização* [grifado por mim]; a razão iluminada pela imaginação esclarecendo em seus mínimos detalhes as condições reais da liberdade interior. Eram as mesmas motivações que lhe fizeram aceitar o cargo de ministro das Relações Exteriores, apesar de todas as advertências aos perigos reais a que se expunha: um fatalismo acentuado que lhe era próprio e que teria herdado porventura de seus antepassados judeus. Por sua estrutura espiritual, pertencia a esse tipo de homens caracterizados por Nietzsche como homens corajosos que antecipam, que preparam (Kessler, 1928, p.146-7).

A preocupação em preservar sua autonomia diante a opinião alheia foi responsável pelo grande número de inimigos. O melhor exemplo disso foi o fato de os eleitores de Frankfurt sobre o Oder pressionarem a retirada de sua candidatura, pois não queriam um judeu que criticava o regime dominante e exprimia pontos de vista opostos ao pangermanismo dominante na época. Tal fato o levou a retirar sua candidatura pelo Partido Nacional Liberal. Isso tudo, porque havia rejeitado a política de militarização naval, defendia a limitação da corrida armamentista e a instauração de uma Corte Internacional de Arbitragem para supervisionar gastos militares, era o que bastava.

Na mesma linha de ideias, Rathenau defendia a formação de um Mercado Comum Europeu em um artigo de 25 de dezembro de 1913, ao pregar como meio de evitar a guerra a formação de uma Entente Econômica Internacional. Nessa Entente, escrevia ele,

> haveria uma união econômica igual e possivelmente superior à dos Estados Unidos da América, na qual não existiram países tidos como improdutivos ou subdesenvolvidos. Ao mesmo tempo se mobilizará contra o fanatismo nacionalista um dardo poderoso. Porque o que impede as nações de adquirirem autoconfiança, apoiar-se mutuamente, são questões de poder, de imperialismo, de expansão... No fundo são questões econômicas. Se a economia europeia se fundisse em uma economia coletiva – isso virá mais cedo que esperamos –, a política também se fusionaria. Isso não constitui a paz mundial, a distensão, porém a atenuação de conflitos, economia de recursos e a formação de uma civilização com base na solidariedade (Rathenau, 1925b, v.1, p.278).

Durante a guerra (1914-18) coube a Rathenau evitar a depressão alemã por eventual falta de matérias-primas, devido ao bloqueio inglês. Após a declaração de guerra, Rathenau se dirigiu ao Ministério da Guerra, em que expôs a situação da economia alemã, sendo nomeado incontinente para organizar a Kriegsrohstoffabteilunf (Departamento de matérias-primas de guerra).

Segundo o *The Times* de 11de outubro de 1915, trata-se de uma história extraordinária, esse milagre industrial. Ele explica a queda de Varsóvia, a grande ofensiva a leste e a manutenção das linhas a oeste. Se os Falkenhayn, os Mackensen, os Hindenburg são considerados grandes soldados alemães, há um personagem que merece ser colocado a seu lado, o industrial alemão Walter Rathenau (Révesz, 1927). É sintomático o fato de o homem que aparece como o "profeta da paz" aparecer também como o organizador da guerra.

Procurando justificar-se, Rathenau declara a M. Berger:

> Ocupei-me das requisições na Bélgica. Fiz isso por dever em relação a meu país. Disseram que minha ação obedeceu a um plano premeditado: arruinar a Bélgica. Não é verdade. Antes da guerra não tinha contato com autoridades militares, não desenvolvi plano algum, acreditava que tudo estava previsto e me surpreendi com a constatação do oposto: restava tudo por fazer. Quando soube, porém, da destruição de igrejas belgas, protestei junto às autoridades. Desde o primeiro dia fui adversário da guerra submarina e condenei abertamente a deportação de civis. (Berger, 1919, p.88-101).

Rathenau deixa o Ministério da Guerra em 31 de março de 1915, após sofrer ataques de elementos *volkisch*, que achavam humilhante recorrer a um civil em assuntos de guerra, e ainda, judeu.

Em 1915, torna-se presidente da AEG. Daí por diante, produz abundantemente no plano intelectual.

Rathenau edita *Von Kommenden Dingen*, em 1917, que se constitui em sucesso editorial, alcançando 62 edições, sem contar as inúmeras edições de sua *Gesammelte Schriften*, que compreendem cinco volumes, cuja primeira edição data de 1918; em 1925 já estava na oitava edição e em 1929 foi acrescida de um volume. Em janeiro de 1918, surge *Die Neue Wirtschaft* e, em 1919, *Der Neue Staat* e *Die Neue Gesselschaft*; na mesma época em que publica *An Deutschlands Jugend, Der Kaiser, Nach der Flut* e *Kritik der Dreifachen*

Revolution, bem como inúmeros artigos de jornais e revistas (Kessler, 1928, p.268).

Industrial, escritor e político, Rathenau toma a iniciativa de fundar círculos e clubes que reúnem personalidades significativas e líderes de opinião. Na Deutsche Gessellschaft, pronunciou duas conferências sobre a atualidade alemã, que foram, em seguida, publicadas. A primeira conferência tinha como tema *O aprovisionamento em matérias-primas* e foi pronunciada em 20 de dezembro de 1915; a outra, publicada em 18 de dezembro de 1916, referia-se aos problemas econômicos da paz. Apesar de pessoalmente ligado a Ludendorff, deste se afasta por discordar da guerra submarina.

Rathenau queria a paz, não, porém, uma paz de submissão, daí aconselhar a resistência em artigos pela imprensa na época, propondo a mobilização em massa. No entanto, vieram a derrota e a revolução. Sua posição ante a revolução está claramente definida nos seus escritos. Durante anos havia criticado a organização econômica, a estrutura política e a estratificação social alemã. Seu maior desejo era colaborar na estruturação de uma nova ordem social, o que não se realizou. Ele foi marginalizado devido a sua situação na AEG e a seu apelo à mobilização total: "Quando a revolução veio" – escreve ele ao social-democrata *Sudekum* – "todos estavam concordes em marginalizar-me" (Rathenau, 1926, p.580).

Durante os meses e anos que se seguem, Rathenau luta desesperadamente para sair do isolamento e colaborar praticamente na edificação do país. Seus artigos constituem testemunho dessa intenção.

Em outubro de 1918, Rathenau publica a obra *Staat und Vaterland*, na qual explicita seus intentos de reforma. Escreve ele:

> O mundo tem necessidade de um Reino de Homens à imagem do Reino de Deus, do Reino do Espírito. O Reino dos Homens é o reino da liberdade e da justiça. Nele não preponderam a riqueza, a herança, o arbítrio, a violência e a submissão, mas sim, a solidariedade. Os governantes não são detentores de privilégios, não são intrigantes, novos ricos ambiciosos, porém homens capazes; a lei suprema não é o poder e a riqueza, mas sim, o espírito. A escravidão dos homens, de classes e de gerações está abolida (Rathenau, 1925b, v.1, p.257).

Após a Revolução de 1918, Rathenau tenta formar a Demokratischer Volksbund (liga popular democrática), cujo programa define seus intentos de reforma nacional:

1. O Volksbund democrático se situa na área da Revolução Alemã.
2. Apela a todos alemães homens e mulheres sem distinção de caráter confessional ou partidário, exceção feita àqueles que servem abertamente à reação.
3. Pleiteia a constituição de um Estado Social livre em um país e povo livres.
4. Classes fundadas na herança não mais existem. Qualquer pessoa qualificada tem direito à ascensão. O militarismo, o imperialismo, o feudalismo e o burocratismo são suprimidos.
5. Todo alemão tem direito ao trabalho e à instrução. Ninguém deve passar miséria.
6. Fortunas, rendas e herança são limitadas.
7. A economia não é assunto privado, é de âmbito social. A produção deve ser aumentada pela supressão de gastos inúteis e perdas em trabalho, material e transporte.
8. Os sindicatos ficam submetidos ao Estado. As empresas deficitárias são estatizadas. A importação e consumo de artigos de luxo são taxados e limitados. A economia deve tornar-se mais moralizada e a vida mais simples (Kessler, 1928, p.270)

A liga durou pouco tempo, dissolvendo-se posteriormente. A burguesia não estava interessada na questão social, e os partidos políticos só tinham um objetivo: a constituição de uma Assembleia Nacional. Rathenau, não podendo ingressar na social-democracia que o havia hostilizado devido sua crítica ao marxismo, pede ingresso no Deutsche Demokratische Partei (Partido Democrata Alemão Populista), nascido da união do Partido Progressista e do Partido Liberal. Nesse partido, Naumann aparece como líder e Max Weber e Hugo Preuss estavam inscritos como membros. O grupo de Weisswasser desse partido convida Rathenau a apresentar sua candidatura, rejeitada porém, pelos populistas da circunscrição de Liegnitz, que o impedem de usar a palavra. Graças a ação de seus amigos, obtém inscrição na lista prussiana em sexto lugar, isto é, inelegível.

Derrotado nessa tentativa, enfrenta o protesto dos independentes diante da inclusão de seu nome na lista dos membros da Comissão de Socialização; seu nome é retirado. O ministro da Economia do Reich, Wissel, dirige a Rathenau ataques indiretos, atribuindo a ele a intenção de transformar a economia alemã em uma imensa AEG. O pior viria quando Ludendorff, perante o Reichstag (Parlamento), em 1919, declara que Rathenau é um derrotista que sabotara os esforços de guerra. Desde esse momento, Rathenau estava estigmatizado como inimigo pelos militantes dos movimentos juvenis racistas e nacionalistas.

A convite do ministro das Finanças, Wirth, comparece à Conferência de Spas, em 5 de julho de 1920, como membro da delegação alemã. Desde o início, Rathenau se destaca na conferência, vencendo Stinnes, que se recusava a cumprir as condições impostas pelos aliados. Com o apoio da maioria dos membros da delegação, Rathenau inicia a "política das realizações".

Em dezembro de 1920, comparece à Conferência de Bruxelas como representante da Alemanha; em janeiro de 1921, à reunião do Conselho Superior de Paris; em março, à Conferência de Londres – na qualidade de técnico –; em outubro, como ministro da Reconstrução do novo gabinete Wirth, assina como *loucher,* o Acordo de Wiesbaden, sobre as reparações em espécie. Em 26 de outubro, deixa o ministério pelo fato de o Partido Democrático retirar dele seus membros como protesto à anexação da Alta Silésia pela Polônia.

Embora deixasse o ministério, nem por isso perdeu contato com o governo e, na qualidade de membro da delegação alemã, vai a Londres tentando convencer Lloyd George a conceder uma moratória à Alemanha, que se declara incapaz de satisfazer as exigências do pagamento de reparações de guerra imposto pelos aliados. Na Conferência de Cannes, em 1922, aparece como chefe da delegação alemã, pronunciando incisivo discurso a respeito da situação interna desse país e das possibilidades de pagamento das reparações. Logo depois, aceita o Ministério das Relações Exteriores oferecido por Wirth. Em abril, na Conferência de Genebra, assina com Titchreine o Tratado de Rapalo, com a URSS.

Por ocasião de sua volta ao país, pela imprensa e em reuniões públicas, Rathenau é responsabilizado pela miséria e derrota alemãs; é acusado de bolchevista, de haver concluído um tratado secreto com a Entente, de haver traído a Alemanha, de pretender colocá-la sob dependência dos judeus.

É assassinado, em 24 de junho, por jovens fascistas. Por ocasião da oração fúnebre, Ebert, primeiro-ministro, manifestou a opinião de que o assassinato de Rathenau havia atingido toda a Alemanha. O fato é que Rathenau era um homem portador de vasta cultura reconhecida por seus contemporâneos. "Possuía a imensidão do saber, explicável somente pela extraordinária capacidade de seu cérebro" (Weiberger, 1924, p.277).

Tal universalidade foi notada por Emil Ludwig, entusiasmado com um homem que sabia construir turbinas, desenhar plantas de casas, transformar fábricas, produzir versos, realizar acordos entre Estados, referir-se com minúcias a respeito da política da China, do último empréstimo contraído pela Alemanha e dos recentes estudos da teoria molecular (Ludwig, 1924, p.134-5).

Em sua *Apologia* e em seu escrito *Na Deutschlands Jugend*, Rathenau traça seu autorretrato, porém não tão perfeito como o havia feito por ocasião da passagem de seu quinquagésimo aniversário, em que enuncia a prioridade da tensão entre duas forças: o espiritual e o estritamente intelectual, quando então declara:

> Constituí minha herança que sempre o compreendera com muita dificuldade e hoje ainda maior, sentir-me em tensão com o que a natureza me destinara. O que ela não me concedeu como característica básica foi a meditação, mas a essa herança ele agregou um elemento voluntarista que me impulsiona em direção da ação. A natureza fundiu as duas origens de meu sangue antigo: o elan em direção à realidade e em direção ao espírito. Minha juventude transcorreu permeada de lutas e dúvidas, pois jamais tive consciência plena dessas oposições. Sentia-se estéril no plano espiritual enquanto a fadiga tomava conta de meu corpo (Rathenau, 1925b, v.6, p.99).

Para ele, essa dualidade seria vencida pelo espírito, daí sua profissão de fé:

> Eu creio que o espírito se eleva por degraus em número infinito, desde o caos imemorial até o espírito de um átomo de éter, depois o espírito do mineral, da substância orgânica, da célula, da planta e do animal, até o espírito do homem e mais além, as culminâncias que escapam à apreensão intelectual. O mundo dos espíritos é o único verdadeiro. De suas leis pouco conhecemos. Entretanto, a maravilhosa variedade de sua originalidade e organização determina que captemos, pelos nossos olhos, formações espirituais dotadas de uma consciência própria, de associações de células, de formigueiros, de enxames de abelhas, de cidade e nações humanas. O homem é uma criatura da transição. Nele, a forma espiritual, definida pelo intelecto, e a vontade própria atingem seus limites e outra mais acabada surge. É o reino do espírito. Não há ações morais, mas um estado moral que... Exclui a má ação (Rathenau, 1925b, v.6, p.157-60).

Para Rathenau, a alma das massas permanece prisioneira das malhas da mecanização. Para fazê-la renascer, é importante conquistar a liberdade; para conquistá-la, é importante libertar os proletários da servidão eterna em que vivem. "O reino do espírito implica uma reforma econômica, política, social e espiritual" (Rathenau, 1925b, v.6, p.98).

Isso tudo será obra da juventude alemã, daí Rathenau dirigir-se a ela:

> É a vocês, juventude alemã, que eu me dirijo. A minha geração, quase nada tenho a dizer. A entrada neste Reino do Espírito só pode ser fruto de sua decisão e responsabilidade. Mas, se não ouvir, falarei em solilóquio, falarei a meu Criador; é necessário que fale, embora saiba que toda palavra suscita a oposição daqueles que me perseguem e odeiam. Virão outros, com maior amplitude espiritual, coração mais puro, que obrigarão a crer no que eles anunciam. Nada justifica a vontade de ser compreendido que a fé no espírito e em sua realização (Rathenau, 1925b, v.6, p.99).

Terminado esse ligeiro introito, abordaremos, em seguida, a postura de Rathenau a respeito da mecanização, sua crítica a esse processo como oriundo do crescimento populacional vinculado à emergência do pensamento intelectual utilitarista. Posteriormente, abordaremos sua doutrina do "Rino do Espírito". Em seguida, abordaremos o tema da liberdade em sua obra e sua crítica à ordem econômico-social atual e ao marxismo e, finalmente, suas proposições de reorganização socioeconômica e sua postura diante das tentativas de socialização no pós-guerra alemão. Nisso, cremos, estão consubstanciadas suas contribuições ao pensamento econômico, político e social ocidental, em um dado momento de seu desenvolvimento histórico.

As causas da crise moderna residem, para Rathenau, na mecanização. Para ele, a mecanização está ligada ao crescimento populacional, à vontade de viver de seres humanos que procuram meios de subsistência como compensação ao crescimento populacional. A mecanização aparece também, por meio da divisão de trabalho, do maquinismo, do capital, da organização burocrática e da racionalização de recursos. Ela criou o homem moderno, segundo Rathenau, como síntese do *homo economicus*, homem nietzscheano e soreliano, homem racional, considerando-se um fim em si mesmo, e o homem desamparado diante desses eventos. A mecanização, para Rathenau, significa o triunfo do racionalismo, do intelectualismo; ela matou o transcendente. Como solução, Rathenau aponta a necessidade de libertar o espírito do "colete de ferro" da mecanização, reencontrando com valores absolutos, fins, convicções e valores, cuja inexistência é a grande causa dos desequilíbrios modernos.

A crítica à mecanização efetuada por Rathenau é paralela à glorificação do elemento germânico, aí se notam influências de Vacher de La Pouge, H. S. Chamberlain. A crítica da mecanização se alia à crítica da uniformidade da forma de vida urbana; essa uniformidade atinge o âmbito intelectual, pois a mesma peça de teatro é representada em Berlim e Paris; as lojas expõem os mesmos objetos em Londres e Nova York; o mesmo problema científico preocupa homens das regiões mais diversificadas; idêntico escândalo os leva ao riso; a mesma cozinha os alimenta; vivem cercados dos mesmos objetos. Jamais durante a Idade Média, duas cidades próximas no mesmo país, Colônia e Nurenberg ou Gênova e Veneza, foram tão iguais nos aspectos essenciais como o são atualmente Londres, Nova York e Berlim (Rathenau, 1925b, v.1, p.14).

A sociedade ocidental, para Rathenau, caracteriza-se por um processo de *perpétua mudança*, como um de seus componentes originais.

> O que se produziu no decorrer dos séculos? Que acontecimentos mudaram os homens, seus corpos e espíritos? Que acontecimento dominou o espírito humano para que ele transformasse tão completamente o mundo que o cerca, e essa transformação reagisse sobre o espírito e a alma? Há um elemento básico que é a origem de nossa época e deste mundo novo que nos envolve e domina absolutamente, sem que possamos encontrar nada parecido no passado (Rathenau, 1925b, v.1, p.18).

Enquanto outros ensaístas contemporâneos seus procuravam explicar a peculiaridade da civilização ocidental por meio de uma origem guerreira, religiosa e científica comuns, ou contida no espírito do prussianismo modernizador, Rathenau formula a demanda básica:

> De onde vem a máquina? Do progresso, da técnica. De onde vem a técnica? Ela é ciência aplicada. Como surgiu a ciência no Ocidente? Ela foi um produto antitético da escolástica, aí se pode remontar a origem do mundo ocidental. (Rathenau, 1925b, v.1, p.20).

A peculiaridade do surgimento da ciência e da técnica ocidentais é uma demanda comum ao historicismo alemão. Ela remonta a Dilthey, Marx e Weber e prossegue por meio de Rathenau. Responde a essa indagação a necessidade alemã de compreender "sua circunstância", sua especificidade, opondo-se aos laivos universalistas da "Ilustração francesa". Trata-se de traçar o autorretrato, sem retoques, de uma Alemanha de capitalismo retardatário diante o arranco modernizante anglo-francês. Isso leva à pergunta do "específico", dos traços singulares que caracterizam a civilização ocidental, como temática crucial do pensamento social alemão, na transição do século XIX ao século XX.

Tanto para Marx como para Rathenau, toda economia política se reduz ao problema do "tempo"; é ele a mola mestra do sistema, a economia de tempo é o alvo a atingir sob o capitalismo; ela leva à economia universal sujeita às leis que regulam, na opinião de Rathenau, fundado em La Pouge, à densidade populacional, que origina, por sua vez, a condensação e transferência de população.

> A economia individual significa isolamento. A economia universal significa estreitas ligações. A economia universal vive da acumulação, da economia de tempo, da economia de recursos materiais. Hoje em dia, ainda, a economia universal é tão inconcebível em um povo com pouca densidade como economia individual em uma população com grande densidade. Daí a economia universal aparecer necessariamente quando certa condensação se realiza (Rathenau, 1925b, v.1, p.22).

Ela cria uma dupla consequência, a condensação que cria sua compensação.

> é a mecanização que, num planeta superpovoado é responsável pelas condições de existência e subsistência de inúmeras pessoas, essa mutação se exprime na constituição espiritual de nosso povo sob a forma de *desgermanização* (grifado por mim) que criou um novo material humano singularmente bem adaptado à mecanização (Rathenau, 1925b, v.1, p.36-7).

Para Rathenau, a condensação ameaça a mutação das raças e isso cria condições necessárias à crescente mecanização da produção, da sociedade e da existência humana. É a razão pela qual os germanos ocidentais eram incapazes de provocar ou suportar esse processo, pois ao utilitário repugna uma natureza pura e plena da bravura, enquanto o medo se refugia no futuro, destruindo o presente. A mecanização é obra de oprimidos; homens inferiores condicionados pela escravidão desenvolveram o hábito do trabalho paciente e qualidades como habilidade, invenção, vontade tenaz e alegria da posse. Somente eles eram capazes de invenções, traziam em seu saco a espada de marechal do homem mecanizado (Rathenau, 1925b, v.1, p.89-91).

Nota Rathenau que somente o Ocidente conheceu níveis tão altos de condensação e aumento populacional, o que inexistiu na Roma Antiga, na Grécia antiga, "onde um procônsul era suficiente para levar à capital os tesouros dos Atalidas; não havia necessidade de fábricas e produtos destinados à exportação (Rathenau, 1925b, v.1, p.51).

No decorrer da exposição, Rathenau abre uma exceção à China. Ele reconhece que esse país possuía uma população densa e ativa, porém, não possuía uma ciência sistemática:

> Um espírito ideal, assimilando o que se conforma com a uma ordenação, deve renunciar à contemplação transcendente e voltar-se com amor aos fatos, em direção ao que parece secundário, para separar por toda uma existência, grão por grão, o constante do fortuito, sem esperança em possuir jamais o símbolo do mundo, que só pode germinar em uma semente pura. Inversamente, para que a ciência se transforme em técnica, é necessário que espíritos práticos, capazes de atingir os ramos mais elevados e abstratos da ciência e retirando em um gesto prometeico o que é necessário às necessidades terrestres (Rathenau, 1925b, v.1, p.51-2).

Só na Alemanha se juntou a idealidade germânica com a tenacidade e com a habilidade pangermânica. Essa união possibilitou a mecanização. A unificação, para Rathenau, surgiu com a mecanização e sua influência no crescimento populacional, aliada à desgermanização resultante de mutações sócio-históricas de grupos sociais antigos.

O que é mecanização? Rathenau responde que ela se caracteriza

> pela predominância do espírito de especialização e abstração, de uma obrigatoriedade aceita, da predominância do espírito utilitário vinculado a fins nos quais inexiste a surpresa, o humor. Há uma complexa uniformidade que justifica a escolha do termo mecanização para referir-se a coisas do sentimento (Rathenau, 1925b, v.1, p.48).

Reagindo a Malthus, que defende a tese do crescimento populacional em nível geométrico, contrastando com o crescimento econômico em ritmo aritmético, Rathenau afirma que a população em seu processo de crescimento é um agente da mecanização. A vontade de viver dos povos atua como veículo da mecanização. Por sua vez, a densidade crescente da população ocasiona a desgermanização e a mecanização. Como fazer frente à limitação da superfície habitável da terra e às matérias-primas sempre escassas? Ele responde que

> só é possível, de uma forma, enfrentar esses problemas: aumentar em muito a produtividade do trabalho humano e utilizar o mais completamente possível os bens produzidos por ele. O crescimento da produtividade econômica do trabalho material é a fórmula que constitui a base da mecanização do mundo (Rathenau, 1925b, v.1, p.43).

A divisão do trabalho leva à organização da produção e a maior consumo. Procura-se a maior produtividade no trabalho e a otimização dos recursos. A humanidade economiza quando constrói casas, fábricas, lojas, navios, canais, estradas de ferro, usinas elétricas, linhas telegráficas e isso transforma a terra em uma vasta fábrica e a produção mecanizada se torna um fim em si, no entanto, admite Rathenau que

> é necessário criar, para a produção mecanizada, um cenário e uma distribuição de papéis. A ordem visível da economia é constituída pela propriedade privada ligada à pessoa pela herança. Para adaptar-se às formas e divisão de trabalho da produção mecanizada, é necessário que possa transformar-se e impessoalizar-se, divisível e acumulativo ao extremo, dinâmico, fungível, de seus lucros são destacados do tronco e reinvestidos (Rathenau, 1925b, v.1, p.61).

Para Rathenau, a forma capitalista é a forma segundo a qual a mecanização se apresenta; daí descrever as formas aparenciais que toma a circulação dos capitais:

> a forma de circulação da propriedade fundiária é a hipoteca, obrigação fundiária; da mercadoria, a letra de câmbio; do trabalho, a ação; da economia nacional, o empréstimo público; da propriedade não especializada à conta bancária é o cheque (Rathenau, 1925b, v.1, p.62-3).

Essas formas aparenciais que toma a mais-valia são drenadas a reservatórios centrais e daí reinvestidas em áreas necessárias. Essa mobilidade fluida do capital, para Rathenau, consiste-se no essencial da propriedade mecanizada, permitindo o movimento rumo à concentração dos capitais e sua centralização na forma de trustes. Sob essa base econômica, para Rathenau, erige-se uma forma de Estado

> e as noções de tradição, reconhecimento, poder e sanção; daí a oposição do princípio místico, unido à religião, ao laicismo, na pretensão da legitimação do Estado. O Estado religioso é um sacramento; o Estado administrativo é uma instituição (Rathenau, 1925b, v.1, p.64).

A intervenção do Estado na economia e nas finanças públicas depende da economia mecanizada. A finalidade da política, para Rathenau, é proteger a nova ordem surgida com a mecanização e disso se conclui que é "prematuro definir um agrupamento produtivo em bases nacionais, considerando-o como uma instituição mística superposta à organização econômica e social do mundo mecanizado (Rathenau, 1925b, v.1, p.68).

Para Rathenau, as implicações da mecanização são totais; não só a prática religiosa se burocratizou como também a prática científica, o homem pertence a várias comunidades,

> ele é cidadão do Império, do Estado, habitante da província, membro da comunidade religiosa. É soldado, eleitor, contribuinte, assalariado, chefe de empresa, locatário ou proprietário fundiário, acionista, depositante ou cliente de banco, inscrito em um partido político, assinante de um jornal. É possuidor de certificados acadêmicos legitimadores, diplomas e títulos. É herdeiro, esposo, parente e amigo (Rathenau, 1925b, v.1, p.70-1).

Esse homem, portador de tantos papéis sociais, é continuamente sujeito a um bombardeio publicitário que não lhe permite aprofundar análise alguma, limita-se a julgar sumariamente e classificar; seu ritmo de trabalho é determinado por forças externas a seu âmbito de controle e participação, o que vigora é sua adaptação a um mecanismo.

> O indivíduo não regula sua atividade conforme as necessidades de sua existência, mas, segundo uma norma externa que constitui o princípio da

concorrência. Não é suficiente que trabalhe com todo empenho... É julgado pelos vizinhos, pelos outros. Trate-se de um marechal, de um manobrista, em todo trabalho está presente a pressão dos acordos e do desempenho (Rathenau, 1925b, v.1, p.64).

O trabalhador alienado, sem condições de gerir o ritmo produtivo, submetido a ele como força estranha que o domina, sucumbe à Lei da Livre Concorrência no mercado, no qual a venda de seu produto – a força de trabalho – é sujeita às férreas leis da oferta e da procura, como qualquer mercadoria. Essa é a situação que Rathenau denuncia. O trabalho como função do capital implica sua instrumentalização. Não é um fim em si mesmo, inexiste o "amor à profissão" do período pré-capitalista, ele se tornou um *job*, simples meio de sobrevivência. Daí Rathenau comentar que o único padrão de valoração do trabalho é o sucesso. O trabalho não é fonte de alegria, ele responde à ambição e ao interesse pessoal em uma economia de mercado. O trabalho sofre o processo de "coisificação" que se estenderá ao trabalhador, pois

> os apetites materiais, a fome e o amor não são suficientes, as motivações idealistas, o dever, a felicidade em criar, a curiosidade científica não se subordinam facilmente a uma ordem material. Torna-se necessário recorrer à mais banal e enigmática paixão: a ambição [...]. A ela se agrega a contínua posse de objetos que "suscitam inveja" (Rathenau, 1925b, v.1, p.95-7).

A economia capitalista dirige os desejos dos homens, sua única finalidade é a realização do lucro; nesse processo, os meios se convertem, às vezes, em fins; os fins são perdidos de vista; é o domínio do temporário sob o signo do

> fantasma irreal da coisa em si que é pretendida, a finalidade não é atingida, nem será jamais conhecida, essa contaminação sinuosa de noções como segurança, poder, vida, posse, honra, na qual as partes desaparecem na medida em que nos aproximamos, essa miragem tão longínqua no dia da morte como no dia de nosso nascimento, tem como contrapartida o espectro da miséria. Perseguido por esses fantasmas, o ser humano caminha de irrealidade em irrealidade. É o que ele chama viver, agir e criar; é a herança maldita que ele transmite a quem ama (Rathenau, 1925b, v.3, p.39).

Para Rathenau, atualmente a religião não dá significado à existência, da mesma forma que a ciência não pode fornecer convicções ao homem moderno; a ciência descreve o mundo como fenômeno, não é sua função atribuir-lhe *significados*. É uma postura muito próxima a de Max Weber, para quem o significado do mundo pode ser dado pelas diferentes religiões desde que façamos o que ele chama de "o sacrifício do intelecto", de nossa razão crítica. Da mesma forma, Rathenau partilha do conceito weberiano de neutralidade axiológica da explicação científica. Para ele,

> ela pode constatar fatos, descobrir relações, demonstrar leis. Ela não pode criar a fé e a certeza interior, pois a ciência trabalha com relações causais despidas de teleologia. Cremos e esperamos, porque vivemos, porque nos sacrificamos. Jamais a razão nos dirá: sentimentos e pressentimentos, intuição e contemplação nos levam ao reino dos poderes que determinam o sentido de nossa existência (Rathenau, 1925b, v.2, p.14).

Rathenau critica a supervalorização do intelecto em detrimento da intuição, "ela é a responsável pela falta de forças diretivas, profundidade, idealismo e convicção absoluta" (Rathenau, 1925b, v.2, p.50).

A rejeição do intelecto e a valorização da intuição como instrumento do conhecimento, para Rathenau, são parte integrante da reação do romantismo alemão ao racionalismo da "Ilustração", pode ser encontrada em momentos anteriores ainda: na mística alemã de Tauler e de Jacob Boheme, de quem o existencialismo alemão e a fenomenologia se constituem herdeiros, com a desvalorização da razão, a ênfase no transcendental e a preocupação com a "fé interior".

Nesse sentido, Rathenau é parte integrante da tradição irracionalista, que permeou o conservadorismo alemão entre 1870 e 1914, no período da expansão imperialista.

Ele adverte que a civilização mecanizada conduz ao nada, ao tédio, à falta de significado, cria o homem empalhado e perplexo, ele

> é prisioneiro da dúvida, deseja crenças e valores, sente que perdeu algo impossível de substituir, daí seu esforço em reconquistar o perdido por meio da astúcia, construindo pequenos santuários em seu mundo mecanizado. No inventário do passado, procura uma religião da natureza, alhures, uma superstição, um objeto raro, uma arte futurista, um cristianismo depurado,

uma estilização. Durante certo tempo, venera o ídolo, um pouco por convicção e um pouco por leviandade, até o momento em que a moda e o tédio deixam-no cair no nada (Rathenau, 1925b, v.1, p.129).

O cansaço da humanidade de um universo mecanizado, segundo Rathenau, leva o homem ocidental à apatia e a uma eterna procura,

> ele levanta seus olhos em direção a esses espíritos que são portadores de convicções divinas – Platão, S. Paulo, S. Francisco, Eckart – embora seja incapaz de adquirir convicções. Funda comunidades, templos e sente com desespero que está obrigado a crer, quando não pode crer em nada mais. Nossa época não procura sua razão e seu Deus, mas, seu espírito que desapareceu na mistura de sangue e pensamento mecanizado. Ela procura seu espírito e o encontrará apesar da mecanização. Nossa época procura tornar o mundo utilizável e racional. Entretanto, mais que nunca, estamos penetrados pelo mistério que ressalta de todos os fatos do passado (Rathenau, 1925b, v.1, p.138-9).

No entanto, Rathenau é otimista, apesar disso a humanidade encontrará seu "sentido", pois "nenhum poder da terra poderá enfrentar o espírito" (Rathenau, 1925b, v.1, p.140).

Rathenau diante do socialismo

A reforma das mentalidades, para Rathenau, é a precondição da reforma social; o bem-estar não se constitui em tema de primeira grandeza; e a igualdade é uma mera quimera. Trata-se de conquistar a liberdade, no sentido mais usual e amplo do termo, de criar condições para que o "homem possa dispor livremente de si, pois a servidão se opõe à evolução do espírito" (Rathenau, 1925b, v.3, p.75).

A reforma social se impõe pela necessidade de libertar o proletariado da escravidão. Tudo caminha para isso, pois

> três circunstâncias favorecem o declínio da burguesia: a escola primária, que elimina o privilégio educacional; a instituição da associação, tornando a empresa impessoal e abolindo a direção transmitida hereditariamente; a emancipação militar e política, alargando o âmbito intelectual e propagando a experiência administrativa (Rathenau, 1925b, v.3, p.83).

Rathenau se preocupa com os aspectos éticos do problema socioeconômico na linha de Saint-Simon, que previa um industrialismo temperado com um "novo cristianismo". Ele percebe que "a exigência do renascimento se apresenta para nós, não somente sob o ângulo da negação de uma situação, mas, pela moralização da ordem econômico-social" (Rathenau, 1925b, v.3, p.85).

Isso não impede Rathenau de criticar o negativo, a ordem capitalista. Para ele, ela é responsável pelo estado de inferioridade econômica, social e política em que vive o proletariado. Isso é facilitado pela existência da herança e pelo abuso do consumo desregrado pelas classes favorecidas. Como solução, ele propõe que o Estado garanta as condições mínimas de bem-estar geral e igualdade de direitos para todos, que cada um possa ascender por mérito, em um regime em que a propriedade privada é mantida, porém, sujeita a controle para impedir a concentração da renda. Porque a organização da economia não é assunto de mero interesse *privado*, mas *social*. Por sua vez, rejeita o socialismo ao escrever *Vom Kommenden Dingen*, que é "uma crítica estrutural ao socialismo dogmático" (Rathenau, 1925b, v.3, p.16). Para Rathenau, o socialismo não tem alternativas a propor além da socialização dos meios de produção, constitui-se em uma ideologia do "ressentimento" que, por meio das instituições supervalorizadas, pretende trazer a felicidade ao homem. Eis que

> sua fé mais profunda consiste na revolta; sua maior força é um ódio comum; e sua esperança básica de um bem-estar terrestre. Seus fundadores creem na infalibilidade da ciência, mais ainda, creem que ela é capaz de definir objetivos, creem nas inelutáveis leis materiais que regem a humanidade em direção a uma felicidade terrestre e mecânica. Mas a ciência reconhece que sua construção mais aperfeiçoada, no máximo, consiste-se em um roteiro para o viajante; eis uma cadeia de montanhas, um rio, um mar, se eu for em direção à direita, chegarei aqui, à esquerda, lá embaixo, eis o caminho mais curto. Qual será meu sentimento subjetivo? O sentimento do dever servirá ou não de guia? O roteiro jamais responderá a tais indagações. Em seu determinismo, que o materialismo histórico impõe à história mundial, a vontade do coração não tem espaço (Rathenau, 1925b, v.3, p.16-8).

Para Rathenau, o socialismo padece de um pecado original: o cientificismo; seu criador, "este homem extraordinário e infortunado se enganou ao atribuir à ciência fixação de valores e definição de objetivos" (Rathenau, 1925b. v.3, p.19).

Daí o socialismo ser incapaz em suscitar grandes entusiasmos, situando que os discursos socialistas padecem do ar acusatório. Em suma, o movimento socialista "mobilizou interesse, inspirou medo, que, se tem importância a curto prazo, é ineficaz na caracterização de uma época" (Rathenau, 1925b. v.3, p.21).

Para Rathenau, a ideia socialista destruiu o liberalismo, desmoralizando o sentimento de liberdade. Diante da vaga socialista, a burguesia se atemorizou, a classe proprietária reacionária viu suas fileiras crescerem, "rindo à socapa desses pobres-diabos da massa que, desejando-lhe mal, traziam-lhe um benefício: ao pregar a república e o comunismo consolidavam o *status quo*; o socialismo perdia em eficiência quanto mais crescia em número" (Rathenau, 1925b, v.3, p.72-4).

Rathenau aponta aí um dos problemas centrais dos movimentos políticos: crescem sob determinada ideologia tendo em vista determinados fins a atingir. No processo do crescimento surgem "interesses criados" (cargos, prebendas) no movimento cuja defesa passa a ser o fim de atingir, os meios se tornam fins. Os fins iniciais são esquecidos, isso se considera com a social-democracia alemã, em que o mais importante a fazer diante da vaga nazista era "salvar a organização", o conjunto de bens materiais, estruturas de cargo nisso implicados. É o que vulgarmente chamamos burocratização. O deslocamento dos fins de uma organização se constituiu em um dos indícios do processo de burocratização, no mesmo sentido opera a conversão dos meios em fins.

Rathenau se opõe à supressão da renda para conseguir salários mais elevados, ou melhor, socializando o capital, segundo ele, isso significa desconhecer "a lei do capital em sua função essencial atualmente, ou seja: ser organismo que dirige a corrente mundial do trabalho em direção ao ponto em que a necessidade é maior" (Rathenau, 1925b, v.3, p.86-7).

Rathenau argumenta que a distribuição aos assalariados de parcelas da mais-valia levaria ao crescimento da capacidade de consumo e a um aumento da produção. No entanto, levaria, também, à falta de investimentos novos e a economia estagnaria.

Para efeito de argumentação, Rathenau desenvolveu o seguinte argumento:

Suponhamos a revolução social vencedora. Em Chicago, localiza-se o presidente mundial que dirige todas as repúblicas que fazem parte da confederação universal e dirige com seu auxílio os organismos internacionais. Ele, em última análise, dispõe do capital do globo. Hoje, seu departamento de Empresas dispõe de setecentas mil proposições absurdas e três proposições sérias: uma estrada de ferro através do Tibete, uma exploração petrolífera na Terra do Fogo e um sistema de irrigação na África Oriental. Do ponto de vista político e técnico, esses três projetos são igualmente indiscutíveis; economicamente parecem desejáveis, mas, em função dos recursos disponíveis, somente um pode ser executado. Qual será? Restringindo-se a um costume da velha época capitalista, consulta a tabela de lucros, cuja exatidão é indiscutível, e conclui que a empresa no Tibete renderá 5%; a da Terra do Fogo, 7%; e a da África Oriental, 14%. Conforme os hábitos tradicionais, o departamento solicita que seja executado o projeto referente à irrigação da África Oriental. Isso feito, remetem-se à África Oriental papéis no valor de um milhão, abstendo-se de qualquer cálculo novo. O cálculo do lucro conserva, assim, o aspecto de um antigo exercício escolar, que serve para determinar o nível de necessidade, sem nenhuma implicação material. Infelizmente, seis estados objetam contra o projeto, declarando: a preferência pelo projeto da África Oriental apresenta a eles grandes vantagens, na medida em que eles se aproveitarão das vantagens do aumento da imigração, da melhora das condições materiais de vida. Portugal, há muito tempo, espera isso, e o Japão também; eis que a caixa mundial, para a qual todos contribuíram, se esvaziará em proveito de um só. É impossível, no momento, decidir quando, futuramente, cada território procurará satisfazer suas necessidades, pois, durante cinquenta anos, muitos trabalhos não foram executados por falta de recursos. Só resta definir que o projeto será executado, mas que a economia africana destinará à caixa mundial uma mais-valia determinada. É a ressurreição da renda (Rathenau, 1925b, v.3, p.87-8).

A necessidade da renda, para Rathenau, deve-se à seleção dos investimentos. A poupança mundial, em sua maior parte, é encaminhada à produção, e os investimentos mundiais crescem como cresce a poupança, a qual, sobre o lucro, é mínima. A única poupança que ajuda a produção provém da renda e do lucro, quando são satisfeitas as necessidades do capitalista. Abstraindo o consumo ostentatório, a renda volta à indústria na forma de investimento e de novos meios de produção. Para Rathenau,

> a renda é determinada, em princípio e grandeza, pelas necessidades do investimento mundial; é a reserva obrigatória do mundo na finalidade de manter a

economia; é um imposto sobre a fonte de produção. Ela seria inevitável mesmo que todos os meios de produção fossem propriedade de um só, que esse proprietário único fosse um indivíduo qualquer, um Estado ou uma coletividade de estados (Rathenau, 1925b, v.3, p.91).

Rathenau acha que a socialização dos meios de produção não tem sentido econômico, pois a mais-valia não pode ser suprimida ou distribuída; renda, lucro e mais-valia são poupanças obrigatórias oriundas das necessidades de renovação dos meios de produção. É o essencial para ele – mesmo que essa mais-valia tenha o nome de fundo social de reserva.

Rathenau e o capitalismo

Para Rathenau, a reforma econômica tem sentido na medida em que possibilita o aumento da produtividade e do bem-estar social, e liberta o proletariado da servidão em que vive. O problema crucial não é a supressão da mais-valia, mas do consumo imoderado. A mecanização ampliou a interdependência e tornou os homens mais solidários, segundo Rathenau, na medida em que universalizou uma forma de produção fundada na divisão de trabalho, pois

> cada um tem necessidade da coletividade, de instituições comuns que ele não criou, de trigo que não semeou, de tecido que não teceu. A cama sobre a qual repousa, a rua onde anda e a ferramenta com que trabalha são obras da comunidade. O ar que o homem respira não é livre, mas sim protegido e purificado pelo homem dos germes mortais que traz consigo (Rathenau, 1925b, v.3, p.94).

É essa interdependência que relativiza o conceito da liberdade econômica, daí ser intolerável, para Rathenau, a conduta segundo a qual

> cada um pode trabalhar mais ou menos, como quiser, para a comunidade a qual deve tudo; pode escolher livremente seu trabalho, seja trabalho útil ou inútil; e os bens, cuja propriedade lhe é reconhecida, ele pode destruí-los, construir ou demolir, mutilar paisagens, concentrar em seu proveito uma parte da fortuna coletiva, desde que pague as taxas previstas; entabular qualquer tipo de negócio, desde que o Código considere legítimo (Rathenau, 1925b, v.3, p.95).

Para Rathenau, tal liberdade é intolerável; a coletividade deve controlar o que possui, onde há direitos, deve haver deveres recíprocos. Essa liberdade de ação nada mais é que a reprodução da liberdade de consumo. Para ele, os meios de produção só podem desenvolver-se mediante a poupança que gera os capitais. Ela significa não consumo. O luxo no pré-capitalismo tem funções diversas daquelas que ocupa sob o capitalismo, pois

> enquanto um romano enviava quinhentos escravos para pescar um peixe raro, o egípcio dissolvia suas pérolas no vinho. Essa concepção de luxo achava sua justificativa, pois os escravos estavam alimentados durante toda a jornada de trabalho. Nossa concepção tem de ser diferente: jornadas e anos de trabalho que se perdem em proveito de um prazer efêmero são insubstituíveis. São calcados na quantidade mundial de trabalho que é limitada, e seu resultado desfalca o magro produto de nosso planeta. Neste trabalho, com o qual todos colaboram, todos devem ter igual direito. Os anos de trabalho consagrados a bordados preciosos, a luxuosas tapeçarias são irremediavelmente perdidos, enquanto isso, os pobres andam miseravelmente vestidos. Lanchas luxuosas com equipagem, carvão, víveres representam uma perda para a tonelagem produtiva mundial. Do ponto de vista econômico, a nação é uma comunidade de produtores, que malbarata o trabalho, rouba a coletividade. O consumo não é assunto privado, mas diz respeito à coletividade, ao Estado e à moralidade (Rathenau, 1925b, v.3, p.97-8).

Rathenau critica a anarquia econômica engendrada pela liberdade absoluta, que têm os capitalistas e proprietários de consumirem integralmente a mais-valia, destruindo-a em despesas frívolas.

Consagrar grande parte dos recursos a corridas de todo tipo ou plantação de orquídeas é algo permissível pelo sistema econômico vigente; a desgraça é que isso se dá em um quadro em que "nossa economia é tecnicamente má, do ponto de vista da organização, é diletante. Gastos inúteis, falta de ordem, o arbitrário e o egoísmo superando tudo" (Ratheau, 1925b, v.6, p.230-1).

Ao criticar o consumo imoderado, Rathenau prega a maior racionalização na utilização dos fatores de produção comprometida com o luxo desnecessário dos produtos da grande indústria, eis que:

> Qualquer má utilização do material destrói o trabalho humano em sua forma mais concentrada, atrasa o processo da produção mundial, paralisan-

do, durante algum tempo, meios de produção já limitados. Uma tonelada de carvão, por exemplo, representa duas horas de trabalho imediato. Enquanto mil cavalos-vapor que utilizam mais carvão que deveriam, destroem anualmente o trabalho de três operários alemães, sem contar frete, extração, oficinas de lavagem obstruídas inutilmente. Um mau uso de matérias-primas e uma dilapidação indireta do trabalho é mais perniciosa que uma dilapidação direta (Rathenau, 1925b, v.5, p.211).

Em sua análise crítica do capitalismo, Rathenau vê três aspectos básicos a serem enfrentados: a supremacia derivada da riqueza, seu modo de aquisição e seu modo de transmissão.

A supremacia derivada da riqueza é gerada pela existência de uma plutocracia

> que em certos Estados detém o poder total, faz as leis e a Constituição, decide da guerra e da paz; em outros países, divide o poder com as forças tradicionais, porém domina de forma indiscutível e soberana a organização do trabalho (Rathenau, 1925b, v.3, p.120).

Em que fundamenta seu direito a uma vida opulenta enquanto inúmeros homens vivem próximos à indigência? Ele não responde a isso; para Rathenau, os privilégios e direitos exorbitantes dos nobres de outrora podem justificar-se pelo fato de concederem proteção a seus vassalos e dependentes. Hoje, quando o Estado assume tal papel, Rathenau reconhece que a supremacia econômico-social da riqueza burguesa não tem legitimidade em nenhuma instituição. Ela

> como casta, é a mais detestável das oligarquias, pois não se fundamenta em nenhuma noção ideal, em nenhum sacramento. Age em função de seus interesses comuns. Sua ascensão não se dá de uma só vez, ela pouco a pouco se diferencia do conjunto da nação graças à posse de dons e talentos particulares, graças à sorte e à oportunidade. Só visa a manter-se e se enriquecer, sua força real reside no oportunismo (Rathenau, 1925b, v.3 p.122-3).

É claro que não é a posse de talentos e dons particulares que assegura a supremacia da burguesia no país, mas é a supremacia da burguesia no país, derivada da posse dos meios de produção econômicos, que permite a ela capitalizar talentos (pela educação formal e informal) e "dons" que legitimam sua dominação. Há uma inversão da relação causal. Ela, na qualidade de detentora dos meios de produção, capitaliza as "oportunidades" e dirige sua "sorte" fazendo valer seus "dons"; em outros termos, transforma-se de classe dominante em classe dirigente. Ela fabrica o "consenso" mediante o qual garante sua dominação sobre os dominados.

Em um país de desenvolvimento capitalista tardio, comparativamente à Inglaterra, o processo de modernização industrial se deu pela aliança dos antigos estamentos aristocráticos aos novos fabris, a burocracia de Estado "cimentava" essa união. Essa é a "revolução por cima" de que falava Marx. Em outros termos, esse bloco histórico constituído pela "aristocracia *junker*", pela burguesia e pela burocracia estatal constituem os elementos da dominação sobre o país.

Como toda classe dominante, um dos problemas centrais é sua renovação. Ela

> se renova por herança e pela cooptação quando é útil a seus interesses. O afluxo de novos elementos em nada altera seu caráter de unidade fechada, não muda em nada seu espírito e maneiras de ser. Uma abertura só será possível quando os mais fortes e os mais nobres, qualquer que seja sua origem e condição, assumam posição de responsabilidade, a camada superior será fechada em sua natureza e renovada em sua substância (Rathenau, 1925b, v.3, p.124).

Rathenau vê a oligarquia hereditária como incompatível com a liberdade e com a dignidade humana; para ele, "a existência humana não está feita para seguir um destino pré-formado sob direção de poderes surgidos do arbitrário da competição econômica" (Rathenau, 1925b, v.3 p.125).

A riqueza fundada no trabalho pessoal é uma ilusão, pois a vida é curta para isso, o único meio para atingir tal fim é quando a necessidade econômica é satisfeita por um só; se um empresário puder substituir toda a concorrência, assegurará para si um monopólio de direito ou de fato. Nessa ordem de raciocínio, Rathenau vê as duas faces do monopólio. De um lado

> a oposição ao monopólio é menor quando há prioridade em uma invenção ou superioridade técnica, sobretudo se o monopólio não é exercido por uma só pessoa, mas por um grupo; nesse caso, os serviços prestados têm utilidade patente, o monopólio se mostra mais útil à coletividade que a dispersão de

empresas. No entanto, ele parece tanto mais intolerável quanto menos merecido, é o caso do monopólio dos imóveis urbanos (Rathenau, 1925b, v.3, p.129-30).

No mesmo nível, situa-se a herança, a origem da maior parte das fortunas, pois, segundo Rathenau, não foram adquiridas por seus proprietários: "ela é qualquer coisa de sagrada, e a força da inércia do hábito é tal, que é tida como natural" (Rathenau, 1925b, v.3, p.136).

Para ele, as diferenças de fortuna e renda podem ser toleradas na medida em que não determinem desigual distribuição de poder. Ao lado da restrição do direito de herança, coloca-se a necessidade de educação popular mais uniforme. Crê, ele, que isso permitirá uma abolição das barreiras entre as classes sociais e da servidão hereditária dos pobres, porque "se constitui nas bases da igualdade econômica e justiça social" (Rathenau, 1925b, v.3, p.139-40). Novamente, ele inverte a relação causal; as diferenças de oportunidades educacionais estão diretamente ligadas à desigualdade socioeconômica. É a uniformização das condições sociais a origem de educação mais uniforme e não o contrário, pois a educação sanciona no plano simbólico uma hegemonia real, conforme os estudos mais recentes da escola de Bourdieu comprovaram.

Qual será o ideal de organização socioeconômica pregado por Rathenau?

> Será a administração autônoma e não a economia de Estado, a livre-iniciativa e não a burocracia, o poder ordenar sem agir arbitrariamente. As indústrias do mesmo ramo serão reunidas em corporações, organizando sua estrutura de trabalho e mantendo relações de reciprocidade. Elas se agruparão em um parlamento econômico no qual todos os interesses opostos se equilibrarão. Ao lado do Estado político surgirá o Estado econômico a ele submetido. Será essa a imagem da civilização futura. O Estado político será o edifício principal, mas não o único, intimamente vinculados existirão o Estado econômico, o Estado intelectual e o Estado religioso. No Estado econômico, a responsabilidade será dividida entre as forças atuantes na empresa, como as corporações e o parlamento econômico, aí o Estado, o empresário, os funcionários e assalariados terão assento. É necessária muita força de imaginação para transformar o Estado anárquico atual em um organismo natural igual a um conjunto ordenado juridicamente que, pouco a pouco, os Estados que constituem a Europa formarão (Rathenau, 1925b, v.6, p.237-8).

Rathenau prega a organização cooperativa da economia, retoma um velho tema do período bismarckiano: a constituição de um parlamento econômico; com isso, despolitiza a economia e torna econômica a política. Os problemas políticos correm o risco de se transformarem em elementos de barganha entre os grupos econômicos, e os problemas econômicos, de alçada exclusiva dos "corporativamente" capacitados: a burguesia e seus representantes diretos no parlamento econômico, que coexistirá com o político. Esses pontos de vista antecipam o movimento que se convencionou chamar de "tecnocrático" que proclamava "o fim das ideologias" e o reino da "meritocracia".

Rathenau punha fé em uma nova legislação fiscal como agente da igualdade e da moralização, significando para ele "o desaparecimento dos bens hereditários, de conceitos como burguesia e proletariado, de oposições como vida e cultura, direção e execução, poder e dependência" (Rathenau, 1925b, v.6, p.238-9).

Entendia ele que a moralização, além de significar o fim da falsa seleção dos homens, seria a supressão do luxo e da ociosidade – lembrando a metáfora *saint-simoniana* sobre a ociosidade dos nobres –, não se constituindo em um puritanismo de afastamento do mundo e sim "em um retorno à saúde moral e espiritual, pois queremos um país forte e ativo, fundado na agricultura, fortalecido pela indústria" (Rathenau, 1925b, v.6, p.240). No entanto adverte, finalmente, que isso não será realizável por "aqueles que creem poder restaurar o passado" (Rathenau, 1925b, v.6, p.241). Em suma, os conservadores são seriam os agentes de mudanças reformistas, como é lógico que assim seja.

Rathenau pregava a necessidade de uma reforma econômica, social e política. De um lado, o luxo não pode ser tolerado, a economia é assunto de interesse social e não somente privado, a distribuição de bens deverá ser "justa". Como a riqueza confere poder, prega Rathenau um equilíbrio na distribuição de renda por medidas fiscais e pelo desaparecimento da herança. A política de redistribuição de renda deve limitar e impor normas às sucessões, fortunas e rendas. O Estado deve estar a serviço de todos, especialmente na área educacional. Ele "será dirigido por homens selecionados, conduzindo cada um a uma posição, conforme seu desempenho e capacidade" (Rathenau, 1925b, v.5, p.228).

Contra a posição herdada, Rathenau defende a noção de *"status* adquirido" mediante critérios meritocráticos: capacidade e desempenho.

Logicamente, tal tese se apresenta muito unilateral, pois ela desconsidera os mecanismos informais e "cooptativos" na seleção do pessoal dirigente, em que a lealdade ao sistema (ou empresa) está acima dos níveis de competência, constituindo-se em fator decisivo na seleção. Não é por acaso que os teóricos de administração das multinacionais criaram o conceito de "lealdade organizacional".

A reforma econômica, para Rathenau, deverá abranger as vidas econômicas nacional, local e internacional.

A economia nacional deverá ser regulamentada racionalmente, pois

> as necessidades reais é que irão regular a posição da mão de obra, do tipo de atividade industrial. A necessidade objetiva, que pode ser provada e controlada cientificamente, ocupará o centro das decisões econômicas (Rathenau, 1925b, v.5, p.228).

Rathenau se manifesta a favor do uso racional das instalações industriais, como orientar a distilação do carvão e supressão das instalações defeituosas que consomem excesso de energia ou proteger legalmente "os bens econômicos que, por ignorância ou rapina, são malbaratados" (Rathenau, 1925b, v.3, p.101).

Em uma economia de guerra, como a alemã entre 1914 e 1918, especialmente, o problema das matérias primas era vital. Por isso, Rathenau propôs seu controle estrito e a regulamentação das importações, pois se

> antes da guerra não era importante saber com que matérias-primas estrangeiras determinado produto era fabricado ou não, hoje é uma questão capital. Prega o controle sobre os capitais estrangeiros, pois as forças econômicas não serão deixadas à anarquia da iniciativa privada, uma vontade nacional superior decidirá sobre seu emprego racional. Elas deverão ser protegidas contra o capital estrangeiro e sua hegemonia na economia internacional. Essa orientação, para ser eficiente, contará com uma vontade superior e única, atendendo a interesses coletivos (Rathenau, 1925b, v.5, p.226).

A economia nacional, segundo Rathenau, será coordenada por sindicatos profissionais ou federações de indústria. Cabe, segundo ele, ao sindicato profissional a articulação horizontal das empresas do mesmo setor industrial, do artesanato, comércio, fábricas de locomotivas etc.

A Federação da Indústria é uma organização mais vasta, a qual agrupa verticalmente diferentes "sindicatos profissionais", que trabalham o mesmo produto em estágios diversos. Esse é o caso da indústria do algodão, madeira, ferro e cobre.

> São instituições controladas e reconhecidas pelo Estado com direitos e prerrogativas. O órgão mais importante é o sindicato profissional, que tem relação direta com os trabalhadores, o público e o Estado, constituindo a unidade econômica básica. Essa unidade é constituída como S. A. (Sociedade Anônima) e age como sindicato. As diferentes empresas que o integram têm participação proporcional a sua importância, elegendo um Conselho Administrativo que escolhe os diretores. Cada empresa fornece ao sindicato os bens que produziu. As mercadorias são taxadas pelo preço de revenda, acrescido de um lucro moderado. O sindicato se encarrega da venda, quando se trata de pequenos ou grandes consumidores (Rathenau, 1925b, v.5, p.232).

O sindicato, para Rathenau, funciona também com *entente* de produtores. O Estado, desde que exija algo, deve fornecer a contraprestação; fornecendo um serviço ou direito, exigirá algo em troca. Os direitos conferidos pelo Estado ao sindicato, para Rathenau, consistem no direito de aceitar ou recusar membros novos, no direito exclusivo de vender produtos fabricados nacionais ou importados, no direito de suprimir, com indenização, empresas cujo funcionamento é ruim. Em troca, ele reivindicará o controle efetivo na administração e de uma parte dos lucros. "Essa participação nos lucros será a base das receitas do Estado, fundada em impostos sobre a fabricação e circulação de mercadorias. Esse imposto será adaptado automaticamente a cada ramo da produção" (Rathenau, 1925b, v.5, p.233).

Representantes do Estado, segundo Rathenau, ocuparão lugares no Conselho de Administração ao lado dos representantes dos operários e empresários, tendo direito de controle e intervenção; os tribunais arbitrarão as divergências que se verificarem.

Suas atividades abrangerão uma gama variada de atribuições, como

> a organização e execução de vendas e exportação; a ampliação de mercados; a importação de matérias-primas e produtos acabados quando a produção interna for insuficiente; o aumento da produtividade e baixa de custos pela difusão de tecnologia; a reorganização de empresas; a compra das deficitárias

e reforço financeiro das eficientes; a aplicação de um plano de conjunto de divisão de trabalho entre diversas empresas e regiões, tendo em conta sua localização, mão de obra e desempenho; a introdução de tipos uniformes e modelos informativos; as negociações com associações de patrões e empregados; a representação junto ao Estado e ao Poder Legislativo dos vários interesses profissionais (Rathenau, 1925b, v.5, p.234-5).

Respondendo ao argumento de que tal organização ressuscitaria as corporações medievais, Rathenau argumenta que é um órgão adequado e funcional a um indivíduo, banco ou Estado, mantendo a livre-iniciativa que coexiste com a responsabilidade, pois o organismo em sua totalidade é administrado autonomamente.

Para evitar a formação das "panelas burocráticas" e o perigo de o sindicato perder-se na rotina, Rathenau sugere que as empresas que o compõem publiquem regularmente seus custos de produção, que estarão sujeitos a verificação posterior.

O que Rathenau observa são as perdas ocasionadas por fretes perdidos, transportes onerosos, perda de custos de comercialização, riscos comerciais e especulação. Daí elogiar os sindicatos e cartéis, na medida em que representam tentativas de remediar a anarquia na produção.

Uma vez que a mecanização, Rathenau acentua, dissociou o processo de produção no plano vertical, e isso é um dos efeitos da divisão de trabalho. Um mesmo produto é matéria-prima ao mesmo tempo que é objeto fabricado e, no entanto, continua sendo um bem mercantil. Assim, uma mina de sal e uma fábrica de soda não podem definir esquemas íntimos de cooperação. A mina mantém o preço de seu sal que, por uma produção moderada, dá lugar a um lucro moderado. Se a produção duplicar, torna-se possível abaixar os preços. A fábrica de soda, por sua vez, só pode produzir mediocremente em função do preço do sal; se o preço fosse baixo, ela duplicaria sua produção. Se as duas empresas cooperassem, produziriam e lucrariam muito.

Uma tentativa em unificar tais processos se deve aos sindicatos e cartéis. Por conta disso, Rathenau os considera uma função progressiva na economia, uma vez que a solução de inúmeros problemas de articulação entre os vários setores do sistema industrial poderão advir das federações de indústrias que se constituirão em organismos intermediários: uma associação que tem em vista a defesa de interesses comuns.

As questões referentes às necessidades econômicas gerais – aprovisionamento de mercadorias e matérias-primas, fixação de tipos e modelos estandartizados a serem produzidos em série tendo em vista a diminuição dos custos, os preços a serem definidos, as despesas com o processo de comercialização dos produtos, formas de pagamento – podem ser definidas de modo mais simplificado e com a devida antecipação. Isso permitiria previsões mais precisas; segundo Rathenau, esse é o papel das federações.

O contato dos sindicatos com as federações será mais direto e permitirá a supressão de inúmeras sucursais, de numerosos viajantes e de depósitos onerosos. Essa reforma na circulação de bens, para Rathenau, redundará em uma diminuição das taxas de juros bancários, com repercussões benéficas sobre o sistema global.

A essa organização nova da indústria alemã, Rathenau denomina "a nova economia nacional", na qual os sindicatos e as federações englobarão todo o comércio atacadista e as empresas semiagrícolas. Caberá às federações discriminarem as unidades econômicas conforme categorização que estabelecerem livremente.

Em sua obra *Die Neue Wirtschaft*, Rathenau procura definir os princípios gerais a que obedecerão a pequena indústria, o comércio varejista, as indústrias de imóvel e de hotelaria, as empresas transportadoras municipais e a distribuição de água e luz. Na organização de vida econômica, em termos locais, segundo Rathenau, caberia à "comuna" intervir na gestão. Na obra enunciada, ele apresenta aspectos gerais; para ele, a prosperidade de economia local deverá fundar suas bases naturais no solo urbano e nas empresas locais que possuem caráter de utilidade geral. Propõe uma reforma urbana, na qual os terrenos que não tenham sido utilizados durante certo lapso de anos reverterão à comuna.

As empresas que se ocupam com serviços públicos terão um caráter de empresas mistas, e todas as empresas que possuam um interesse geral deverão reverter à comunidade da forma assinalada. Embora sabendo que o pequeno comércio é a fonte de independência de uma classe social disseminada – a pequena burguesia –, ele reconhece os benefícios da concentração que prevalece nos grandes magazines.

O pequeno comércio será subordinado à vigilância da comuna municipal e servirá de elemento de sobrevivência econômica aos mutilados de guerra ou às viúvas.

A preocupação central de Rathenau, que procuramos detalhar até agora, é a organização da economia nacional. Porém, aos órgãos nacionais, ele procura sobrepor um órgão internacional, tendendo a regular as relações econômicas entre as nações.

Para Rathenau, a reforma da economia internacional advém de necessidades imperiosas de caráter político. A guerra que ele qualifica de "revolução social" se deve, segundo ele, ao estado de anarquia econômica externa e interna, e a paz somente será conseguida com a reorganização da economia mundial. A sociedade de nações, os tribunais de arbitragem e o desarmamento serão nulidades na ausência de uma "união econômica coletiva mundial". Para evitar guerras futuras, Rathenau prega a *entente* entre todas as nações do mundo. Preconiza "a divisão e a administração em comum das matérias-primas internacionais, como a divisão dos mercados internacionais" (Rathenau, 1925b, v.6, p.175).

Para Rathenau, a união econômica internacional seria resultado da união de várias nações em um sindicato internacional, que teria como tarefa básica o controle e a repartição de matérias-primas. Essa distribuição obedecerá às necessidades de cada membro. O próprio sindicato regulará a exportação e a importação. Quando isso será efetivado? Sobre essa resposta, Rathenau pensa que

> por dezenas e dezenas de anos ainda vigorará o sistema atual, o sistema de economia internacional coletiva, que substituirá a anarquia internacional por uma autoridade superior livremente aceita, deverá subordinar-se a um órgão superior livremente aceito. O sindicato regulamentará a exportação e a importação.

No entanto, a reforma econômica, para Rathenau, não representará a libertação do proletariado, no máximo servirá para aumento da produtividade e do bem-estar. Para Rathenau, trata-se, antes de mais nada, da abolição da condição proletária e dos monopólios oriundos da fortuna, da educação e da concentração das decisões. Trata-se de permitir a todos igualdade de oportunidades, que permitam o livre desenvolvimento da personalidade de cada um, como parâmetro para o desenvolvimento de todos. Rathenau não procura propriamente a "igualdade", mas sim a desproletarização das massas. Os meios que utilizaria para atingir tais fins são a igualização das fortunas e o desenvolvimento de uma política educacional com a finalidade de "instruir o povo".

Procura a equalização das fortunas por meio da restrição ao luxo, da supressão dos abusos do consumo e da abolição dos monopólios, da reorganização da legislação que regula a herança e a lei de sucessões, procurando evitar desigualdades violentas por meio de uma política tributária, taxando fortemente o luxo, as fortunas e as heranças. Para proibir abusos de consumo, ele procurará estabelecer um sistema de impostos alfandegários altos, e "as taxas incidirão mais fortemente sobre os produtos que revelarem serem ostentatórios, luxuosos, como bebidas, tecidos finos, pedras preciosas" (Rathenau, 1925b, v.3, p.142-3).

A igualização das fortunas, para Rathenau, seria conseguida por meio de impostos sobre o capital e sobre os lucros extraordinários que ultrapassam determinado nível médio.

O espírito dessa reforma consiste no fato de que, além de certo limite, quem detém o capital fica na posição de coproprietário do excedente, que pertence ao Estado. É o caso das empresas de capital misto, que exploram os monopólios concedidos. Respondendo às objeções que tais medidas levariam à evasão de capitais, Rathenau argumenta que tal legislação será universal; somente será estabelecida em sua plenitude após ser constatada sua absoluta necessidade. Por outro lado, o Estado, que implementará tais medidas, ultrapassará os outros pelos rápidos progressos econômicos a que dará origem, procurando aglutinar ao máximo os capitais e as fortunas ao país originário.

Em relação aos monopólios, Rathenau explica que

> as concessões, patentes de invenção, são limitadas no tempo; a extração de minérios raros, utilização de bens fundiários em situação monopolística são sujeitas a um regime fiscal. No que se refere a empresas públicas, encontraram-se formas que permitem que o espírito empresarial permaneça, sem se submeterem a seu domínio. Ninguém, até o momento atual, preocupou-se com o fato de que monopólios importantes são os referentes ao progresso técnico, à organização e ao capital; é difícil suprimi-los radicalmente, pois estimulam e fortalecem a economia, mas é possível encontrar fórmulas que assegurem os direitos da coletividade, sem que, por isso, o indivíduo se enriqueça excessivamente (Rathenau, 1925b, v.3, p.145).

Será exigido rígido controle contábil e de patentes para coibir a atuação abusiva dos agentes financeiros de toda espécie, traficantes de valores etc.

Uma nova legislação reterá a herança e o direito de sucessão. Além de certo nível médio de riqueza, a herança pertencerá ao Estado.

> A atribuição das sucessões ao Estado será feita paulatinamente por meio de taxas progressivas, conforme o grau de parentesco e a importância das fortunas, certos legados grandiosos que ultrapassem uma média social, devem ser incorporados ao Estado (Rathenau, 1925b, v.3, p.148).

As grandes fortunas até o momento, Rathenau assinala, constituem-se pela meticulosa seleção dos funcionários e representantes e por um número relativamente grande de ensaios, que antecipam a fundação de uma indústria. Os pequenos capitais preferem lucros seguros aos lucrativos, porém inseguros, que correspondem às grandes organizações industriais. O problema, para Rathenau, é saber que novas formas capitalistas substituirão as empresas tradicionais, quando as grandes fortunas cederem espaço a um *Estado de bem-estar social*.

Para Rathenau, há dois fenômenos a observar: o primeiro consiste na substituição do interesse pessoal por um profundo sentimento de responsabilidade; o segundo, na formação das grandes organizações modernas, em sua maioria sociedades anônimas, cujo número e composição acionária varia constantemente. A formação anterior, na qual inúmeros comerciantes se associavam para estabelecer em comum uma empresa, tornou-se uma "ficção histórica". O fenômeno moderno consiste na "despersonalização" e na "objetivização" da propriedade. A empresa adquire vida própria, uma existência autônoma e objetiva como a do Estado, da Igreja, das corporações e dos corpos administrativos. Na vida da empresa, isso se manifesta por um deslocamento do centro de gravidade: o órgão central, constituído anteriormente por um corpo de proprietários, transforma-se em uma hierarquia de funcionário; a assembleia de acionistas detém o soberano poder de decisão, mas o direito e sua conservação obedecem a órgãos coletivos como os bancos.

> A propriedade da empresa pode ser redistribuída aos operários e funcionários, atribuída ao corpo burocrático, à administração comunal, ao Estado

ou ao Departamento. Ela distribuirá o lucro aos acionistas, será submetida à proteção e controle estatais que colocará a sua disposição os capitais necessários; o Estado, imensamente enriquecido, terá poder para obrigar inúmeros capitais ao atendimento de fins sociais (Rathenau, 1925b, v.3, p.154).

Subjetivamente se dá um processo no qual os grandes chefes de empresa consideram-na como algo exterior a si próprios; "a cupidez cede espaço à ambição e esta, à alegria da criação" (Rathenau, 1925b, v.3, p.155).

Não é mais o espírito lucrativo do rico capitalista que cria a empresa, mas a empresa, ela mesma tornada pessoa objetiva, cria seus próprios recursos; autoalimenta-se. A empresa autônoma ocupa um posto intermediário entre a empresa privada tradicional patriarcal e a empresa pública. De origem privada, submetida a controle estatal, ela concilia melhor o espírito de iniciativa e o interesse coletivo, para Rathenau.

É a forma de vida econômica do futuro; os bens de consumo continuarão sendo propriedade privada, os de utilidade, coletiva; a propriedade estatal e os monopólios adquirirão uma forma mista.

> A unidade econômica não mais será a família, mas sim a coletividade, não somente a coletividade restrita esquematicamente ao Estado, mas a formada de individualidades econômicas, constituídas, não de homens, mas de unidades de vontade humana (Rathenau, 1925b, v.3, p.157).

Para atingir tal finalidade, Rathenau propõe suprimir as diferenciações de classes e atribui à mudança das mentalidades um papel primordial. Eis que, quaisquer que sejam as reformas sociais ou econômicas a serem implementadas, segundo ele, os herdeiros da aristocracia tradicional e os da burguesia conservarão as tradições do meio de origem.

Rathenau propõe, em primeiro lugar, o esmagamento do monopólio da cultura de formação universal; a educação do povo se constitui em tarefa urgente, e cada um poderá realizar suas potencialidades independentemente de sua origem aristocrática... Sua compensação será a recompensa pelos seus esforços. Tal realização terá consequências pesadas no referente ao orçamento público, porém elas serão menores se comparadas com as despesas com armamentos.

Trata-se de "espiritualizar" o trabalho. Em outros termos, trata-se de remover as condições que abastardam o homem em seu posto de trabalho, mediante a compensação do trabalho manual pela execução de tarefas intelectuais, de forma tal que uma jornada de trabalho do assalariado seja subdividida em categoria manual e intelectual. É o que os modernos teóricos chamam "enriquecimento das tarefas".

O operário restrito ao trabalho manual poderá exigir que parte de sua jornada seja cumprida com o trabalho intelectual. Por sua vez, o intelectual poderá dedicar algumas horas do dia a trabalho do caráter manual. "Se tais princípios não forem aplicados, será muito difícil a elevação da cultura intelectual do povo, e a formação intelectual continuará sendo um monopólio de classe, levando à instabilidade social" (Rathenau, 1925b, v.5, p.428).

Nessa tentativa de unir o trabalho intelectual ao manual, Rathenau continua a grande linha do pensamento social europeu do século XIX e antecipa muitas experiências do século XX.

Para Rathenau, o princípio da compensação do trabalho, a alternância entre o trabalho manual e o intelectual se constitui na base fundamental da educação popular. É o meio pelo qual os assalariados respeitarão o trabalho intelectual e os intelectuais, os que executam tarefas manuais. A aplicação do princípio da compensação do trabalho evitará que as diversas profissões se mantenham separadas por muros.

> A sociedade não continuará dividida em castas, não se conformará ao escalonamento produzido pela herança ou fortuna, não será dominada por algumas profissões privilegiadas, pelos ociosos, será estruturada de conformidade aos princípios da ordem, vontade, capacidade e responsabilidade.

A realização dessas reformas implica, para Rathenau, a realização da verdadeira democracia, fundada na solidariedade humana, abolidos os privilégios e monopólios de casta hereditários, pois "ingressamos em um período de revolução mundial, no qual a emancipação das classes subalternas caminha paralela à liberdade do espírito" (Rathenau, 1925b, v.5, p.456).

Conclusão

Rathenau representa o pensador empresário ilustrado nos fins do século XIX e nos inícios do século XX. Realista e místico, germanófilo e universalista, dividido por contradições internas, escritor e industrial, pacifista e organizador da "economia de guerra", é uma figura singular no panorama alemão da época.

Introdutor do taylorismo na Alemanha, preocupado com a estandartização dos tempos, movimentos e objetos, preocupava-se com ideais de justiça social, de um *Estado de bem-estar social*.

Capitalista e crítico do capitalismo, adepto de uma socialização democrática por meio de reformas fiscais sobre grandes propriedades e fortunas, crítico da política parlamentarista, adepto de um Parlamento Econômico ao lado do Parlamento Político, é um rosário de contradições, como a realidade alemã de sua época o é; adepto da organização corporativa da indústria, ao mesmo tempo foi o diplomata que produziu o tratado Alemanha-URSS; contra qualquer radicalismo foi assassinado pela direita radical alemã.

Discípulo de Dilthey, de quem havia sido aluno, valoriza em sua obra a racionalização dos processos econômicos concomitantemente com a "empatia", com a "vivência subjetiva", e se preocupa com a criação de um sistema de intuição simpatético que possa, se não substituir, completar o racionalismo.

Burguês rejeitado pela burguesia, democrata liberal em uma Alemanha mais preocupada com a "ordem" que com a "liberdade", Rathenau pertence à geração dos "profetas desarmados". Já o velho Maquiavel ensinava que os profetas desarmados sucumbem. Seu assassinato, precedido pelo assassinato de Rosa Luxemburgo, marca o início da ascensão da onda totalitária que dominará a Alemanha até o fim da Segunda Guerra Mundial. Sua obra não se constitui somente em uma reconstrução de passado, é obra do presente, na medida em que o passado é presente.

Os fundamentos despóticos do neoliberalismo*

Os adeptos da chamada corrente neoliberal defendem um ponto de vista segundo o qual essa teoria não se esgota com o controle monetário da economia: implica todo um programa de política econômica concebido

---

* *Folha de S.Paulo*, 03/02/1986.

positivamente. Porém, sua interpretação da realidade scioeconômica não só é tendenciosa como está repleta de contradições internas.

Para Milton Fridman, o principal teórico neoliberal, é preferível uma sociedade fundada no incentivo lucrativo que na fome de poder; como se no sistema do capitalismo, lucro e poder não fossem duas faces do mesmo fenômeno. A luta pelo lucro é uma forma de luta pelo domínio, pelo poder.

O neoliberalismo pretende ter um programa positivo, porém suas receitas básicas têm um acentuado caráter negativo: reduzir os gastos públicos, reduzir a expansão da moeda, reduzir os impostos sobre as empresas – inclusive seu famoso adágio "tudo vai bem quanto menor for a intervenção do Estado" –, tudo isso mostra o caráter não positivo do programa neoliberal.

Em sua luta contra o Estado keynesiano, os neoliberais pretendem, às vezes, que o Estado funcione à custa dos trabalhadores e clamam contra o "Estado intervencionista", instrumento dos ricos; outras vezes, apelam aos ricos e à classe patronal para lutar contra esse Estado. Em suma, diante dos pobres, os neoliberais apresentam o Estado como uma burocracia parasitária que cresce à custa do patronato. Todos os meios parecem bons para suscitar a rebelião "do cidadão contra o Estado", rebelião setorial, alguns aspectos da atuação do Estado são criticados e outros são reforçados pelo neoliberalismo.

Eles pretendem não só limitar como suprimir o aparelho de Estado, conservando as estruturas fundamentais do capitalismo atual. Se nos dias atuais existem leis que impõem deveres sociais às empresas ou se há despesas no referente à Previdência Social, não se deve concluir que essas medidas são unicamente obra do Estado. O Estado institucionalizou pressões das classes populares no contexto da economia capitalista por meio de uma legislação do trabalho, Previdência etc.

Para os neoliberais, as conquistas históricas dos trabalhadores aparecem como fruto da "ingerência" do Estado na economia. Na realidade, o que se deu foi a implantação da lógica social-democrata do Estado keynesiano, que canalizou a pressão social dos trabalhadores no sentido da valorização do capital e da empresa. Hoje em dia, ao pretenderem libertar a empresa do peso esmagador do Estado, os neoliberais pretendem, na realidade, desvincular a empresa de suas funções sociais e de sua responsabilidade social e impor a regressão da economia ao despotismo total do capital.

O neoliberalismo, atualmente, preconiza as virtudes do mercado livre e da concorrência ilimitada; a ponto de afiançar que o mercado livre constitui a única esperança dos deserdados da sorte que pretendam melhorá-la, contrariamente ao sistema intervencionista atual que funciona em benefício único e exclusivo dos autodeclarados neoliberais. O problema central não é ampliar a área competitiva da economia, mas libertar as empresas de suas obrigações e funções sociais.

Em outras palavras, "mercado livre" e o termo "liberalismo" dissimulam a ofensiva generalizada do capital contra as conquistas sociais das classes trabalhadoras nos últimos anos.

Haja vista a luta dos trabalhadores pelas oito horas efetivas de trabalho, que tem seu início em 1886; no Brasil, em 1986. Somente um pequeno segmento dos trabalhadores realmente trabalha oito horas por dia. O arrocho salarial e, na inexistência deste, a inflação se encarregam de criar a "indústria das horas extras", que transforma a jornada de oito horas diárias em um sonho de uma noite de verão, pois estamos em fevereiro.

Na prática, o neoliberalismo implica uma vigorosa política estatal, que inclui múltiplas formas de subvenção do Estado à empresa privada.

Não é ocasional o fato de o modelo japonês do Estado despótico desde a dinastia Meiji (inaugurada em 1868) exercer tanta atração sobre Milton Fridman e o patronato europeu conservador. A concorrência funcionaria somente em nível de mercado de trabalho, enquanto o Estado, direta ou indiretamente, subvencionaria as empresas. Quando o neoliberalismo apresenta a chamada economia de mercado como canal de ascensão social aos pobres, esquece que, mesmo havendo mobilidade vertical de indivíduos ou pequenos grupos, a pobreza continuaria existindo.

Os teóricos neoliberais afirmam que uma economia fundada na livre concorrência e nas leis do mercado tem implicações políticas libertárias, porém, fica sem explicação o ressurgimento do autoritarismo de Estado associado às políticas econômicas neoliberais no Ocidente.

O Chile de Pinochet ilustra bem no que consiste a política neoliberal. A redução da taxa de inflação anual e dos gastos públicos em 40% constituem o grande trunfo dos neoliberais. Aliás, o ideólogo Milton Fridman foi assessor de Pinochet. No entanto, com todas as "conquistas" enunciadas, a economia chilena não conseguiu recuperar o nível que atingira em 1972.

O Chile está longe do "milagre econômico". A liberalização econômica de Pinochet não se reflete nas estruturas políticas do Chile nem assegura o crescimento para o conjunto da economia do país. O modelo econômico neoliberal requer um Estado autoritário.

Voltando ao exemplo japonês, é indiscutível que sob a dinastia Meiji atuou a força do Estado despótico legado do feudalismo, que utilizou as formas de coação econômica e extraeconômicas para criar as "condições gerais de produção" do capitalismo. Utilizou a tributação selvagem sobre os camponeses para financiar o setor industrial. Subvencionou amplamente projetos privados de investimentos, privatizou empresas públicas, cedendo-as por 20% de seu valor total. A militarização da economia sob o Estado e política protecionista submete a lógica do Estado à lei do Capital Privado. O Estado "se privatiza". Keynes foi incorporado a Hayek. No desenvolvimento capitalista, o Estado sempre apoiou o capital e hoje mais que nunca.

Em suma, o neoliberalismo econômico, para realizar-se, exige a ditadura autoritária como seu complemento lógico. Não é por acaso que até em Portugal os ventos sopram em direção à direita.

A nova eugenia*

A revista *Shalom*, em seu número de julho deste ano, publicou um texto de Barry Mehler, doutorando em História da Ciência na Universidade de Illinois, sobre a nova eugenia e o racismo acadêmico nos Estados Unidos.

O termo *eugenia*, popularizado por Francis Galton em uma obra escrita em 1883, origina-se de *eugenes*, que significa, em sua origem grega, *bem-nascido*. Pelo menos até 1945, eugenistas nos Estados Unidos, na Alemanha e na Inglaterra acreditavam que a maior parte dos traços do comportamento humano eram geneticamente determinados e poderiam ser modificados por meio de procriação controlada. Resultado: os chamados criminosos, desequilibrados sexuais e deficientes deveriam ser esterilizados. Veremos mais adiante como Himmler realizou esse projeto no Estado nazista.

O que causa espanto é saber, segundo Barry Mehler, que fundações como Rockefeller e Carnegie financiavam tais pesquisas "científicas", en-

---

* *Folha de S.Paulo*, Folhetim, 23/12/1984.

quanto professores de universidades como Harvard, Columbia e Stanford também propagavam tais doutrinas. Daí, entre 1900 e 1930, os eugenistas norte-americanos influírem na promulgação de leis de esterilização eugênica e de antimiscigenação, de códigos criminais rigorosos e de restrições à imigração.

O eugenista C. Davenport, em uma carta, escrevia: "Nossos ancestrais expulsaram os batistas de Massachusetts Bay para Rhode Island, mas nós não temos para onde expulsar os judeus" (art. cit., p.8).

Programa excelente

Vital foi a importância dos norte-americanos eugenistas na preparação do terreno para o movimento eugenista de Hitler, que considerou o movimento eugenista norte-americano como modelo, daí a primeira lei nazista de esterilização eugênica fundar-se no modelo de lei de esterilização redigido por Harry Laughlin. Em 1936, recebia ele da Universidade de Heidelberg o título honorário de "doutor". Segundo Osborn, outro líder eugenista, "o programa alemão de esterilização é aparentemente excelente" (art. cit., p.8).

Nem o Brasil escapa. Assim, Herry Garret, em um texto de 1960 sobre QI (Quociente de Inteligência), entre outras coisas escreve: "No Brasil, a região costeira da Bahia, com suas misturas negroides, é primitiva e retrógrada em comparação com a relativamente avançada civilização do branco Sul do Brasil" (art. cit., p.9).

Um dos financiadores da nova eugenia, o Pioneer Fund, convidou aos Estados Unidos o ativo fascista inglês Roger Pearson, que em 1978 havia sido *stormtrooper* do Partido Nazista Americano. Arthur Jensen, principal ideólogo da inferioridade do negro, recebeu dotações desse fundo.

Uma entidade que cresceu muito foi a IAAEE (International Association for the Advancement of Ethnology and Eugenics – Associação Internacional para o Desenvolvimento da Etnologia e da Eugenia), que difunde a eugenia e a "raciologia". Tem contatos com a revista alemã *Neue Anthropologie*, cujo editor, J. Rieger, é membro notório do NPD (National Partei Deutschland), o Partido Neonazista Alemão.

Um autor ambíguo

Antes de informarmos sobre as implicações práticas e políticas da ciência eugenista e do racialismo, é importante esclarecer um antecedente ideológico, ou seja, como uma leitura racista de um autor ambíguo como Darwin pode servir de fundamento a dois processos: procriação controlada e extermínio dos assim chamados "inaptos".

Sua doutrina sustentava que as formas de vida existentes seriam um desenvolvimento de formas mais antigas e mais simples, todas as quais teriam como base um único tronco primitivo. No entanto, na *Origem das espécies*, sua doutrina da evolução se singularizava pelo fato de admitir que a população de todas as espécies tende – em condições naturais – a aumentar mais rapidamente que os meios de subsistência, e isso conduz a uma luta pela existência entre os membros de uma mesma espécie, daí resultando a eliminação dos mais fracos; e então os que sobrevivem reproduzem sua raça e transmitem a seus descendentes aquelas mesmas variações favoráveis que os habilitavam a sobreviver. O extermínio se tornou a chave do desenvolvimento.

Darwin desenvolvia essa teoria com uma riqueza de observações biológicas, reunia casos específicos de modificações, flutuações e variações dentro das espécies, mostrando as importantes modificações somáticas ocorridas durante a vida do indivíduo e os caracteres mais radicais registrados no plasma germinativo e transmitidos à prole. No entanto, sua observação de sucessão das espécies, estabelecidas pela Paleontologia, procurava se articular com provas de uma sucessão orgânica descobertas pela embriologia comparada. Daí sua sedução pela explicação do desenvolvimento orgânico pela Seleção Natural. Dentro das variações acidentais, ele procurou um determinismo, um finalismo, que consistia na luta pela vida e sobrevivência dos mais aptos.

Quanto a esse ponto central, Darwin não possuía uma visão muito clara e precisa. Trata-se de um princípio negativo que explica – se é que explica – a sobrevivência, porém não explica os verdadeiros processos de transformação e variação. Conclusivamente, Darwin oscilava entre as ideias do esforço dos lamarckianos e a das modificações mecânicas no plasma germinativo.

Quanto à Seleção Natural em si mesma, o biólogo Hans Driesch caracterizou a hipótese darwiniana de uma acumulação gradativa das variações acidentais como idêntica à hipótese de criar uma estrutura de uma casa jogando tijolos em um local ao acaso. A resposta a isso não se acha na Biologia, eis que Diderot, no século XVIII, havia sustentado iguais princípios. Darwin havia juntado a isso a teoria da população de Malthus, segundo a qual a população tende a crescer geometricamente, e as subsistências crescem aritmeticamente; assim a pobreza, o crime e a guerra são as únicas alternativas à abstinência cristã ou à exterminação voluntária.

É claro que o malthusianismo legitimava a posição diferencial que as classes ocupam em uma sociedade estratificada sob o capitalismo, daí o neo-malthusianismo ver nos anticoncepcionais um escape ao vício e à miséria.

O darwinismo penetra como ideologia conservadora na medida em que atribui à natureza a origem da luta geral pelo sucesso econômico. Estabelecendo a confusão entre a sobrevivência, que depende de outros fatores além da habilidade e da capacidade individuais, e o desenvolvimento biológico. Confundia conformidade com melhoria, e adaptação com superioridade física.

A teoria da Seleção Natural consagrava o processo de expansão do capitalismo e deu novo impulso ao imperialismo. Pouco importava saber que um dos sustentáculos da vida dentro da espécie é mais a cooperação do que a luta. Não foi como biólogo, mas como criador de mitos, que Darwin se impôs... As necessidades de afirmação brutal, da classe, da nação e da raça dominante, segundo um dogma "científico".

A eugenia na prática: o caso nazista

O capitalismo alemão encontrou os mercados mundiais divididos entre França, Inglaterra e Estados Unidos. A conquista de mercados externos veio acompanhada da militarização da economia, da vida civil e do racismo, como símbolo da hegemonia germânica. A Alemanha se voltava para o passado... Para o "sangue nórdico superior", daí o recurso aos "mitos arianos", da super-raça, definidos por uma "eugenia racial" não só copiada da direita norte-americana, porém com raízes profundas no sistema universitário alemão.

Tais mitos receberam *status* de "teorias científicas" por meio da obra de historiadores como Ranke e Von Treitschke, antropólogos como Von

Ehrenfelds, e ensaístas políticos que, embora não germânicos, contribuíram para fundamentá-los – como Gobineau e Chamberlain.

Eles criaram o mito da luta entre a raça "germano produtiva" e a raça "semita parasitária", a primeira destinada a ser "uma raça de senhores", e a segunda, a servi-la.

Já em 1871, Virchow se preocupou em estabelecer uma estatística, abrangendo todo o território nacional, da cor dos olhos, medição do crânio e tipo e cor de cabelo das crianças escolares, convencido de que a maioria do povo alemão era composta de loiros dolicocéfalos, exceção feita aos não alemães e aos judeus. A pesquisa se alastrou durante dez anos e abrangeu dez milhões de crianças. Os resultados foram irrisórios: somente uma minoria de alemães, da Alemanha do Norte, fazia jus à caracterização de "nórdicos".

Segundo Marc Hillel (1975), Himmler, na qualidade de *Reichsfuhrer SS* dirigindo trezentos homens a serviço do partido, promove outra pesquisa que abrange a totalidade da Alemanha sem diferenciação de idade, profissão ou sexo, para verificar se a população corresponde à definição do autêntico germano, definida pelos parâmetros do antropólogo oficial do Reich, Hans Gunther.

Segundo ele, o germano autêntico seria loiro dolicocéfalo, possuiria "boa altura, rosto estreito, queixo bem formado, nariz fino e arrebitado, cabelos loiros e lisos, olhos claros e profundos, pele de um branco rosado" (Hillel, 1975, s. p.).

É claro que, com a expansão nazista no leste e no território da URSS, a integração de muitos ucranianos no SS debilitou essa "seleção radical". Após Stalingrado, o nórdico não tem mais olhar "vitorioso" e transparente. A autoimagem criada pelo regime muda, como veremos adiante.

O autêntico nórdico, integrante ou não da SS era examinado conforme os seguintes parâmetros:
- A postura do candidato, em pé ou sentado.
- A forma do crânio e do rosto.
- A cor e a distância entre os olhos.
- A largura e a altura do nariz.
- A extensão dos braços, pernas e tórax.
- O sistema de pigmentação.
- A tez.
- As bochechas, lábios, queixo e pálpebras.
- O tórax nos homens e a bacia nas mulheres.

As mulheres candidatas à permissão de casamento deviam encaminhar ao escritório foto, de preferência em roupa de banho, exigindo-se o mesmo do candidato.

Verificando um déficit na natalidade alemã de 14 milhões de crianças no período de 1915-33, comparado a 1896-1914, o regime afastou a mulher da vida pública, limitando-a à cozinha, às crianças e à igreja. Proibidas de serem juízas ou procuradoras, não podiam tingir os cabelos, fazer permanente ou fumar em público. Culto à maternidade e mulher gorda, dentro dos objetivos populacionais do regime. Mãe com muitos filhos era condecorada.

Para que a fecundidade da mulher germânica não fosse afetada, russas e polonesas trabalhavam como domésticas nas casas e no serviço pesado. Interdição de anticoncepcionais ia a par com a luta contra o aborto, a homossexualidade e a prostituição. SS que tivesse relações homossexuais era punido com a morte (Lei de 15 de novembro de 1941). Muitos destes, considerados "associais", eram enviados aos campos de concentração. O regime praticava a reprodução e o extermínio planificados.

"Haras" humanos

Para a realização da política de procriação planejada entre casais "racialmente perfeitos", criaram-se as Lebensrom (fonte da vida), nome que designava as maternidades criadas por Himmler, que eram verdadeiros "haras" humanos. Uns viam-nos como bordéis para os membros da SS ou soldados de volta do *front*, outros como refúgio para mulheres celibatárias.

Essas maternidades eram administradas por um membro do Partido Nazista, depois membro da SS na qualidade de coronel, condecorado com a Ordem do Sangue em março de 1939. Era Max Sollman, carteira 14.528 do Partido Nazista e carteira 903 da SS.

Havia voluntários que se julgavam autênticos descendentes dos indo-europeus que vieram à Alemanha no século III a.C. Eram integrados sob supervisão de médicos "especialistas raciais", e viriam a formar os quadros da SS.

Himmler julgava os alemães constituídos de tipos diferenciados – nórdicos, westfalianos e bálticos – e esperava extirpar essas diferenças após um século de política de "seleção radical".

Os quadros da SS se compunham de indivíduos combatentes e reprodutores, desempregados, de origem camponesa, atraídos por uma carreira rápida nessa unidade de elite. Alcoólatras, homossexuais, arianos de origem duvidosa – que não provassem sua ascendência desde 1750 – eram excluídos.

Um ar eslavo, cabelos pretos, um tronco grande em relação aos braços eliminava o candidato a pertencer à SS.

A SS criou um *Caderno de família*, um livro que define relações de parentesco, que legitima racialmente seu portador, especialmente se consegue "provar" sua origem ariana a partir da Guerra dos Trinta Anos. Na realidade, o predomínio na população alemã do homem de tamanho médio ou pequeno, do moreno sobre o loiro, "esfria" o ânimo seletivo.

O *Caderno de família* tinha uma função importante: selecionar a nova elite dirigente. Assim, a partir de 1º de janeiro de 1933, o Cćdigo de Casamento permite a união desde que os chefes autorizem, examinando o aspecto racial. As decisões a respeito são secretas. Doença física ou mental impede o matrimônio.

Nas creches mantidas pela Lebensborn havia um texto afixado para as mães, no qual se notava uma escala de valores raciais como: higiene racial, melhora racial pela "seleção", casamentos permitidos somente com quem tenha sangue "puro", uma política sistemática de criação de crianças nas casas ou creches do Estado.

Himmler entendia que os soldados de volta do *front* deviam possuir muitas mulheres, porém sob controle eugênico.

Casamento biológico

Com o aumento dos divórcios, a partir de 1938, por esterilidade e com a recusa em procriar, especialmente nas áreas urbanas, o regime nazista pretendeu institucionalizar a bigamia e instituiu, em 28 de outubro de 1935, o chamado "casamento biológico" fundado no ideal nacional-socialista. A esse respeito, havia um consenso entre os chefes nazis. Diziam eles: vocês todas podem não achar um marido, mas todas vocês podem tornar-se mães.

Cria-se o Serviço do Führer, no qual a obrigação de dar um filho ao chefe supremo é internalizada pela juventude. Assim, em 1936, em uma manifestação pela passagem do primeiro aniversário da fundação do partido, mil jovens engravidaram de pais desconhecidos. Os acampamentos, reuniões e competições esportivos e militares eram pretexto para "servir o Führer", aumento da natalidade a serviço do regime. Havendo dificuldade da família da jovem em aceitar o novo "filho", a Juventude Hitlerista assumia o caso.

Em Munique, 90% das relações entre jovens eram pré-conjugais.

Uma vez por ano

Embora Hitler enfatizasse a "ideologia da família" (Reich, 1974, s. p.) pregando sua união e disseminação, as obrigações diante do Estado e o partido se desarticulavam profundamente. Assim, o pai pertence à SS ou SA, a mãe milita na ala feminina do partido, o filho, na Juventude Hitlerista, a filha, na seção feminina da mesma organização. Resultado: essa família se encontrava uma vez por ano, no Dia do Partido, comemorado em Nurenberg.

Apesar das vantagens materiais oferecidas pelo Estado à "família extensa", a média de nascimentos não aumentou significativamente, daí os eugenistas constatarem que a reprodução exigida pelo regime era satisfeita de forma mais satisfatória pelas moças celibatárias, porém de "boa raça".

Ante a ótica do regime, o homem era um reprodutor e a mulher um reservatório de "sangue puro".

Para viabilizar o que foi dito anteriormente, cria-se a Lebensborn, um conjunto de creches e enfermarias que recebe as parturientes, às vésperas de cruzamento. A mãe podia abandonar o recém-nascido na SS, que o adotava. Metade das parturientes que se apresentava a essas casas para registro eram rejeitadas por não corresponderem aos ideais "nórdicos" de beleza ou de seleção racial.

O alto custo do celibato

Na época, a família alemã ideal era a que possuía no mínimo quatro filhos ou adotava crianças de "bons princípios". Por circular de 13 de setembro de 1936, Himmler define como um dos deveres do Estado sustentar família de bom valor racial e boa hereditariedade biológica, e também as Lebensborn. Mediante cotizações entre seus membros, fluirão recursos para mantê-las.

As cotizações são escalonadas conforme idade, renda e número de filhos de cada Fuhrer SS. Assim, ele deve casar-se até os 26 anos. Se até os 28 anos não casou, sua cotização aumentará. Se aos trinta anos não tiver mais um filho, a cotização será maior. Caso prefira o celibato, sua cotização será tão alta que achará mais econômico casar-se.

Por meio de um acordo entre a Lebensborn e o Ministério do Interior por intermédio de seu departamento de Pesquisas Genealógicas, Hitler assegurava que se manteria indefinidamente o segredo sobre as origens ilegítimas das crianças.

Assim, cada criança receberá um atestado de "arianismo" que terá valor documental junto à Juventude Hitlerista, colégio ou universidade. Entre 1940 e 1944, nas casas da Lebensborn nasciam, em média, entre quatrocentas e quinhentas crianças por ano.

Tais "casas" ficavam afastadas das cidades, em meios rurais, guardadas por guardas armados. Isso assustava a população camponesa, que via tais mulheres lá internadas, como uma espécie de prostitutas do regime. Havia, na Alemanha, seis casas desse tipo, além da instalação de outras nos países ocupados pelo nazismo na época, como Noruega, França e Holanda, que seriam depósitos de mão de obra escrava para o regime nazista.

Quanto ao corpo de enfermagem, a maioria das enfermeiras que lá estavam prestando "serviço profissional" seriam futuramente mães de crianças de pais desconhecidos. Tais crianças eram adotadas por famílias alemãs com inequívoca lealdade ao regime.

Ao lado da procriação havia o extermínio, como dissemos anteriormente. Assim, crianças com defeitos físicos ou problemas mentais eram mortas, após serem devolvidas por famílias alemãs que pretendiam adotá-las, como uma espécie de "má mercadoria". Aplicava-se nelas injeções de luminal ou morfina, para mostrar que havia sido feito o impossível para salvá-las. Depois, eram dissecadas em nome da "pesquisa científica de doenças hereditárias e constitucionais graves".

Processo de germanização

Na Noruega e na Dinamarca, a predominância de crianças loiras com olhos azuis tornava desnecessária a seleção racial. No entanto, milhares de crianças foram sequestradas em plena via pública pela SS e enviadas à Alemanha para sofrer o "processo de germanização", o que também ocorreu com muitas mães norueguesas.

O nazismo havia institucionalizado o rapto de crianças, com base na "boa impressão" ou "má impressão" que delas tinham as *schwester* (irmãs que as recolhiam nas ruas junto com os SS). Daí muitas crianças no Leste Europeu, ocupado pelo nazismo, fugirem à simples aproximação de um volkswagen (o célebre "carro do povo" criado por Hitler). Para elas, significava o rapto, desenraizamento do país e da cultura nativa, em prol da "germanização" compulsória. Tais "irmãs" sequestradoras de crianças pertenciam à chamada Physionomische Brigade.[2] Calcula-se que elas raptaram duzentas mil crianças polonesas, enviando-as à Alemanha.

A célebre classe empresarial estava vinculada à manutenção das Lebensborn. Assim a IG Farben Industrie, a Siemens, a Bosh, a Krupp, o Banco de Dresden, o Reichbank, o Deutsche Bank, além de indústrias alimentares, farmacêuticas e petroleiras figuram como integrantes do Circulo de Amigos do Reischfuhrer.

Concluindo: o eugenismo nazista levava à procriação forçada, à transformação da mulher em mero instrumento reprodutor, às clínicas da SS onde as mulheres funcionavam como cobaias da polícia, à formação de uma super-raça. Ao lado disso, havia o extermínio dos chamados "inferiores".

Isso define por que qualquer tipo de racismo está ligado à morte. Nenhum discurso racista é inocente. Se tiver condições de ser posto em prática, levar aos campos de concentração, ao genocídio ou ter o nome de Buchenwald, Auschwitz, Treblinka ou Sabra e Chatila, o crime é o mesmo.

---

2 "Entre as 'enfermeiras' encontradas trinta anos depois na Alemanha, só uma exerce a profissão, as outras trabalham em atividades distanciadas da prática hospitalar" (Hillel, 1975, p.104).

O conflito social, Maquiavel revisitado*

Com base em *Discursos sobre as décadas da História Romana de Tito Lívio* e em *O príncipe*, enunciamos a atualidade da matemática de Maquiavel no que se refere a sua visão construtiva do conflito social, a opinião pública e sua vigilância contra a corrupção, a importância das reformas institucionais, as relações entre eficiência e política, ética e política e a tendência às conspirações contra o príncipe quando ele não goza do amor do povo.

A presente coletânea de textos de Maquiavel está composta por *Discursos sobre as décadas da História Romana de Tito Lívio* e *O príncipe*.

As lutas de classes em Roma Antiga são abordadas pelo autor nos capítulos 3, 4, 5 e 6 do primeiro volume dos *Discursos*. A expulsão dos Tarquínios marca o fim da união entre patrícios e plebeus; a classe dominante começa a cuspir na plebe; vem à luz todo o veneno que havia em suas almas (v.1, p.1-2);[3] como consequência do conflito de classes, os plebeus conseguem a criação do Tribunato e o utilizam como meio para conter a insolência da nobreza. Maquiavel valoriza o conflito social. Para ele, o conflito entre o Senado e o povo tornou poderosa e livre a República Romana. Ele diz: "sustento a opinião que aqueles que *censuram os conflitos* entre a nobreza e o povo, condenam o que foi a causa primeira da liberdade de Roma (...)" (v.1, p.3), pois os bons exemplos são frutos da boa educação, que é fruto das boas leis, as quais, por sua vez, são frutos daquelas desordens que muitos, sem maior profundidade, condenam (v.1, p.4). Continuando sua argumentação acerca da positividade da luta de classes, Maquiavel observa que "se alguém criticar os gritos do povo contra o Senado e o fato de correr pelas ruas e fechar lojas, direi que em cada cidade deve haver maneira do povo manifestar suas aspirações, especialmente naquelas manifestações que se valem de sua participação" (v.1, p.4). Se os conflitos "levaram à participação dos tribunos, merecem elogios" (v.1, p.5). No Capítulo 5, ele mostra que é mais segura a guarda da liberdade a "quem não tenha desejo de usurpá-la. Se considerarmos a índole dos patrícios e plebeus, será encontrado naqueles um grande desejo de poder e nestes, o de não ser dominados" (v.1, p.6), pois, os "maiores transtornos

---

* *Escrita*, Ensaio – em separata.
3 A partir deste ponto, até onde for indicado, as páginas indicadas pertecem à obra *Discursos sobre as décadas da História Romana de Tito Lívio*, de Maquiavel (N. E.).

à liberdade são obra dos que têm propriedade, porque o medo de perdê-las agita tanto os ânimos como o desejo de adquiri-las" (v.1, p.8).

Maquiavel passa a analisar como Esparta conseguiu alto nível de consenso social e político pelo fato de ter um número pequeno de habitantes, garantindo a possibilidade de serem governados por poucos e na proibição aos estrangeiros residirem na República, impedindo, assim, que o crescimento populacional criasse dificuldades à minoria governante. Em Roma, para manter o consenso, o legislador aumentava o número e poder da plebe e, daí, as oportunidades de desordens, porém,

> se os romanos vivessem mais tranquilos, viveriam em condição mais débil, carecendo de recursos para chegar à grandeza que chegaram, de forma que Roma, ao desejar destruir as causas dos conflitos, destruía, também, a possibilidade de alcançar a grandeza que havia conseguido (v.1, p.11).

"Opinião pública" é um conceito que Maquiavel desenvolverá nos capítulos 7 e 8 dos *Discursos*. Ele mostra como a crítica pública é necessária e fundamental em uma República contra aqueles que ofendiam as liberdades públicas (v.1, p.15), pois, segundo ele, "nada contribui mais à firmeza e estabilidade de uma República que a existência de canais legais para a manifestação dos ânimos" (v.1, p.15), tema esse que ele retoma no Capítulo 8 do primeiro volume dessa obra.

A crítica à tirania é o tema que ele desenvolve nos capítulos 10, 16, 17 e 18 dos *Discursos*.

Maquiavel faz o elogio dos fundadores das repúblicas, criticando os inimigos da virtude das letras (v.1, p.22), elogia aqueles que optam pela salvaguarda das liberdades públicas em lugar de escolherem a tirania; "os que prefeririam em sua pátria ser Scipiões a serem Césares" (v.1, p.23). No Capítulo 16, Maquiavel mostra como um povo mantido em sujeição dificilmente conserva a liberdade conquistada internalizando a repressão e, daí, "cair sob novo domínio muitas vezes mais pesado que o anterior, de que havia se libertado" (v.1, p.27). Para ele, são infelizes aqueles príncipes que, para manter o poder, necessitam lutar contra a maioria da população. Nesse contexto, "o príncipe vive inseguro, e quanto mais crueldade utiliza, mais débil é seu reinado" (v.1, p.28-9).

Para Maquiavel, o povo que constitui a maioria não deseja ser oprimido e constitui a maioria, pois "uma minoria insignificante quer a liberdade para mandar, e a imensa maioria quer usar a liberdade para viver com segurança" (v.1, p.30)

A corrupção é incompatível com a existência da liberdade política real, especialmente se "a corrupção no topo do Estado se estendesse a todos os membros, tornando impossível qualquer reforma" (v.1, p.31). O conflito social, nesse contexto, é positivo, pois "quando a massa da população se encontra sã, as desordens não prejudicam; quando estão corrompidas, as melhores leis têm pouco valor" (v.1, p.33).

No Capítulo 18 dos *Discursos*, ele analisa a inadequação da lei à realidade social. A corrupção levou à hegemonia dos oligarcas em Roma, "pois só os poderosos tinham o direito de propor – não tendo em mira a liberdade comum –, mas o aumento de seus poderes e, por temor, ninguém tinha coragem de opor-se a tal procedimento" (v.1, p.36). Em uma república corrompida, é impossível mudar a constituição pouco a pouco. Isso

> só pode ser fruto de um homem sábio e prudente (...) (v.1, p.37). A mudança imediata de uma constituição levaria à aplicação de medidas extralegais, como a regeneração dos costumes políticos de um povo, que somente poderá ser feita por um homem de bem; somente o mal apela à violência – entendida como golpe de Estado. Resulta que raríssimas vezes o bom procuraria chegar por um caminho ruim ao exercício da soberania, embora seus propósitos sejam excelentes. Menos ainda, o malvado convertido em príncipe agir bem fazendo bom uso de uma autoridade mal adquirida (v.1, p.37-8).

Maquiavel enfoca o tema da religião como elemento fundamental na legitimação do poder. Assim, no volume primeiro, no decurso dos capítulos 11 a 15 dos *Discursos*, ele analisa esse papel da religião, relatando que "nunca se enfrentou com um povo de rudes costumes e, no intuito de habituá-lo à obediência pacífica, recorreu à religião como elemento indispensável para manter a ordem social" (v.1, p.39).

Além disso, quem estudar bem a História Romana, salienta Maquiavel, "observará quão *útil* foi a religião na direção dos exércitos, na organização do povo para alentar os bons e envergonhar os maus" (v.1, p. 40). Até mesmo a implantação da ordem jurídica necessita da religião. Eis que os legisladores romanos tiveram de "recorrer a um Deus quando elaboraram leis extraordinárias para o povo, porque de outra maneira não teriam sido aceitas" (v.1, p.41).

Segundo o florentino, por não respeitar a religião, a Igreja Católica se arruinou, pois, "o índice mais seguro da ruína de um Estado é quando o culto divino é desprezado" (v.1, p.43), permitindo aos dominados colocarem em xeque a legitimidade da dominação. "É quando os oráculos começaram a predizer no interesse dos poderosos, os homens se tornaram incrédulos e, portanto, aptos a perturbar o regime estabelecido" (v.1, p.43). Pois o que levou a Itália à ruína "consiste no fato de a Igreja manter a Itália dividida" (v.1, p.45).

No Capítulo 13 dos *Discursos*, Maquiavel exemplifica como a religião é manipulada pela classe dominante, relatando que, por ocasião da eleição de tribunos com poder de consular – todos eram patrícios, com exceção de um que pertencia à plebe –, deu-se uma epidemia de peste e fome aproveitada pelos patrícios para difundirem junto ao povo a noção de que isso se devia à cólera dos deuses pela criação do Tribunato da plebe. Diante do alegado, "optou-se pela volta à forma tradicional, em que o povo muito religioso, assustado com que diziam os patrícios, elegeu todos os tribunos da classe patrícia" (v.1, p.46).

A influência da religião, porém, não para aí, nas campanhas militares. Por ocasião do cerco de Veio, viu-se, também, que os chefes do exército secundavam qualquer empreendimento utilizando a religião (v.1, p.46). Da mesma forma, os patrícios utilizaram a religião contra a obstinação do tributo Terentilo em querer prolongar certa lei (v.1, p.47), em que o povo, por respeito à religião, "preferiu obedecer ao cônsul (patrício) a seguir os tribunos plebeus" (v.1, p.48). Utilizando esses recursos, "o senado, por meio da religião, conseguiu vencer o conflito que sem ela jamais poderia vencer" (v.1, p.49). Igualmente, os auspícios eram interpretados conforme as necessidades práticas, "simulavam os romanos obedecer à religião quando se viam forçados a faltar a alguns de seus preceitos" (v.1, p.49). Da mesma forma, ainda, "os sanistas, embora vencidos pelo valor dos romanos para recobrar o antigo esforço, não encontraram outro meio nem outro refúgio além da religião" (v.1, p.53).

Nos capítulos 19 e 20 da obra citada, Maquiavel aborda o delicado tema da sucessão no poder, mostrando que, se a um príncipe débil suceder um bom, ele pode sustentar-se; ocorre inversamente se a um príncipe débil suceder outro débil. Mostra que as Repúblicas organizadas necessitam de governantes virtuosos na sucessão, exemplificando como "Roma aproveitou seus talentos e, às vezes, sua fortuna para adquirir grandeza em uma época diversa daquela em que havia sido governada por reis" (p.92).

As complexas relações entre ética e política são estudadas por Maquiavel nos volumes 1 (capítulos 28 a 31), 2 (capítulos 14, 20-2 e 26) e 3 (capítulos 10-3, 31 e 44) de *Discursos*.

No Capítulo 28 do primeiro volume, ele mostra que, em Roma, a ingratidão em relação aos cidadãos era menor que em qualquer outra cidade; isso se devia "ao fato de os romanos terem menos motivos para suspeitar de seus cidadãos que os atenienses dos seus" (v.1. p.54). A ingratidão dos atenienses em relação a seus conterrâneos se devia a um fator material: o fato de Athenas viver oprimida. "Um pesquisador penetrante conceberá que, se Roma houvesse perdido sua liberdade como Athenas, não teria sido mais piedosa com seus cidadãos" (v.1, p.55).

Para evitar a ingratidão, ele aconselha ao príncipe dirigir pessoalmente as operações militares, "porque vencendo, a glória é sua em ter conquistado; quando ele não dirige, as tropas à glória são alheias" (v.1, p.55). Aconselha ao general que dirige as operações militares enquanto o príncipe usufrui da ociosidade: "para livrar-se das mordidas da ingratidão, faça uma das duas coisas: ou deixe imediatamente o exército após a vitória ou tome posição oposta vigorosamente e recorra a todos os meios que julgar apropriados, para que os frutos das conquistas resultem em seu favor e não de seu príncipe" (v.1, p.56). Para tanto, ele deve seduzir os súditos, controlar quem não possa corromper, aliar-se com os vizinhos para "(...) ter condições de castigar seu senhor por ingratidão (v.1, p.56), pois os homens, conforme disse, não sabem ser completamente bons ou maus (v.1, p.56), agindo sob o signo da ambiguidade e contradição".

Maquiavel exemplifica no Capítulo 31 como a República Romana havia agido com clemência para com aqueles chefes militares que "por ignorância ou decisões erradas, ocasionaram danos à República" (v.1, p.57-8).

Ele mostra, no Capítulo 55, como é fácil governar quando o povo não está corrompido. Assim, o povo romano obedeceu ao senado quando este lhe solicitou que entregasse a Apolo a décima parte do botim de guerra contra Veios: "(...) ninguém procurou livrar-se dessa obrigação protestando contra o edito" (v.1, p.60). Idêntica atitude teve as cidades alemãs, onde "a honra e religião predominam, possibilitando a muitas Repúblicas uma vida livre fundada na estrita observação das leis" (v.1, p.61). Idêntico fato se deu em Roma quando, "para realizar despesas públicas, os magistrados ou os Conselhos com competência para autorizá-las impunham aos cidadãos um tributo de 1% ou 2% sobre a propriedade que possuíam" (v.1, p. 61), e cada um depositou, sob juramento, o tributo "em uma caixa apropriada para tal, especialmente destinada a recolher a quantidade devida sem outro testemunho que sua consciência" (v.1, p.61). Outra razão da facilidade de governar em uma cidade ou reino consiste na existência da igualdade de direitos civis, pois aquelas nações "não toleram que nenhum cidadão, sob qualquer pretexto, viva como nobre, mantendo perfeita igualdade entre si e unidos na aversão comum aos senhores e nobres", ao ponto que, se alguém cai em suas mãos, matam-no, por considerá-lo princípio de corrupção e motivo para todo tipo de escândalo (v.1, p.62). Nobres que vivem ociosamente sem cultivar as terras "são perniciosos em qualquer República ou Estado e o são em maior grau àqueles que possuem castelos e súditos que lhes devam obediência" (v.1, p.62).

Contrariamente aos preceitos do Novo Testamento, que pregam a humildade, Maquiavel mostra como ela é prejudicial (v.2, s. p.); "como ela em nada auxilia, sobretudo perante homens insolentes que por inveja ou qualquer motivo subalterno se devotam ao ódio" (v.2, p.65).

Negando a humildade, prega a reação da força à força; caso contrário, "seus defensores, crendo que é débil e covarde, não terão entusiasmo em defendê-lo" (v.2, p.65).

Por sua vez, Maquiavel mostra a ineficiência das injúrias e ameaças para vencer o inimigo, exemplificando com o ocorrido:

> Por ocasião da ocupação de Cápua pelos romanos, houve uma rebelião debelada por Valério Corvino, e uma das cláusulas do armistício rezava que aquele que se atrevesse a censurar os soldados pela rebelião sofreria penas gravíssimas (v.2, p.67).

Da mesma forma,

> Na guerra contra Aníbal, Tibério Graco foi nomeado general dos escravos e, entre os escravos e entre as primeiras ordens, constava a de castigar com a pena capital aquele que, diante dos escravos armados, mencionasse seu estado de escravidão (v.2, p.67).

No Capítulo 20 do terceiro volume, ele salienta como um ato generoso consegue mais que uma atitude feroz e violenta, exemplificando com o ocorrido quando

> os exércitos romanos não conseguiam desalojar Pirro da Itália, e conseguiu a liberalidade de Fabrício ao levar ao conhecimento de Pirro o oferecimento de um de seus familiares aos romanos para assassiná-lo com veneno (v.3, p.68).

No entanto, se a falta de soberbia e crueldade é causa de vitórias, Aníbal, agindo em sentido oposto, também as obteve. Como é possível que atitudes diversas produzam idênticos efeitos? A isso Maquiavel responde que

> o primeiro motivo é o desejo natural do homem por coisas novas, pois é certo que tanto a boa como a má atitude causam aflição. O temor à força mobiliza os homens, sendo mais frequente que sigam e obedeçam mais a quem temem que a quem amam, e, a um general, tanto faz percorrer um dos dois caminhos – o amor ou o temor – pois 'por seu mérito sempre terá *fama*' (v.3, p.70).

Ciro e Aníbal percorreram os dois caminhos: o primeiro se impondo pelo amor, e o segundo, pelo temor. No âmbito romano, Valério Corvino, com seu humanismo, e Manlio Torquato, com sua severidade em relação aos romanos, seguiram Ciro e Aníbal. A respeito da escolha de um desses procedimentos como o melhor, porém, Maquiavel nota que sobre eles não há consenso, pois os escritores elogiam tanto uma via como outra (v.3, p.74). Porém, ele enuncia que se tratando de um cidadão submetido às leis de uma República, a conduta mais elogiosa e menos perigosa é a de Manlio, por estar em inteira correspondência com o Estado (v.3, p.75). Enquanto o procedimento de Manlio atende à utilidade pública de Valério, ele "inspira desconfiança na medida em que procura atrair o carinho dos soldados, pois um prolongamento do mando pode ser pernicioso à liberdade" (v.3, p.75).

Na benevolência de Valério em relação às suas tropas, segundo Maquiavel, o perigo de estar "preparando o caminho para a tirania, leva os demais cidadãos a prevenir-se dessa ocorrência em seu prejuízo pessoal" (v.3, p.76).

No Capítulo 25 do terceiro volume, Maquiavel mostra as virtudes da pobreza, em consonância com o ressurgimento do estoicismo no Renascimento, "que não constituíam obstáculo à obtenção dos mais altos cargos e honras" (v.3, p.77). Ele exemplifica essa assertiva com o fato de o lavrador Cincinato, que arava pessoalmente a terra, ser nomeado cônsul para salvar a República em perigo, o qual, por sua vez "elegeu Lúcio Tarquínio chefe de cavalaria que combatia a pé, na impossibilidade de adquirir um cavalo" (v.3, p.78). Da mesma forma, Marco Regulo, em campanha na África, "solicitou licença ao senado para voltar a cuidar de sua fazenda, deteriorada pelos prepostos que lá estavam para cuidá-la" (v.3, p.78). Conclui, pela demonstração de como são preferíveis os frutos da pobreza aos da riqueza, que "aqueles honraram e fundaram a prosperidade das cidades províncias e religiões, enquanto estas as arruinaram" (v.3, p.79).

No Capítulo 31 do terceiro volume, Maquiavel aponta a fortaleza de ânimo como uma das virtudes cardiais, equiparando as repúblicas fortes aos grandes homens. No cultivo da virtude, cita, em abono, Tito Lívio, que "colocou na boca de Camilo estas palavras: 'nem a Ditadura aumentou seu valor nem o desterro diminuiu-o" (v.3, p.79), diferentemente dos débeis, insuportáveis e odiosos que os rodeiam, atribuem suas vitórias a méritos que não possuem, porém, na má sorte, passam rapidamente de um excesso a outro e se convertem em covardes e objetos (v.3, p.80). Tais virtudes e vícios não são inerentes a um indivíduo; encontram-se nas várias formações estatais. Segundo o autor, Roma exemplificava a fortaleza, a força e a virtude; Veneza, a debilidade e a abjeção. Após analisar a queda de Veneza, ele comenta: "quanto mais conheça o mundo, menos orgulho lhe causará a fortuna e menos desalento lhe trará a desgraça" (v.3, p.82). O fundamental, para Maquiavel, consiste em depositar mais confiança na organização e no valor para enfrentar a fortuna adversa, como fazem os romanos, porém, se vive desarmado confiando não em seu valor, mas na sorte, quando esta mudar, mudará seu destino e agirá como os venezianos o fizeram (v.3, p.83).

No Capítulo 40 do terceiro volume, Maquiavel procura mostrar como o engano na guerra merece elogio e como a contingência determina o comportamento ético, pois "aquele que vence o inimigo pelo elogio tem o mesmo valor como quem rechaça o inimigo empregando a força" (v.3, p.85).

No capítulo posterior, Maquiavel defende a ideia segundo a qual a defesa da pátria com glória ou ignomínia constitui o supremo valor; no Capítulo 44, o ímpeto e a audácia, para ele, são formas de procedimentos para alcançar objetivos que por outra via seriam inalcançáveis. Ele postura que as promessas arrancadas pela força não devam ser cumpridas, concorde com Spurio Postumio, que concluía um tratado de paz em Claudium, definindo que Roma não estava obrigada a cumpri-lo, "se quisesse libertar-se de qualquer compromisso, bastava que se entregasse aos sanistas como prisioneiro e os que haviam com ele assinado a paz" (v.3, p.84). Assim, o senado romano agiu reconhecendo a nulidade do acordo assinado, devolvendo aos sanistas os prisioneiros, que "permitiram sua volta a Roma cobrindo-se de glórias muito mais que Pôncio entre os sanistas, sendo que o primeiro havia sido o vencido, e o último havia *triunfado*" (v.3, p.84).

A sucessão do poder é tratada nos capítulos 19 e 20 do primeiro volume. Segundo o autor, um príncipe débil pode sustentar-se sucedendo a um bom, porém nenhum reino subsiste se a um príncipe débil sucede outro débil. Enquanto isso, as Repúblicas bem organizadas necessitam governantes virtuosos na sucessão, razão de aumentarem seus domínios. Maquiavel comprova esses enunciados exemplificando com a "sucessão de dois grandes príncipes para conquistar o mundo, como ocorrerá quando Alexandre, o Grande, sucedeu a Filipe da Macedônia" (v.1, p.92).

As reformas institucionais são a temática que Maquiavel trata no Capítulo 26 do primeiro volume, aconselhando aos reformadores que encontrem aceitação das reformas, desde que "ao menos, conserve a sombra das antigas instituições" (v.1, p.92). No Capítulo 26 do segundo volume, porém, ele aconselha ao príncipe que reforma tudo como meio para conservar o poder, a fim de que "não haja cargo, honra ou riqueza que o agraciado não reconheça devê-lo ao príncipe" (v.2, p.94). Embora Filipe da Macedônia chegasse a dominar totalmente a Grécia por métodos cruéis, como o translado compulsório de populações, Maquiavel constata que "todos devem evitá-los, preferindo ser cidadãos a serem reis à custa de tanta destruição humana" (v.2, p.94).

Maquiavel mostra como o indivíduo no processo histórico pode ter papel negativo e causar dano a uma República que não esteja anteriormente corrompida (v.2, p.95); as condições históricas atuam como determinações básicas no condicionamento da ação do indivíduo. Por sua vez, mais disposições subjetivas individuais podem causar danos sociais, como "o exemplo de Manlio Capitolino, porque demonstra como a horrível ambição de rei anula as melhores intenções de alma e corpo e os maiores serviços prestados à pátria" (v.2, p.95). Contra esse desejo de poder pessoal, no final prevalece "o amor à pátria acima de qualquer outra consideração; todos avaliando os riscos da ambição de Manlio, que pesava muito mais que suas meritórias ações no passado, tornando indispensável sua morte para conjurar o perigo" (v.2, p.96). Finalmente, Maquiavel aconselha àqueles que promovam mudanças em favor da tirania ou liberdade que examinem o estado dos costumes públicos, pois "é difícil e perigoso escravizar a quem quer viver livremente" (v.2, p.97).

A visão do homem, sua concepção de natureza e a conduta humana é tratada no Capítulo 27 do primeiro volume de *Discursos* em que mostra o perigo da simplificação das virtudes humanas, pois "os homens não sabem ser completamente criminosos ou completamente *bons*" (v.1, p.98), citando em seu abono que, embora parricida ou incestuoso, João Paulo Baglioni não se atreveu a prender o Papa que foi desarmado à Perugia por ele ocupada, com a intenção de desalojá-lo das terras pertencentes à Igreja.

No capítulo 41 desse volume, encontramos implícito o elogio do "justo meio" como ideal de conduta política, criticando àquele que repentinamente passa da humildade à soberbia e da compaixão à crueldade, aconselhando a quem assim o fizer, que efetue "essa transição, gradualmente aproveitando as oportunidades e antes que a mudança o prive dos velhos amigos, deve conseguir outros novos para substituí-los, para que sua autoridade não se debilite" (v.1, p.99).

A facilidade com que os homens se corrompem quando cegados pela ambição, segundo Maquiavel, deveria chamar a atenção dos legisladores para que "refreassem rapidamente os apetites humanos e punissem àqueles que cometessem faltas movidos por suas paixões" (v.1, p.100). A isso ele agrega o modo como os homens mudam rapidamente de ambição e como todos os maus exemplos procedem de boas causas (v.1, p.101) que permitem a emergência do regime de "salvaguardas", em que o maior autoritarismo é exercido em nome da liberdade, e a corrupção generalizada campeia em nome do moralismo e anticorrupção.

Como os homens podem enganar-se nos assuntos gerais e não nos particulares é o tema do Capítulo 47 do primeiro volume, mostrando como a plebe, ao conquistar o consulado, "necessitou julgar individualmente seus candidatos, compreendeu suas limitações, deduzindo que ninguém entre eles, particularmente, mereceria o que a plebe como massa acreditava merecer" (v.1, p.102).

A contenção da ambição de qualquer membro da classe dominante em uma república é a preocupação central do Capítulo 52, do mesmo volume – o primeiro.

Tratando da ambição pelo poder, Maquiavel propõe como único remédio tomar o poder antes que ele o faça. Para tal, "devem, então, os homens, antes de tomar uma determinação, calcular bem seus inconvenientes e perigos e não adotá-la, quando seja maior o perigo que a utilidade (...)" (v.1, p.107). Agindo contrariamente, sucederá "o mesmo que ocorreu com Cícero quando quis destruir a fama de Marco Antônio e contribuiu para enaltecê-la" (v.1, p.107).

Finalmente, Maquiavel mostra como as dificuldades fazem os homens valorosos. Assim, "nas épocas fáceis, não são os homens merecedores os favorecidos, porém, os mais ricos e com melhor parentela" (v.1, p.108).

Maquiavel trabalha, portanto, com a ambiguidade da conduta humana – nem inteiramente boa ou má –, com o perigo das transições repentinas da soberbia à humildade, como a ambição cega é um fator corruptor, com o contraste entre as boas causas e os maus exemplos, com os enganos em se tratando de entes coletivos (massa) e os acertos em se tratando de entes individuais (pessoas), que a prematura tomada do poder pode ser um antídoto ao ambicioso pelo poder, desde que se calcule antes se é maior a utilidade que o perigo e como em épocas fáceis, em que a estabilidade predomina e com ela sobem à tona os mais ricos e melhor aparentados.

A eficiência e a política, em suas relações mútuas, são a temática dos capítulos 32 e 38 do primeiro volume de *Discursos*, e do Capítulo 15 do segundo volume dessa obra.

Para contar com o apoio da plebe em sua oposição à restauração da realeza, o senado "suprimiu a contribuição do sal e de outros tributos, argumentando que os pobres faziam muito pela causa pública criando seus filhos" (v.1, p.111).

Embora a plebe enfrente as maiores dificuldades – como guerra, cerco militar e a fome – situações excepcionais –, Maquiavel nota que "ninguém deve fiado nesse exemplo; espera até a chegada do perigo próximo para ganhar para si o apoio popular" (v.1, p.111).

Aqueles que dirigem Repúblicas ou Monarquias devem "prever os acontecimentos e as contrariedades que devem ocorrer, procurando tratar os homens de tal forma que, na adversidade, possam servi-los, tratando-os, desde agora, como se deles necessitassem para conjurar algum perigo" (v.1, p.112). Agindo contrariamente, sentencia o autor: "aumentam as possibilidades de acelerar sua perdição, e não de aumentar sua segurança" (v.1, p.112).

Não tomar um partido, para Maquiavel, é signo de debilidade política, tema central do Capítulo 38, do primeiro volume de *Discursos*. Ele relata que, impossibilitada – em decorrência da peste que lavrava no país – de socorrer seus aliados invadidos por tropas estrangeiras, Roma sugeriu que eles se valessem de suas próprias forças, consentindo em que se armassem, "e permitiu que tudo o que o fizessem o fosse, com sua licença, a fim de impedir que a desobedecendo por necessidade, a desobedecessem depois, voluntariamente" (v.1, p.113). Para o autor, o pior das Repúblicas débeis é o fato de serem irresolutas quando "suas determinações adotadas pela força resultam em bem. Isso se deve à necessidade, e não à prudência" (v.1, p.113).

Outro exemplo de como a instabilidade e a timidez nas decisões é negativa, refere-se à ocasião em que Luís XII reconquistou Milão e desejou devolvê-la aos florentinos para cobrar os cinco mil ducados pela restituição. No entanto, "os florentinos rechaçaram essas condições e os franceses tiveram vergonhosamente de levantar o cerco, pois os florentinos não aceitaram as condições por desconfiar da palavra do rei, sob cuja dependência caíram, devido à instabilidade e à timidez de suas determinações" (v.1, p.114). O autor conclui dizendo que, nas Repúblicas irresolutas, em caso de dúvida, "não sendo dissipadas por alguma violência que aclare a verdade, permanecem sempre na incerteza" (v.1, p.115).

Os latinos se reuniram em conselho para resolver quem deveria aceitar o convite dos romanos para parlamentar a respeito da intenção dos latinos em separar-se de Roma e concluíram que "é mais pertinente determinar o que desejamos fazer que o que haveremos de dizer; fácil será, após a tomada de decisão, acomodar a palavra aos fatos" (v.1, p.115). Com isso, sentencia, também, o próprio Maquiavel: "tomada uma decisão e resolvida sua implementação, facilmente se encontra argumentos para explicá-la" (v.1, p.116).

São nocivas a incerteza e a tardança nas resoluções, especialmente em socorrer um aliado, porque lhe privam do auxílio, prejudicando, ao mesmo tempo, aqueles que incorrem nesses erros (v.1, p.116).

Maquiavel confia na eficiência do apoio popular às decisões políticas, "pois os bons cidadãos, embora vejam no arrebatamento popular muitas decisões perniciosas, jamais impedem o evento, sobretudo em se tratando de coisas urgentes que não admitem espera" (v.1, p.116). No mesmo sentido, cita o autor que a Siracusa, indecisa entre aliar-se a Roma ou Cartago, Apolonides, um siracusano, tomou a palavra alertando que a indecisão, nesse assunto, causaria a ruína da República, enquanto que, adotando qualquer atitude, caberia esperar algo de bom (v.1, p.25). Os florentinos concluíram um pacto de neutralidade com a França, por ocasião da expedição de Luís XII contra o Duque de Milão; sua não ratificação no prazo previsto "custou aos florentinos bastante dinheiro e colocou em perigo sua independência" (v.1, p.118).

Como critérios de eficiência, Maquiavel mostra que os pobres faziam muito pelo Estado ao criar seus filhos; que nenhum príncipe deve esperar o povo ou apelar a ele somente quando o perigo está às suas portas. Ele mostra como Roma agiu eficazmente com seus aliados ao condicioná-los a pedir licença para que se armassem para sua defesa, sem desobedecê-la, já que Roma estava impossibilitada em socorrê-los. Pondera que o grande defeito das Repúblicas consiste em serem irresolutas; suas determinações resultam positivas mais por necessidade que por prudência. Os homens devem ser tratados de tal forma que, na adversidade, podem se pôr a serviço do rei; o importante é definir o que fazer, porque o dizer posteriormente se acomoda aos fatos. Embora o arrebatamento do povo possa ter aspectos negativos, é indispensável contar com ele quando a urgência o reclama.

O povo, que constitui o tema central do Capítulo 23 do terceiro volume, desgosta do orgulho e da vaidade, coisa que o príncipe deve evitar em atrair para si, segundo Maquiavel. No entanto, o povo é valente como massa, porém débil individualmente (v.3, p.119). Povo sem líder é facilmente dominado. O autor sugere que o povo, ao sublevar-se, nomeie um líder, porque "a multidão é valorosa, porém, quando começa a pensar em termos individuais no perigo que corre, converte-se em débil e covarde" (v.3, p.120). Apesar disso, o autor mostra, no Capítulo 58 desse volume, como a multidão sabe mais e é mais constante que um príncipe, enquanto escritores como Tito Lívio condenam a multidão como instável – fundado na razão – digo que os mesmos defeitos de que os escritores acusam a multidão podem ser constatados em todos os homens individualmente, particularmente os príncipes, porque aqueles que não ajustam sua conduta às leis cometem os mesmos erros que a multidão desenfreada (v.3, p.121), concluindo que "dos inúmeros príncipes que existiram, são escassos os bons e sábios, pois um príncipe não refreado pelas leis será mais inconstante, ingrato e imprudente que um povo. Daí afirmo que um povo é mais prudente e constante que um príncipe. Não com razão ao comparado a voz do povo à voz de Deus (v.3, p.123). Concluindo, Maquiavel expressa que um povo pode ser sensibilizado "enquanto a maldade de um príncipe não se corrige com palavras, porém com o emprego da força" (v.3, p.125).

As fortalezas prejudicam o príncipe mais que o ajudam. Um príncipe sábio e bom não as constrói, e sim funda seu poder no amor de seus súditos. Igualmente prejudica o príncipe ou uma República quando as ofensas feitas ao povo ou a indivíduos não são castigadas, "pois os governantes devem saber que nenhum homem deve ser menosprezado, ao ponto de crer que por mais injuriado que seja, não pensará nunca em vingar-se à custa dos maiores perigos, inclusive da perda da própria vida" (v.3, p.138).

Entre tratar o povo com indulgência ou severidade, Maquiavel opta pela primeira opção, pois, explica ele: "não creio ocioso explicar como um ato de humanidade influiu no ânimo dos faliscos muito mais que a força das armas romanas" (v.3, p.139). Maquiavel adverte, ainda, no Capítulo 29 do terceiro volume, que as falhas dos povos se originam das falhas dos príncipes. Ao mesmo tempo, exalta a autodisciplina:

> Para ele, mais importante que a confiança em seu general – em um exército –, a boa disciplina e camaradagem entre os soldados (vida e exercícios em comum) são elementos que o tornam – o exército – autoconfiante em sua força (v.3, p.141).

Ele admite a religião como instrumento seu usado pelos romanos para inspirar autoconfiança ao exército.

No Capítulo 4 do terceiro livro, em que o príncipe vive inseguro enquanto aqueles que despojaram vivem em seu Estado, essa insegurança pode afetar um rei por direito hereditário, que viole as leis do reino. Isso pode levá-lo a perder a coroa.

No Capítulo 6 desse volume, ele trata amplamente das conspirações – comuns em sua época – dizendo que "são tão perigosas para os príncipes e súditos" (v. 3, p.148). Elas podem ser neutralizadas pelo afeto geral que o príncipe inspira e impede sua realização (v. 3, p.149). As ameaças são perigosíssimas, pois "quem é ameaçado e se vê diante da necessidade de agir ou fugir, converte-se em um perigo para o príncipe como oportunamente o demonstraremos" (v.3, p.149-50) – proclama o autor, o qual salienta que os ultrajes dirigidos contra os bens e a honra são os que mais ofendem os homens... Deles o príncipe deve abster-se (v. 3, p.150). Outro motivo de conspiração contra o príncipe é o desejo de libertar a pátria da tirania, razão pela qual ele aconselha o príncipe a não adotar a tirania, pois a única maneira de o príncipe livrar-se desse perigo consiste em renunciar à tirania. E como ninguém renuncia, são poucos os que não têm morte trágica (v.3, p.150). Os mais aptos a conspirar, segundo Maquiavel, são os pertencentes à classe dominante, pois "a história ensina que essas concepções sempre envolveram homens de elevada posição social e familiares do príncipe" (v.3, p.152). Comensais, validos e membros do séquito do rei são os conspiradores em potencial, o que é impossível aos pobres, "pois os homens de condição humilde estão longe do príncipe, com exceção daqueles acometidos por um ataque de loucura. Se os nobres e os grandes da nação, que têm tão fácil acesso ao príncipe, encontram obstáculos, eles devem aumentá-los extraordinariamente para os plebeus" (v.3, p.152). Diferentemente dos nobres, "os plebeus, quando odeiam o príncipe, limitam-se a resmungar ou a esperar que aqueles que estão em posição elevada os vinguem" (v.3, p.152). Ele admira o conspirador que surge do povo, mas adverte: "se, por acaso, alguém de condição humilde se atreve a conspirar, deve ser elogiada mais sua intenção que sua prudência" (v.3, p.152); em uma clara alusão às conspirações palacianas, que visam a mudar homens no poder, sem afetar estruturas, e seu espaço social é o ocupado pela classe dominante e seus validos. Disso decorre que, na maioria dos casos, "os golpistas e conspiradores contra os príncipes foram seus amigos íntimos movidos por ofensas ou por benefícios excessivos ou pelo desejo de domínio tão grande, maior que o de vingança" (v.3, p.153-4).

Para Maquiavel, a conspiração se divide em três momentos: (1) o projeto, (2) a execução, e (3) o momento posterior à execução.

Os perigos do primeiro momento são grandes devido à imprudência ou falta de fedos conspiradores. Isso porque, "ao confiar seu projeto a um descontente, possibilita que o deixe de ser; para tê-lo como aliado seguro, é preciso que seu ódio ao príncipe seja enorme ou que sua autoridade sobre ele seja grandíssima" (v.3, p.155). O conspirador pode falar tudo a uma só pessoa, porém "não deve cometer a falta de escrever com seu próprio punho, pois não há prova mais convincente contra você que algo que escreveu com sua própria mão" (v.3, p.159).

Segundo Maquiavel, a solução consiste no fato de os conspiradores se conservarem em um mutismo absoluto em relação a seus projetos, ou dizê-los a uma só pessoa. "Embora isso leve algum perigo, ele é menor que confiá-los a várias pessoas." (v.3, p.160).

Na execução das conspirações, o maior perigo, para o autor, consiste na "necessidade de mudar de plano em dado momento e repentinamente. Isso é profundamente negativo, pois a vacilação no tempo necessário à ação leva à fraqueza de ânimo inevitável e ao fracasso do projeto 8" (v.3, p.160).

Maquiavel localiza essa fraqueza de ânimo nos conspiradores, "no respeito que inspiram as vítimas ou na covardia do executor" (v.3, p.163). Esses são fatores que podem atemorizar o conspirador. Um príncipe livre no meio da majestade da corte e seus cortesãos "não só poderá desestimular o executor, como a afetuosa acolhida do soberano, mas também desarmá-lo (v.3, p.164). A imprudência ou covardia nas conspirações levam a falsas percepções do real, ocasionando inúmeros erros e levando "a ações e palavras desaconselháveis" (v.3, p.170).

Conspirar contra um príncipe se constitui em um empreendimento duvidoso, contra dois, em uma insensatez, pois "aqueles que escapam dos atentados se tornam mais cruéis" (v.3, p.172). Um acidente ou temor infundado podem levar as conspirações ao fracasso, também. O conspirador, sentindo-se culpado de estar envolvido na conspiração, "facilmente acredita que se fala dele, e uma frase dita com outra finalidade é facilmente atribuída à preocupação com seu ânimo, produzindo um estado alarmista, ocasionando a fuga, ou com seu fracasso, que torna pública a conspiração ao precipitar a execução" (v.3, p.173). Para Maquiavel, porém, o maior perigo após a execução consiste "na sobrevivência de alguém que vingue o príncipe morto" (v.3, p.174). Por essa razão, "quando alguém sobrevive por negligência ou imprudência dos conspiradores não merecem justificação" (v.3, p.174).[4]

Os conspiradores, porém, enfrentam um inimigo maior ao executar o príncipe. Para Maquiavel, nada é mais perigoso que o afeto que o povo

---

4 Sobre esse assunto, leia *O príncipe*, de Maquiavel.

vota ao príncipe assassinado, pois, em tal caso, não há salvação para os conspiradores, pois é impossível para eles enfrentar o povo em sua totalidade (v.3, p.175).

Em uma república corrupta, pode ocorrer a qualquer cidadão conspirar contra a pátria com perigo igual a zero. Eis que, para Maquiavel, "qualquer cidadão pode aspirar ao poder sem tornar pública suas intenções e, se não houver ninguém que se anteponha a ele, ter êxito em sua empreitada" (v.3, p.175). Aqueles que conspiraram contra a pátria e não tiverem a força militar em seu favor "necessitam empregar a força, a astúcia e as tropas estrangeiras" (v.3, p.176). Fundado na mentira, Maquiavel mostra como Pisistrato se converteu em tirano de Atenas. O veneno não se constitui em arma segura nas conspirações pelas exigências de muitos cúmplices, "como havia sucedido com Comodo, a quem havia sido servido o veneno que eles rechaçaram, obrigando os assassinos a recorrerem ao estrangulamento" (v.3, p.178). No castigo aos conspiradores, deve-se proceder prudentemente. "Se tiverem inúmeros partidários e se mostrarem fortes, nenhum castigo deve ser tentado." (v.3, p.178). Diferentemente, "quando a conspiração carece de forças, deve ser imediatamente sufocada" (v.3, p.180). Finalmente, ele mostra como a luta de classes entre patrícios e plebeus que em Florença leva a combates, "em Roma terminava com uma lei" (v.3, p.182). As leis de Roma aumentaram as virtudes militares, e as de Florença, extinguiram completamente. Enquanto em Florença os plebeus combatiam para exercer eles sós o poder do Estado, em Roma os plebeus desejavam obter idênticas dignidades ao patriciado. Por isso,

> suas ofensas aos nobres foram mais suportáveis, e eles cediam facilmente sem recorrer às armas, de tal forma que, após um processo de discussão, concordavam na realização de uma lei que satisfizesse o povo, permitindo aos nobres gozar de suas dignidades (v.3, p.183).

Concluindo, a escolha de *O príncipe* em sua íntegra se deve ao fato de constituir-se em um manual de como escalar, exercer e manter o poder do príncipe, com o emprego da parcimônia na maldade e bondade, e na violência e humanidade, conforme a configuração das situações que se apresentam. O uso do poder implica a existência de vontade de exercê-lo e a oportunidade; a primeira sem a segunda é inútil, e a segunda sem a primeira é inteiramente vã. Ao desnudar as artimanhas do exercício do poder equivalente a mentira institucionalizada, Maquiavel aponta ao povo elementos de defesa diante de si.

A contribuição de Freud para o esclarecimento do fenômeno político[*]

Não pretendemos abordar as relações entre psicanálise e política, mas a contribuição de Freud para o esclarecimento do fenômeno político. Isso significa nos limitar a seu universo discursivo, sem ampliar a análise do político, abrangendo as várias correntes psicanalíticas, de Reich a Adorno, de Guatari a Lacan. A volta de Freud significa a preocupação em compreender sua contribuição específica ao estudo do fenômeno político, sua pertinência e sua atualidade.

Durante mais ou menos um século, o estudo do "político" se centrou nas instituições. Fourier esperava que, por meio delas, o vício individual se transformasse em virtude social.

A preocupação de Freud com o "social" se acentua após o impacto da Primeira Guerra Mundial. Em seus dois ensaios a respeito, um escrito em 1915, e outro, em 1922, ele procurou mostrar a hipocrisia da sociedade moderna, a coerção social funcionando e o caráter primário das tendências agressivas. Impressionado, como Max Weber, com o empobrecimento da vida, ele valoriza, inicialmente, a guerra como alternativa ao conceito convencional de morte, porém, a guerra condicionou seu interesse no estudo da agressão, bem como o câncer, que o vitimaria, levou-o a aprofundar o conceito de "instinto de morte".

Admitindo que nosso inconsciente mata, mesmo por motivos insignificantes, Freud vê na eclosão da guerra uma prova disso. Os homens não desceram tão baixo por ocasião da guerra, dizia ele, porque nunca estiveram tão alto como pensavam estar. Assim, o homem renuncia a seus instintos agressivos, substituindo-os pelas agressões estatais; o Estado proíbe ao indivíduo infrações, não porque queira aboli-las, mas sim para monopolizá-las.

A autenticidade e a espontaneidade podem andar vinculadas ao instinto de morte. A pessoa pode "autenticamente" matar alguém e "espon-

---

[*] *Folha da Tarde*, 22/09/1979.

taneamente" apertar o botão que despeja centenas de bombas, espalhando a morte. Embora admitisse, em seu primeiro ensaio sobre a guerra, que ela jamais poderia ser abolida, no segundo ensaio, admite a existência de soluções culturais; sugere a existência de uma autoridade universal para julgar os conflitos de interesse entre as nações.

Sua admissão da existência de uma agressividade "inata" não o impediu de considerar os meios indiretos de satisfação. O ódio básico, em Freud, é fundido com as tendências sociais na medida em que o indivíduo amadurece.

Hobbes e Freud

Como Burke, Freud admite a positividade das restrições sociais que nos livram da escravidão às paixões.

Enquanto, para Hobbes, o homem natural é egoísta, para Freud, ele também o é, com a diferença de que ele tem necessidade social. Enquanto, para Hobbes, o homem segue a lei da astúcia e da força, Freud reconhece sua existência, porém, afirma, concomitantemente, a existência do amor e da autoridade, e daí, a ambivalência. A figura do contrato social, em Hobbes, Locke e Rousseau, era para explicar a legitimidade original da sociedade capitalista. Para Hobbes, o pacto social se funda na existência do medo, que torna o homem prudente. Para Freud, a sociedade política corresponde ao desejo irracional do homem em restaurar a autoridade; com a morte do pai primitivo, surge no homem a "nostalgia do pai". Para ele, o governo não surge de um contrato social, mas de uma resposta contrarrevolucionária, que emerge após a queda do governo patriarcal e representa o desejo majoritário dos cidadãos-irmãos; não é uma manifestação de prudência do grupo. Os mitos do contrato social, no universo psicanalítico, podem ser vistos como reafirmação da vontade do pai acima dos impulsos rebeldes dos filhos.

O contrato social, na medida em que significa o ingresso da sociedade na organização histórico-política, representa a aceitação da derrota da maioria. Eis que, mediante a restrição exogâmica de novas conquistas sociais, ninguém pode alcançar outra vez o supremo poder do pai, embora todos tivessem lutado para isso. Na forma de horda, família ou governo, para Freud, o que existe é o controle da liberdade de ação. A existência da lei mostra a força dos desejos ocultos, a existência de uma necessidade interna, que a consciência desconhece. Daí Freud reconhecer que o desejo funda a necessidade da lei. O caráter complexo dos desejos explica a complexidade das interdições sociais.

As proibições

Freud relaciona as proibições autoimpostas, mediante as quais os neuróticos controlam os impulsos proibidos, às complicações rituais, mediante as quais os povos primitivos se defendem da "desordem"; os sentimentos libertários que possam surgir originam autocontroles compensadores, e estes, por sua vez, a renúncia a uma posse ou liberdade entendida como repressão e objetivada como tabu ou lei. A ambivalência e o tabu significam a existência de uma dialética que oscila entre repressão e rebelião, que leva à nova repressão. A luta entre a lei e o impulso só pode ser sintetizada pelo "ego". A liberdade procurada é a liberdade para se tornar um amo. Os impulsos conscientes de rebelião, para Freud, originam-se na inveja. O desejo de poder é contagiante, todos querem ser reis. O excessivo respeito, a cortesia e as regras estritas de etiqueta em relação ao "chefe" são derivadas do "medo de tocar" do primitivo, segundo Freud, medo de contatar pessoas pelas quais se sente hostilidade inconsciente, sejam chefes, mortos ou recém-nascidos. Para ele, todos os gestos de submissão são ambivalentes, daí o respeito e o afeto esconderem hostilidade inconsciente. Freud venera quem estabelece regras, como Moisés, e simpatiza com quem as contraria, como Ricardo III. Todos nós sofremos alguma ferida narcisista, daí nossa simpatia para com ele.

Ao produzir *Psicologia das massas e a análise do eu* (1943), Freud estava abandonando o evolucionismo linear de *Totem e tabu* (1943), e a preocupação pelas origens pré-históricas cedia lugar à análise contemporânea. Essa preocupação transparece em seu texto *Novas contribuições à Psicanálise*, em que relata seu conhecimento da obra de Marx. Embora reconhecendo que as pesquisas de Marx sobre a estrutura econômica da sociedade e a influência das distintas formas de economia sobre a vida humana se impuseram com indiscutível autoridade, Freud mantém seu ponto de vista, segundo o qual as diferenças sociais se originaram por diferenças raciais. Assim, para ele, fatores psicológicos, como o excesso de tendências agressivas constitucionais, a coerência organizatória da horda e a posse das armas, decidiram a vitória; os vencedores se transformaram em senhores, e os vencidos, em escravos; isso exclui o domínio exclusivo dos fatores econômicos. Em sua crítica a Marx, ele partia do conceito de ato econômico como "ato puro", difundido pela Escola Clássica.

Freud não só se preocupava com a herança de Marx, como também com o fenômeno da ascensão das massas após a Revolução Industrial, para tanto, fundado em Gustavo Le Bon, a quem corrigia em algumas particularidades, procurava estudar as vinculações da massa com o líder. Para Freud, a relação política básica consistia em uma relação erótica, da massa com a autoridade. Para ele, a autoridade sempre existe personificada: a horda supõe um chefe; o hipnotizado, um hipnotizador; o amor, um objeto; a massa, um líder. Segundo Freud, a condição de líder exige que este se aparte de seus subordinados e, ao mesmo tempo, evite que eles o abandonem. O líder atua como um "centro" para organizar vidas que procuram um sentido. No entanto, situações de pânico e desorganização social podem levar a massa a reorientar-se em torno de novos líderes. Para Freud, o líder toma a forma de pai perseguidor, como o pai primitivo, ou perseguido, como Cristo. O líder aparece como figura segura de si, com poucos vínculos libidinosos; sua vontade é reforçada pela luta dos outros. Freud vê toda a atividade política, sem distinção, como influenciada pela autoridade. Segundo Freud, isso dá um sentido permanente às manifestações de autoridade.

A Psicologia

Sua Psicologia tem implicações conservadoras no caso. Assim, na história, não há acontecimentos qualitativamente diferenciados. O líder, na figura de pai, e seus seguidores, enquanto filhos, tornam a luta política uma luta geracional. Na ambivalência, as mudanças sociais se tornam recorrências e as relações sociais só têm sentido pelas necessidades psicológicas que preenchem. A crítica social é desvalorizada, na medida em que é vista como manifestação da ambivalência geral das emoções. A desconfiança dos governados diante do poder não se dá por uma visão nacional de suas vitórias e fracassos, mas como expressão de sentimentos hostis. Freud vincula o fenômeno político aos delírios paranoicos, no exagero da importância de uma pessoa. Partir da participação libidinal é, para ele, decifrar a genética do poder. *Totem e tabu* e *Psicologia das massas* mantêm uma visão liberal clássica: o indivíduo diante do Estado, sem ninguém como permeio, nenhum grupo intermediário. Para Freud, o governante tem verdadeiro poder mediante atribuição ilusória de seus partidários.

A imagem freudiana do pai, como modelo de autoridade, vincula-se diretamente à ideia de que, na sociedade ocidental, qualquer tipo de autoridade está submetido a pressões e crises. A atitude psicanalítica reforça o distanciamento à crítica do conceito de legitimidade, muito desenvolvida nas ciências sociais.

Para ele, a esfera política opera como extensão da esfera particular, a veneração exagerada ao homem público é vista como recorrência da adoração do filho pelo pai. Quanto mais carente de atenção e afeto, nas relações pessoais, mais tende a personalidade a "externalizar-se" à esfera pública nessa procura de aceitação, amor e cumplicidade. Não é possível o fanatismo na política quando o partidário reconhece em seu líder o deslocamento da imagem paterna; da mesma forma, como o crente fraqueja quando analisa sua conduta religiosa com destino à ilusão. Freud realiza uma crítica da política na medida em que vincula neurose e poder, sintetizados em Ricardo III. Freud colocou em xeque o exercício livre da cidadania, na medida em que descobriu o quanto de "irracional" esconde a conduta do chamado cidadão médio.

O conselho de Laswell

Isso levou um politicólogo psicanalítico, Laswell, a aconselhar o liberalismo medicinal, vinculando o exercício da liderança democrática à saúde e não à doença.

Visualizar o fenômeno político como externalização da esfera individual em sua dimensão subjetiva e tendo a ansiedade como fundamento pode levar a negar a situação política objetiva. Da mesma forma, o protesto social, na visão psicanalítico-política, pode ser visto como sintoma neurótico, abrindo espaço à Psiquiatria para considerar a sociedade conforme as malhas do modelo médico mais autoritário: o modelo hospitalar clássico.

Ao rechaçar o maniqueísmo ingênuo, que consiste em rotular como "boa" ou "má" tal ou qual política, a Psicanálise vincula como "soluções dramatizadas" de uma temática que tem sua gênese na vida pessoal.

O governante tem o verdadeiro poder mediante a atribuição ilusória de seus partidários.

A imagem freudiana do pai, como modelo de autoridade, vincula-se diretamente à ideia de que, na sociedade ocidental, qualquer tipo de autoridade será submetido a crises.

A atitude psicanalítica reforça o distanciamento diante da autoridade. Freud agrega a contribuição da análise psicanalítica à crítica do conceito de legitimidade, já muito desenvolvida nas ciências sociais. Para Freud, a dimensão política é uma extensão da esfera privada; assim, a veneração exagerada diante do homem público é uma recorrência da adoração do filho pelo pai. Freud considera a personalidade pública como um carente de atenção e afeto ou deferência, derivado das relações pessoais.

Dessa forma, não é possível o fanatismo na política, quando o partidário reconhece em seu líder o deslocamento da imagem paterna; o crente, a fraqueza, quando analisa sua conduta religiosa, endereçada à ilusão. No fundo, Freud realiza uma crítica da política, na medida em que, fundado em Ricardo III, vê no homem que exerce o poder um neurótico. Por sua vez, funciona o mecanismo de identificação, e daí as dinastias de poder dos Roosevelt aos Kennedy. A Psicanálise colocou em xeque o exercício "livre" da cidadania, na medida em que descobriu o muito de "irracional" na conduta do cidadão médio, daí um político; logo, como Laswell aconselha, um liberalismo medicinal.

A grande receptividade da Psicanálise nos Estados Unidos consistiu no fato de ela postular a vinculação das ideias de mudança social à conduta neurótica; assim, revolucionário seria aquele que estivesse em rebelião contra seu pai. O público e o aspecto social mascaravam "conteúdos latentes"; as ideologias revolucionárias seriam "racionalizações" de complexo edípicos.

Como confidente das fantasias e desejos do homem, Freud aprova o caráter repressivo da sociedade. Enquanto sugere uma atitude conciliadora dela diante dos instintos, admite que seus interesses conflitam com o indivíduo. Assim, a debilidade, a credulidade e a passividade das massas são acompanhadas pela aquisição de poder pelos líderes políticos. Segundo Freud, por natureza, os homens são incapazes de esforço contínuo, de um trabalho regular e planejado, porém só ele é fonte de independência e maturidade.

Isso é privilégio de algumas minorias, daí Freud não esconder sua admiração pelas minorias que sabem o que querem. Em seu *Novas contribuições à Psicanálise*, ele imagina a existência de um pequeno grupo de homens de ação, imbatíveis em suas convicções e impermeáveis à dúvida e ao sofrimento, como condição de regeneração social. No mesmo estilo, em carta a Einstein, ele imagina uma espécie de República Platônica, cujos governantes se constituam como comunidade subordinando sua vida instintiva à ditadura da razão.

Para Freud, o homem se compõe de uma estrutura instintiva básica, daí a ideia de que tentativas de supressão da opressão política, para ele, resultariam na troca de um autoritarismo por outro. Embora admita que a massa possua qualidades éticas acima da norma, isso não basta para redimi-la do fato de que o calor do companheirismo entre seus pares anule a racionalidade do comportamento. Na medida em que a sociedade mantém sua coesão graças ao sentimento de dependência e respeito pelo líder, possui um fundamento autoritário. A sociedade, para Freud, é sempre uma sociedade de desiguais; a igualdade é vista como utópica. Freud parte do pressuposto liberal que, sem a desigualdade erótica, sem a escassez e a competição erótica, parcialmente sublimada em benefício da sociedade, não faltariam antagonismos e identificações que a mantivessem unida. Se trocarmos a recompensa econômica pela emocional, veríamos Freud como aquele que traduz a linguagem da economia clássica em código ético-moral. O *ethos* liberal subjacente a Freud transparece em sua admissão da desigualdade como um "destino" para sua resignação diante da fatalidade da existência da autoridade, buscando sua adequação ao social e nunca sua abolição. Por sua vez, ao comparar a autoridade pública à paterna, a massa às crianças, destrói qualquer idealização da autoridade pública. A analogia entre a estrutura familiar e o Estado, e sua técnica analítica encaminhada à emancipação dos vínculos familiares, constituem-se em uma crítica ao "respeito" social e político.

Como o comportamento político tem raízes inconscientes, a política deve ser a catarse das massas, com função idêntica à arte no plano individual. Assim, nas guerras, as nações postulam interesses como "racionalizações" de suas paixões; a ação coletiva representa regressão à barbárie, e o Estado se permite atos que o indivíduo jamais faria. A maior parte das decisões "heroicas" se dá sob o signo do instinto de morte. Freud critica o Estado na medida em que o identifica com as massas, vendo-o como um ídolo que "esmaga" cegamente a consciência individual. Quando condena o caráter repressivo da sociedade política, o faz na medida que a categoria individual constitui o fundamento de seu discurso e assegura a unidade de seus pontos de vista.

Para o fundador da Psicanálise, a política era algo que ocorria na psiquê dos indivíduos, daí sua Psicologia ser tanto individual como social, vista esta como "externalização" de fantasias e desejos pessoais. O interesse pelo social tem como base o individual. A psicanálise freudiana se insere na tradição liberal da defesa do indivíduo.

No intuito de domar o indivíduo associal, Freud reconhece a importância civilizadora da sociedade, porém, encara suas exigências sob o ângulo da "renúncia". Nega o conceito organicista, segundo o qual os indivíduos se realizam por meio da Igreja, comunidade sagrada, ou do Estado. A visão freudiana comparte a noção segundo a qual a "sociedade" significa sempre sacrifício da individualidade. Nesse sentido, amplia as posturas de Nietzsche e Max Stirner a respeito do "único". Daí sua tentativa terapêutica de separar as paixões particulares de sua transferência neurótica sobre a autoridade. Seu tema gira em torno do custo do sacrifício da liberdade individual à tirania social. Encara o autossacrifício como doença. Sua tarefa consiste em controlar o custo entre o princípio de prazer (satisfação) e o princípio de realidade (renúncia)... Nisso define-se a Psicanálise como terapia e doutrina.

Freud procura defender o indivíduo da submissão inevitável a preceitos comunitários, mediante análise de seu fundamento e de sua gênese. Nesse sentido, sua doutrina é a realização do liberalismo, para quem a Medicina atua como mediadora entre o desejo individual e a coerção social, analisando esta nos momentos em que coíbe aquele. O interesse pelo indivíduo, herdado do romantismo, traz consigo uma visão elitista. Seus sujeitos são os "cultos" que alcançaram sua individualidade, reconciliando-se com seus instintos; é a maturidade como meta de chegada da existência. Perfila o tipo do homem racional, prudente, liberto interiormente da autoridade, quites com sua quota de conflito e neurose. A Psicanálise postula uma espécie de alienação racional entre os entusiasmos públicos. Freud é cético em relação a todas as ideologias, menos a que tange à vida pessoal.

A Psicanálise aparece como doutrina do homem "particular" que se defende contra a invasão da esfera "pública", e a preocupação pela esfera "pública" se dá por motivações conscientemente "particulares". A medida psicológica, para ele, não é perfeição social, é a saúde individual. Há luta individual pelo autodomínio; a Psicanálise é a vitória do ego (consciente) sobre o id (inconsciente), condição do domínio sobre o ambiente. É dessa maneira que a ética darwiniana se transporta à Psicologia, vai mais além do liberalismo sobrevivendo a seu declínio.

A liberdade

Para Freud, a liberdade é uma metáfora: só tem existência real no indivíduo, quando entendida como um equilíbrio entre o ego e o superego e o id. A procura da liberdade social, para ele, é uma contradição lógica, pois entende liberdade e tirania como estados psíquicos; na base da liberdade social, há a "tirania psíquica", entendida como domínio dos temores e compulsões inconscientes. A Psicanálise postula o indivíduo antipolítico que procura a autoperfeição em um contexto separado o máximo possível da comunidade. Para ele, toda política é sinônimo de corrupção, seja em um Estado liberal ou em um Estado autoritário.

Na medida em que, para Freud, a liberdade é um estado psíquico, sua possibilidade de existência se dá em qualquer sociedade. Assim, pode haver escravos livres na Roma Antiga como cidadãos escravizados na Europa. A Psicanálise, com sua ênfase na vida interior e no equilíbrio das três instâncias do psíquico como condição de saúde, questiona os regimes políticos. Dessa maneira, Freud desloca a questão da análise do sistema político; para ele, a questão passa pela equação pessoal e pela interrogação de até que ponto o indivíduo deve ser limitado no marco das relações sociais predominantes. Ele é o máximo de consciência possível do *ethos liberal*, que tem como base o inconsciente.

Uma revolução na Revolução Russa[*]

No fundo, toda revolução é uma grande desconhecida, quando entendemos por revolução não a simples substituição de homens no poder, mas sim a criação de novas relações de produção, novas relações sociais.

---

[*] *Folha de S.Paulo*, Folhetim, 10/04/1983.

A Revolução Russa não escapa a isso e, da mesma forma, a rebelião dos marinheiros da base naval de Kronstadt está envolta por diferentes leituras. A dos partidários fanáticos do Partido Bolchevique, justificando *a posteriori* seus erros como táticas, depois reconhecidos ou não por ele, e dos inimigos rancorosos que veem na luta dos trabalhadores pelo socialismo a ação do diabo na história.

Sem dúvida que a Revolução de Outubro suscita uma violenta relação interna tanto da parte dos conservadores como da parte do imperialismo mundial.

Nos longínquos rincões da URSS, forças contrarrevolucionárias vencidas em outubro se reagrupam, e todos os elementos da "direita" se encontram do outro lado do muro. No entanto, os socialistas libertários, os membros do Partido Socialista Revolucionário e os bolcheviques tomam posição ao lado dos trabalhadores.

Foram os trabalhadores autonomamente organizados e armados, porém, que venceram os generais czaristas e suas tropas. Os generais Dénikin e Wrangel seriam batidos pelos guerrilheiros camponeses. As tentativas de restauração do capitalismo pelas tropas comandadas pelos generais Iudenitch e Koltchak foram liquidadas pela ação conjunta dos operários armados de Petrogrado e pelos marinheiros de Kronstadt.

Mas essa obra está ligada à ação construtiva dos trabalhadores no processo da Revolução Russa: a criação dos soviets (conselhos livres), comitês de usina e fábrica, comitês de bairro. Enquanto isso, os partidos revolucionários "oficiais" – bolcheviques, mencheviques, socialistas-revolucionários – limitam-se à luta por uma democracia parlamentar no estilo ocidental, na prática confiando o poder à burguesia russa, procurando apoio nos soviets criados pelos trabalhadores. Cria-se uma situação de dualidade de poder: os conselhos urbanos ou de fábrica de um lado, e os partidos revolucionários "oficiais" de outro. O Partido Socialista Revolucionário se alia à burguesia, prometendo vagamente uma assembleia constituinte que realize os fins da revolução, os mencheviques esperam que o desenvolvimento das forças produtivas consolide o poder da burguesia e, por sua vez, produza um operariado consciente. Os bolcheviques ficam na espera de uma reunificação com os mencheviques.

Com a entrada de Lênin na URSS, no célebre trem blindado, diante do estupor dos "dirigentes" bolcheviques, ele expõe suas famosas *Teses de abril*, propondo a criação de uma República com base nos soviets formados por deputados operários, assalariados agrícolas e camponeses. Lênin ressuscita um Marx antiestadista e comunalista de *A guerra civil em França*, editando seu *O Estado e a revolução*.

Com suas reivindicações de "todo poder aos sovietes", "a fábrica ao operário", Lênin conquista o apoio das massas. No entanto, o quadro internacional trabalhava contra a "internacionalização" da Revolução Russa. A derrota da Revolução Alemã em 1918, na Hungria com Bela Khun, o cerco internacional sofrido pela Rússia a levam por meio do Partido Bolchevique a dar prioridade à formação de um exército permanente, de uma polícia política. A crise econômica advinda do cerco capitalista leva cada vez mais o Estado a perder seu aspecto "comunalista", colocando-se como um Estado estruturado hierarquicamente, baseado em uma disciplina férrea, no qual o conceito de "ditadura do proletariado" cada vez mais dá vida a uma ditadura *sobre* o proletariado, o que se chamou "degenerescência burocrática" da revolução.

Para manter o parque industrial ativo, o partido recorre à introdução do taylorismo como técnica de administração nas empresas. Isso se deu no período conhecido como "comunismo de guerra". Diretores nomeados pelo Estado, e logicamente pelo partido, substituíam os comitês de fábrica antes eleitos pelos trabalhadores.

Com a introdução do diretor de fábrica nomeado pelo Estado, a classe operária perdia a gestão da produção, um dos elementos fundantes de um projeto de socialização. A introdução do taylorismo por intermédio da criação do Instituto Gastieff de Estudos de Tempo e Movimentos novamente dividia o trabalhador para concentrar o poder de Estado. Estabelecia-se uma rígida hierarquia nas fábricas, um esquema disciplinar que submetia o trabalhador à burocracia estatal, e o direito de greve inexistia, pois, teoricamente, "o proletariado estava no poder" por meio do partido. Como ele iria fazer greve contra si mesmo?

Lênin, que pertencia à Segunda Internacional, havia assimilado de Kautsky a teoria do partido-vanguarda, portador do projeto político socialista, pois, sem o partido – argumentava Lênin – e sem o apoio dos intelectuais portadores da ciência, o operário por si jamais chegaria a ter uma consciência política; ela ficaria no plano "economicista" ou meramente sindical-corporativo.

A legitimação do novo poder sobre o operariado decorria não só no plano concreto, do isolamento da Revolução Russa, da concepção de partido-

-vanguarda como único "legítimo" representante das massas, mas também da visão de Lênin de que o Estado, sob o capitalismo, é um instrumento de opressão das massas, e sob o socialismo deverá ser um instrumento para impedir a restauração do capital.

Já em plena Revolução Russa, Rosa Luxemburgo mostrava que o conceito de ditadura do proletariado de Lênin era meramente político, quando ao criticá-lo (como a Karl Kautsky, teórico social-democrata), escrevia:

> O erro fundamental da teoria de Lênin-Trotsky é que, como Kautsky, contrapõe ditadura à democracia. "Ditadura ou democracia", assim se colocam as questões tanto para os bolcheviques como para Kautsky. Este se decide pela democracia, entendida como a democracia burguesa, como alternativa à transformação socialista. Lênin e Trotsky se decidem, ao contrário, pela ditadura, em oposição à democracia, e consequentemente por uma ditadura de um punhado de homens, isto é, uma ditadura segundo o modelo burguês. São dois polos opostos, igualmente distantes, um e outro, da verdadeira política socialista (Luxemburgo, 1946, s. p.).

Enquanto isso, o partido, utilizando a força militar em pleno abril de 1918, desencadeia uma ofensiva contra os libertários socialistas que ocuparam, em Moscou, 28 hotéis particulares. Com metralhadoras e canhões, abrem fogo, sem nenhuma advertência, contra eles. Pensando estarem sendo atacados por adeptos do czarismo, os socialistas libertários se defendem encarniçadamente durante toda uma noite. Bela Khun, futuro presidente da efêmera República Soviética Húngara, dirige o assalto. As sedes libertárias são fechadas, e jornais são empastelados. Era a resposta ao crescimento da influência libertária no meio operário russo, que abrangia empregados dos correios, das ferrovias, das metalurgias, dos comitês de fábrica de Briansk, Gantké, Dnieprovsky. A Federação Libertária de Ekaterinoslav reunia em uma só manifestação mais de oitenta mil trabalhadores.

Centenas de publicações, jornais e periódicos libertários apareceram, e por opor-se à repressão aos libertários, todo o Comitê Central do PC (Partido Comunista) da Ucrânia foi destituído. Pacifistas adeptos de Tolstói sofreram perseguições.

Enquanto isso, no plano político, os sovietes eram atrelados ao partido e ao Estado. Alia-se a esse processo a decisão governamental de reduzir as rações de pão para os trabalhadores em um terço. Eclodem as primeiras greves. Há paralisações na usina Troubotchny; as usinas Laferme, Patronny e Báltico seguem o exemplo. Os grevistas ficam privados das rações alimentares. Kronstadt, considerada como a "glória da revolução" por Lênin e Trotsky, envia uma delegação a Petrogrado para informar-se dos acontecimentos. Após visitar as usinas da cidade, a delegação relata os acontecimentos no cruzador Petropavlovsk.

Kronstadt assiste a uma manifestação que reúne 16 mil pessoas, um terço da população da cidade. No dia 1º de março de 1921, uma resolução da Assembleia Geral das 1ª e 2ª Brigadas Marítimas reivindica:

> Após ter ouvido o relatório dos delegados enviados em missão de informação a Petrogrado pela Assembleia Geral, decide-se: (1) considerando que os sovietes atuais não exprimem mais a vontade dos operários e camponeses, é indispensável proceder a novas eleições, com voto secreto. Deverá desenvolver-se uma campanha eleitoral livre para que os operários e camponeses sejam honestamente informados; (2) liberdade de pensamento e palavra a todos os socialistas de esquerda, operários e camponeses; (3) liberdade de reunião para os sindicatos operários e organizações camponesas; (4) convocação antes de 1º de março de 1921 de uma Assembleia Geral de operários, soldados, marinheiros e camponeses, tanto de Kronstadt como de Petrogrado; (5) sejam postos em liberdade todos os socialistas presos por motivos políticos; operários, camponeses, marinheiros e soldados presos por sua participação em movimentos populares; (6) eleição de uma Comissão para estudar os casos dos prisioneiros e internados nos campos de concentração; (7) supressão de todos os "departamentos políticos". Nenhum partido deve gozar do privilégio de propaganda ideológica nem receber qualquer subvenção governamental para isso. Propomos a eleição, em cada cidade, de Comissões de Cultura e Educação financiadas pelo Estado; (8) supressão imediata de todas barreiras militares; (9) distribuição de rações alimentares iguais a todos que trabalham, com a exceção dos que exercem trabalhos em condições penosas; (10) supressão de todos destacamentos comunistas "de choque" em todas seções militares, e da guarda comunista nas minas e fábricas. Se os destacamentos forem necessários serão designados pelos soldados das seções militares. Se houver necessidade de guardas, que sejam eles escolhidos pelos próprios trabalhadores (*Izvestia*, 3 mar. 1921, in *La Commune de Kronstadt*, 1969, p.16-7).[5]

---

5 *La Commune de Kronstadt*. Paris: Belibaste, 1969, é a tradução integral dos *Izvestias* editada pelos marinheiros na cidade de Kronstadt.

Como reagiu o governo? Por meio de um telegrama de Moscou, considerou a insurreição dos marinheiros de Kronstadt como "um complô de guardas brancos (czaristas)". Para ele, Kronstadt era uma insurreição dirigida

> pelo ex-general Kozlowsky apoiado pelo navio *Petropavlovsk*, de fato agentes da Entente (França, Inglaterra e Estados Unidos), igual a numerosas revoltas de guardas brancos do passado (*Izvestia*, 4 mar. 1921, in *La Commune de Kronstadt*, 1969, p.21).

e concluía que a insurreição de Kronstadt era dirigida de Paris. Os de Kronstadt reafirmam que é "nosso ardente desejo restaurar a autoridade dos sovietes, nossa inspiração. Para os operários, o trabalho livre, para os camponeses, a livre disposição da terra e dos produtos de seu trabalho. Tal é nossa finalidade" (*Izvestia*, 6 mar. 1921, in *La Commune de Kronstadt*, 1969, p.26). Acentuando que "face aos partidos, defendemos o poder dos sovietes. Queremos que sejam livremente eleitos os representantes do povo. Os sovietes pervertidos, confiscados pelo PC, mostraram-se surdos a nossas necessidades e reivindicações" (*Izvestia*, 6 mar. 1921, in *La Commune de Kronstadt*, 1969, p.29). No manifesto *Por que nós lutamos*, os marinheiros de Kronstadt denunciam

> a nova burocracia de comissários e funcionários comunistas, preocupados com uma vida tranquila e sem problemas. Obrigando o trabalhador à servidão, pelos sindicatos estatizados, amarraram o operário à máquina, mataram o trabalho criador substituindo-o pelo renascimento da escravidão (*Izvestia*, 8 mar. 1921, in *La Commune de Kronstadt*, 1969, p.43).

Continuando, os marinheiros de Kronstadt expõem suas finalidades políticas:

> É em Kronstadt que lançamos a pedra fundamental da terceira revolução. Ela quebrará as cadeias que prendem as massas laboriosas. Ela abrirá a nova e larga caminhada rumo ao socialismo. Essa mudança permitirá finalmente que os trabalhadores elejam livremente seus sovietes. Eles funcionarão sem sofrer qualquer pressão violenta ou partidária, permitindo-nos igualmente reorganizar os sindicatos estatizados em associações livres de operários, camponeses e trabalhadores intelectuais (*Izvestia*, 8 mar. 1921, in *La Commune de Kronstadt*, 1969, p.45).

Qual foi a atitude de Trotsky a respeito?

O Governo Operário e Camponês declarou que Kronstadt e seus marinheiros rebeldes devem submeter-se imediatamente à autoridade da República Soviética. Por isso, ordeno a todos aqueles que apontam suas armas contra a pátria socialista que as deponham imediatamente. Os recalcitrantes serão desarmados e enviados às autoridades soviéticas. Os comunistas e outros representantes do governo devem ser imediatamente libertados. Só aqueles que se renderem incondicionalmente poderão contar com a indulgência da república soviética. Ordeno a repressão ao motim pela força das armas. Os chefes dos motins contrarrevolucionários serão responsabilizados pelo mal que causarem às populações pacíficas. Trotsky – presidente do Soviete Militar, Revolucionário da República, e Kamenev, Comandante em chefe (*Izvestia*, 7 mar. 1921, in *La Commune de Kronstadt*, 1969, p.37).

Tal atitude do novo "Estado Operário" criou uma crise de consciência entre os membros do PC, inclusive soldados do Exército Vermelho, designados para reprimir os marinheiros.

Isso aparece na transcrição publicada pelo *Izvestia* de Kronstadt de 8 de março de 1921, que publica uma resolução tomada por setecentos soldados que desertaram do Exército Vermelho, juntando-se aos marinheiros de Kronstadt:

> Nós, soldados vermelhos, camponeses, operários, após tomarmos conhecimento do que realmente sucede em Kronstadt, solidarizamo-nos completamente com a resolução da Assembleia da guarnição da cidade de Kronstadt, exprimindo nossa inteira confiança no Comitê Revolucionário Proletário. Queremos segui-lo, atendendo a seu apelo, engajamo-nos nas fileiras do exército de trabalhadores, lutando contra toda a burocracia e injustiça bolchevique.

O *Izvestia* de Kronstadt de 15 de março de 1921 publica as conclusões de uma Assembleia Geral de oficiais e soldados do Exército Vermelho, em número de 240, feitos prisioneiros pelos marinheiros:

> Em 8 de março último, recebemos a ordem de atacar Kronstadt. Disseram-nos que guardas brancos (czaristas) tomaram o poder em Kronstadt. Tão logo nos acercamos da cidade, sem utilizar nossas armas, encontramos marinheiros e operários e compreendemos que não havia nenhum motim de

guardas brancos, mas sim os próprios operários foram os que destituíram os comissários. Rendemo-nos voluntariamente e solicitamos ao CRP (Comitê Revolucionário Proletário) que nos inclua em seus destacamentos de soldados vermelhos combatentes, pois pretendemos lutar junto com os verdadeiros defensores dos operários e camponeses de Kronstadt e da Rússia inteira. Achamos que o CRP está seguindo o caminho justo que leva à emancipação dos trabalhadores e que sua divisa Todo Poder aos Sovietes, não aos partidos mostra que está no caminho certo. Assumimos o compromisso de comunicar ao CRP qualquer ação ou propaganda que tenha por finalidade atingir esses objetivos.

A greve dos operários das fábricas Trubotchny se deu devido ao favorecimento dos membros do PC na distribuição de roupas de inverno, em detrimento dos sem partido. Os grevistas foram dispersados pela ação dos *kursanti*, jovens comunistas das academias militares. Em Petrogrado, havia sido decretada a Lei Marcial. Em uma sessão do soviete, um dirigente do PC acusa os grevistas de "contrarrevolucionários", decidindo o soviete um *lockout* contra os operários. Isso significava a supressão das rações alimentares, em suma, a fome. Os grevistas citam casos de operários que morreram de frio junto a eles. Zinoviev atribui a agitação à ação de "mencheviques" e "socialistas-revolucionários". É nesse momento que Kronstadt ingressa na história como a Terceira Revolução na Revolução Russa. Um comitê de marinheiros visita Petrogrado, e seu relatório é desfavorável às autoridades soviéticas. Kalinin, presidente da República, e Kouzmin, comissário da frota do Báltico, foram cordialmente recebidos em Kronstadt. Os marinheiros criticam os métodos empregados por Zinoviev contra os trabalhadores em Petrogrado. Kalinin e Kouzmin criticam os grevistas, denunciando os marinheiros como "contrarrevolucionários". A versão de Lênin e Trotsky é que Kronstadt é o quartel-general de um complô contrarrevolucionário.

Um marinheiro lembra a Zinoviev da época em que ele e Lênin eram considerados contrarrevolucionários por Kerenski, e foram salvos pelos mesmos marinheiros de Kronstadt, de que eles agora denunciam como traidores. Trotsky joga o Exército Vermelho contra Kronstadt. Mal sabia ele que, ao reprimir o movimento dos marinheiros, estava preparando as condições de sua própria queda e a emergência de Stalin como o mais autêntico representante da burocracia soviética.

As rebeliões de Berlim Oriental, Hungria, Tchecoslováquia e o Solidariedade na Polônia mostram a atualidade das posições dos marinheiros de Kronstadt: a libertação dos trabalhadores tem de ser obra dos próprios trabalhadores, pela sua auto-organização, nos locais de trabalho. Delegá-la a partidos ou líderes carismáticos significa criar "novos patrões" que, em nome da "ditadura do proletariado", exercerão uma "ditadura *sobre* o proletariado". Lembremo-nos da Revolução Francesa, em que a burguesia se considerava "vanguarda" do povo e promotora da "vontade geral". Por que uma nova burocracia não pode se considerar "vanguarda" do proletariado e do campesinato?

Falando a respeito do projeto socialista, Robert Haveman – no artigo "O caminho de Praga" – escrevia:

> Mas os perigos mortais que ameaçavam nossa revolução nos privaram de todos os seus frutos, vale dizer, a solução de sua tarefa efetiva: o estabelecimento da democracia socialista. "Liberdade é liberdade para os dissidentes." Essas palavras de Rosa Luxemburgo são de uma atualidade candente. Somos advertidos por muitos elementos, seja os que encorajam esse desenvolvimento, seja os que com ele se preocupam ou dele duvidam. É verdade que, na democracia socialista, não deve haver limitação alguma à liberdade dos dissidentes? Nosso companheiro Ernst Fischer é de opinião que a necessária limitação a essa liberdade deve dirigir-se contra o antissemitismo e, sobretudo, contra toda forma de racismo e ódio entre os povos, contra o fascismo e a exaltação da guerra como meio de resolver os problemas políticos.

Diante dessa preocupação de Haveman, segundo a qual, fundado em Rosa Luxemburgo, liberdade é sempre liberdade para aquele que pensa diferentemente, vê-se como a Primavera de Praga continua a linha de combate de Kronstadt. Não só Praga como Varsóvia, por meio do Solidariedade. É o que se deduz de um debate havido entre Marcin Krol, filósofo, Jacek Kurczewski, sociólogo encarregado de acompanhar as eleições na área sindical antes do golpe de Estado do general Jeruzelszki, e Jan Olszewski, jurista e principal autor dos estatutos do Solidariedade. Esse debate, intitulado "Solidariedade e Democracia", foi publicado na insuspeita revista *L'Alternative* (1981, p.34-40).

Em linhas gerais, desenvolvem uma argumentação que continua a linha dos marinheiros de Kronstadt: é necessário votar em programas, não em pessoas; o controle sobre os dirigentes, após as eleições, é muito importante, e são necessários garantias estatutárias e um controle social; uma democracia sã é necessariamente celeiro de conflitos; é necessária a rotação dos dirigentes em todas as organizações: de massa, sindicatos, partido; prioridade à "base", não há democracia sem pluralismo interno; a luta contra as tendências à oligarquia nas organizações. Alia-se a isso a renovação da autogestão dos trabalhadores fundada nos seguintes princípios:

> os trabalhadores da empresa são o sujeito soberano dos órgãos de autogestão; somente sua vontade plenamente definida pode constituir a base de sua renovação; os membros de um órgão de autogestão autêntico são eleitos pelos trabalhadores da empresa e somente por eles; o conselho operário (ou de trabalhadores) deve ser independente em suas decisões; o órgão de autogestão dos trabalhadores implica a autonomia da empresa (o que não significa "separatismo"); o sindicato Solidarnosc é o único órgão apto a preparar as atividades indispensáveis para a implantação dos órgãos de autogestão operária nas empresas; o pessoal e o conselho operário definem a política da empresa, tomam as decisões mais importantes em relação à produção e seu desenvolvimento; a nomeação e a demissão do diretor pertencem ao conselho operário; o direito à informação é fundamental para todos os trabalhadores; os conselhos operários têm o direito de se coordenar e cooperar em nível local ou regional; a criação de uma Câmara de Autogestão (ou Segunda Câmara) em relação ao Parlamento é a condição para garantir, aos Conselhos Operários e outros órgãos de autogestão, uma influência social direta nas tomadas de decisão econômicas centrais (*L'Alternative*, 1981, p.41-2).

Kronstadt foi arrasada pelo chamado "Exército Vermelho"; a Tchecoslováquia, ocupada pelas *"panzer* socialistas"; a Polônia, pelas ordens dos generais. Inclusive lá foi "aprovada" a Nova Lei Sindical, mas isso já é outro assunto, deixemo-lo para depois.

De Lênin ao capitalismo de Estado – I*

A revolução bolchevique

A Revolução Russa foi uma consequência imediata da guerra, das contradições entre a guerra e a natureza primitiva e primária da economia

---

* *Folha de S.Paulo*, 06/11/1977.

russa, incapaz de suportar o peso de um conflito moderno de caráter mundial, contra um país altamente desenvolvido.

O poder, após os levantes em Petrogrado e Moscou e a queda de Nicolau II, sem ser esperada, passou automaticamente às mãos dos nobres liberais e burgueses industriais. Formado o governo provisório sob direção de Kerenski, inaugura-se o "constitucionalismo de fachada" na Rússia ou o "pseudoconstitucionalismo", como o chamou Max Weber, em sua análise dos acontecimentos, que vão de 1905 a 1917: uma fachada democrática externa por pressão da finança internacional, que exigia uma constituição liberal para melhor garantia de seus investimentos e repressão interna implacável contra a oposição. Ao lado do governo legal, porém, surgem os "Conselhos" (sovietes), criação espontânea do povo, formando uma dualidade de poder. Os mencheviques (socialistas minoritários) apoiam Kerenski, secundados por Kamenev e Stalin, que então dirigiam o *Pravda* e apoiavam a revolução no nível democrático burguês, esperando por um governo de coalizão entre o partido bolchevique e outros partidos pequeno-burgueses e proletários, tendo em vista a convocação de uma Assembleia Constituinte e a institucionalização da democracia no plano político.

Enquanto isso, Lênin definia a Revolução Russa como tendo dois objetivos: fazer a paz e dar terra aos camponeses; via órgãos de poder nos sovietes, temendo, porém, que competissem com o partido no monopólio da direção do operariado urbano e rural. Para ele, a Revolução Russa era o início da Revolução Socialista Internacional; da mesma maneira que lhe era impossível conceber capitalismo em um só país, era impossível para ele admitir o "socialismo em um só país". Acreditava na eclosão da Revolução Alemã, que permitiria unir as riquezas naturais da Rússia com a tecnologia desenvolvida alemã. Tomado o poder pelos bolcheviques, viu-se a distribuição de terras formando milhares de pequenos proprietários, substituindo dezenas de antigos latifundiários. Nas fábricas, os operários tomavam conta da produção em substituição aos antigos donos, que, em sua maioria, deixaram o país.

Por sua vez, a Revolução Internacional, especialmente a alemã, que deveria vir em socorro aos bolcheviques e em auxílio à Revolução Russa e de seu programa de socialização, não veio. No lugar da guerra revolucionária contra a Alemanha, Trotsky se viu obrigado a submeter-se à Alemanha Imperial pelo Tratado de Brest-Litovsk. Isso impediu os alemães de tomarem Petrogrado e avançarem até Moscou.

A sabotagem e a invasão estrangeira exacerbaram a guerra civil já desencadeada com a tomada das terras pelo campesinato. E aí veio o "comunismo de guerra". Criou-se o Exército Vermelho, com estrutura centralizada, reaproveitando-se antigos quadros do tzarismo. Os camponeses, na guerra civil, forneciam o grosso de soldados do Exército Vermelho. Os operários, que haviam tomado as fábricas e iniciado a autogestão, viram-se expropriados pelo novo Estado Operário, que adotava o regime da centralização administrativa da fábrica nas mãos do gerente nomeado pelo Estado. Em troca da perda do controle dos meios de produção, Lênin prometeu aos operários o direito de greve. Contra esse estado de coisas, forma-se a Oposição Operária que reivindica autogestão econômica da empresa pela base, liberdade sindical diante do Estado e liberdade de discussão política.

Ao término da guerra civil, o governo insensivelmente se transformou em uma ditadura burocrática a serviço do campesinato. O caráter internacionalista e socialista da revolução se transformou em uma revolução burguesa puramente nacional. Trotsky justificou esse estado de coisas em seu texto *Terrorismo e comunismo*, um verdadeiro manual de como expropriar a mão de obra da gestão direta da produção e do Estado.

Paralelamente a esses acontecimentos, dá-se a Revolução da Ucrânia, dirigida por um camponês, Nestor Maknó, que institui a autogestão econômica, política e social e, com apoio inicial dos bolcheviques, vence os restauradores do capitalismo naquela região. Isso dura pouco. Em nome da "unidade de comando", Trotsky envia o Exército Vermelho, que reprime a Revolução Maknovista na Ucrânia.

O regime do "comunismo de guerra" operou um deslocamento de poder do operariado para a nova burocracia que domina o Estado por mediação do partido e, logicamente, converte os sovietes, de órgãos representativos da base, em correias de transmissão do Estado central. Isso leva à Rebelião de Kronstadt. Quarenta mil marinheiros, considerados a guarda pretoriana da revolução, que participaram ativamente entre 1905 e 1917, e, inclusive, forneceram elementos para a guarda pessoal de Lênin, levantaram-se contra o bolchevismo exigindo liberdade para os conselhos e contestando a ditadura do partido em nome da classe operária. Após cruenta luta, são vencidos pelo Exército Vermelho. Assim, no "comunismo de guerra", com a passagem da autogestão da empresa para a gestão estatal burocrática e, concomitantemente, com o atrelamento dos sovietes ao Estado e ao partido, desaparecem as condições subjetivas de socialização econômica e política. Reafirma-se a hegemonia do Estado e do partido com o governo Lênin–Trotsky.

No campo, adotou-se o regime de requisições forçadas ao campesinato para manter as tropas do Exército Vermelho.

Com um país predominantemente camponês, o PC, seguindo Bukharin, distribuiu proletários pelo país, como em um tabuleiro de xadrez, para dirigir a construção do socialismo, o que explica como foi artificial, de cima para baixo, a construção do socialismo na Rússia.

Após o término da guerra civil, os camponeses voltaram como vencedores, enquanto os operários estavam enfraquecidos e desfalcados com as perdas sofridas. O que escapou foi absorvido pela burocracia e pelo funcionalismo partidário e sindical. Os mais passivos ficavam nas fábricas; os mais ativos estavam disseminados pela Rússia, implantando a nova ordem de coisas.

Nesse momento, surge a Oposição Operária, formada por sindicalistas e operários sem partido, que reclamam contra a diferenciação social que se opera no proletariado, o qual estava dividido em camadas altas e baixas; as camadas altas ocupando o topo do partido e dos sovietes.

Estabeleceu-se uma discussão a respeito da gestão da produção: caberia ela aos Comitês de Empresa ou aos sindicatos? Trotsky advogava a "militarização dos sindicatos" submetidos à tutela do Estado e do partido, funcionando como agências pedagógicas, tendendo à "educação para o socialismo". Lênin defendia a tese de que, enquanto houver Estado Operário, haverá o perigo de degenerescências burocráticas, o operário deve ter a chance de defender-se contra "seu" próprio Estado; propunha a independência do sindicato diante do Estado e do partido. Com a implantação do "comunismo de guerra", porém, o país viveu em regime de "fortaleza sitiada": era o preço pelo qual pagava uma Rússia atrasada e bárbara para chegar ao socialismo. Com o grande crescimento da inflação, na época, chegou-se a pensar no desaparecimento da moeda.

Enquanto isso, os camponeses exigiam, após o fim da guerra civil, o fim das requisições forçadas de produtos agrícolas pelo Estado. O governo se viu obrigado a fazer concessões econômicas que eram minimizadas, pois, para Lênin e Bukharin, o Partido Bolchevique detinha o poder político e sua ditadura coincidia com a ditadura da classe. Nesse momento de crise, Bukharin prega a necessidade de repressão contra os outros partidos operários e pequeno-burgueses, com a fórmula "o Partido Bolchevique no poder, e os outros partidos na cadeia", e vão para a cadeia os mencheviques, socialistas-revolucionários. Com a irrupção da Rebelião de Kronstadt citada, Lênin tira do bolso a fórmula do "capitalismo de Estado e do imposto em espécie", inaugurando a NEP (Nova Economia Política).

O processo da Revolução Russa até a emergência da NEP, em 1921, mostra que Lênin não abriu mão da preservação da ditadura, conforme dizia Bukharin. A velha ideia de Lênin da ditadura democrática de operários e camponeses não se realizava. O campesinato era a força econômica dominante; por sua vez, o operariado ficava com as vantagens políticas, em sua maioria, ilusórias, porque eram representadas por um único canal: o partido. A ditadura não era do proletariado, mas sim do partido, quer dizer, de uma minoria de revolucionários jacobinos.

A Revolução Internacional não se realizou. Assim, a ideologia socialista dos líderes do PC Russo não teve condições de praticidade. A burguesia russa, por sua vez, que havia detido o poder dez meses, não resolveu problema algum, não fez a paz, não convocou uma Constituinte. Se a Revolução Russa ficasse nas mãos do Partido Kadete (burguês liberal) o que se daria era a colonização da Rússia pela Alemanha.

A NEP, consequência desses impasses, significou liberdade para o pequeno comércio restaurar o capitalismo privado e solicitar investimentos estrangeiros. Houve um aumento da produtividade agrícola, a fome nas cidades diminuiu e o proletariado, do ponto de vista econômico, perdeu a hegemonia. Necessitando de precondições econômicas ao socialismo, Lênin pretendeu, com o capitalismo de Estado e a industrialização sob controle do partido, criar essas precondições. Nessa época, Kautsky, criticando Lênin, escrevia que ele havia feito uma revolução para liquidar a burguesia e, depois, ele mesmo realiza o capitalismo na Rússia, substituindo-se à burguesia.

Grandes unidades fabris, trustificadas e dirigidas por técnicos, eram a condição da socialização para Lênin. O Partido Bolchevique, tendo nas mãos o Estado e algumas empresas básicas, ficava como guardião do socialismo.

Na Conferência de Gênova, em 1922, é que os russos esperam negociar as concessões aos investimentos estrangeiros. Franceses e belgas, prejudicados com as expropriações em 1917, queriam que os russos pagassem essas concessões como condição e negociação; como isso não ocorreu, eles romperam as negociações e saiu o Tratado de Rapallo entre a URSS e a Alemanha. No entanto, esta não tinha recursos para desenvolver a política econômica de concessões pregada por Lênin.

O capitalismo internacional se desinteressou pela política de concessões soviética, o que levou a um desequilíbrio entre o desenvolvimento agrícola e o industrial, pois a produção agrícola havia alcançado os níveis de pré-guerra. O campesinato começou a achar desvantajoso vender seus produtos na cidade e ficar com papel-moeda que nada valia.

O Partido Bolchevique se dividiu em dois: a Oposição de Esquerda, liderada por Trotsky, e a Oposição de Direita, liderada por Bukharin. A Oposição de Esquerda defendia a ideia de ligar a cidade ao campo, com uma política de industrialização intensiva e aumento de imposto sobre a produção agrícola do pequeno camponês (*kulak*). Reagindo à sabotagem do campesinato às requisições forçadas, ela defendia a institucionalização dos Planos Quinquenais. A Oposição de Direita defendia uma política de fortalecimento do campesinato: daí lançar a palavra de ordem: *Kulaks, enriquecei-vos!*. Isso defendia a tese de que o *kulak* não tinha nenhuma perspectiva de hegemonia, porque a ditadura era exercida pelo partido.

Nessa luta, a Oposição de Esquerda foi derrotada, seus principais líderes foram mandados para a Sibéria por Stalin, apesar de ele, durante as comemorações do décimo aniversário da revolução, precisar ir à tribuna em que estava a oposição, para receber os aplausos da massa. Zinoviev e Kamenev capitulam diante de Stalin: o desemprego é a grande ameaça que ronda a oposição, e Stalin, reagindo ao bloqueio das cidades pelos camponeses, aplica a plataforma da oposição, que havia esmagado, iniciando a política de industrialização e neutralizando a Oposição de Direita. No entanto, esta congregava em seu seio o representante do operariado no partido, Tomsky, que defendia a autonomia sindical diante do Estado. Foi a tendência centrista, dirigida por Stalin, que se revelou já fora da área de outubro. Ela tinha como ideologia "o socialismo em um só país", que legitimava sua hegemonia no partido e no Estado. Diga-se de passagem, essa teoria nasceu em 1897 – oito anos após a queda da Comuna de Paris – no seio da social-democracia alemã e codificada por Georg Volmar no artigo "O Estado socialista isolado". É ele o teórico da burocracia sindical social-democrata com quem Rosa Luxemburgo polemiza em *Crise da Social-Democracia*.

De Lênin ao capitalismo de Estado – II*

O Primeiro Plano Quinquenal, que assinala a expropriação dos *kulaks* e que desapareceu com o pequeno comércio, voltou-se a uma espécie de "comunismo de guerra". No entanto, as massas que suportaram a política de industrialização a toque de caixa eram outras. Os operários politizados, em sua maioria, morreram na guerra civil, e surgia um novo proletariado, sem tradição política, oriundo do campo.

Os sindicatos foram atrelados ao Estado. Tomsky, dirigente máximo dos sindicatos, suicida-se. As frações foram esmagadas. Criou-se a ideologia do partido monolítico e do chefe infalível. Os sindicatos foram reduzidos à função de acelerar a industrialização, domesticando a mão de obra. A empresa é gerida pelo princípio de Fayol: "unidade de comando" (conceito que consta da lei que rege as empresas socialistas do Estado da URSS). Aí, introduz-se o taylorismo com o nome de "stakanovismo". Desenvolve-se o pagamento por produção, com exploração intensiva da mão de obra, premiando-se os que mais produziam, formando-se uma "aristocracia operária". Alguns desses stakanovistas eram assassinados por seus colegas de fábrica que não podiam acompanhar seu ritmo de "produtividade".

Os camponeses são expulsos em massa, inaugura-se a "coletivização forçada". O camponês reagia pela matança em massa de animais: a fome e o descontentamento campeiam na Rússia. É por isso que a social-democracia alemã se recusou a fazer frente única com o PC alemão. Stalin cria a teoria do "social-fascismo", torpedeando a possibilidade de frente única na Alemanha com Hitler por temer que uma situação revolucionária na Alemanha envolvesse a URSS em uma guerra. Preferiu esperar a subida de Hitler para obter uma "solução negociada", que se corporificaria no Pacto Ribentropp-Molotov.

O processo de industrialização aumentou a burocratização e gerou uma aristocracia operária, com salários vinte vezes maiores que o do operário comum. Surgiu uma camada de técnicos com grandes trustes estatais, educados nas escolas de técnicos dos países de capitalismo avançado.

A industrialização promovida pelo Estado se constitui em uma alavanca da acumulação primitiva; nesse processo, os interesses das massas

---

* *Folha de S.Paulo*, 08/11/1977.

eram desprezados, criando, os grupos dirigentes do processo, o estímulo individual para levar adiante tal política. Aí se cristalizou a burocracia como camada à parte, interessada na industrialização, e disso surge a especialização intensiva de funções no aparelho de Estado e do partido.

A burocracia se divide em uma camada alta e uma baixa, cada vez mais afastadas do trabalhador médio.

O estímulo pessoal aos responsáveis pela industrialização levou à criação, na empresa, de um fundo de reserva, para estimular a produtividade e proporcionar uma porcentagem do lucro para os agentes da industrialização. A moeda se constituía no regulador das relações entre trabalhadores e diretores na empresa. Daí surge o conceito soviético de "lucro", como a diferença entre o custo calculado da produção e o custo real verificado em cada empresa: quanto maior fosse a diferença, maior era o lucro da empresa. Daí a empresa estatizada fundar-se no salário-tarefa. O lucro do fundo de compensação em cada empresa é repartido pelo diretor. Uma parte é distribuída como compensação a seus auxiliares; outra, para melhoria das instalações; e outra, para eventualmente aumentar o fundo salarial.

A política de industrialização, anulando a Oposição de Direita e adotando a plataforma da Oposição de Esquerda, permitiu ao centro emergir como grupo hegemônico. Isso mostra que na Rússia de então não havia possibilidade de solução socialista para a crise. Com o programa da direita, haveria restauração simples do capitalismo; com o da esquerda, verificou-se que o programa que emergiu com o Estado após a guerra civil não foi uma economia socialista e em benefício dos trabalhadores, mas um regime totalitário de uma onipotente burocracia.

Com a industrialização, deu-se a substituição do proletariado que havia feito a revolução e a guerra civil por outro, mais inconsciente e manobrado pela burocracia. Houve uma ditadura do proletariado apenas nos primeiros anos da revolução, mas de caráter passivo, isto é, como resistência das populações operárias urbanas contra a contraofensiva da burguesia e a fome; igual aos jacobinos da Revolução Francesa, os bolcheviques destruíram o feudalismo, movimentaram o campesinato e o proletariado no nível da aspiração apenas de um lado. Do outro, havia a ideologia na cabeça dos líderes que esperavam uma Revolução Internacional que não se deu. O limite imposto pela conjuntura internacional levou à hegemonia, no fim da NEP, do grupo do "centro" como o representante mais autêntico da burocracia surgida do seio da classe operária. Foi a vitória dos thermidorianos contra os homens do Comitê de Salvação Pública. A derrota dos camponeses *kulaks* levou ao ápice uma burocracia autônoma. O partido se tornou cada vez mais monolítico e separado das massas; uma casta com garantias e privilégios. Aliás, os filhos de seus altos dirigentes geralmente escolhem a Escola de Finanças de Moscou para ampliar seu capital cultural e a possibilidade de acesso na carreira. As reformas feitas, sejam elas grandes ou profundas, dão-se à custa da liberdade e das aspirações das massas para maior fortalecimento do Estado. O velho partido de 1917 morreu, porém, a planificação estatal restou, porque estava a serviço de uma nova camada social: a burocracia.

A coletivização "forçada" originou a criação do *kolkoz*. A mecanização da agricultura se deu por obra do Estado: o *kolkoz* é uma semicooperativa em que os kolkozianos não possuem os meios de produção. O governo arrenda os instrumentos agrícolas e o kolkozes pagam uma renda por esses instrumentos e pelo trabalho de seus técnicos. A renda é paga pelo kolkoziano com uma parte de seu trabalho. Há uma burocracia kolkoziana constituída pelo presidente do *kolkoz*, e o representante do partido. Logo abaixo vêm os tratoristas, motoristas e camponeses. O Estado se apropria de uma parte da produção mecanizada como imposto; de outra, por meio do preço que impõe para compra dos produtos pelos organismos estatais; e de uma terceira, que é dividida entre os kolkozianos. Foi na base do mercado livre para esses kolkozianos que se criou uma camada denominada "camponeses milionários", que se aproximava muito dos antigos *kulaks*. É a nova aristocracia camponesa conciliada com o novo regime. Ela tem recursos para grandes depósitos nos bancos, afluindo juros.

Na área da produção industrial, dava-se a formação do triângulo representado pelo partido, pelo diretor de fábrica e pelo comitê de fábrica, que reduzia-se, na prática, ao presidente do comitê de fábrica, ao diretor individualmente e ao secretário do partido. Os problemas econômicos eram resolvidos pelos administradores; os problemas de trabalho e salários eram de âmbito do comitê de empresa; e o secretário do PC servia de para-choque e fiscal para assegurar o cumprimento fiel das diretrizes do partido. Ele acaba sendo, assim, a consciência do Estado diante do diretor e o elemento que reprime reclamações da mão de obra na empresa. Os sindicatos perderam suas funções mais importantes, convertendo-se em elos entre o Estado e o operariado, preocupados, antes de mais nada, em intensificar a produção.

A falência da política

A política de industrialização que levou a velha Rússia a transformar-se em um país ultramoderno despertou um grande messianismo nacional. Foi uma espécie de "nova revolução". No entanto, sua ideologia era, apesar da retórica socialista de fundo nacional, vinculada à ideia do "socialismo em um só país". Isso levou à abolição da Internacional em 15 de março de 1944 e à criação de um hino nacional exaltando a Rússia, a Grande; e a abolição da Ordem de Lênin e da Ordem da Bandeira Vermelha e sua substituição pelas ordens dos marechais Suvorov, Kutuzov e de Alexandre Nevsky em 23 de julho de 1942. Essa legitimidade tradicionalista e nacional do poder aparece com clareza no discurso de Stalin, pronunciado por ocasião da comemoração do 24º aniversário da Revolução Russa em 7 de novembro de 1941: "Sede inspirados nesta guerra pelas másculas figuras de nossos antepassados: Alexandre Nevsky, Dimitri Donskoi, Dimitri Poznasrski, Alexandre Suvorov e Mikhail Kutuzov".

Suvorov lutou contra a Revolução Francesa e reprimiu a rebelião camponesa de Pugatchev. Dimitri Donskoi é santo da Igreja Ortodoxa Russa.

A essa nova legitimidade tradicional do poder se vincula um messianismo nacional que consiste na ideia da ultrapassagem dos Estados capitalistas mais adiantados.

Para a caracterização do Estado soviético, o fundamental não é a forma da propriedade em si – se é privada, individual, nacionalizada ou estatizada –, mas, sim pela natureza antagônica expressa pela relação de dependência entre quem vende sua força de trabalho e quem a compra. A simples ausência da propriedade privada nos meios de produção não define a existência do socialismo. O próprio Marx, referindo-se ao despotismo na Índia, verificou que era baseado na ausência da propriedade privada dos meios de produção.

Por meio da centralização total, uma camada social se apoderou do Estado para usufruir da propriedade estatizada, responsabilizando-se pelo desenvolvimento das forças produtivas. O Estado vive na exploração de classe no campo e nas cidades, transformando-os em uma entidade autônoma como proprietário dos meios de produção. É a exploração social fundada da estatização dos meios de produção que definimos como capitalismo de Estado.

Quando Stalin, em discurso pronunciado em janeiro de 1934, combatia a igualdade como "preconceito pequeno-burguês", ele mostra estar valorizando o fator dinheiro como incentivo da industrialização nos quadros da propriedade estatal. Aí, socialismo significa diferenciação social, como no capitalismo: ideologia também defendida pelos ideólogos do capitalismo nos Estados Unidos, em que a maior produtividade gerará abundância para todos.

Esse foi o plano de fundo que culminou com a contrarrevolução. Foram suprimidos os partidos representados nos sovietes que, sem partidos, perderam qualquer sentido. Aí chegou a vez dos sindicatos perderem sua independência. Finalmente, foram liquidadas "facções" no partido único, e a oposição se converteu em um "caso de polícia".

Estava aberto o caminho para a estatização pura. A burocracia se transforma em uma classe, na medida em que, com extrema centralização do aparelho econômico nas mãos do Estado, passa a possuir todos os meios de produção. Esse processo se dá em benefício dessa nova camada social dominante.

Houve reações contra a burocracia? Basta ler alguns discursos de Lênin para verificar sua preocupação com a burocratização crescente, não só do Estado, mas também do partido. O que ele propõe para limitar ou suprimir a burocracia? A criação de um órgão burocrático, a Inspeção Operária e Camponesa. Isso quer dizer que se lutava com métodos burocráticos contra a burocracia. Em nenhum momento se vê, nos escritos clássicos de Lênin ou de Trotsky, o apelo às massas na luta contra a burocracia.

Em suma, a burocracia de Estado foi um fator importante no processo de modernização da União Soviética. O "socialismo em um só país" foi a ideologia que legitimou seu poder. A burocracia soviética constituiu um forte poder de Estado-Nação, desvinculou-se dos princípios internacionalistas de seus antecessores, da mesma forma que se desvinculou do próprio Stalin. É o sentido do Relatório Kruschev no XX Congresso, a rebelião da criatura contra o criador.

Como elemento de legitimação do Estado soviético atua, também, o conceito de partido como "vanguarda" da classe ou da nação. A ideia de uma vanguarda dirigente, com procuração para representar as grandes massas, é inerente ao modelo soviético de partido. É sugestivo lembrar-nos de que Mikhail Maniolesco, teórico conservador, autor de *O partido único*, apontava o partido como vanguarda da nação. O culto ao vanguardismo com muita rapidez pode transformar-se no culto aos novos tiranos, a pretexto de libertação da massa.

De 1917 ao capitalismo de Estado, podemos definir sinteticamente o processo reduzindo-o ao seguinte: durante a guerra civil, o operariado que fez a revolução desapareceu. Veio um período de transição em que o Estado começou a defender os interesses do campesinato, a Oposição de Esquerda, ligada ao operariado, tentou reagir e foi exterminada. O campesinato também perdeu, porque, no processo de coletivização forçada, seus representantes foram liquidados – a Oposição de Direita –, e emerge o capitalismo de Estado, sob direção de conselhos de burocratas e diretores de fábricas, sem nenhum controle das bases. Foi fundado em um processo de industrialização que contou com maciça migração-rural urbana, formando um proletariado novo, manobrável e sem nenhuma consciência política. Essas camadas não construíram o socialismo, mas sim a industrialização. Formaram-se novos centros industriais com esse novo proletariado, que aplaudia a emulação socialista, a diferenciação salarial como modelos de socialismo.

Quanto ao caráter exploratório da burocracia além das fronteiras soviéticas, basta analisar o Levante de Poznan e Gdynia na Polônia e Levante da Hungria, para sentir que o capitalismo de Estado mantém as duas esferas antagônicas básicas: os portadores da força de trabalho e o Estado burocrático – que a explora obedecendo à lei do valor-trabalho e, portanto, a reprodução ampliada do capital como condição de reprodução do sistema.

Não se pode confundir socialismo com uma estrutura em que, como afirmado por Rosa Luxemburgo,

> a direção está nas mãos de uma dezena privilegiada de cérebros e em que uma elite da classe operária é convocada, de tempo em tempo, a reuniões para aplaudir os discursos dos chefes, votar unanimemente resoluções que lhe são apresentadas – isso é uma ditadura – mas não do proletariado, é de um punhado de politiqueiros, no sentido burguês do termo, no sentido da dominação jacobina.

O partido único[*]

Pode um PC bolchevique, stalinista ou não, transformar-se em um verdadeiro partido de massas ou em um partido realmente da classe tra-

---

[*] *Folha de S.Paulo*, Folhetim, 24/05/1981.

balhadora? Teoricamente, tal mudança é concebível. Na prática histórica, não vimos, porém, nenhum que passasse por tal mudança. O próprio partido bolchevique russo, modelo de partido único no poder – com o similar PRI (Partido Institucional Revolucionário), no México, há sessenta anos no poder cada vez mais institucional e menos revolucionário –, continuou a ser o que era antes de tomar o poder: uma minoria ativa, uma ordem, uma elite ou, se quiserem, uma vanguarda.

Nos poucos meses que teve de legalidade democrática, na época da revolução de fevereiro de 1917, antes de tomar o poder, chegou a mobilizar o operariado de Leningrado e Moscou, exercendo grande influência sobre as guarnições dessas cidades e sobre a frota do Báltico. Porém, as maiores organizações sindicais da época continuavam imunes a sua influência, mesmo após outubro de 1917. Não era o Partido Russo nem mesmo um partido autêntico do operariado organizado, era apenas o mentor das massas urbanas e defensor dos soldados e camponeses sublevados contra a continuação da guerra de 1914-8.

O partido de massa

Fora da Rússia, o maior PC era o da Alemanha, que ora ganhava, ora perdia massa para a social-democracia, conforme as oscilações políticas da vida alemã no período que vai de 1930 à subida de Hitler. Uma coisa era certa na Alemanha: a social-democracia era hegemônica no movimento sindical. Na França e na Itália, onde os partidos comunistas são partidos de massa, não são o partido da classe operária organizada. É sintomático o caso do PC francês, que controla grande parte das organizações operárias de seu país, porém, jamais se identificou com a classe operária. Ora parece muito à frente da classe, ora muito atrás; em uma conjuntura conquista setores da classe média, em outra, do campesinato. É que os partidos comunistas só podem controlar as organizações de massa, jamais podem interligar-se com elas. Sua centralização, sua concepção de dirigente e sua visão organizatória impedem sua identificação real com a classe. Os partidos comunistas surgiram de uma cisão da social-democracia, porém jamais puderam substituí-la efetivamente. Daí o grande impasse do movimento operário internacional.

Esse impasse foi o responsável pelas desgraças que se abateram sobre o movimento operário mundial: degenerescência burocrática da Revolução Russa, triunfo do fascismo e o do nazismo, Segunda Guerra. Enquanto isso, o capitalismo se readaptava à nova situação apelando à intervenção estatal na economia. Tal intervenção havia se dado anteriormente na Rússia, onde o stalinismo consolidaria o capitalismo de Estado, contestado em sua versão polonesa pelo sindicato Solidariedade. O partido único foi também um instrumento usado pela direita radical na forma nazi-fascista.

Quanto ao modelo bolchevique de partido único é necessário esclarecer que, na ideia inicial de Lênin, seu partido era fruto de adaptação às condições especificamente russas, pois seu ideal de partido era o da social-democracia alemã. Após a queda do czarismo, com a instalação na Rússia de uma república democrática, seu partido se ampliaria perdendo as particularidades russas para transformar-se no partido organicamente democrático nos moldes do socialismo europeu. No entanto, a guerra, a traição da social-democracia, a Revolução de Outubro e a guerra civil convenceram Lênin de que a velha estrutura social-democrática havia falido. Daí a formação de uma visão da luta pelo socialismo assumindo foros de uma guerra militar, levada à frente por uma vanguarda, um partido militarizado, dirigido por um Estado-maior selecionado de revolucionários profissionais.

Os 21 dogmas

Assim, o que era fruto de circunstâncias especificamente russas se transformou em um princípio eterno válido em qualquer época, em qualquer lugar. Isso originou os 21 princípios, cuja adesão era condição de ingresso na Terceira Internacional. Porém, com o proletariado semiparalisado após a Primeira Guerra, o impasse político generalizado e a impotência dos parlamentos, entre 1920 e 1937, levaram a concepção de partido único de Lênin a autonomizar-se, separar-se das finalidades históricas específicas na qual havia se formado.

A direita fascista, interessada em uma economia intervencionista, apoderou-se da concepção leninista de partido político centralizado, militarizado e ativista, fundado em uma disciplina de ferro, assaltando o poder e destruindo as organizações da classe operária na Europa.

A resolução do Grande Conselho do Fascismo, de 13 de outubro de 1923, afirmava que "o Partido Nacional Fascista apenas começou sua função histórica, que é a de dar uma nova classe dirigente à nação". Isso mostra que, na ausência de uma revolução transformadora das estruturas, o fascismo ocupou seu lugar na forma de uma revolução conservadora. Isso coincide com a emergência das grandes corporações multinacionais, na qual a propriedade, segundo Adolf Berle, passava de agente ativo a agente passivo. O poder e a responsabilidade pela gestão e pelo futuro das empresas industriais passavam às mãos de executivos muito bem pagos.

Qual é a função do partido único no caso? Foi a de ajustar o organismo social e político às mudanças que ocorriam no interior da empresa. No entanto, não se tratava da célebre revolução dos gerentes apregoada pelo ex-trotskista James Burnham. Tratava-se, isso sim, de uma transferência de poderes no mesmo plano de classe. O proprietário se afasta da gestão direta da produção unindo seus interesses aos dirigentes gerais, administradores, gerentes e altos técnicos.

No plano político, dá-se uma transferência de poderes: os "heróis" do partido único, do partido minoritário cuja tarefa é a subida ao poder para ajustar o aparelho estatal a novas situações, fundem-se com os dirigentes das indústrias, bancos e dos monopólios. Técnicos industriais e técnicos políticos se unem na "nova classe dirigente" de que falava o Conselho Nacional Fascista, em 1923.

Os dirigentes

Quando o proprietário se vê afastado do aparelho produtivo por ele herdado ou criado, é que já há condições técnicas para a socialização econômica. Na falta de meios políticos para sua realização, surge a "nova classe dirigente" para conservar o proprietário, embora aposentado com um título, afastado das máquinas da empresa. Esses tecnocratas se amalgamaram no partido único, na "nova classe dirigente", que tem por única missão dirigir. Tecnocratas de origem burguesa, filhos intelectuais e morais do capitalismo são os intermediários entre os proprietários capitalistas – sem função na produção – e os operários. A propriedade privada clássica parece coisa do passado, porém, a propriedade social coletiva está longe de ser uma realidade. A nova camada dirigente é "cimentada" pelo partido único, segundo um de seus teóricos, Mikhail Maniolesco, em *Le parti unique* [O partido único]: "O partido tem como função assegurar o contato entre os dirigentes e as massas".

É por meio de duras penas que o movimento operário mundial irá aprender coisas singelas do tipo: ou a classe tem o poder ou não tem o poder. Em relação à social-democracia, aprenderá que operário não trabalha no Parlamento nem come democracia; em relação aos defensores do partido único, aprenderá que ao atribuir-se função de vanguarda de direção, ele tem as virtudes do guarda-noturno: controla a classe, viveiro de escola de novos patrões, constrói o capitalismo de Estado e diz que é socialismo.

Uma luz nessa confusão é o sindicato Solidariedade, que reafirma uma noção perdida no baú da história, segundo a qual a libertação dos trabalhadores deve ser obra deles próprios. Colocar os destinos do socialismo nas mãos de uma classe média que domina os comitês centrais dos partidos tidos como de esquerda é colocar uma cruz sobre a proposta socialista, reproduzir a separação entre dirigentes e dirigidos. Em suma, construir o capitalismo de Estado com outro nome. No entanto, a mesma realidade que cria essa tendência cria seu contrário: o movimento polonês Solidariedade está aí para quem quiser ver, pensar e agir.

Do processo de Moscou ao de Pequim[*]

A segunda metade do século, com seu cotejo de guerras, genocídio de populações do Terceiro Mundo, tortura científica, terror de Estado erigido em lei, especialmente no Cone Sul, faz jus à definição de Malraux: "É o tempo do desprezo".

Dos campos de extermínio nazistas, às Biafras latino-americanas e às máquinas repressivas montadas pelos ditadores, vive-se a história no sentido joyciano da palavra, como um grande pesadelo, confirmando a intuição do poeta Rimbaud: "Eis o tempo dos assassinos!".

A crise do século é acompanhada pela crise de valores tidos como naturais e imutáveis: liberdade de consciência, pensamento e associação; o crepúsculo dessas liberdades acompanha o processo de estatização do

---

[*] *Folha de S.Paulo*, 12/02/1981.

universo com a utilização da violência legítima e ilegítima pelo Estado e seus agentes.

É bem verdade que, nas formações pré-capitalistas, isso ocorria. Isso é demonstrado em *Arthasastra* [Coisas deste mundo], do escritor indiano Kautyla (1200 d.C.), admitindo que "aqueles cuja culpabilidade se crê existir devem ser torturados". Com exceção dos brâmanes, podiam receber seis castigos, sete classes de flagelação e duas de suspensão pelo pescoço, além do "tubo d'água". Apesar das proibições canônicas, as cortes seculares dos califas na Idade Média conseguiam extrair confissões empregando o látego, a ponta de uma corda, o bastão e as correias sobre as costas, com o ventre sobre a parte posterior da cabeça, atingindo também as partes baixas do corpo, os pés, as articulações e os músculos.

A tortura tinha lugar definido no Direito Romano, nos procedimentos legais no fim do feudalismo, no Ocidente pós-feudal e na Inquisição.

Sob os francos, somente os servos eram torturados. A tortura judicial é concomitante à emergência do Estado moderno. No século XIII, muito antes de institucionalizar-se, os heréticos eram torturados até a morte. A Inquisição introduziu a tortura judicial por agentes seculares. A tortura que consiste em manter desperto o indivíduo para quebrar sua vontade pertence ao arsenal romano da crueldade planejada, conhecida como tormento da vigília. Com isso, agrava-se a técnica da passagem brusca dos bons aos maus-tratos e a acareação do prisioneiro com seus pares.

Sob o impacto de um ideário libertário que emerge na Rússia, porém, em 1917, burocratizado com a ascensão de novos patrões, é que a burocracia dominante inaugura, com os Processos de Moscou, o reino da culpabilidade familial, os campos de trabalho forçado para dissidentes e o regime das confissões públicas seguidas do fuzilamento.

Os Processos de Moscou são inteligíveis na medida em que a ascensão de Hitler na Alemanha e a guerra civil na Espanha desviam as atenções do mundo, e a burocracia stalinista expurga preventivamente os membros da "oposição de esquerda". Com isso, afoga críticas, que, porventura, proviessem da oposição a reveses militares ou políticos do regime.

Após 1924, as portas do partido foram abertas para duzentos mil novos aderentes que não haviam participado da guerra civil, mas se beneficiaram da vitória do partido. Ele surgia como um novo canal de ascensão social; os novos membros viviam de favores do "aparelho"; o ideal do partido é o monolitismo e a disciplina; e divergências são consideradas desvio e, como tal, punidas.

Nos Processos de Moscou compareciam homens destruídos pela tortura e chantagem, que aceitaram repetir publicamente os ditames da polícia política. Quem não o fez foi fuzilado sumariamente. Foi assim que desapareceram 108 dos 139 membros do Comitê Central do Partido. Isso pelo fato de o partido, já em 1924, "ser um órgão de segurança (policial) particularmente na área ideológica" ("Entrevista de Rudolf Bahro", in *Le Monde*, 1979, s. p.).

O Processo de Pequim repete Moscou, no caráter de espetáculo, assistido por oitocentos militantes do partido, convidados das províncias. Da mesma forma que os acusados dos Processos de Moscou eram responsabilizados por sabotagem na área da agricultura, indústria e comércio, os acusados de Pequim são responsabilizados pelos fracassos econômicos do regime; até pelo fato de as águas do Yang-Tsé serem amarelas, a culpa cabe à Guarda Vermelha de Mao.

O problema central dos Processos de Moscou era conservar o mito de Lênin, desmantelando sua política; na China, conserva-se o mito de Mao, desmantelando sua linha política. Da mesma forma que os ex-companheiros do Comitê Central de Lênin foram tratados como Cães Chauvinistas, os adeptos de Mao constituem simplesmente o Bando dos Quatro.

O Processo de Pequim é fundamentalmente um processo político a que não se adequam as normas processualísticas de um Estado liberal. O fato de uma pessoa ou grupo de pessoas ser levada a julgamento na China implica reconhecidamente a culpa, com base na autocrítica preliminar. Nem tudo é tranquilo. Nos Processos de Moscou, Rakovsky e Bukharin, com habilidade e tenacidade, resistem o quanto podem ao procurador. Nos Processos de Budapeste, Kostov publicamente desmente sua confissão. Em Pequim, Chiang-Ching não reconhece a culpabilidade atribuída revelando o segredo do progresso: antes de bater no cachorro (Bando dos Quatro), pense em castigar seu dono (Mao).

Enquanto isso, o mausoléu de Mao no centro de Pequim é fechado a pretexto de que seu embalsamamento falhou – é difícil de crer em um país que tem tradição em mumificar seus mortos. O mais certo é que a burocracia dominante mudou de religião, por isso tirou o santo do altar. Rei morto, rei posto. O único retrato que se vê em creches e escolas é o de Hua Guofeng. O Livro Vermelho de Mao desapareceu das livrarias e bibliotecas; na URSS, em 1936-8, as obras dos acusados nos Processos de Moscou também foram sumariamente retiradas das bibliotecas.

O Processo de Pequim é utilizado por Deng Shiaoping para cumprir finalidades educativas, daí a obrigatoriedade dos convidados de assistir a ele em Pequim, para, ao voltarem a sua província, organizarem mesas-redondas a respeito dos "crimes abomináveis do Bando dos Quatro".

Nos Processos de Moscou, Stalin fuzilava os chamados trotskistas na qualidade de herdeiro de Lênin, legitimando, assim, seu poder. No Processo de Pequim, Deng Shiaoping, por meio de seu tribunal político, pune crimes do Bando e toma conhecimento de erros de Mao, ainda fonte legitimadora de seu poder dividido com Hua Guofeng.

Em suma, o regime político fundado na ditadura do partido único, do sindicato atrelado ao Estado, não possui canais por onde encaminhar as dissensões inevitáveis, daí a institucionalização do expurgo como forma de cimentar o monolitismo e a unidade em trono do aparelho e de seu chefe.

O monolitismo político caminha paralelo ao ideológico. Assim, ao institucionalizar o marxismo, que, antes de mais nada, é um método de análise, em ideologia oficial, transforma-o de instrumento de análise do real em uma religião secularizada, confundindo a ortodoxia do método com a ortodoxia do lugar-comum. Tudo isso ocorre, não sem antes acender a fogueira com que os heréticos são queimados. É isso que torna todas as inquisições execráveis, desde as leigas de Frederico II até as modernas.

A ambiguidade do Estado soviético*

É necessário situar que o Estado soviético sempre viveu sob o signo da contradição ou da ambiguidade. Na época de Lênin, travou-se uma polêmica em torno dos princípios do planejamento estatal e da livre iniciativa, restrita ao pequeno comércio, da qual resultou a NEP.

O tema volta a tornar-se atual desde as reformas de Kossiguin, quando se discutiu a coexistência de uma economia planejada estatalmente com uma área de iniciativa privada em ramos não estratégicos.

É claro que as reformas Gorbatchev não significam um retorno ao sistema capitalista. No entanto, significam que o peso da burocracia no

---

* *Folha de S.Paulo*, 17/06/1989.

conjunto do sistema econômico-político soviético é imenso e tem de ser diminuído.

O gorbatchevismo significa uma reação à estagnação que tomou conta da economia do país há mais de trinta anos. Abel G. Aganbeguian, principal conselheiro de Gorbatchev, afirma francamente que, durante o Décimo Plano Quinquenal (1981-5), a taxa de crescimento da economia foi zero; entre 1979 e 1982, a produção vinha diminuindo em volume físico na ordem de 40% para os produtos industriais. Essa desaceleração do crescimento foi acompanhada de uma redução das despesas de consumo, levando a uma estagnação do nível de vida dos trabalhadores. Tal estagnação aparece dramaticamente na produção de cereais, tornando a URSS dependente, há anos, de importações de produtos agrícolas da Argentina, do Canadá, dos Estados Unidos e da Austrália.

Essa situação é que levou a uma reprivatização parcial na área kolkoziana.

Embora na pesquisa científica pura a URSS esteja avançada em relação ao Ocidente, é na produção em série que se observa um atraso do país. Só 35% das empresas utilizam computadores, enquanto no Japão e nos Estados Unidos essa utilização chega a 100%. A maioria dos computadores é de terceira geração, a quarta geração mal começou a ser produzida.

O emprego generalizado do computador tem implicações políticas: a *perestroika* implica a *glasnost*, ou seja, a abertura política implica o livre jogo das ideias.

Quanto à volta ou à hegemonia da "economia de mercado", coexistindo com o planejamento estatal, a Hungria e a Iugoslávia estão mostrando o aumento da desigualdade social e a redução do crescimento econômico, levando os trabalhadores ao célebre segundo emprego. Nem tanto ao mar nem tanto à terra, não ceder diante do stalinismo econômico nem à "mão invisível" – o mercado – que magicamente tudo regula.

Rússia atual: produto da herança bizantina e do espírito técnico norte-americano (1)[*]

Corresponde a uma exigência do conhecimento político atual a análise das forças que determinam a tensão mundial – Rússia e Estados Uni-

---

[*] *Folha Socialista*, 05/04/1954. (Artigo encontrado no Arquivo Edgar Leuenroth, da UNICAMP, pela profa. dra. Dóris Accioly e Silva, em 1999).

dos – como ponto de partida para uma visão objetiva dos problemas equacionados pela realidade.

Pomos de lado calmamente todos os *slogans* comunistas ou norte-americanos na propaganda política, seja a defesa da *pátria socialista* ou da *civilização ocidental*, e recorremos à *única ciência*, a História (Marx), para dela tirarmos os elementos que nos capacitarão a uma visão justa dos problemas do mundo moderno, dividido entre o imperialismo russo e o norte-americano, tendo como incógnitas a Alemanha e os movimentos coloniais.

Aprendemos com Marx a analisar um regime não pelo seu aspecto formal, lei escrita, assim como no caso dos regimes democráticos, que são liberais e humanistas no papel e, na realidade, praticam a violência na vida social, seja o linchamento de negros, a repressão pesada às greves ou a política colonial, que em nada honra nossa civilização ocidental. E, por sua vez, correspondia a uma finalidade humana o regime instaurado nas zonas de dominação anarcossindicalista na guerra civil da Espanha. Embora ele abertamente recorresse à violência contra os fascistas, a violência ali estava a serviço da libertação do homem, enquanto a violência não admitida em lei, mas existente em regimes democráticos, está a serviço das forças que alienam o homem, na exploração de seu trabalho (burguesia), em sua liberdade (Estado), em sua ideologia (religião).

Assim, a análise dos elementos constitutivos desse mundo chamado Rússia soviética implica uma volta à História Antiga e seu entrelaçamento com a idade moderna russa – a Revolução Russa ou o bolchevismo.

Pseudomorfose

Em uma rocha, estão encravados cristais de um mineral. Produzem-se aberturas. Cai água que vai lavando os cristais de tal forma que só ficam suas cavidades; mais tarde, sobrevêm fenômenos vulcânicos que rompem a montanha; massas incandescentes se precipitam a seu interior, se solidificam, cristalizando-se por sua vez, mas não em sua forma própria; elas têm de preencher as formas que aquelas cavidades lhes oferecem e, assim, resultam formas híbridas, cristais cuja estrutura interior difere da construção externa, espécies minerais que tomam formas alheias: os mineralogistas chamam isso de pseudomorfose (pseudoforma).

As pseudomorfoses históricas se dão quando uma cultura estranha cai sobre outra com tanta força que a cultura jovem não consegue respirar livremente, não chegando a constituir-se em suas formas expressivas e peculiares, com consciência de seu papel histórico; nesse sentido, deu-se a conquista ária nas Índias, do imperialismo assírio de Tiglath-Pilensher sobre Israel, ou de Cortez no Peru; esmagaram as culturas existentes impedindo sua tomada de consciência, que se deu nas formas híbridas estabelecidas pela estrutura de dominação dos conquistadores (constituição de um Estado dos dominadores sobre os subjugados ou uma burocracia de funcionários composta dos subjugados, mas controlada pelos vencedores com o fim fiscal etc.). Existem, ainda, pseudomorfoses ideológicas, que se dão quando uma ideologia ou religião formada dentro de uma constelação cultural determinada é levada para as formas desse mundo novo: é esse, por exemplo, o caso do cristianismo, tipo ideal da pseudomorfose ideológica.

A pseudomorfose no cristianismo se manifesta expressivamente no mito do nascimento de Jesus. Sobre isso, em torno do qual seus discípulos nada sabem, formou-se uma lenda infantil. Ela tem suas raízes nos Apocalipses dos antigos persas e no Saoshyant, nos quais o salvador dos últimos dias deveria nascer de uma virgem, segundo os marcos do cristianismo oriental. Mas para o cristianismo em sua fase de ocidentalização, isso significou coisa bem diferente. Assim, no Ocidente, junto a Jesus filho e muito acima dele, aparece a figura da mãe de Deus, a deusa-mãe sobrepujando as virgens-mães do sincretismo: Ísis, Cibele e Deméter. Mas Maria, a engendradora, a mãe de Deus, constitui um grande escândalo para os cristãos orientais, ainda hoje nos parece ouvir as vozes dos monofisistas clamarem nas ruas de Éfeso contra isso. E as proposições dogmáticas advindas do culto à Virgem Maria determinaram, em última análise, a ocasião para que os monofisistas e os nestorianos se separassem da Igreja ocidental, estabelecendo uma pura religião de Jesus. Quando o Ocidente despertou sentindo necessidade de um símbolo que exprimisse seu sentimento íntimo da história, do tempo infinito, teve de colocar, no centro do cristianismo germano-gótico-católico, a "mater dolorosa" e não o "salvador doente". Ainda hoje, na Igreja Católica, Jesus ocupa o segundo lugar após a Madona.

Assim, a denominação de messias (*christus*) é judia; e salvador e senhor vêm da religião oriental aramaica. Na ocidentalização do cristianismo –

pseudomorfose – *christus* se converte no nome do salvador, no título de Jesus. Mas senhor e salvador já eram os títulos do culto helenístico ao imperador. Esse é o sentido do processo de pseudomorfose do cristianismo em sua ocidentalização. Assim, não existe cristianismo, mas cristianismos: o cristianismo primitivo oriental, o cristianismo da pseudomorfose de Constantino, o Grande, o cristianismo gótico e o cristianismo tipicamente ocidental, ativo, corporificado na Milícia Christi, de Santo Inácio de Loyola.

Assim, o bolchevismo também é um produto de pseudomorfose: a tradição bizantina e o espírito técnico norte-americano constituem a estrutura íntima do Estado russo atual.

A diferença primitiva entre a Rússia e o Ocidente se mostra quando penetramos nas lendas das bilinas, que chegam ao auge no quadro das lendas de Kiev, do príncipe Wladimirr e sua Távola Redonda, e do herói popular Ylia de Morum. A diferença entre a Rússia e o Ocidente se mostra nesses cantares, que correspondem ao Rei Arthur e aos Nibelungos.

Durante quase mil anos, a Rússia não pertenceu à civilização ocidental, senão, à civilização bizantina; uma sociedade diferente da greco-romana, como a ocidental, mas por seu turno, com aspectos distintos. Os russos adotaram o cristianismo ortodoxo oriental bizantino nos fins do século X, e, depois da captura de Constantinopla pelos turcos, em 1453, e da extinção do último vestígio do Império Romano do Oriente, o principado de Moscou, que se havia convertido no centro do reagrupamento da cristandade ortodoxa russa contra os muçulmanos e latinos, tomou dos gregos a herança bizantina. Em 1547, Ivan, o Terrível, coroou-se tzar, o imperador romano do Oriente. Desde 1453, a Rússia foi o único país cristão ortodoxo de importância que não havia caído sob o domínio muçulmano; a captura de Constantinopla pelos turcos foi vingada por Ivan, o Terrível, quando, um século depois, arrancou Kazan das mãos dos tártaros. Era esse mais um passo na captação da herança bizantina pela Rússia. Essa política se revela em uma carta dirigida ao grão-duque Basílio III, de Moscou, pelo Monge Teófilo, de Poscov:

> A Igreja da velha Roma caiu por causa de sua heresia, as portas da Segunda Roma foram destruídas pelos turcos e infiéis; mas a Igreja de Moscou, a Igreja da Nova Roma brilha mais resplandecente que o sol em todo o universo: duas Romas caíram, mas a terceira se mantém firme, e não pode haver uma quarta.

Sob a foice e o martelo, como sob a cruz, a Rússia é a "Santa Rússia", e Moscou é a Terceira Roma. Nesse sentido, opera a política do governo russo ao conferir liberdade ao clero russo – durante a Segunda Guerra –, controlada pelo poder secular. Tal como no Estado bizantino, a Igreja pode ser cristã ou marxista, contanto que aceite ser instrumento do poder secular. Daí a razão dos discursos patrióticos do patriarca Sergio, conclamando o povo a defender a "Santa Rússia", a causa "sagrada" contra o invasor. O primeiro aspecto da tradição bizantina que permanece na Rússia atual é o papel influente da Igreja Ortodoxa sob o controle estatal. O segundo é a herança do estado totalitário dirigido por um chefe carismático. O Estado totalitário bizantino da Idade Média ressuscita, em Constantinopla, o Império Romano. As contribuições mais sérias da civilização se atualizam aonde não chega o poder do Estado Romano do Oriente, como o provam a construção da Magna Grécia, na Calábria, com os cristãos gregos refugiados, ou o aparecimento do gênio cretense do século XV, Theotocopoulos, que admiramos sob o nome de El Greco. Os russos acreditavam que só poderiam sobreviver concentrando poder político na forma de Estado, este sim uma versão do Estado bizantino. O grão-ducado de Moscou foi o laboratório para essa experiência política, e o serviço prestado por Moscou – e sua recompensa – foi a consolidação, sob sua direção, de uma união de débeis principados em uma potência unificada. Esse edifício estatal totalitário moscovita teve sua fachada mudada duas vezes – sob Pedro, o Grande, e sob Lenine; mas a essência de sua estrutura se conservou inalterada, e a União Soviética de hoje, como o grão-ducado de Moscou do século XIV, reproduz os traços mais salientes do Império Romano do Oriente medieval.

Rússia atual: produto da herança bizantina e do espírito técnico norte-americano (II)*[6]

O segundo aspecto que caracteriza o bolchevismo como produto de uma pseudomorfose, além da herança bizantina, é a captação da técnica

---

* *Folha Socialista*, 01/06/1954.

6 Agradeço à profa. dra. Dóris Accioly e Silva por ter encontrado este artigo (no Arquivo Edgar Leuenroth, da UNICAMP, em 1999) em suas pesquisas e oferecido à publicação no livro (N.O.).

ocidental, mais precisamente do espírito técnico norte-americano. É assim que Chicago é cantada em verso por Maiacowsky:

> Cidade
> Erguida sobre um parafuso!
> Cidade! Eletro-dínamo-mecânica, cidade!
> Espiraloide
> Sobre um gigantesco disco de bom aço
> Agirá sobre si mesmo
> Com cada martelada das horas
> 5.000 arranha-céus
> Sois de granito
>
> As praças:
> A quilômetros de altura nos céus galopam
> Formigantes de milhões de criaturas
> Broadways suspensas
> Em cacho de aço tramadas
> na ponta dos postes
> Coloca-se crepitando a luz elétrica
> cartazes de fumaça pelos ares
> Inscrições fosforescentes (Miller, s. d., p.37-8).

Não só Chicago é alvo de entusiásticos cantos, como o ritmo de vida americana aparece como protótipo digno de imitação: "Tomemos a torrente da revolução na Rússia Soviética. Sincronizemo-la com o ritmo do pulso da vida americana e executemos nosso trabalho como um cronômetro" (Apelo de Gastieff para a mecanização, obra citada, p.38). A pseudomorfose, "a torrente da revolução" sincronizada com o ritmo do pulso da vida americana, predispõe a formação de um tipo humano com essas características. É o que se deu.

Sosnovsky, o "literato da corte bolchevique", já nos primeiros anos da revolução, fez a proposta que se educassem os russos como se fossem americanos:

> Trata-se, antes de mais nada, escreveu ele, de procurar encontrar novos homens que nós chamaremos russos-americanos e cabe ao partido e aos sovietes dar ajuda no sentido de que esses homens sejam colocados no devido lugar e cuidar de que os patetas não os boicotem logo nos primeiros pas-

sos. Apenas durante os primeiros passos, pois no curso futuro de sua atividade esses "americanos" já saberão defender-se por si mesmos e liquidar os patetas. Nossos "americanos" devem ser postos sob a proteção do povo inteiro; é necessário que os moldem em uma corte e que se obrigue todos os outros que sigam a direção deles. No ano de 1923, o novo partido exige a organização dos "russos-americanos" para os quais não se exige de maneira alguma a estadia na América do Norte, ele declarará guerra sem quartel aos batalhões russos. Infelizmente, nas minhas veias circula pouco sangue norte-americano, mas sinto com todo meu ser a aproximação dessa nova raça de homens e ponho minha pena a serviço dela.

Assim, a Revolução Russa não significa somente a apropriação da técnica ocidental, mas do espírito dela, como foi forjado nos Estados Unidos. Tanto a Rússia como os Estados Unidos não tiveram humanismo nem renascimento. Logicamente, o conjunto de fatores e as "coincidências culturais" (Marx) que se deram na Europa com o humanismo e com o renascimento determinaram a formação de valores básicos na forma de vida dos europeus que não se deram no caso da Rússia e dos Estados Unidos, onde se vive para a produção. Daí advém que a Rússia não só cantou a técnica ocidental, mas também o estilo de vida americano, no qual os valores humanistas europeus são substituídos pelos elementos puramente técnico-mecânicos na vida.

Essa captação não é somente na cultura, mas se incorpora no corpo doutrinário do leninismo-stalinismo, versão bizantina do marxismo.

> O leninismo é uma escola teórica e prática que forma um tipo especial de militante do partido e do Estado, que cria um estilo especial leninista no trabalho. No que consistem os traços característicos desse estilo? Quais são as suas particularidades? Suas particularidades são: (a) o impulso revolucionário russo; (b) o espírito prático norte-americano; O estilo de leninismo consiste na reunião dessas duas particularidades (Stalin, 1924, p.173).

Tal como Chicago é cantado em verso por Maiacowsky, o espírito prático norte-americano o é também por Stalin:

> O sentido prático norte-americano é a força indomável que não conhece nem reconhece barreiras, que com sua insistência e sua tenacidade destrói os obstáculos embora pouco importantes e suscetíveis de dificultar a conclusão

da tarefa iniciada e sem o que não é concebível um trabalho sério qualquer (Stalin, 1924, p.174).

Em síntese, o bolchevismo, segundo Stalin, aparece assim definido: "A ciência do leninismo no trabalho do partido e do Estado consiste na união do impulso revolucionário russo com sentido prático norte-americano".

Assim, como a Rússia de Moscou dos grandes boiardos e patriarcas leva a Rússia a verter-se nas formas alheias do alto barroco da "Ilustração" do século XVIII (1703), o bolchevismo leva a Rússia a tomar consciência de seu passado atualizando a herança bizantina do estado totalitário e do líder carismático (Lênin ou Stalin) e tomar consciência de seu presente e futuro adotando a técnica ocidental e seu espírito, na versão norte-americana. Daí a escolha entre dois mundos: Rússia ou Estados Unidos ser um falso problema, não há o que escolher, eles, como opostos, completam-se e se identificam. Assim como a Rússia se ocidentalizou com a técnica (Revolução Russa), os Estados Unidos se totalizaram com o aparecimento de tendências totalitárias em seu seio (MacCarthy, M. Carram).

Perguntam os senhores: e a Revolução Socialista de 1917? Onde ficou? A isso respondemos dizendo que a Revolução Russa, em seu mecanismo econômico, foi uma revolução industrial que, pelo fato de dar-se em um país sem tradição burguesa ocidental e na decadência do capitalismo liberal, foi levada a cabo pela burocracia estatal dentro dos quadros do capitalismo de Estado. Por dar-se na decadência do capitalismo liberal, teve a intenção subjetiva socialista esmagada com o sufocamento da Oposição Operária, da revolta dos marinheiros de Kronstadt, quando se deu a passagem das fábricas das mãos dos operários e seus comitês para as mãos dos dirigentes nomeados por Lênin e Trotsky, e quando os sovietes foram atados à organização em que a burocracia estava mais forte no partido bolchevista. Assim, o apoio social proletário que mantinha a Revolução Russa foi substituído pela dominação burocrática dos funcionários do partido no Estado, nos sindicatos e nas fábricas. Assim, hoje em dia, existe, na Rússia, capitalismo burocrático sem existir burguesia no sentido ocidental. Ele é a síntese lógica de dois processos: da herança da tradição estatal totalitária de Bizâncio com a assimilação da técnica ocidental e do estilo de vida norte-americano sob a direção de uma burocracia capitalista. Isso nos leva a definir o bolchevismo como um produto de pseudomorfose.

A luta contra a burocracia*

É preciso lembrar que são doze os membros do Politburo do PUCS que definem a política do Estado soviético. Diferentemente de outros líderes, Gorbatchev não participou dos Processos de Moscou de 1938 sob Stalin nem do processo industrializante stalinista que consolidou o capitalismo de Estado.

É o membro mais jovem do Politburo, contando em seu ativo ter governado Stavropol entre 1970 e 1978, importante região no Sul da Rússia; ter participado da responsabilidade estatal em relação à política agrícola do país; e ser o único jurista do Politburo.

Iniciou sua carreira sob Kruschev e a continuou sem maiores empecilhos sob Brejnev.

No plano das relações internacionais, percebe-se já um nítido acercamento com a China, cuja imprensa trata-o como "camarada". Sem dúvida alguma, o Afeganistão e os conflitos no Oriente Médio serão os primeiros desafios que terá de enfrentar.

Não há dúvida de que, em suas relações com os Estados Unidos, a URSS procurará uma política de "distensão", condicionando a discussão do desarmamento nuclear à renúncia de Reagan, à política de *Guerra nas estrelas*, à construção do míssil D-5 e do MX. Armas com que Reagan satisfaz à direita, vociferando de seu país.

No plano interno, a ascensão de Gorbatchev poderá significar a continuação da *luta burocrática contra a burocracia*, contra a ociosidade, contra os privilégios e contra a corrupção da burocracia dirigente – no Brasil, não temos moral para falar disso –, além de maior disciplina no trabalho, maior competitividade entre as empresas estatais, continuando a "linha Andropov".

Não cremos que aprofundará a desestalinização do regime, considerando a reação húngara, tcheca à "desestalinização" de Kruschev. Também cremos que o Estado soviético manterá um stalinismo sem Stalin, especialmente como reação à política de "guerra santa" e "nova cruzada", do bem contra o mal, que Reagan canhestramente procura implementar em relação à URSS.

---

* *Folha de S.Paulo*, 16/03/1985.

No plano interno, reformismo burocrático, e no externo, reaproximação com a China e "distensão" com o Ocidente serão a tônica do período Gorbatchev.

Ideologia oficial, mentira oficial*

Em um mundo regido em política internacional pela predominância do geopolítico, tanto pelo mundo socialista como pelo chamado mundo livre, o papel da ideologia serve como confirmação de que aqueles que detêm o poder são os mais sábios, os melhores, os mais honestos; os excluídos, o proletariado e os estudantes aprendem nos "aparelhos" escolares a ler pela cartilha da submissão, da subserviência, da hipocrisia diante do poder como técnica de sobrevivência.

No entanto, um dia a casa cai. Da Polônia nos vêm notícias de destituição de líderes corruptos do PC. Confundiam a "coisa pública" com a "coisa privada". Dois mil estudantes da Universidade de Lodz ocuparam suas instalações reivindicando total independência das universidades do partido e do Estado; subordinação do Conselho de Ciência ao Parlamento e não aos burocratas do MEC; revogação de aulas obrigatórias da filosofia marxista, imunidade universitária, entrada da polícia no *campus* só com autorização do reitor e acesso das organizações estudantis às impressoras. São reivindicações que a UNE poderia tranquilamente subscrever.

É indiscutível que a liberdade e a crítica são as condições do trabalho científico; é impossível fazer a ciência sem crítica, daí a importância do Conselho de Ciência estar subordinado ao Parlamento, que, embora sancione o que o partido único decide (forma polonesa de PDS), oferece mais espaço ao debate que um corpo encastelado de burocratas em salas de ar refrigerado contando com o braço secular – a polícia – para reprimir atentados à ordem.

A reivindicação de revogação das aulas obrigatórias de filosofia marxista pleiteada pelos universitários de Lodz vai ao encontro de uma antiga reivindicação do movimento operário, quando a Associação Internacional dos Trabalhadores (Primeira Internacional) por meio da liderança

---

* *Folha de S.Paulo*, 21/05/1981.

de Bakunin lutava contra a institucionalização de uma ideologia oficial, por melhor que fosse. Ele previa que a existência de uma ideologia oficial em uma organização de trabalhadores levaria inevitavelmente a sua burocratização, criaria condições para a dogmatização e para a formação de um quadro de burocratas intelectuais encarregados de zelar pela ortodoxia, expulsando logicamente os não ortodoxos. Ele entendia que o marxismo é uma das ideologias do vasto movimento socialista da classe operária e, como tal, deveria ter seu espaço, ao mesmo tempo que outras tendências operárias deveriam ter liberdade de expressar-se: proudhonianos, sindicalistas.

A burocratização do Movimento Socialista Ocidental e da Revolução Russa levou à transformação do marxismo de método de análise em um conjunto petrificado de princípios, cuja expressão mais obscurantista é o "Diamat" da Academia de Ciências da URSS, em que todos os intelectuais que fazem concurso para cadáver adiado (como diria Fernando Pessoa) pontificam.

Isso explica por que as maiores contribuições ao marxismo, exceção a Lukács, Hegedus, Agnes Heller, Adam Schaff, dão-se fora dos quadros da burocracia dos acadêmicos da Academia de Ciências de Moscou, isso sem falar da pobreza franciscana das publicações marxistas nos novos Estados burocratizados, como Moçambique, onde predomina o manual de Martha Harnecker, um marxismo destilado para uso de neófitos entusiasmados. Mais que isso, pensadores marxistas no nível de Rudolf Bahro (Alemanha Oriental) sofrem a repressão pela inconformidade com a doutrina de Estado, daí sua prisão em 1977 e condenação a oito anos de prisão e anistia posterior em 10 de outubro de 1979. Sem excetuar a liberal Iugoslávia, em que um filósofo do porte de Mihailo Markovic é excluído da Universidade de Zagreb por desagradar o partido dominante.

No quadro polonês, a exclusão de Leszek Kolakowski, atualmente na Universidade de Londres, e de Adam Schaff da universidade polonesa mostra como a conversão do marxismo de método de análise em ideologia oficial é paralela à transformação do marxismo de método de análise em religião secularizada, portanto um conjunto de preceitos que possuem a estagnação do pântano. Eis que a ortodoxia do método é substituída pela ortodoxia do lugar-comum. Todo conteúdo humanista de Marx como filosofia da desalienação é transformado em um conjunto de preceitos cientificistas positivistas que servem à legitimidade da burocracia dominante. Burocracia como poder exige um saber a serviço do poder, daí a formação de um neopositivismo temperado com Teoria de Sistemas de Parsons, dominando o clima intelectual. Marx é lembrado a título simbólico, é supervalorizado como mito; como ideologia de Estado e seu conteúdo crítico aparece castrado pelos "Diamat" dos detentores do poder "em nome do proletariado". Em suma, a reivindicação estudantil de Lodz é o término do domínio do marxismo como ideologia oficial, de uma Educação Moral e Cívica às avessas.

O mesmo vale para nossa pátria amada. Quando Bilac, em sua poesia, definia "criança, nunca verás um país como este", tinha carradas de razão. A instituição da Educação Moral e Cívica obrigatória em todos os graus – da disciplina Problemas Brasileiros nas universidades – mostra a incompatibilidade entre a inteligência e o fascismo tupinambá.

Eis que preocupação com os problemas brasileiros em nível universitário deve ser elemento básico para os economistas, para os sociólogos urbanos e rurais, para os cientistas políticos. É rebarbativa a inclusão de Problemas Brasileiros como disciplina específica e míope sua transformação em disciplina obrigatória, que os alunos têm de engolir se defendendo da mensagem por meio do sono dos justos nos bancos da sala de aula.

A democratização da universidade deve ser acompanhada da luta contra a inculcação oficial da Moral e Cívica como disciplina específica de primeiro e segundo graus. Como ensinar Moral e Cívica em um país onde há o Projeto Jari, onde há os desmandos contra as terras indígenas pela cobiça das multinacionais, e escândalos no mercado financeiro? A vida desmente a aula; a vida também educa. Não confundamos educação com escolaridade. Os exemplos de moral e civismo são dados pela população da periferia, que, por meio da cooperação, constrói suas habitações; pelo trabalhador sujeito a jornadas diárias de 14 horas mal pagas para sustentar seus familiares.

Diferentemente disso, a leitura das colunas sociais da grande imprensa mostra a existência de uma classe ociosa, preocupada com o irrelevante, valorizando tudo aquilo que para o povo constitui objetos longínquos e inexpressivos.

Impõe-se, em respeito à moralidade e ao civismo, que a disciplina Educação Moral e Cívica seja retirada dos currículos escolares; eis que o aluno, confrontando o discurso moral e cívico do mestre, comparando-o com a vida, vê sua inanidade e insignificância. Da mesma forma, Problemas Brasileiros não podem continuar sendo disciplina ministrada por professores às vésperas da aposentadoria compulsória nem uma "cultura da desconversa", na qual tudo que é fundamental é escamoteado para maior glória da disciplina e dos agentes do Estado.

Com isso saneado, a educação entraria no século XX, pois a Moral e Cívica obrigatória é um legado do baú do Império e como tal deve ser enterrado.

O nacionalismo como ideologia da desconversa*

A população brasileira, especialmente os assalariados urbanos e rurais, tem baixo desenvolvimento ideológico tanto quanto as classes dominantes.[7]

Os primeiros, especialmente após a Revolução de 1930, com a criação do Sindicato Único atrelado ao Estado, que vive da contribuição sindical e da taxa assistencial descontada compulsoriamente de quem trabalha, em sua maioria, estão fora dos sindicatos e dos partidos políticos. Há categorias operárias em que 70% não conhecem o nome do presidente do sindicato, 80% não conhecem o nome dos diretores, 60% a 70% não sabem onde está instalada a sede de seu sindicato.

No que tange aos partidos políticos, é válida a afirmação de Oliveira Vianna: "não são entidades de direito público, são entidades de direito privado". O proletariado urbano, até bem pouco, seguia coronéis urbanos (Prestes, Getúlio Vargas); a classe média mais qualificada e alguns setores operários seguiam Jânio; a classe média desqualificada e o "lúmpen" seguiam Adhemar de Barros como líder carismático. Quanto aos partidos ideológicos, a Ação Integralista Brasileira ou o PCB, víamos o primeiro, em sua maioria integrado pela classe média urbana e por setores da burocracia civil e militar, que seguia Plínio Salgado como "chefe nacional"; o segundo só foi partido de massas entre 1933-5 e 1945-7 atrás do carisma prestista.

A classe dominante brasileira que tem o poder econômico brincava de formar partidos políticos. A União Democrática Nacional era desunida, planejava golpes de Estado (vide 1964) e era pouco nacional; o Partido

---
* *Folha de S.Paulo*, 19/11/1983.
7 Houve ajuste de redação para dar maior clareza e suprir lacuna. (N. O.)

Social Democrático era pouco democrático e no plano social um zero à esquerda. Como hoje, o Partido Democrático Social nada tem que ver com o título e o PT tem tudo, menos trabalhadores de linha em sua direção, vive da exploração política de um morto cujo carisma sua sobrinha pretende incorporar; é o carisma de Getúlio que Ivete quer reproduzir.

Isso não impediu a "sagrada união" desses partidos com facções do PMDB na votação da Lei de Arrocho, exigida pelo FMI (Fundo Monetário Internacional).

E o nacionalismo o que tem que ver com isso?

Entendo que o nacionalismo, como fenômeno na política nacional, emerge após 1930 com o tenentismo disposto a reformas sociais e políticas. No entanto, Getúlio, ao nomeá-los capitães, "cooptou-os", integrando-os à máquina do Estado Novo.

A Ação Integralista Brasileira leva adiante a bandeira nacionalista por mediação de Plínio Salgado, que procura unir a ideologia nacionalista à defesa da pequena propriedade e sua extensão em nível nacional. Seu ódio à industrialização e à urbanização define, nesse contexto, uma ideologia de nacionalismo defensivo, que não procura, como o fascismo, a expansão externa, militar ou não. Tem apoio nas classes médias urbanas, nos pequenos proprietários rurais, nos grandes latifundiários e nos setores civis e militares da burocracia estatal.

Vargas utilizou a Ação Integralista Brasileira para subir ao poder, eliminando-a após tê-lo em suas mãos. Devemos lembrar que o integralismo provém das Ligas Nacionalistas criadas na Primeira República, quando Olavo Bilac criava um "nacionalismo patrioteiro" parnasiano. As ligas se constituíam em uma resposta conservadora aos movimentos sociais operários urbanos vinculados ao socialismo libertário em São Paulo, ou à social-democracia alemã, no Rio Grande do Sul, na mesma época.

Com Vargas, assistimos a emergência de um nacionalismo tático fundado com a implantação do Estado Novo (1937-45), porque sua ideologia era ausência de qualquer ideologia, daí sua fama de político. Com a Segunda Guerra e a industrialização conjuntural que era sua decorrência no país, Vargas emerge como um "líder industrialista". Ao mesmo tempo, cria o sindicalismo de controle, já em 1931, atrelado ao Estado, no qual ele, no topo, executava suas funções como pai dos pobres.

Com JK (Juscelino Kubitscheck), teremos o célebre Iseb vinculado ao MEC, que, segundo ele, tinha como única bandeira amar ao Brasil.

O nacionalismo isebiano lutava pelos interesses superiores da Nação, criticava aqueles intelectuais que não compreendiam as nações subdesenvolvidas, considerava-se expressão da autêntica ideologia, porque, independente dos interesses específicos de cada classe, o Iseb formulava uma ideologia para a comunidade como um todo. Concebia uma sociologia nacional (desalienada), não falava de capitalismo dependente, mas sim de nação dependente.

Via como contradição principal aquela entre a periferia e a metrópole e, no nível interno, aquela entre o setor moderno (industrial) e o arcaico (latifúndio).

Por meio de seus ideólogos, o Iseb definia as contradições fundamentais no Brasil; Álvaro V. Pinto pregava a união entre operariado e burguesia autóctone contra o imperialismo e a burguesia industrial alienada; Cândido Mendes unia o empresariado aos assalariados em um bloco contra o latifúndio expansionista; Guerreiro Ramos unia a burguesia nacional mais o proletariado contra os setores vinculados à estrutura colonial; Hélio Jaguaribe unia a burguesia industrial à classe média produtiva e o operariado contra a burguesia latifundiária mercantilista e à classe média cartorial; Nelson W. Sodré pregava a união entre a burguesia nacional, pequena burguesia e o operariado contra a burguesia latifundiária e o imperialismo; e, finalmente, Roland Corbisier unia os industriais autóctones ao proletariado urbano e à lavoura tecnificada contra o imperialismo, à burguesia latifundiária-mercantil e a classes médias parasitas (Toledo, 1977, p.130-1).

Qual foi a prática de JK, oposta ao nacionalismo isebiano, do qual aproveitou a teoria desenvolvimentista? Sobre sua égide houve a internacionalização da economia, que os militares, após 1964, aprofundaram às últimas consequências, com a involução nacionalista. Seu desenvolvimentismo enriqueceu os mais pobres.

Por isso, entendo que o surto nacionalista, perceptível apenas no nível do discurso, é hoje fruto da crise conjuntural. Para a classe dominante no Brasil, pode ser uma arma para regatear com o capitalismo mundial maiores facilidades para si.

O nacionalismo que opõe frações de industriais e banqueiros, classe média contra estes e contra o capital internacional, define contradições secundárias no sistema. A intelectualidade da classe média, se assumi-lo, poderá usá-lo para ascensão social nos aparelhos do Estado. É o interesse nacional ideal e o interesse classista particular real. Para o proletariado urbano e rural, nada significa; mais envolventes têm sido os saques para saciar a fome.

"Qualquer Estado por natureza é conservador"*

O Partido Trabalhista Brasileiro

O PTB volta à arena reconstruído. Criado por Vargas para manipular as massas toda vez que a elite se excedesse, e controlá-las, por sua vez, por meio do peleguismo sindical e dos institutos de previdência.

Atualmente, o PTB retorna com a figura do caudilho Brizola.

Antes de 1964, as posições significativas que Brizola tomou na política gaúcha e nacional se deviam muito mais à assessoria esclarecida de Paulo Schilling que aos méritos do caudilho.

Hoje em dia, Brizola volta do exílio com uma plataforma condizente com a social-democracia internacional, ou seja, condizente com aqueles partidos que, na Europa, com o nome de socialistas, nada mais fizeram que ajudar na reconstrução do capitalismo no pós-guerra. Como a tensão social é muito alta na Europa, o capitalismo não recorre ao fascismo ou ao liberalismo para se manter... Recorre aos partidos socialistas. São eles os últimos sustentáculos do capitalismo. Ocorre que na Europa de capitalismo desenvolvido, havia muito campo para uma política reformista social-democrata, porém, na América Latina, onde três países possuem classe média urbana em mais de três cidades, não há possibilidades de uma política reformista e conciliadora com o imperialismo em longo prazo, daí a inviabilidade do petebismo brizolista, que representa um sonho europeu nos trópicos. Isso explica sua imagem desgastada, mesmo no Rio Grande do Sul. Brizola não parece ter aprendido muito com o exílio, em política continua o simplório engenheiro de Passo Fundo, com uma desvantagem; não conta com a assessoria de Paulo Schilling.

---

* *Porandubas*, PUC/SP.

O Partido dos Trabalhadores

O PT representa uma tentativa de formação de um partido de trabalhadores com base nos sindicatos. No ABC paulista e em Belo Horizonte, os dois maiores centros industriais do país, recruta-se sua base. Na fase atual de desenvolvimento, o que se pode dizer do PT é que ele representa a primeira tentativa séria de um partido de trabalhadores com real base operária compromissada com a luta pelo socialismo. Representa seu aparecimento uma nova fase de liderança operária sindical: ela supera o espírito corporativo inerente ao sindicalismo, apresentando um projeto social para a sociedade global e, ao mesmo tempo, coloca o problema da luta pelo socialismo se valendo das bases das fábricas e não como tradicionalmente havia sido colocado pelas pequenas seitas políticas – PCB, PC do B, APML (Ação Popular Marxista-Lenista); o socialismo dessas seitas surgia na intenção subjetiva de seus intelectuais dirigentes e não de uma necessidade das bases fabris, que estavam longe do espírito programático e sectário do PCB, PC do B, da APML ou das facções trotskistas. Essas últimas nunca floresceram no meio operário, no máximo se reduziam a um encontro entre uma dúzia de intelectuais para discutir as teses do velho (Trotsky) e coisas do tipo.

Os perigos da política sob dominação burguesa

A classe operária, em sua ação política, deverá enfrentar os perigos inerentes a uma sociedade capitalista, na qual os líderes operários, se não são destruídos pelos patrões, são "cooptados". Um partido de trabalhadores compromissado com sindicatos, associações de bairro e comunidades de base não pode estruturar-se em conformidade com a hierarquia, o que reflete a própria sociedade que pretende mudar. Não pode educar seus membros na obediência, em dogmas rígidos e no culto ao liderismo, pois o culto ao liderismo se funda nos costumes gerados pelo mando, pela autoridade, pela manipulação e pela hegemonia. Um partido dos trabalhadores tem de vencer a sedução do eleitoralismo, evitando adquirir as roupagens externas do partido eleitoral.

Ao mesmo tempo, precaver-se para que seus jornais, editores – em resumo, o aparato – não se converta em fonte de privilégios e imunidades para alguns em relação à maioria, em suma, em uma burocracia.

Deve evitar a distância entre a base e a direção, em que a base subordina-se à interpretação das cúpulas afastadas dos problemas locais, que a base conhece sobejamente. O partido não pode ser um agente criador, quando no poder da burocracia, da centralização e do Estado. Os partidos operários se degeneraram em partidos esclerosamente burocráticos – Social-Democracia, PCB, PC do B –, porque estavam estruturados nos moldes burgueses que criticamos anteriormente. Socialismo é uma realidade comunitária baseada na responsabilidade solidária, e isso implica a negação de todas as hierarquias, autoritarismo, centralizações... Tudo aquilo que tira o poder das bases.

O partido não é um fim em si mesmo, é um instrumento de quem a história se serve para realizar-se, daí não pode haver o fetichismo das reuniões, das convenções e do liderismo carismático. Socialismo significa autogestão econômica das empresas pelos produtores e, no plano político, poder exercido pelos Conselhos. Uma classe operária que pretenda atingir o socialismo criando um novo Estado cria, ela mesma, os novos patrões que irão explorá-la. Qualquer Estado, por sua natureza, é conservador, e se pressupõe um quadro burocrático para geri-lo. Estado e revolução são contradições lógicas, daí nenhum Estado na face da terra ser revolucionário. A burocratização e a capitalização do Estado Russo e Chinês – e agora de Cuba – provam-no à saciedade. Não provam a impossibilidade da autogestão socialista, mas que a economia de Estado é burocrática e não socialista.

Salário–produtividade

Concluindo, algumas linhas sobre o célebre salário e a produtividade, tema que agita os meios sindicais. A decretação, sujeita a regulamentação posterior, do salário–produtividade pelo governo tem como finalidade básica desmobilizar a classe operária de sua luta pela elevação semestral ou trimestral do salário, em primeiro lugar.

Em segundo lugar, cabe perguntar: como será medida a produtividade nos diferentes ramos da produção social seja no setor primário (agricultura), secundário (industrial, mineração) ou terciário (serviços)? Como é possível medir a produtividade de um frentista de posto de gasolina para definir sua faixa salarial? O governo norte-americano, há 15 anos, tenta impor o salário-produtividade à classe operária, que simplesmente se recusou a entrar nesse jogo, no qual quem tem mais informações (o patrão e o Estado) sempre vence. Em minha opinião, trata-se de um jogo de cartas marcadas, de que o sindicato não deve participar.

Deve procurar mudar suas regras. É muito mais urgente a luta pela institucionalização da negociação direta, do contrato coletivo de trabalho, da figura do delegado sindical com imunidades e da participação de representantes de trabalhadores em todos os órgãos que façam recolhimento de recursos provindos dos assalariados: Inamps, PIS/Pasep e outros. Ao mesmo tempo, cabe ao Poder Legislativo estruturar suas comissões ou enviar seu representante nos órgãos de planejamento estatal mantidos pelo Executivo. É o mínimo para uma democracia burguesa viável. Em suma, trata-se de os senhores intelectuais e de o movimento estudantil darem a maior força de assessoria às comunidades de base, às associações de bairro, aos sindicatos, à luta pela libertação da mulher, das minorias raciais e sexuais, à condição de existência de um solo social para uma democracia com todas as limitações que ela encerra na medida em que está sequestrada pelo capitalismo.

Burocracia, Estado e sociedade civil[*]

O Estado, no modo de produção capitalista, tem por função zelar pela manutenção das relações de produção dele derivadas. No Brasil, a objetivação capitalista é tardia. Ela se realiza por meio da revolução passiva, da revolução pelo alto. A evolução do capitalismo no Brasil não foi precedida pelas realizações da cidadania e da comunidade democrática. A burguesia industrial se ligou à antiga classe dominante por meio do processo de conciliação; isso explica o fato de a Revolução Democrático-Burguesa no país ser uma flor exótica, e a via colonial do desenvolvimento capitalista ter permeado nossa formação econômico-social. O desenvolvimento capitalista se realiza pela alavanca do Estado intervencionista, de um Estado social fundado no esquema keynesiano. Não é um Estado socializante nem representa uma solução além do modo de produção capitalista.

---

[*] *Folha de S.Paulo*, 28/10/1977.

A ação do Estado, como alavanca da acumulação do capital, realiza-se pelo intervencionismo, abrindo caminho ao planejamento. Ele, no Brasil, impôs normas de planejamento de 1870 ao PAEG (Plano de Associação Econômica do Governo) em 1964, institucionalizando-o mediante a criação de um ministério específico.

Deve-se situar que o intervencionismo é característica do capitalismo desenvolvido, antes de mais nada. Ele se realizou por meio do New Deal, de Roosevelt; na Grã-Bretanha, com o trabalhismo de Atlee (1946-50); e na França, com a Frente Popular em 1936.

Como reação à depressão econômica de 1930, o Estado interveio na economia e procurou definir uma política de substituição de importações mediante o estímulo à industrialização. Nessa direção, situa-se o controle de preços das tarifas de energia elétrica; o Código de Águas e Minas, de 1934; a criação da Carteira de Crédito Agrícola e Industrial do Banco do Brasil; a criação do Conselho Federal do Comércio Exterior; a criação, em 1942, da Cia. Vale do Rio Doce, da FNM, da Petrobras, do BNDE, da Sudene, da Chesf, da Furnas e da Cemig.

Esse intervencionismo estatal se combinou no país com moldes autoritários de controle social pelo Estado. Data de 18 de junho de 1822 a censura à imprensa no Brasil. No início da República, tivemos, sob Floriano, Estado de sítio em 1892; a repressão brutal de Canudos sob Prudente de Morais; a revolta contra a vacina sob Rodrigues Alves; a Revolta da Chibata, em 1910; o período de 1922-8, sob Estado de sítio no governo Artur Bernardes. Isso define que autoritarismo e repressividade têm uma história no processo histórico brasileiro.

Sociedade civil fraca e Estado forte condicionaram um aparato burocrático como função reprodutora do sistema acima de tudo. Haja vista que, na Consolidação das Leis do Funcionalismo Público, isso aparece por meio dos inúmeros deveres adstritos ao servidor e de parcos direitos conferidos pela legislação específica. Montou-se uma estrutura de burocracia estatal na qual se opera a democratização passiva, isto é, todos são passíveis de se converterem em números de processos burocráticos. A ênfase do Decreto-Lei n. 200, que define os parâmetros da reforma administrativa, mostra bem as inspirações tayloristas e fayolistas de seus autores, em que emerge dominante a preocupação com a centralização decisória, e a descentralização apenas em nível de execução.

Em outras palavras, poucos pensam e muitos executam: o ato de pensar é privilégio estamental, e a execução é o direito de muitos, sendo a obediência nos parâmetros da hierarquia administrativa, que pode delegar poderes quando julgar necessário. Os autores do projeto se conservaram imunes à influência da Escola das Relações Humanas, do Desenvolvimento Organizacional, que modernamente enfatizam o papel da iniciativa, do fator humano e da autorrealização na tarefa.

Isso tudo torna a burocracia uma espécie de cemitério de vivos. Quão diferente é o quadro de uma burocracia de capitalismo desenvolvido, em que cidadania e opinião pública têm peso definido na vida social, como nos Estados Unidos. Lá, os servidores públicos têm direito à sindicalização. Em Nova York, 25% do pessoal sindicalizado são funcionários públicos. Em 1970, 11% dos trabalhadores sindicalizados pertenciam aos quadros da burocracia. Centram suas reivindicações em melhorias salariais, melhores condições de trabalho e diminuição das horas de serviço. Em 1953, registravam-se, nos Estados Unidos, trinta greves de burocratas contra os governos estaduais e municipais; entre 1966-7, a cifra sobe a 152 e, em seguida, a 181 greves. Em 1967-8, somente a Federação Americana de Professores declarou 32 greves, envolvendo cem mil servidores públicos.

No capitalismo subdesenvolvido, a burocracia estatal desenvolve uma dramaturgia do superior hierárquico como o mais capaz, o mais trabalhador, o mais leal, o mais fidedigno, o mais autocontrolado. Burocrata muito ocupado inspira mais confiabilidade e suscita maior lealdade. O sistema de *status* na burocracia é mantido por símbolos de grandeza, como salas forradas de tapetes e mobília luxuosa. O superior burocrata, diante do subordinado, tem o poder de definir data, local e duração do espetáculo. Os subordinados são vistos como infantis, inexperientes e inseguros, e devem ser vigiados tayloristicamente de perto. As altas posições burocráticas não implicam o exame do mérito, mas são preenchidas por rigorosa entrevista. Uma vez que o superior é tido como a pessoa com mais capacidade intelectual, com mais qualidades morais, o subordinado deve criar a impressão de estar amedrontado e humilhado em sua presença.

Os burocratas que ocupam altas posições têm mais possibilidades de apropriar-se dos principais aspectos da organização burocrática, tendo em vista a satisfação de suas necessidades pessoais. Ao lado disso, a objetividade dos padrões de desempenho burocrático decresce na medida em que o cargo é mais alto. Desenvolve-se uma ansiedade hierárquica, que contamina o ambiente, desenvolvendo padrões de submissão automática ou excessiva atividade, como formas de adaptação à situação.

Nos escalões altos da burocracia, observa-se o conflito entre os direitos de autoridade (fiscalizar, vetar) e a competência especializada ou a capacidade requerida para resolver os problemas da organização. É o conflito entre aqueles que têm muito saber e pouco poder e os que têm muito poder e pouco saber, na esfera burocrática. No entanto, a burocracia estatal necessita legitimar-se diante da sociedade civil; isso leva seus membros, situados nas camadas mais elevadas do trampolim burocrático, a utilizarem, por meio dos intelectuais-burocratas, a Teoria de Sistemas para esse efeito.

Os burocratas dos escalões mais altos, que possuem capital cultural, aderiram em massa à Teoria de Sistemas, na medida em que ela permite uma descrição minuciosa das partes do sistema como substituição às previsões falaciosas sobre a evolução global do sistema. A burocracia estatal, cada vez mais poderosa, necessita de uma teoria para fundamentar um nível maior de intervenção econômica e social. A Teoria de Sistemas aparece como típica ideologia dos que não têm ideologia, os altos burocratas. Ela permite que o burocrata apareça como neutro diante da sociedade global, acima dos conflitos e pressões grupais, cobrindo-se como uma aparência de neutralidade científica, fugindo, assim, das avaliações dos critérios de custo–oportunidade e custo social.

Enfatizando no que é necessário, a Teoria de Sistemas se converteu na base e no instrumento dos planejadores estatais. Converteu-se em uma técnica burocrática para solução de problemas e, ao mesmo tempo, em uma forma refinada de controle social e político. Serve também para eliminar a discussão pública dos valores e dos objetivos sociais dos planos estatais, realiza a hegemonia do *homo burocraticus*.

Um capitalismo super-retardatário como o brasileiro converte a sociedade civil em objeto da manipulação burocrático-estatal, na qual a participação do cidadão em processos decisórios se transforma em figura de retórica para discursos de aniversário, e a dura realidade se impõe: o súdito tributário – o pagador de impostos –, com poucos direitos e muitos deveres, é o complemento necessário do pequeno funcionário convertido em servidor público. Eles se constituem no negativo do alto burocrata, que maneja o jargão sistêmico, assegurando as condições de reprodução de homens e ideias destinadas a manter o equilíbrio do sistema.

É a hegemonia do consenso, do padrão de normalização das relações sociais, que esconde a dominação, a inculcação e a manipulação. O único antídoto a esse panorama consiste na existência da liberdade de organização e na liberdade política, que permite a participação da maioria da população e na qual a opinião pública, como diz Rosa Luxemburgo, atua como o grande freio das disfunções burocráticas e da corrupção em todos os níveis.

É a fonte vital da qual se originam todas as correções às insuficiências congênitas das instituições sociais: a participação na vida política ativa, sem entraves, das grandes massas. Porque, sem eleições diretas, sem liberdade ilimitada de informação, sem o cotejo livre das opiniões, a vida morre nas instituições públicas, torna-se uma vida aparente na qual a burocracia é o único elemento ativo, seguindo o pensamento de Rosa Luxemburgo. Esses elementos se constituem nos pré-requisitos da saúde social e política de uma nação.

A censura e o "complô das belas almas"[*]

Censura implica proibição. A proibição se funda na lei, cujo modelo mais simplificado é a pena de talião. O ato de censura se funda em considerações fluidas, difusas e circunstanciais. Ele pode incluir a proibição e a pena, e o castigo pode confundir-se com a proibição. A censura é ao mesmo tempo menos e mais que a proibição. Se procurarmos a censura pura, encontramos a proibição, figura inconcebível no universo legal, pois a ideia de legalidade implica a defesa e a sanção. Razão pela qual a censura não pode fundar-se em uma legalidade; ela está na esfera do arbitrário, à margem da legalidade.

O ato de censura se reveste de escândalo maior que ele pretendia, porque é na essência um ato escandaloso. É a legalidade no arbitrário: especialmente, porque a censura funciona mais no nível da ameaça que no nível da proibição. Ela age na esfera do silêncio. A censura, exercendo-se pela ameaça e pelo silêncio, mata o debate, aniquila a discussão.

Enquanto a esfera judiciária pune crimes previstos por lei, com direito a defesa e recurso a instâncias, a censura desconhece o conceito e a

---
[*] *Folha de S.Paulo*, 08/12/1977.

existência de instâncias mediadoras. Enquanto a área do direito penal permite o debate, a censura só pode ser exercida ou abolida. Admiti-la é exercê-la e, aí, caímos na autocensura.

O conceito de censura só pode ser apreendido pelo nível político e psicanalítico. Quando reprimimos pensamentos indesejáveis, estamos na esfera do intrapsíquico, da censura intrapsíquica.

No plano político, a censura, controlando o que deva ou não ser de domínio público ou ficar restrito à privacidade do censor e seus asseclas, é a burocracia utilizando o Estado, entidade *pública* como propriedade *privada*. O censor funciona como agente de um processo de converter as questões significativas para a vida social em tabus, cuja violação implica castigo ou danação. Um dos mecanismos de legitimação da prática da censura é operar tendo em vista o bem do povo. Às vezes, isso é pura ilusão para uso público. A censura, como máquina burocrática, acaba existindo para o bem do censor, isto é, a instância na qual o censor se realiza: carreira, nível de prestígio, nível de ortodoxia em relação às ideias não dominantes, todo o conjunto de pilantragens informais que constituem o vencer na vida em quadros burocráticos que existem para serem negados pelo "jeitinho".

A censura atinge a todos; atinge o que escreve e o que lê. Enquanto na lei penal há todo cuidado em não atingir o culpado e a vítima, na área da censura não há culpados ou vítimas. Todos são culpados, exceção feita ao censor. S. Sa. vê os outros (os não censores) como cúmplices em potencial dos desvios. A censura tem por efeito universalizar as culpabilidades latentes, daí o desenvolvimento de uma paranoia dominante.

A censura age como ponto terminal na retenção da livre circulação das ideias. A existência da censura à informação prova por vias travessas que não há informação neutra. Caso existisse, a censura não teria razão de existência.

Toda censura é política, por ocupar determinado espaço e por seu papel no âmbito do Estado, em que cumpre uma das funções estatais, a função repressiva. Isso não elimina a existência de censuras no nível da sociedade civil, do tipo paroquial, como orientação moral dos espetáculos. Da mesma maneira que a censura clerical não deixa passar nada que possa ofender os valores religiosos-éticos-morais do estamento dominante, a censura estatal, sob o absolutismo europeu, não deixava passar nada que pudesse ofender Sua Majestade.

Em suma, Sua Majestade, a moral constituída e a religião reconhecida – pilares do absolutismo – tinham salvaguarda máxima na censura. Como tudo muda no social, tudo muda, também em seus segmentos, na censura. A censura tradicional do absolutismo entra em crise com o próprio sistema. Há uma degradação dos valores tradicionais no século XVIII europeu, e os censores têm de procurar novos valores. O público, o autor e o censor, como fração do público leitor, mudam.

Embora a censura absolutista, com a ascensão da burguesia europeia, legitime seu poder em nome da utilidade pública, observa-se uma crise de consciência censória. A autoridade tradicional e os valores dos censores são colocados em xeque. O censor do rei tem de realizar uma política de relações públicas com as censuras da Igreja e do Parlamento. Isso levou muitos censores do rei a rejeitar a publicação de obra que privilegiasse a autoridade do rei, por medo de comprometer-se com o Parlamento e com Igreja. O censor absolutista é um censor dividido. Como homem influenciado pelo racionalismo da "Ilustração", tende ao liberalismo, mas como censor é um agente do absolutismo. Nessa qualidade, só aceita textos ortodoxos para publicação, o elogio áulico forrado com panegíricos ao detentor do poder. Para esse censor, o poder da razão nada mais é que a razão do poder.

No entanto, a bem da verdade, precisamos reconhecer que a institucionalização da censura se deu no Ocidente ligada à Igreja Católica, em que o bispo Bertoldo de Mayença chegou a elaborar uma teoria da censura. Essa teoria de Bertoldo serviu de base ao Papa e aos concílios para a institucionalização da censura como organismo burocrático. Daí em diante a censura se tornou uma rotina de funcionários. É claro que a supressão da censura pressupõe a supressão dos censores.

A censura, por sua própria existência, estabelece a divisão do público entre a minoria de sábios e a grande maioria de cretinos. Muitos críticos da censura, por estúpido que pareça, incluem-se no primeiro grupo.

Por paradoxal que pareça, entre o crítico da censura e o censor se estabelece o que Freud chamava identificação com o agressor, quando a vítima assume o papel do carrasco. Nesse estilo, argumentou o editor Pauwells contra a censura que interditou sua edição das obras de Sade. O texto era acessível a um pequeno número, seu preço de venda era elevado, em outras palavras, a minoria que tem capital econômico e capital cultural escapa às leis comuns. Essas são válidas para a grande maioria sem capital econômico e cultural, sem capacidade aquisitiva para produtos de alta cultura, como Sade.

Ao criticar as modalidades, as formas e o funcionamento da censura, esse tipo de crítica opera no campo do inimigo, como se postulasse uma boa censura, erudita e civilizada. Enquanto isso, a censura permanece acima daqueles que criticam seu modo de funcionar, sem questionar sua existência; eles sentem o peso de sua atuação. É o complô das belas almas, que se realiza por mediação da censura com a estrutura burocrática do poder, que lhe dá cobertura, e da autocensura que funciona como censura inculcada. Isso me lembra uma frase de Jorge de Sena: em se tratando de Inquisição, ele preferia a católica, pois os inquisidores pelo menos eram teólogos.

Fascismo "proletário" – a propósito do jornal *Hora do Povo**

No dia 14 de dezembro de 1979, às 20h30, na porta do Sindicato dos Metalúrgicos de São Paulo, trinta elementos adeptos do jornal a *Hora do Povo*, estranhos à categoria profissional, agrediram os membros da Oposição Sindical Metalúrgica com cassetetes, correntes e barras de ferro, resultando ferimentos em Vito Giannoti e Raimundo de Oliveira – este medicado no pronto-socorro.

"Só não conseguiram a eliminação física desses companheiros porque eles conseguiram refugiar-se em um clube, na rua Tabatinguera", diz a "Carta aberta aos trabalhadores e à opinião pública em geral da Oposição Metalúrgica". O que é de pasmar é que os membros da Oposição Sindical refugiaram-se no Clube Militar lá existente (Rua Tabatinguera), onde um coronel de revólver na mão impediu a invasão e a agressão aos operários clamando: "Vocês têm de respeitar quem pensa diferentemente!".

Tais acontecimentos suscitam reflexões. Os agressores são os mesmos que, na última campanha salarial dos metalúrgicos, investiram contra seus companheiros que deram força total à campanha. Além do mais, são os que querem que os trabalhadores aceitem o famigerado pacto social, que

---

* *Em Tempo*, 17-23/01/1980. Repetido no *Coojornal*, Porto Alegre, 07/11/1982.

beneficia exclusivamente a classe patronal. Em suma, "são aqueles que batendo no peito se dizem marxistas-leninistas, mas que, no entanto, armam-se de correntes e cassetetes e vão à porta de nosso sindicato colocar os operários 'aventureiros' na linha" (Carta aberta, s. d., s. p.).

Isso mostra até que ponto o autoritarismo não se constitui privilégio exclusivo do Estado e de seus agentes, mas como um cancro, infiltrou-se nos poros da sociedade civil, especialmente, no seio de grupúsculos que se jactam de dialéticos, porém, usam práticas fascistas como meios para chegar a seus pretensos fins: libertar a classe operária da exploração e da dominação. Ora, os fins a atingir são definidos pelos meios empregados, jamais se conseguirá desalienar uma classe batendo em seus membros com cassetetes, correntes e barras de ferro. Deus livre a classe operária de tais libertadores, ao contrário, uma das condições de autolibertação da classe consiste em livrar-se de tais libertadores ou representantes.

Tais práticas fascistas mostram que, embora o fascismo como sistema político e ideologia serviu de escudo aos grandes monopólios na Itália e Alemanha, suas práticas se universalizaram no meio operário por meio de um irmão inimigo: o stalinismo.

Stalinismo representou, na história do movimento operário, a formação de partidos que usam uma linguagem de esquerda e realizam uma prática político-social conservadora, no melhor dos casos, próxima à direita tradicional.

O exemplo da Espanha

Eis que a intolerância à divergência, o extermínio físico dos opositores no campo operário e a calúnia como arma política contra os heréticos e cismáticos se constituíram em um arsenal político do stalinismo, especialmente vigoroso entre as décadas de 1930 e de 1940.

Foi na Espanha, em plena guerra civil, que, na área dominada pelo stalinismo, deu-se uma das maiores repressões que a história conheceu à esquerda não autoritária. Assim, militantes da CNT (Confederação Nacional do Trabalho), de tendência socialista libertária, e membros do POUM (Partido Obrero de Unificação Marxista) foram presos, torturados e mortos nas "tchekas" constituídas pelos adeptos de Carrillo.

Enquanto lutavam contra Franco, esses militantes eram fuzilados pelas costas pela GPU (a polícia secreta) a serviço do stalinismo. Resultado:

foi mais graças a essa repressão à esquerda não autoritária e menos ao apoio de Hitler e Mussolini que Franco venceu a guerra civil, submergindo a Espanha em cinquenta anos de trevas.

A memória histórica é curta, especialmente no quadro brasileiro. Práticas autoritárias fascistas, praticadas por minorias no meio operário, se constituem no maior entrave ao crescimento da consciência social e política do operariado, socializam a insegurança e o medo, isso merece o repúdio da sociedade civil.

Eis que as divergências entre as várias facções no meio operário devem ser resolvidas mediante a discussão ampla e aberta dos problemas, e não de sua repressão mediante a violência de grupos organizados contra seus companheiros. Embora, a bem da verdade, "é importante notar que nenhuma das pessoas que vendiam a *Hora do Povo* era da categoria (metalúrgicos), haja vista que todos ficaram na rua, enquanto a Assembleia transcorria normalmente no interior do sindicato" (Carta aberta, s. d., s. p.).

Isso mostra que os agressores eram figuras estranhas à categoria, preocupados em aterrorizar aqueles que não rezavam por sua cartilha, que não aceitavam o celebérrimo pacto social, no melhor estilo de uma prática fascista, que, na falta de melhor qualificação, entendo como fascismo proletário, isto é, fascismo de burocratas em cima de proletários.

O repúdio não basta

É bem verdade que tal prática fascista havia sido repudiada no Congresso da Anistia de Salvador, no I Congresso contra a carestia em São Paulo, na Plenária dos delegados de área do Rio de Janeiro (que corresponde aos comandos, em São Paulo), pelos metalúrgicos de Guarulhos em Assembleia e pela Pastoral Operária. Porém, isso não basta.

É hora de relembrar a Espanha de 1936-9, em que êmulos espanhóis de a *Hora do Povo* esmagaram as correntes de esquerda não autoritárias, permitindo a emergência e a vitória do franquismo. Ainda sobra tempo para meditar nisso, porém, esse tempo é exíguo.

Ainda sobre o autoritarismo de *Hora do Povo** – Resposta tranquila a um contraditor irado

Em nossa edição de n. 97, *Em Tempo* publicou uma carta de Maurício Tragtenberg, condenando a violência cometida por elementos daquele jornal contra a membro da Oposição Sindical Metalúrgica de São Paulo. Em sua edição seguinte, *Hora do Povo* respondeu intempestivamente a essa carta e agora publicamos a réplica de Maurício Tragtenberg.

Sob o título "O autoritarismo antiautoritário", o semanário *Hora do Povo* "respondeu" a artigo meu publicado no *Em Tempo*. Aí vai a réplica ao articulista nervoso.

1. O articulista de *Hora do Povo*, sério órgão da imprensa carioca, responde a meu artigo investindo na área do ataque pessoal: socialista de fardão, figuraço, fariseu, pedantão, o que mostra o tom panfletário, no qual a objetividade está ausente e, em troca, permanece o terrorismo intelectual, a técnica da intimidação destinada a inibir a crítica – recurso totalitário digno do fascismo.
2. Definir os membros da Oposição Sindical Metalúrgica de São Paulo como "um grupo de provocadores agindo em nome da denominada Oposição Sindical" prova a força de convicção do articulista e não a realidade. É uma velha técnica totalitária de o stalinismo tachar de provocadores aqueles que não rezam por sua cartilha. Até aí nada de inovação.
3. Autointitular-se pertencente às fileiras dos "mais destacados combatentes populares", além de revelar cabotinismo, é uma questão de opinião subjetiva. Aliás, autoimagens altissonantes são incompatíveis com o mínimo de modéstia e autocrítica que deveria nortear qualquer tendência no meio operário, porém o articulista de *Hora do Povo* não pertence a essa classe.
4. Atribuir-me o fato de querer "aliviar a responsabilidade da reação", citando o episódio do Clube Militar, em que os membros da Oposição Sindical se refugiaram, temendo por sua liquidação física nas mãos dos adeptos de *Hora do Povo*, é uma manobra sutil para esconder um fato ocorrido. Quando os membros da Oposição Sindical se refugiaram no

---

* *Em tempo*, 07-21/02/1980.

Clube Militar (à Rua Tabatinguera, em São Paulo), os grandes "socialistas" de *Hora do Povo* passaram a atacá-los com gritos de: "comunistas!", pretendendo, dessa maneira, tornar os membros da Oposição alvo da repressão militar, também. "Entregar" os membros da Oposição Sindical na "bandeja" aos militares do Clube é indigno de quem berra aos quatro ventos que é marxista-leninista-stalinista como o *Hora do Povo*.

5. Definir o POUM como um grupo anarco-trotskista é, no mínimo, efetuar uma falsa identificação. Eis que o movimento anarquista se articulava na Espanha em torno da CNT, que possuía, em 1936, na Espanha, dois milhões de adeptos; enquanto os êmulos espanhóis de *Hora do Povo*, o PC espanhol, não passavam de três mil membros em 1936.

O termo anarco-trotskismo se constitui, no mínimo, em uma associação fundada na ignorância política; eis que a repressão aos anarquistas na Revolução Russa, por ocasião da Revolução Camponesa na Ucrânia, dirigida por Makno, e da sublevação de Cronstad, as duas de orientação anarquista foram obra de Trotsky. Naquela época, Stalin era figura de quinto plano nos arraiais do PC Soviético.

O POUM, por sua vez, surgiu de uma cisão do trotskismo: nos *Escritos de Espanha*, Trotsky dedica metade do volume criticando o POUM.

6. Definir o POUM como um movimento que "pegou em armas em tempos de guerra civil contra um poder popular (...)" é abusar do conceito "poder popular" ou tripudiar sobre a ignorância média brasileira a respeito do assunto. Tanto o POUM como os anarquistas sob o governo de Negrin, controlado pelo PC stalinista, sofreram dura repressão. Não foi o POUM que se levantou contra um poder popular, mas sim o chamado poder popular – no qual o stalinismo (PC Espanhol) era hegemônico –, que se utilizou do controle que possuía sobre a polícia para empregá-la contra os antifascistas não stalinistas, tanto na frente como na retaguarda. Foi a época do famigerado SIM (Serviço de Informação Militar), constituído nos moldes da GPU soviética, que prendia, torturava e assassinava anarquistas e poumistas; o mais conhecido foi o assassinato do secretário-geral do POUM, Andrés Nin, pelo stalinismo espanhol na "tcheka" de Alcalá, de Henares. Para refrescar a memória do articulinista, aí vai uma relação dos endereços das "tchekas" stalinistas na Espanha Republicana sob o poder popular por ocasião da guerra civil:

Barcelona, Calle Puerta de Angel, 24; Paseo de San Juan, 104; Calle de Montaner, 321; Valência, Ex-convento de Santa Ursula; Madrid, Calle de Atocha; Paseo de la Castellana; Alcalá de Henares, Sede Central da "tocheka".

7. Definir os anarquistas como autoritários por quererem "impor seu anticlericalismo doentio pelas armas" é desconhecer a importância econômica e política da Igreja Católica na Espanha, na época proprietária de 60% dos latifúndios espanhóis. A luta contra o latifúndio tomava a forma de luta contra a Igreja. Acresce o fato de ela legitimar as armas nacionalistas de Franco, quando o cardeal Segura abençoa seu exército e apresenta Franco como chefe de uma "cruzada".

8. Finalizando, o articulista usa e abusa do nome do povo; terá procuração o *Hora do Povo* para falar em nome do povo? Não se trata de uma usurpação pretensiosa de seu nome a pretexto de representá-lo? Em suma, sugiro que o articulista irado se ilustre mais a respeito dos temas de que trata, bibliografia não falta, pois como já dizia o velho Trotsky "em política a ignorância é má conselheira". No caso, essa afirmação é pertinente.

A crise da legitimidade carismática[*]

O que diferencia autoridade de poder é sua legitimidade diante dos dominados, como diz Weber. Ocorre, no país, uma crise de legitimidade do poder caracterizada pela dificuldade de ele usar um discurso em nome da sociedade, do interesse coletivo ou do bem comum. Somente estruturas inteiramente totalizantes tendem a prescindir da legitimidade do poder enquanto tal. Assim, por exemplo, o nazismo e o fascismo se legitimavam por meio do carisma do chefe; Hitler e Mussolini apareciam como portadores de uma missão de salvação. É claro que essa legitimidade do poder se assenta na ampliação do capitalismo retardatário por meio do conjunto das sociedades alemã e italiana e pela tendência à conversão de alguns países africanos pela Itália, e da Europa pela Alemanha, como regiões da nova ordem, ou seja, mercados consumidores dos produtos do complexo industrial-militar germano-italiano.

---

[*] *Folha de S.Paulo*, 09/08/1978.

Não é o caso do Brasil, país onde o capitalismo surge em uma fase hiper-retardatária, emergindo no plano nacional quando no plano mundial está em crise; o capitalismo tenta sua realização por meio da integração das áreas pré-capitalistas em sua esfera de dominação; é o sentido da conquista da Amazônia ou do interior nordestino, pelas multinacionais gozando dos incentivos fiscais estatais.

A crise da legitimidade emerge com o Golpe de 1964, derrubada uma ordem fundada na legitimidade burocrático-legal do poder. Após 1964, ensaia-se um poder "carismático plebiscitário", em que as forças armadas se autolegitimam, como o que Weber definia como o carisma institucional. A instituição é carismatizada e representada por um Conselho de Segurança Nacional que, para sua maior segurança, coopta para a presidência antigos chefes do SNI, pois informação é poder, ou poder é a utilização da informação para seus objetivos específicos.

No entanto, no bojo de 1964, instala-se uma dualidade: uma ordem constitucional com a preservação de alguns elementos da Constituição de 1946 e uma ordem institucional, uma nova ordem, na qual o *diktat* de quem emerge como chefe de Estado tem o caráter de lei.

A Constituição de 1969 e o AI-5 representam elementos contraditórios em um sistema vulgarmente chamado autoritário, que, na realidade, fundou sua legitimidade em dois elementos: no carisma institucional das forças armadas e no êxito do milagre econômico, fundado no arrocho salarial e na expansão do capitalismo em áreas de economia de subsistência, gerando secundariamente problemas como os dos boias-frias e do índio expropriado e da mão de obra barata e servil do latifúndio vinculado ao processo de multinacionalização da economia.

Esse processo transcorre sob a ideologia da "modernização", em que tecnocratas confortavelmente sentados em seus escritórios decidem, pelos mecanismos impositivos do planejamento, a realização do lucro com a expansão do capitalismo selvagem. Isto é, onde o máximo de crescimento econômico caminha a par da redução dos direitos sociais adquiridos e da desorganização da mão de obra por meio do atrelamento de seus órgãos representativos à máquina estatal.

Crescimento econômico com a mão de obra a baixo custo, que perdeu suas garantias com o FGTS; a antiga estabilidade no trabalho desaparece e surge uma instabilidade baixamente remunerada fundada na existência de uma superoferta de mão de obra nos centros urbanos devido à migração rural, consequência da deterioração da economia de subsistência; e isso marcha a par com a repressão estatal sobre a assim chamada sociedade civil, que, por sua vez, sustenta o Estado.

A ideologia do milagre econômico, ou seja, do crescimento econômico acelerado fundado no baixo salário para a mão de obra e na conquista de mercados interiores (interior do Nordeste ou Amazônia) e do início da expansão exterior, em que o Banco do Brasil funciona como instrumento de repasse do capital financeiro internacional, como no caso da Bolívia, do Paraguai e do Uruguai. A crise da legitimidade do poder fundada no êxito econômico é acompanhada pela mudança da conjuntura internacional, pelo fim da guerra do Vietnã, pela emergência do Mercado Comum Europeu (especialmente a da Alemanha Ocidental) e pela progressiva desvinculação dos Estados Unidos da manutenção de regimes ditatoriais, que constituem sua própria negação, na medida em que freiam a possibilidade de acumulação do capital, com a manutenção de quadros político-sociais rígidos, que se tornam progressivamente incompatíveis com uma economia de mercado ou com uma sociedade aberta, e por outras tautologias de igual tipo.

A crise atravessa o próprio núcleo ideológico legitimador; a doutrina da Segurança Nacional, elaborada por ocasião da Guerra Fria, entra em choque com a nova readaptação de relações entre a União Soviética e os Estados Unidos. Ela se transformou paulatinamente em uma doutrina de segurança de Estado, em detrimento de facções da sociedade civil que pertencem a setores dominantes, porém, são excluídos do poder de decisão.

No plano institucional, instaurou-se um constitucionalismo de fachada combinado com repressão interna e imagem liberal externa: é nesse contexto que se dá a crise da legitimação do poder por meio do carisma institucional das forças armadas.

O primeiro problema fundamental da crise da dominação carismática, quando quer se transformar em uma instituição permanente, é evidentemente a questão do sucessor do profeta, do mestre, do chefe... Daí a necessidade de o sucessor escolhido possuir determinadas características que revelem seu carisma. Nas estruturas feudais, a designação com raízes carismáticas se funda no direito de proposição, segundo Weber, por parte dos senhores feudais significativos ou funcionários patrimoniais. A escolha não se funda em uma eleição, como nos ensina Weber, mas sim no conhecimento ou reconhecimento do direito que possui a pessoa em ser escolhida. Aí caminhamos para um carisma hereditário; a ordem de sucessão se funda na ideia de pertencer ao mesmo estamento burocrático.

Dá-se, inicialmente, a escolha e, posteriormente, a aclamação dos dominados, na linguagem de Weber, em termos nacionais, por meio da Convenção Nacional da Arena.

A existência de duas ordens (uma institucional e outra constitucional, fundada nos Atos) é fonte de crise permanente; eis que, em determinadas situações, acionam-se dispositivos constitucionais, em outras situações funcionam dispositivos fundados nos Atos Institucionais. As fontes externas de legitimidade, como a do êxito econômico, corroeram-se com a quebra do milagre econômico; as fontes internas inspiradas na doutrina da Segurança Nacional se corroeram com o fim da Guerra Fria. O que restou?

Uma prática melancólica sem teoria, a existência de partidos sem ideologia, Arena e MDB (Movimento Democrático Brasileiro), cuja diferenciação básica é que a primeira tem a representação do poder, e o segundo procura igual representação na ilusão neoliberal.

Em que consiste essa ilusão neoliberal? Na falta de um programa econômico ao MDB. Suas manifestações programáticas a respeito de política econômica limitam-se à crítica à concentração de renda e à luta por uma redistribuição de renda, porém, se o sistema econômico se funda na unidade de produção, distribuição e consumo, em que o modo de produção leva inevitavelmente à concentração da renda, como desconcentrá-la conservando esse modo de produção? A distribuição funciona autonomamente em relação à produção? Não nos parece.

Além disso, a questão social, as vaias que alguns políticos do MDB receberam da mão de obra do ABC são significativas na medida em que revelam sua distância da questão operária, da questão do trabalho. O MDB nada mais é que a facção dominada da classe dominante, esse é o parâmetro que mede os limites de sua consciência possível no plano do social e do político.

Ela se esgota na medida em que o MDB é o partido do "não", constituindo-se como único canal permissível das insatisfações de facções dos grupos dominantes, da classe média cada vez menos média, dos setores estudantis que se recusam a serem simplesmente os herdeiros socioeconômicos do sistema. Quanto ao trabalhador, permanece à margem como sempre, massa de manobra sob os assim chamados esquemas populistas, converte-se em massa dominada dos esquemas elitistas.

No fundo, temos uma Oposição que não se opõe, vanguardas sem retaguardas, partidos que funcionam como entidades públicas a serviço de interesses privados e uma estrutura de Estado que navega entre uma ordem constitucional e uma ordem institucional. Navegamos ao sabor do mercado mundial que é a forma moderna de destino.

O MDB, que conta com algumas figuras carismáticas, na medida em que se institucionaliza tende a burocratizar-se cada vez mais, seguindo o caminho traçado por Weber: quanto mais organizada é a ação sobre as massas e mais rigorosa a organização burocrática dos partidos, tanto menos importante é o conteúdo dos discursos. Eis por que ninguém hoje lê discursos, a retórica parlamentar em um pseudoconstitucionalismo, mantido pela Arena e avalizado pelo MDB, esgota-se em si mesma; é uma retórica de notáveis, isto é, de homens que, por sua formação oligárquica, habituados ao uso do poder e alijados do mesmo, utilizam a arma da crítica que não tem condições de opor-se à crítica das armas. Já ensinava Maquiavel que os profetas desarmados sucumbem. Essa é uma lição que o liberalismo caboclo não aprendeu ainda.

Outra fantasia dominante é a veleidade de jogar com as contradições entre o neoimperialismo germânico e o norte-americano nos trópicos, de que o tratado nuclear Brasil-Alemanha seria um elemento representativo, porém o montante da dívida externa cuidará de dar fim a esse sonho de uma noite de verão, assim o pensamos.

O declínio da liberdade sindical*

A liberdade sindical foi uma conquista do movimento operário europeu, durante o período que transcorreu entre 1890 e 1914. Período que se caracterizou pelo predomínio do capitalismo liberal, da economia de mercado de "concorrência perfeita", em que a "mão invisível" do mercado regulava a oferta e a procura. Por sua vez, essa conquista na Europa e nos Estados Unidos significou para os trabalhadores possibilidades de luta contra a degradação da classe no nível de uma massa impotente diante da onipotência do Estado e do patronato.

---

* *Folha de S.Paulo*, 06/11/1980.

No entanto, a crise do sistema capitalista limita as concessões aos trabalhadores, e a instauração de regimes fascistas ou autoritários na Europa e na América Latina implica a destruição do sindicalismo livre.

O crescimento econômico se dá por meio de uma inflação permanente, do desperdício de recursos materiais (como é falacioso falar em desenvolvimento quando a guerra Iraque-Irã destrói tantas forças produtivas), da aceleração dos ritmos de trabalho. Nessa situação, o equilíbrio é mantido de forma keynesiana: pela intervenção do Estado garantindo os superlucros dos monopólios.

Isso implica uma tendência à planificação no interior dos grandes monopólios e a programação econômica em médio prazo nos Estados regidos sob a lei do valor. Daí a tendência a combater a inflação predominantemente pelo policiamento dos salários, restringindo a liberdade do movimento sindical na conquista de aumentos salariais.

O declínio do liberalismo, do parlamento, caminha na mesma direção do declínio da liberdade e da autonomia sindical. O trabalhador se vê restringido em sua ação pelo Estado, que tutela o sindicato (Brasil) por meio da política do chamado enquadramento sindical, da lei de regulamentação de greve e do direito de destituir diretorias que não dancem conforme o ritmo estatal. Que o digam os cinco sindicatos bancários sob intervenção, os metalúrgicos de São Bernardo e o exílio de João Paulo, de Monlevade, prestando serviços na Belgo, em Belo Horizonte, longe das bases.

A crise estrutural do sistema ameaça o conjunto de liberdades públicas, logicamente também a liberdade sindical.

Assim, o sistema procura domesticar as direções sindicais pela cooptação de lideranças emergentes, transformando-as em clube de pelegos, que dominam a maioria dos sindicatos nacionais.

A dominação se dá não somente por meio do consentimento dos liderados, que votam no pelego – como é o caso do Sindicato dos Metalúrgicos de São Paulo, cuja diretoria tem sua reeleição praticamente garantida por meio de dois mecanismos: o voto dos aposentados e dos que recebem bolsas de estudo da burocracia sindical. Dá-se também pela utilização da força; os métodos do gangsterismo que são utilizados pela burocracia sindical nos Estados Unidos são transpostos ao Brasil em ritmo de abertura. Daí o surgimento da milícia Décio Malho, que reprime a categoria, além de controlar as assembleias sindicais no melhor estilo policialesco e lembram as assembleias sindicais sob a ditadura do Estado Novo.

Com mil formas de acordos de conciliação (conforme o último acordo salarial assinado pelo Sindicato dos Metalúrgicos de São Paulo) e criação de organismos de colaboração, a burocracia sindical trava a iniciativa das categorias, e o faz asfixiando a liberdade sindical, restringindo cada vez mais o direito dos sindicalizados a determinarem livremente a atitude do sindicato diante da conjuntura econômico-social.

A integração da burocracia sindical no aparelho de Estado, sua colaboração com os órgãos de segurança (denunciada pelo *Coojornal* de Porto Alegre no que tange ao sindicalismo gaúcho) implicam a restrição da democracia interna e da liberdade na área sindical.

Os sindicatos deixam de funcionar como órgãos de defesa da categoria, tornando-se órgãos de transmissão das ordens do Estado e do patronato. No entanto, a deterioração salarial trabalha contra a burocracia sindical, daí a reação da massa dos sindicalizados à perda das liberdades sindicais e a transformação do sindicato em apêndice da política econômica do Ministério do Planejamento.

Daí a urgência da luta por um sindicalismo autônomo, pela existência da democracia sindical e do melhor controle dos sindicatos pelos sindicalizados, não pela criação de sindicatos paralelos, mas sim pela expulsão dos pelegos das direções dos atualmente existentes, como o caso do Sindicato dos Metalúrgicos de Novo Hamburgo, no estado do Rio Grande do Sul.

Na Europa e nos Estados Unidos, usam-se os contratos coletivos de longa duração, a limitação do direito de greve (que, na prática, transforma o trabalho assalariado em trabalho escravo) e as penalizações contra os sindicatos como arma contra o trabalhador. Da mesma forma que os períodos de conciliação obrigatória tendem a tirar o efeito surpresa das greves, seria o mesmo caso de o Estado obrigar qualquer empresa a aumentar seus preços mediante um aviso prévio de quatro semanas, comunicando a seus clientes pela imprensa essas medidas.

Na República Federal Alemã "democrática", existem multas financeiras contra os sindicatos pelo uso abusivo do direito de greve. No mesmo sentido antissindical, funciona a arbitragem obrigatória e a intromissão do Estado no regulamento interno dos sindicatos. A arbitragem obrigatória atenta contra o livre exercício do direito de greve, pois os sindicatos são obrigados a aplicá-la mesmo que a maioria de seus membros concorde com a greve. A organização pelo Estado da consulta aos membros do sindicato, inclusive suas modalidades (se por referendo escrito ou secreto ou por assembleia geral, se por maioria simples ou dois terços), contraria a liberdade e a democracia sindical. O sindicato tem de estar a serviço dos sindicalizados e de ninguém mais. Direito de greve sem o direito ao piquete é um direito pela metade. A repressão aos piquetes de greve, a despedida de delegados e militantes sindicais, a restrição à ação sindical no âmbito das empresas e a existência de polícia de segurança no interior das fábricas atentam contra a democracia.

A liberdade é um todo e como tal deve ser defendida. Eis que a ação contra órgãos de imprensa alternativa, qualquer que seja sua linha de orientação, é parte integrante da ação contra as liberdades sindicais e de manifestação. Sem uma união dos prejudicados em defesa da liberdade em seu conjunto, a liberdade de expressão e a sindical se convertem em meras frases retóricas.

Os colarinhos brancos*

A greve do professorado gaúcho, de primeiro e segundo graus, e a dos professores das universidades federais colocam na ordem do dia a situação da nova classe média, ou seja, trabalhadores não empenhados diretamente na produção de bens, pois educação é um bem simbólico que se caracteriza, especificamente, para quem a produz, pelo salário mensal e pelo uso de roupas de passeio em suas atividades profissionais. É o mundo dos colarinhos brancos, como os chamou Wright Mills, saudoso sociólogo norte-americano. Indefesos como indivíduos, os novos colarinhos brancos – professores, engenheiros, arquitetos, médicos e advogados assalariados – procuram, por meio do associativismo, reunir forças. Como o agricultor independente e o pequeno negociante, desapareceram, também, essas profissões liberais que, no dizer do poeta, "não liberam jamais".

A concentração da propriedade em todos os níveis levou ao fim a união propriedade–trabalho como base da liberdade essencial do homem. Quanto mais se desenvolve o capitalismo no Brasil, nas cidades e nos campos, maior é a tendência de sua transformação em um país de empregados assalariados. O crescimento das grandes empresas levou à expansão dos

---

* *Folha de S.Paulo*, 03/12/1980.

empregos para os colarinhos brancos, que, embora supostamente tenham um prestígio mais elevado que os operários em geral, do ponto de vista da propriedade são iguais aos operários e diferenciados da antiga classe média. Originalmente dependentes – especialmente os professores – e não proprietários, não têm esperanças na independência que a propriedade possa conferir. No interior da empresa, o mesmo processo ocorre: do nível mais alto ao mais baixo, a gerência é constituída de forma hierárquica e cada nível depende de níveis superiores. Os contramestres nas grandes empresas foram profundamente afetados pela racionalização do equipamento e pela burocratização. Suas funções foram reduzidas com o surgimento de novos técnicos e especialistas em relações industriais; nos países desenvolvidos, sua autoridade foi contida pela existência de fortes organizações sindicais de trabalhadores. Funções superiores com subordinados na estrutura da hierarquia empresarial foram racionalizadas; a empresa e o escritório foram *fetichizados*; a autoridade explícita e direta cedeu lugar à manipulação das consciências pelos técnicos em *humans relations* [relações humanas]. Não é por acaso que todas as técnicas de "adormecimento das consciências" no interior da empresa têm sua sede nas salas de relações industriais e recursos humanos, onde o homem ficou apenas reduzido a um sinal nos quadros de avisos e circulares.

Enquanto os operários fabris ou trabalhadores de escritório constituem uma classe, a que Mills chamou "a sociedade anônima dos intelectuais", provindos da baixa classe média e parentes pobres das classes altas, trabalham para um mercado em que os editores atuam como empresários.

Ao lado da burocratização se dá a comercialização no mundo da nova classe média: a arte de vender permeia a vida privada e a pública; despontam profissões como a do relações públicas, na qual o mercado da personalidade e a venda da aparência surge como o fundamental – isso sugeriu a um autor norte-americano da década de 1950 escrever um livro ensinando *Como vender-se a si próprio*.

O espaço onde se dá a venda da personalidade e da força de trabalho são os gigantescos escritórios, inumeráveis *campi* universitários e parte de fábricas de símbolos que produz os papéis que imprimem um ritmo à sociedade atual.

No processo de pauperização da nova classe média, na conversão do ex-profissional liberal em assalariado da burocracia do Estado ou da empresa privada, é onde se faz necessário encontrar a mudança dos "resmungos paroquiais" do magistério brasileiro, no Rio Grande do Sul, no nível do ensino de primeiro e segundo graus e em nível universitário nas chamadas universidades federais, em movimentos de pressão organizados por luta de melhores condições de trabalho e salário. Embora seja universal a tendência sob o sistema dominante de converter o trabalho em um ganha-pão; embora os colarinhos brancos pudessem reivindicar prestígio maior que os operários – na medida em que os últimos tenham em sua maioria origem rural e os primeiros, urbana –, o processo de conversão de suas variadas camadas (engenheiros, arquitetos, médicos, professores e advogados) em profissionais assalariados trabalha contra diferenciações fundadas em *status*, formas de ser, vestir ou falar. Com a indústria de roupas, o controle da aparência ficou massificado e com a generalização da gíria, o falar erudito ficou relegado aos documentos de tabelionato de títulos e documentos.

A ideologia do sucesso para os colarinhos brancos tem sido permeada não mais com a valorização das virtudes pessoais da força de vontade, frugalidade e ordem, mas sim com a viabilidade de inserção na ordem burocrática, seja pública ou privada. A instrução, cuja oferta excede a procura, é também submetida a um processo de burocratização, no qual os selecionados pela sociedade são os escolhidos pedagógicos.

Em relação ao nível de vida e segurança de emprego, os colarinhos brancos nacionais compartem a sorte dos operários, e isso tende a acentuar-se cada vez mais na medida em que o índice do INPC (Índice Nacional de Preço ao Consumidor) servir de correção aos aluguéis. Expropriada da propriedade, a nova classe média pode ver-se expropriada do domicílio.

O processo econômico caminha na direção do crescimento dos colarinhos brancos. Crescem em número, em consciência de existência ou de destino. Daí o associativismo entre professores, engenheiros, advogados e médicos refletir essa tomada de consciência. Nos Estados Unidos, a sindicalização dos colarinhos brancos supera quantitativamente a sindicalização do meio operário; no Brasil, o associativismo e sindicalismo dos colarinhos brancos marca o clima social atual. Inclusive um partido em formação, o PT, tem no associativismo professoral um de seus fundamentos básicos. O associativismo, especialmente no meio professoral, tende a atuar como proteção contra políticas arbitrárias em nível de salários e a aumentar a segurança dos assalariados. Como diz Mills, se, de um lado, representa uma declaração coletiva de independência, de outro, constitui uma tácita aceitação da dependência individual.

Dificilmente os colarinhos brancos nacionais formarão um bloco político ou um partido político independente. Poderão atuar como setores dominados da classe dominante ou engajar-se ao lado dos setores subalternos, que constituem a força de trabalho industrial e rural. Não poderão constituir-se em partido político de classe média, porém alguns segmentos, na medida em que os ventos soprarem para a direita, poderão dar apoio ao conservadorismo social; outros apostarão na mudança. Isso depende mais das relações concretas de classe que do desejo subjetivo de uma pessoa ou de um grupúsculo ideológico doutrinarista, como os que há, e muito, em nosso meio.

É lógico que aqueles colarinhos brancos que não se posicionem publicamente orientarão sua vida, como indivíduos, mais ou menos confusos, vacilantes, hesitantes, desordenados e descontínuos, em suas práticas sociais. Os colarinhos brancos constituem potencial social para soluções dinâmicas ou de reconversão estática. Constituem-se em retaguarda que pode seguir o caminho do poder. Alguns de seus segmentos, mais privilegiados, como a alta burocracia em todos os níveis, a tecnocracia que assessora Deus e o Diabo, estarão à venda, porém estão esperando uma oferta séria para tal. Quanto aos setores médios e baixos, estes, vencidos na corrida para o prestígio social pela deterioração salarial atual, somente pela identificação com "os condenados da terra" das cidades e dos campos poderão esperar ter futuro. Mas esse futuro precisa ser construído no dia a dia, em que é possível ter a cabeça no céu, porém os pés devem estar plantados, e muito bem, na terra.

Inovações na administração do trabalho[*]

A administração do trabalho sob o capitalismo se dá com a introdução dos estudos de tempos e movimentos por Gilberth, aperfeiçoados por Taylor. Entre 1913 e 1947, nos Estados Unidos, a aplicação desse método na indústria gerou reação dos trabalhadores a ponto de o Congresso nor-

---

[*] *Folha de S.Paulo*, 01/08/1981.

te-americano decretar ato proibindo a utilização do cronômetro em repartições ou fábricas do Estado. Os sindicatos norte-americanos, embora aceitem a fixação de tarefas em função de tempos-padrão em seus contratos de trabalho, procuram evitar que os operários ultrapassem a quota prefixada, recusando a inclusão de incentivos nos contratos. No Brasil, exceção dos marítimos e portuários, métodos de trabalho similares aos expostos anteriormente são introduzidos também, por exemplo, por prêmios salariais. O prêmio é um adicional correspondente ao esforço despendido acima do normal que se acrescenta a seu salário-hora. Daí o capitalismo na fase atual, por meio de seus aparelhos ideológicos – universidades, institutos de pesquisa e até a empresa como aparelho ideológico –, procurou disfarçar o taylorismo, por intermédio de mudanças na forma da organização da produção e da administração. Surgiram a administração por objetivos, de Peter Drucker, e o desenvolvimento organizacional, de Wareen Bennis. Teóricos atuais da teoria patronal de administração de empresas, que vai de Taylor até o desenvolvimento organizacional ou a teoria X e a teoria Y, de Mac Gregor, constituem-se em um discurso patronal para manipular o trabalhador, para criar o escravo contente.

No capitalismo moderno, a linha de montagem é remontada, especialmente na indústria automobilística, com o que os teóricos patronais de administração chamam enriquecimento de tarefas, como forma de trabalho alternativo para substituir o taylorismo em crise. É uma nova forma de tirar partido do duplo princípio da linha de montagem: (a) produção de fluxo contínuo; e (b) fracionamento do trabalho sob formas diferentes. Constitui-se um pequeno grupo de trabalhadores, de três a seis, ocupados com uma parte da montagem, e o volume de produtos a serem fabricados diária ou semanalmente é fixado pela direção. Resulta que o ritmo de trabalho é fixado externamente ao operário, e o grupo de trabalho dirige livremente o tempo de montagem, calculado não na base de um gesto elementar, mas pelo número de dias e semanas. Nesse processo, a autorregulação dos operadores implica uma economia de tempo de 6% a 7% do tempo global. O princípio da linha de montagem clássica, porém, é mantido: a cadência é fixada pela autoridade da direção da empresa. O tempo global afeta o grupo; por autocontrole ele regula as diferenças de ritmo de trabalho. A autonomia se torna uma autodisciplina. Um relatório da Comunidade Econômica Europeia afirma que "uma vantagem essencial desse sistema é ser menos vulnerável à greve que o sistema convencional".

O teórico patronal de administração, Hertzberg, afirma que há ódio do trabalhador ao trabalho pela falta de interesse em tarefas repetitivas, parceladas. Diz ele: "Enriqueçam as tarefas, deem aos operários os seus horários, respeitem seu ritmo e rendimento". O enriquecimento do trabalho teve sucesso com grupos de operários sem visão social e política diante do sistema capitalista de produção. Na Fiat italiana, deu-se o contrário: os operários formaram grupos autônomos combatidos pelos patrões que proibiram suas reuniões nas fábricas. As novas formas de organização do trabalho, quando são impostas pela luta operária, são combatidas como um poder operário inconciliável com a autoridade patronal. A reforma instituída de cima é uma recuperação reformista da resistência operária; quando é instituída de baixo pode ser uma brecha. Assim, não sou a favor ou contra o enriquecimento de tarefas em si mesmo. Depende de sua origem e a serviço de quem ele se coloca.

A administração por objetivos, de Drucker, aplicada à empresa, pode conduzir a uma administração só por lucros e produzir o oportunismo e o desprezo pelos meios de trabalho. A liderança se reduz a pressionar o operário para arrancar mais lucros. Drucker fala de sociedade industrial e não sociedade capitalista ou capitalismo de Estado. O que ocorre na grande multinacional – da qual Drucker é um dos teóricos – é que o capitalista enquanto classe deixou o controle operativo da empresa para exercer o controle político, ficando a gerência profissional como preposto do capital.

As grandes empresas, por exemplo, exercem a técnica de administração por objetivos, que dá certa autonomia ao assalariado apenas no nível dos administradores, lidando com os operários no esquema de Taylor. Lá, há democracia, mas só entre os gerentes, como iguais. Utilizam o jornalzinho interno – *O Chapa* – para promover reclamações da mão de obra que sirvam para reequilíbrio da empresa, e a burocracia lá antevê os conflitos para gerenciá-los depois em negociações com os líderes sindicais. O jornal pede que a mão de obra "vista a camisa da empresa", tenha "lealdade organizacional". O primeiro apelo do jornal significa integrar o operário na lógica patronal e o segundo pode transformar um operário em delator (dedo-duro) de seu colega. O conceito lealdade organizacional foi criado por H. Simon em sua obra *Comportamento administrativo*. O jornal pede, ainda, que o operário "dê algo mais" além da jornada de trabalho. *O Chapa* realiza festas de crianças e concurso Operário-padrão para criar um escravo contente. Em suma, nas grandes empresas a "média administração" planeja e controla a produção, separando dessas tarefas a execução, que fica a cargo do operário, e utiliza a padronização como maneira ótima de realização de tarefas – tudo isso é taylorismo, nada tem de modernidade organizacional. A administração tem por política reduzir o número de trabalhadores como forma de aumento do índice de produtividade. Isso leva a uma diminuição da autonomia das equipes de trabalho e à imposição autoritária da direção. A crítica de corredor dos operários ao "desrespeito à função", ou a se transformar em "quebra-galho" é a reação contra aqueles que os obrigam a maior trabalho tendo menos trabalhadores para fazê-lo. Somente há autonomia nas tarefas a serem realizadas nas grandes empresas na medida em que a administração não consegue defini-las com precisão.

Em suma, melhoria de condições de trabalho e maior controle da mão de obra sobre o ambiente de trabalho – insalubridade e periculosidade das operações – só são possíveis com a existência de comissões de fábrica eleitas autonomamente por quem trabalha. Elas serão base de sindicatos autônomos diante do Estado e dos partidos: são o único caminho para melhoria da qualidade de vida do operário na fábrica. Ficar discutindo altas teorias sobre administração por objetivos, de Drucker, administração científica, de Taylor, e enriquecimento de tarefas, de Hertzberg, teóricos do capitalismo desenvolvido, é bonito, mas não refresca em nada a vida do trabalhador paulista, quando, por exemplo, há empresas, em que as operárias, que trabalham na seção de enrolamento de fios, são obrigadas a usar patins para atender mais rapidamente a um maior número de máquinas. Para funcionárias novas na seção, há uma instrutora de patins. Não há adicional pago para esse tipo de esporte.

Somente a auto-organização dos assalariados em seu local de trabalho, a efetivação da luta pela real liberdade e a autonomia sindical poderão oferecer um limite às péssimas condições de trabalho no interior das empresas. Elas não serão suprimidas pela magia das teorias do desenvolvimento organizacional ou pelas diversas formas de participação simbólica do trabalhador nas decisões, que são meras técnicas de empulhação de quem trabalha. Resumindo, uma comissão de fábrica eleita pelas bases vale mais que mil Conclats, pois a primeira representa realmente a categoria e a última engloba, em sua maioria, dirigentes sindicais esclerosados pela burocratização da estrutura sindical, embora alguns autênticos que participarão dessa estrutura signifiquem uma lufada de ar mais respirável. Isso tudo sem muitas ilusões.

O inferno fabril*

O inferno está na terra e muito perto de nós: é constituído pelo conjunto de fábricas e só piorou após 1964. Enquanto o ano de 1964 considera ainda a questão social um caso de polícia, a Revolução de 1930 nisso estava muito à frente.

> Bem ao contrário da afirmação que corre como oficiosa, se não como oficial, de que o problema social no Brasil é um caso de polícia, nós estamos convencidos de que também aqui, como em todos os países civilizados, o problema social existe. Existe a questão social, porque não poderia deixar de existir, nas cidades, nas vilas, nos campos, no comércio, nas indústrias urbanas, na lavoura, nas indústrias extrativas. Existe por força da migração que fugirá de nossos portos, se não protegermos constantemente os trabalhadores estrangeiros. A existência da questão social entre nós nada tem de grave ou de inquietador; ela representa um fenômeno mundial, é demonstração de vida, de progresso. O que de inquietador e grave aparece no Brasil é a preocupação de ignorar oficialmente a existência de problemas dessa natureza (Manifesto da Aliança Liberal, 1929, s. p.).

A consequência de considerar ainda questão social como caso de polícia é que levou à morte Santos Dias da Silva e muitos outros trabalhadores anônimos do meio rural e urbano, que morreram na luta por um salário digno, por direito a uma vida decente.

A ditadura não está somente no aparelho de Estado, ela está na fábrica, em que o trabalhador é explorado mediante o pagamento de salários baixos, submetido a turnos de trabalho que vão até alta madrugada. É a empresa que determina o nível de salário, a folga, as férias, o ritmo de trabalho; o operário participa passivamente enquanto força de trabalho como função do capital. Falar de necessidades espirituais ou culturais nesse meio é falar no vazio. O trabalho aparece diante do capital como simples mercadoria. Toda luta do operário é sempre pela redução da jornada de trabalho. Isso é escamoteado pelos patrões por meio da indústria de horas extras, pois a admissão de novos empregados nas empresas significa pagar o benefício das férias, do 13º salário e do FGTS. Apesar do prejulgado

---

* *O São Paulo*, 14/11/1980.

24 e da súmula 45 do Tribunal Superior do Trabalho, as horas extras não estão integradas nas férias e na gratificação de Natal. Se o operário recusar as horas extras, pode ser dispensado.

A tão badalada segurança no trabalho se reduz à luva, capacete, avental e bota, quando muito. À cobiça do capital em explorar desmedidamente a mão de obra, aparece o Estado, que procura regulamentar a jornada de trabalho, pondo um freio de mão à exploração da mão de obra.

As condições de trabalho na média das empresas industriais paulistas são as piores possíveis; a isso se juntam baixos salários, jornadas excessivas de trabalho, tensão nervosa e cansaço do operário, as grandes causas dos acidentes no trabalho. Nisso o Brasil ocupa o primeiro lugar na estatística mundial: a cada dois minutos ocorre um acidente no trabalho.

A culpa é jogada em cima do trabalhador e, para isso, as empresas criaram a figura do ato inseguro, no qual, além de perder um órgão (vista, dedo, mão), o trabalhador é culpabilizado pelo acidente, e a empresa se exime de indenização.

Contribui para isso o regime do FGTS, com o qual o patrão comprou o direito de despedir o trabalhador "quando lhe der na telha", além de o Estado usar os recursos do FGTS para sua política financeira; da mesma maneira, o Estado, após 1964, instituiu o PIS, que desconta parte do salário, com direito hipotético de ele, a cada seis meses, poder sacar seus quinhentos cruzeiros ou seiscentos cruzeiros. Enquanto isso, o Estado manipula esses recursos do PIS como instrumentos de sua política financeira também. No fundo, é pobre ajudando rico. Esse é o regime diabólico da Previdência Antissocial criado em 1964.

Em muitas empresas, o operário bebe água quente que sai do mesmo compartimento que abastece as privadas da empresa, ou não tem, simplesmente, água para beber. O calor, além de intolerável, é algo que ele tem de suportar; nem o cartão de ponto, na portaria, ele tem a liberdade de marcar; outros marcam por ele. Reclamar acarreta punições. Há absoluta falta de chuveiros de água quente e em outros casos, de água fria; nas Indústrias Reunidas F. Matarazzo, há onze chuveiros para 2.500 trabalhadores.

A situação dos sanitários deixa muito a desejar. Assim, a multinacional Mercedes Benz, a "boa estrela em seu caminho" como ela se autodefine, faz buraco nas portas das privadas para controlar as necessidades fisiológicas de seus operários. Na Fris Molducar, o operário é obrigado a usar jornal em vez de papel higiênico. Sanitários longe do local de trabalho e sem higiene, banheiros entupidos, insuficientes, só utilizáveis mediante pedido de chave à chefia e sua devolução posterior; utilização de chapinha para usar banheiro, só fornecida pela gerência; punição pela não utilização da chapinha e poucos aparelhos sanitários para atender à demanda e sem higiene alguma.

Quando as máquinas param por defeito mecânico, as empresas aplicam uma política arbitrária de redução salarial sem explicações. A situação dos refeitórios não é nada boa: refeitórios sujos, operários tomando sua refeição de pé, sob calor insuportável, atendidos por pessoal de cozinha sem uniforme higiênico. Refeitórios cheirando a gato e a cachorro, com vidros quebrados e paredes sujas, que, na opinião de um trabalhador, "servem risoto de pedregulho". Na Volkswagen, a repressão é refinada: as chefes humanitárias mandam retirar as estufas da seção para as mulheres não poderem esquentar suas marmitas. Uns tomam as refeições ao ar livre, outros consomem refeições estragadas, que causam dor de barriga e mal-estar. Outros, ainda, são obrigados a ir ao refeitório da empresa na hora de comida, jantem ou não. É comum carne cheirando mal, e, ainda, há desconto automático que o operário sofre na folha de pagamento, tomando refeição ou não. É comum o operário ser registrado em carteira após noventa dias de trabalho. Ser revistado se é barbudo e, portanto, suspeito aos olhos da segurança da empresa. Revistas angustiantes na hora de saída da Ford, em que o trabalhador é obrigado a fazer *striptease*. Na Belgo-Mineira, a revista do operário toma a forma de operação antiguerrilha. E tem mais. O resto fica para o próximo artigo.[8]

Ecologia e capitalismo*

As considerações a respeito da Ecologia e modo de produção capitalista que agora expendemos constituem uma continuação da comunicação que apresentamos na 24ª Reunião Anual da SBPC (Sociedade Brasileira para o Progresso da Ciência), promovida entre 2 e 8 de julho de 1972 sob o título "O caráter ideológico dos estudos ecológicos". Na ocasião, enunciamos que o problema ecológico é ligado à sociedade dividida em

---

8   Essas informações são retiradas da imprensa sindical operária paulista.
*   *Folha de S.Paulo*, Folhetim, 09/08/1981.

classes: é com a Revolução Industrial que aparece a negação da natureza, e a mercantilização do espaço cria a ideologia do "dever ser" metafísico como forma de resolver a má consciência do capital. Enunciamos, na época, que os ecólogos querem manter a estrutura socioeconômica capitalista sem a catástrofe que ela prepara – a antipoluição socializa as perdas e privatiza os lucros, aumentando o custo do produto final. Não constitui preocupação dos ecólogos a crítica às relações de produção fundadas na exploração do trabalho humano, muito menos a poluição no interior da fábrica. Na Itália atual, por exemplo, operários trabalham com o dorso nu ou com umidade de 85%, e, após cinco anos de vivência nesse ambiente, são destruídos pela artrite. Como havia sido constatado por uma Comissão de Inquérito na Breda italiana, entre oitocentos operários, metade sofre de broncopneumonia, 40% de distúrbios circulatórios e 60% são atacados pela artrite; muitos outros são atacados pela silicose devido à falta de equipamentos de proteção. Nesse sentido, a função do discurso ecológico é naturalizar as causas sociais do infortúnio operário praticando a "arte da desconversa" (Bernardo, 1979, s. p.).

No entanto, a extensão do movimento ecológico e a penetração de seu discurso entre a pequena burguesia universitária estão ligadas à consequência social da crise estrutural do sistema capitalista manifestada pelo declínio da taxa de aumento real do consumo particular. Como o nível de renda está em função da produção, seu estancamento leva a contrações sociais, daí as reivindicações de elevação do nível de vida não poderem ser satisfeitas pelo sistema dominante. É nesse contexto que se insere o movimento da pequena burguesia contra os impostos que, taxados em função dos rendimentos nominais defasados dos reais, afetam a pequena burguesia.

O movimento contra os impostos funda suas críticas no gigantismo do aparelho estatal hoje. Essa reação parte da pequena burguesia, cujas médias e pequenas empresas não sentem o problema da integração tecnológica, levando o pequeno burguês a conceber o sistema capitalista como a mera soma de empresas isoladas. O ideólogo dessa posição é Frederic Hayek, que influenciou Milton Fridman, ex-assessor de Pinochet e atual assessor de Beguin.

A Escola de Chicago, de Fridman, defende o ponto de vista de que a causa da crise resulta da criação excessiva de moeda por emissões estatais propondo que ela seja criada independentemente da ação estatal, apresentando como panaceia para os males atuais do sistema uma taxa de emissão de moeda constante limitada, não sujeita ao Estado e exposta à ação livre do mercado. Para Haylek e Fridman, a inflação consiste somente na criação de moeda; por a considerarem causa independente, não veem que a restrição à emissão de moeda em uma economia inflacionária aumenta seu volume de circulação, daí sempre se dará a inflação monetária. A função das teorias de Hayek e de Fridman é a restrição à ação do Estado a favor do privatismo econômico reciclado. É a bandeira da pequena burguesia em sua luta anti-imposto.

Como regimes políticos parlamentares mantêm equilíbrio instável por meio dos pequenos partidos, que garantem precárias, porém reais, maiorias no Parlamento, a pequena burguesia, apesar de sua insignificância econômica, consegue derrubar governos orientando-os para a diminuição das instituições de consumo. É o que ocorreu no estado da Califórnia em 1978.

No fundo, o que a pequena burguesia quer é reestruturar o capitalismo por meio da remodelação das condições gerais de produção nos países industrializados, daí a função política do movimento ecológico.

Esclarecemos que ao criticar o movimento ecológico como proposta econômica (crescimento zero, idealização dos modos de produção pré-capitalistas, conceito histórico de natureza) não atacamos reivindicações específicas em relação ao não uso de certo tipo de produto, dispersão de tóxicos no ambiente social ou combate a outras formas de poluição produzida pelo capital, apenas situamos que elas, como reivindicações isoladas, inserem-se no vasto movimento dos consumidores que não atacam a sociedade de consumo por intermédio de seu elemento central: o questionamento do modo de produção.

Algumas teses mistificadoras

O movimento ecológico se caracteriza por possuir um projeto global, e logicamente articulado, de remodelação das condições gerais de produção e reestruturação do capitalismo na base de novos mecanismos de funcionamento econômico-social. A crítica não se dirige a reivindicações isoladas, mas a sua organização sistemática em uma concepção global da economia e da sociedade. Nesse sentido, o movimento ecológico representa o máximo da consciência possível dos ideólogos do neocapitalismo.

O discurso ecológico está expresso em dois relatórios produzidos em 1972, um pelo MIT (Massachusetts Institute of Technology) para o Clube de Roma, e outro de autoria do ex-social-democrata Sicco Mansholt.

A Ecologia como movimento organizado surgiu em 1974, antes da tão mistificada crise do petróleo, com a preocupação de fundir tendências políticas da direita à esquerda. O social-democrata Mansholt representava no contexto o setor ligado às multinacionais ocupando o cargo de presidente das Comunidades Europeias. Por sua vez, os membros do Clube de Roma se relacionam com as multinacionais e com o Mercado Comum Europeu; seu fundador foi o antigo diretor da Fiat e Olivetti. O Clube de Roma mantém íntimas ligações com o capital monopolista, recebendo generosos financiamentos da Xerox, da Volkswagen e dos grandes produtores petrolíferos texanos, que são executivos cujas funções decorrem das necessidades da integração da tecnologia capitalista e da remodelação das condições gerais da produção em uma época de crise mundial do sistema.

Como ideologia, a Ecologia se apresenta como a defensora do restabelecimento do equilíbrio entre a natureza e a sociedade humana, rompido pelo desenvolvimento industrial. No entanto, o fato é que não há equilíbrio natural, pois todos os elementos da natureza foram reciclados pelo trabalho.

Esses elementos exercem efeitos recíprocos, daí a estrutura de suas relações estar sob permanente mudança. O homem, integrante do mundo natural e social, organiza-se em sociedades que são mais que a mera soma dos indivíduos que as compõem. Quem passeia por áreas verdes exorcizando as chaminés, esquece que as duas resultam do trabalho humano. A seleção de espécies vegetais e domesticação dos animais, base das primeiras civilizações urbanas, foi obra humana de transformação da natureza, que possibilitou prosseguir no crescimento populacional. Plantas e animais que hoje conhecemos são fruto do trabalho humano junto à natureza. Daí, a poluição e a ruptura do equilíbrio natureza–sociedade caracterizam todas as formas históricas de sociedade. Assim, o homem reagiu à escassez de madeira no século XVIII, substituindo o combustível mineral pelo vegetal e pelo emprego de ferro nas construções, ultrapassando o equilíbrio anterior, criando um novo equilíbrio.

Sem dúvida que há efeitos secundários negativos do sistema industrial sobre a saúde – o operário possui a vivência desses efeitos no interior da fábrica, mas a destruição de vidas seria muito maior sem a industrialização. É necessário situar que cada modo de produção assenta em uma forma de equilibração. Da mesma maneira que a ação humana destrói um equilíbrio, ela cria novas formas de equilíbrio. O discurso ecológico ignora que a relação homem–natureza é histórica, daí seu caráter demagógico expresso pela ideologia do equilíbrio natural a-histórico, no qual a discussão do modo de produção dominante é escamoteada. Os ecólogos que concebem o sistema social como homogêneo e integrado, sem contradições internas, não percebem que cada novo equilíbrio resulta da reorganização das contradições sociais internas inerentes a modos de produção fundantes de estruturas de classes.

Sob o capitalismo monopolista, quem ganha e quem perde com as remodelações propostas pelos ecólogos? A Ecologia silencia sobre a exploração do trabalho, não analisa o capitalismo como sistema integrado nem a tecnologia que ele gera; ela trata das condições gerais de produção, como as fontes de energia e matérias-primas. Ela toma o capitalismo como um pressuposto implícito na análise, confundindo-o com a industrialização em geral. Ela reflete a crise de produtividade do sistema, não a vendo como resultante da expansão do consumo individual, que concentrou investimentos, pesquisa e inovações no setor de bens de consumo.

A causa do desequilíbrio

O capitalismo, apesar de utilizar pouco as máquinas em sua fase inicial, caracteriza-se por realizar as relações de produção fundadas na separação entre produtores e meios de produção e a igualização dos primeiros diante do trabalho. A característica fundamental da tecnologia sob o capitalismo é fundamentar uma indústria baseada na exploração da mais-valia e não em constituir-se em um catálogo de máquina. É isso que condiciona o equilíbrio ou desequilíbrio e o reequilíbrio posterior com a natureza.

O que faz a Ecologia? Absolutiza a crise de produtividade que se dá no âmbito de relações de produção historicamente definidas, encarando-a como decorrência das relações homem–natureza, criando o mito do esgotamento da natureza. Ela se alimenta do caráter não renovável de certos recursos naturais, esquecendo, em troca, de mostrar que a maior parte é facilmente renovável. Mesmo o petróleo, quando incorporado a certos produtos, sofre uma reciclagem. A matéria-prima ao rarear encarece, e isso motiva pesquisas que permitem descobertas de novas jazidas. Há reaproveitamento de matérias-primas inutilizáveis pelo progresso técnico, há a criação artificial de substitutos dos produtos naturais, multiplicando-se a produtividade natural. O sistema de custos e preços permite tais reequilíbrios.

No discurso ecológico, está ausente a inovação tecnológica, pois se a sociedade "tira" da natureza, ela "põe" também. Na relação natureza–sociedade, consumo significa também produção, na medida em que o mundo não é finito, seus elementos estão em constante inter-relação.

A teoria do esgotamento das fontes naturais se funda na teoria dos rendimentos decrescentes. Ela se caracteriza por um modelo em que um elemento se desenvolve sempre, e outro permanece fixo. Os resultados obtidos pelo elemento em desenvolvimento são progressivamente decrescentes até que o elemento fixo predomina, acarretando um ponto-final no desenvolvimento. Esse modelo é a base da explicação marginalista e justifica os critérios capitalistas de distribuição. Malthus o aplicou em uma outra direção, fundando uma teoria da dinâmica econômica, ele mostrava que a tendência da população ao crescimento geométrico e o crescimento aritmético da produtividade levaria a uma fome universal, daí pregar o controle de natalidade como solução.

Mesmo em sua época, o aumento da produtividade agrícola desmentiu sua teoria. A limitação do modelo dos rendimentos decrescentes consiste em que ele acentua a utilização das forças da natureza sem observar que, por esse mesmo processo, novas forças produtivas aparecem. Esse modelo ressurge hoje com os ecólogos como reação à queda da produtividade no sistema. A solução que eles propõem é produzir menos, o que significa admitir a falência do regime econômico dominante.

A Ecologia da mais-valia

A reorganização econômica da produção pleiteada pelos ecólogos se dará por meio da restrição e posterior estagnação do nível de consumo individual. Essa medida se insere na lógica do capital, pois seu objetivo é a produção de mais-valia, seja produzindo bens de consumo ou de capital.

É a necessidade de elevar a taxa média de lucro que leva os ecólogos a procurar reorientar as condições gerais de produção, restringindo o consumo e encaminhando investimentos para setores-chave que garantam maior produtividade. O fator fixo que os ecólogos invocam não são os recursos naturais, mas sim as limitações impostas presentemente ao aumento da taxa média de lucro.

A maior contradição do sistema é que o aumento da produtividade leva a uma diminuição do capital destinado a pagar mão de obra produtiva, portanto a produzir mais-valia, e isso diminui a taxa média de lucro e a crise do sistema. A única solução encontrada pelos ecólogos é a reorientação das condições gerais da produção. Se o aumento da produtividade, acrescendo os investimentos em capital fixo (maquinaria e instalações), faz diminuir o número de trabalhadores improdutivos, também faz baixar a taxa média de lucro. Por sua vez, com o declínio da produtividade, dá-se a desvalorização dos capitais acumulados; a solução ecológica consiste em bloquear o processo técnico aplicado à produção de bens de consumo, preparar o arrocho salarial com a insistência de hábitos frugais naturais, o que, na prática, significa a diminuição das condições médias do nível de vida.

A teoria do crescimento zero nada mais é que a reorientação das condições gerais de produção e restrição ao consumo, que reduz o nível de vida médio dos assalariados e reproduz as grandes diferenças entre o nível de vida dos países industrializados e das populações do Terceiro Mundo, mantendo a dependência econômica e tecnológica, em outros termos, reafirmando a hegemonia do imperialismo no mundo.

Os ecólogos idealizam as vantagens dos modos de produção pré-capitalistas da mesma maneira que a burguesia no século XIX cinicamente apontava para o operário o exemplo do escravo como modelo de consumo, obediência e virtudes.

Miséria, o "bom" modelo

A corrente ecológica aponta como modelo a ser imitado pelo proletariado dos países industrializados o baixíssimo nível de vida dos operários dos países exportadores de matérias-primas.

O fato é que o alto volume de desemprego que grassa na Europa, afetando a pequena burguesia, especialmente administradores que não encontraram oportunidade de administrar empresas, leva-os a encarar o sistema capitalista somente como consumidores. Como desempregados, consumidores frustrados enaltecem a miséria apresentando-a como forma de vida digna de imitação. De consumidores frustrados se tornam apologistas da restrição ao consumo. Daí a tendência a reorientar a reivindicação dos consumidores no referente ao controle de qualidade dos produtos para o rumo da restrição do consumo individual, na qual a redução do nível de vida seja definitivamente estabelecida.

A questão é que não é negando o consumo que se negará a sociedade de consumo. O problema maior não é o que se consome, mas como se produz. Pretender consumir menos para negar o capitalismo é o mesmo que lutar pela baixa de salários para acabar com o regime do salariato. Como administradores desempregados, os membros do movimento ecológico sentem necessidade crucial de reorientar as condições gerais de produção sob o capitalismo.

Os ideólogos do Clube de Roma escrevem muito sobre a necessidade de conceber novas fontes de energia, selecionar matérias-primas, promover a transição do sistema atual para aquele que propõe. Calam-se a respeito das relações de produção existentes, da propriedade dos meios de produção e dos mecanismos dos processos decisórios na empresa e no Estado. Outra corrente ecológica defende a automação total da produção para liberar o produtor, esquecendo-se que o problema central não é liberar o produtor fora dos mecanismos produtivos, mas fazê-lo participar ativamente deles.

A corrente ecológica na Suécia, por exemplo, em setembro de 1976, liderou uma luta contra impostos e instituições de consumo, depôs um governo social-democrata, colocando a direita no poder de Estado. Na Alemanha Federal, o Movimento Ação Verde apoia Franz Joseph Strauss, a direita democrata-cristã. Na França, em 1978, para eleições legislativas, os ecólogos votaram tanto nos candidatos da direita conservadora como nos liberais PS (Partido Socialista) e PCF (Partido Comunista Francês), se constituindo na opção europeia capitalista rumo à conciliação social. Ao fundir os vários movimentos de direita e esquerda sob a bandeira ecológica, ela cumpre uma função político-social na crise atual: o realinhamento político-social em torno do neocapitalismo. No quadro europeu, especialmente com a união entre os desempregados da pequena burguesia e o desemprego operário, o sistema dominante unifica as classes e reprime as contradições sociais internas. Assim, o movimento ecológico aparece hoje como o espaço principal onde se dá a conciliação de classes sob a égide dos que dominam o poder econômico e político. É a injeção de morfina no capitalismo.

Feminismo e fascismo*

O preconceito é um ingrediente básico das personalidades autoritárias. Ele aparece expresso quando o *Hora do (anti)Povo* desvaloriza as mulheres que não rezam por sua cartilha totalitária, na preparação do III Congresso da Mulher Paulista. Partindo para a acusação rasteira de negarem a maternidade, de "não abraçarem as bandeiras do movimento popular por uma Constituinte soberana e livre"; de serem "mulheres infelizes" e "problemáticas", constituindo-se em um "grupo de grã-finas desorientadas e lésbicas" e em uma "aristocracia muito sem-vergonha conivente com o governo da fome", criam o SOS Mulher, "fruto do esmagamento e desespero a que está submetido o povo", além de utilizarem a "imprensa dos patrões". Concluindo doutrinariamente que a "ação lésbica e o homossexualismo têm sido estimulados pela burguesia", revelando, assim, "o desespero diante do avanço do movimento das mulheres". Não sem antes puxar o saco dos estudantes no estilo das "valorosas entidades estudantis", que participariam da tendência popular feminista (*Hora do (anti)Povo*) contra as "grãs-finas e lésbicas" – mulheres "que gostam de se passar por homem". Diante de tal lixo, a única resposta é a realização do III Congresso da Mulher, sem ou contra os adeptos de *Hora do (anti)Povo*.

Essa linguagem agressiva na qual o *Hora do (anti)Povo* é especialista caracteriza bem um discurso fascista fundado na agressão verbal intimidatória, que parte da noção de ganhar no grito, ou na porrada, reuniões, formando uniões hipócritas e alianças, utilizando grupos para dominar, manipular e enganar os chamados companheiros, usar a estratégia de cansar os participantes de uma assembleia, tirando votação majoritária, quando a maioria dela já se retirou, vencida pelo cansaço.

A ênfase na defesa da maternidade como condição básica e diferencial da mulher tem sido a prerrogativa de todos os movimentos que vão do

---

* *Folha de S.Paulo*, 26/02/1981.

nazismo ao integralismo e ao stalinismo. Assim, sob Hitler, a mãe que concebesse maior número de filhos era premiada; sob Stalin, recebia uma medalha; e o integralismo afirmava isso enfaticamente: "Viva a mãe, abaixo a mulher". Ela era reduzida a um simples instrumento de procriação, a um mero corpo de reprodução da espécie, além de já o ser um corpo produtivo que produz o trabalho acumulado convertido em capital.

A acusação de serem problemáticas ou lésbicas mostra muito bem a importância de quem faz olhar o próprio rabo. Por sua vez, mostra o alto nível de racismo, preconceito e intolerância que permeia o *Hora do (anti)Povo*; uma escumalha fascista que realiza em nome da esquerda o que a direita não faz. É sabido que o racismo e a intolerância são irmãos da morte. Eis que o *Hora do (anti)Povo* estigmatiza as mulheres feministas como lésbicas hoje, amanhã passará a criticar os negros, os judeus, ou aqueles que não rezam pela cartilha stalinista MR-8. Já vimos na história muitos movimentos aparecerem com o nome de revolucionários e se constituírem nas piores reservas da reação e do capitalismo de Estado. De nada adianta criticar o capitalismo privado se o projeto é uma economia de Estado em que os pequeno-burgueses fascistas de *Hora do (anti)Povo*, escalando-o, pretendem impor sua ditadura sobre o proletariado. Não podemos esquecer que o partido nazista de Hitler se chamava Partido Nacional Socialista dos Trabalhadores Alemães, e que a bandeira do fáscio de Mussolini era de cor vermelha.

Criticar as mulheres independentes que pretendem levar à frente a realização do III Congresso por se preocuparem com a sexualidade é ignorar que ela é, também, uma questão política. A mulher é explorada pelo sistema capitalista e também pelo patriarcal, daí a unicidade de reivindicações econômico-social, políticas e sexuais nesse congresso a ser realizado. Não se trata de contrapor reivindicações econômico-sociais das mulheres de classe média ou operária à luta contra a opressão sexual, à discriminação no trabalho que elas sofrem. Quando o *Hora do (anti)Povo* se coloca em antagonismo, criando uma corrente popular e outra "grã-fino-lésbica", está criando um maniqueísmo divisionista que só beneficia o poder. Mais do que isso, que autoridade tem a *Hora do (anti)Povo* em imputar às mulheres que dele discordam pertencerem a uma "aristocracia muito sem-vergonha conivente com o governo da fome", quando suas brigadistas acorrem às reuniões de mulheres em kombi de chapa branca? Há algo de podre no reino de *Hora do (anti)Povo*. É fora de dúvida que as opositoras ao jornal combativo utilizam a imprensa dos patrões, ou seja, a imprensa financiada pelo capital privado. Aqui caberia uma indagação: quem financia o *Hora do (anti)Povo*? Seria muito esclarecedor saber algo a respeito.

Afirmar que o SOS Mulher é fruto do esmagamento que o povo sofre, portanto criação unilateral das opositoras de *Hora do (anti)Povo*, revela uma tentativa falaz de tapar o sol com a peneira. Eis que a agressão que as mulheres sofrem provém indiscriminadamente de homens pertencentes a todas as classes sociais, basta ler a imprensa alternativa paulista a respeito.

A defesa da especificidade do movimento das mulheres não significa alheamento em relação ao movimento global das classes trabalhadoras na luta por suas reivindicações. Da mesma forma que o grupo negro e o homossexual, a mulher está inserida na totalidade do real e, ao mesmo tempo, tem problemas específicos no contexto da totalidade que não podem ser escamoteados. A alegada monarquização do congresso de mulheres, acusação de *Hora do (anti)Povo* às suas opositoras, desconhece que a coordenação do III Congresso foi tirada em assembleias representativas anteriores, que contam a seu favor com a organização do primeiro e do segundo congressos. Se monarquia dinástica existe, ela deve ser procurada nos êmulos políticos de *Hora do (anti)Povo*; se em nível de Estado, na Coreia do Norte, o poder passa de Kim 2º Sung 1º a Kim 2º Sung 2º, no PCB, no qual o carisma do Cavaleiro da Esperança é apreendido por sua filha Anita Leocádia Prestes, no nível dos vinhos Dreher: o poder passa de pai para filho. A luta contra a repressão sexual é ligada à luta contra a repressão sócio-econômico-política. Reich cansou de mostrar como a repressão sexual que atinge o povo o leva a condutas aceitativas de regimes autoritários de que *Hora do (anti)Povo* é um dos adeptos.

O movimento feminista, à margem dos partidos e de seitas políticas, luta especificamente pela melhoria da condição da mulher, seja da classe média ou operária, inserido no conjunto da luta de todos que trabalham e são explorados. Isso é muito diferente das seções feministas dos chamados partidos de esquerda (!) nos quais os homens vão às reuniões, e as mulheres continuam no forno e no fogão.

É importante situar que enquanto o *Hora do (anti)Povo* continuar na linha de estigmatizar quem não reza por sua cartilha ou utilizar cassetetes para tomar conta de palanques, quando nas manifestações de massa como no ABC, estará repetindo as piores práticas fascistas, apesar de seu discurso antissituação. *Hora do (anti)Povo* se constitui no braço esquerdo da direita, sua aliança com pelegos do tipo Pimentel, no Rio de Janeiro, suas agressões à Oposição Sindical Metalúrgica de São Paulo, sua conduta divisionista no movimento feminista, a utilização das kombis de chapa branca de suas brigadistas mostram um retrato sem retoque: fascismo pequeno-burguês a serviço do poder burguês.

Conclusivamente, afirmar que a burguesia estimulou o homossexualismo significa sua redução profunda da história, da Grécia antiga aos atuais diplomatas soviéticos – em que, segundo *Hora do (anti)Povo*, não rege o capitalismo – tal prática não é desconhecida. No entanto, não se trata de premiar nem punir quem é homossexual, pois já Espinosa aconselhava "diante dos fatos, nem rir nem chorar, compreender".

Finalmente, a pretensão da *Hora do (anti)Povo* de induzir o movimento feminista a "abraçar a luta por uma Constituinte livre e soberana", além de ser pretensiosa e cabotina, esquece o destino da Constituinte de 1946: ela manteve toda estrutura fascista de sindicalismo, que, aliás, a *Hora do (anti)Povo* preserva na medida em que apoia os pelegos de todos os tipos nas eleições sindicais, relembre-se da eleição de Pimentel, no Rio de Janeiro, com apoio do Alemão, o braço esquerdo do peleguismo caboclo.

De Franco a Figueiredo[*]

Na Espanha, tentativa de golpe de Estado sob direção de dois generais, Miláns Del Bosch e Alfonso Armada, ex-combatentes da Divisão Azul que Franco enviou para combater a favor dos nazis, inconformados com a abertura política. Aqui, condenação de Lula e mais nove metalúrgicos, em um julgamento sem publicidade, cercado de mil restrições à defesa. Julgamento com ausência dos patrões e acusados, em suma, um processo que é idêntico ao Processo de Burgos, na Espanha sob Francisco Franco.

Lá como cá, a abertura está sob suspeita, de quarentena. Imagine-se na Inglaterra, cujo Parlamento funciona ininterruptamente desde 1212, um tenente-coronel invadi-lo obrigando os representantes do povo a ficarem de bruços, quando iria parar a tão alardeada soberania popular? Já, ceticamente, Tocqueville assinalava que o povo é soberano, porém pobre.

---

[*] *Folha de S.Paulo*, 03/03/1981.

Diríamos nós, mais que isso, às vezes é utilizado como massa de manobra das facções dominadas das classes dominantes, que, por meio de resmungos paroquiais, pretendem manifestar seu descontentamento. No caso espanhol, não foram meros resmungos, porém, gritos em tom imperativo do tenente-coronel Tejero, amparado por metralhadoras e fuzis, instrumentos altamente persuasivos nos dias que correm.

Espanha é um país onde a democracia sempre foi considerada flor exótica de importação anglo-francesa, pelos industriais, pelos latifundiários, pelo alto clero e pela alta burocracia, acostumados a mandar sem restrições. A chamada revolução burguesa – industrialização, respeito ao voto popular e liberdade de organização e pensamento – deu-se na Espanha por cima. Foi resultado do acoplamento entre os vários setores dominantes (banco, indústria, latifúndio, aliança da burguesia catalã e latifundismo de Andaluzia), cimentado pela burocracia de Castela com sede em Madri. Essa aliança sinistra enterrou por muito tempo a liberdade de pensamento, a organização, a igualdade formal e a participação popular nos processos decisórios. Tejero teve um predecessor, general Pavia, que napoleonicamente montado em seu cavalo penetrou no recinto das cortes, derrubando a efêmera Primeira República.

A tentativa de golpe de Tejero estava amparada pelo general Miláns, que assumia todos os poderes em Valência – inclusive o judicial – enquanto Tejero invadia as cortes. No entanto, a firme atitude do rei negando qualquer legitimidade ao golpe e a mobilização popular conjurou a quartelada. Ela mostrou os limites de abertura espanhola, que transcorre na forma de um franquismo sem Franco, com o saneamento de cima para baixo, que não havia eliminado os membros da alta burocracia civil e militar, da Falange ou da Opus Dei – a Máfia Sagrada –, pilares do sistema franquista.

O saneamento de cima para baixo leva ao risco de regressões políticas – nenhuma classe dominante saneia seus componentes; sem a pressão popular, a abertura espanhola pode transformar-se em apertura.

Referindo-se ao Brasil, já dizia o poeta: "criança nunca verás um país como este!". E tinha toda razão. Como a Espanha, o Brasil não conheceu revoluções estruturais como a França, a Inglaterra e os Estados Unidos – bases da democracia política. Neste país do futuro, segundo Zweig, colônia de banqueiros, segundo Barroso, o povo assistiu à queda da Monarquia e à implantação da República pensando tratar-se de uma parada militar. Nossa "Revolução Francesa" de 1930 se efetuou de cima, sob a égide de Antônio Carlos e seu dito: "façamos a revolução antes que o povo a faça". A chamada Intentona de 35 foi uma quartelada de tenentes que liam Marx e acreditavam no "processo de massas", porém, pensavam ler Blanqui, ideólogo dos grupos minoritários golpistas salvacionistas. País onde os altos cargos da burocracia são preenchidos pela política dos clãs parentais, por estratégias de casamento se alinham os setores industriais e agrícolas, que, por intermédio da herança, transmitam a estrutura de propriedade a seus agentes. Oposições que não se opõem, partidos trabalhistas que trabalhadores não dirigem, partidos democráticos-sociais que não são democráticos e nada têm de social, confirma Oliveira Viana quando definia que, no Brasil, "os partidos políticos não são entidades de direito público, o são de direito privado".

Basta a emergência de líderes autênticos para que o Estado de direito se transforme rapidamente em Estado de direita, a democracia aparece como mero intervalo entre ditaduras. A condenação de Lula e seus companheiros, além da função de incriminá-los impossibilitando elegibilidade a qualquer função de interesse público, obedece ao princípio medieval da punição exemplar. Ela tem como função mediata atemorizar as classes subalternas na luta por suas reivindicações sociais. O que é necessário reter é o fato de que toda vez que os trabalhadores se mobilizam no âmbito da luta contra a exploração do trabalho e contra a dominação política, a LSN (Lei de Segurança Nacional) é acionada. No entanto, a desgraça é maior; as vicissitudes do jornalista Boris Casoy mostram como o conceito de opinião pública é inerente ao capitalismo desenvolvido; nos Estados Unidos, jornalistas derrubam um presidente, aqui são vítimas exemplares das punições burocrático-estatais.

Acresce notar que o panorama internacional em nada ajuda os pobres. Os Estados Unidos, com Reagan, adotam – conforme Maquiavel – a política do leão, substituindo a política da raposa – dos direitos humanos – de Carter. Ressurge do baú a ideologia desenvolvida pelos intelectuais do Pentágono, como Hutington, de apoiar regimes autoritários contra os totalitários; resta saber quem define o que é um e o que é o outro. O endurecimento dos Estados Unidos obrigatoriamente levará ao endurecimento da URSS; desse lado, Cuba e Nicarágua correm perigo, do outro, Valessa poderá ficar na berlinda. Tudo isso confirma a atualidade de Shakespeare quando, em *Rei Lear*, diz ser "lamentável que os loucos dirijam cegos nesse mundo, o que se constitui em uma das maiores desgraças".

Da mesma maneira que a tentativa frustrada de golpe na Espanha serviu para solidificar as oposições e, logicamente, os movimentos populares, o processo contra Lula e seus companheiros em médio prazo poderá ter efeitos inesperados, quais sejam, maior implantação sólida do PT no país e a implantação da firme convicção entre a mão de obra de que somente uma auto-organização autônoma constitui o caminho para sua libertação. Resta ao poder, porém, jogar a cartada do atendimento do recurso ao Supremo (com isso, procuraria esvaziar as repercussões nacionais e internacionais negativas da condenação e limpar a face diante da opinião pública, traumatizada, perplexa, porém atenta).

Hospício, loucura*

Entram e saem governantes, Comissões Parlamentares de Inquérito se sucedem e nada acontece: os horrores dos hospitais psiquiátricos continuam. O louco preso, marginalizado, maltratado e privado de qualquer possibilidade de pressão social, sente no próprio corpo o estigma, a punição, a segregação por um poder para o qual a padronização da conduta constitui o critério de saúde.

Nos hospitais psiquiátricos, o tratamento oscila entre o exorcismo e a impregnação farmacológica, em que a terapêutica do eletrochoque e o isolamento são combinados. Dizia-me ilustre psiquiatra paulista, mostrando seu viés de classe, a respeito do eletrochoque: "No intelectual o eletrochoque não deve ser aplicado, pois afeta a memória". Isso significa que, no não intelectual, entendido o trabalhador braçal da cidade e do campo, pode e deve ser aplicado; eis que ele não utiliza as faculdades mentais no nível do intelectual, geralmente oriundo da classe alta ou média!

Jaz dormindo o sono eterno o relatório final da Comissão Especial de Inquérito da Assembleia Legislativa do Estado de São Paulo e da CPI (Comissão Parlamentar de Inquérito) da Assembleia Legislativa do Rio de Janeiro, sem dúvida à espera de aproveitamento futuro para tese acadêmica.

Enquanto isso, a Coordenadoria de Saúde Mental alugava prédio de nove andares na rua da Consolação, com carpetes em cor havana combi-

---

* *Folha de S.Paulo*, 19/06/1980.

nando com móveis, pelo módico aluguel de 380 mil cruzeiros mensais, quantia suficiente para atender a 380 doentes.

No Hospital do Juqueri, além da CPI constatar umidade, odor e sujeira, dependências infestadas de moscas e numerosos corvos nas cercanias, souberam também que, no ano de 1977, os doentes de Franco da Rocha, divididos em trinta pavilhões, receberam visita médica somente em 37 dias. A Comissão verificou, ainda, que a clínica com capacidade de 15 leitos, abriga 62 pacientes; os demais dormem em colchões no chão, 40% ou mais sem chinelos; na creche, encontrou fezes de ratos nas sopas dos bebês, além de palhas de aço, cabelos e baratas. Também notou a falta de material para curativos.

A CPI viu também o desaparecimento de gêneros alimentícios, cujo volume só poderia ser transportado por veículos. Agrega-se a isso o roubo de quatro mil metros de fio elétrico plástico em 21 de novembro de 1977. Há a acresentar que a grande maioria dos cinco mil funcionários recebe salários ínfimos.

O Hospital de Franco da Rocha possui, talvez, a maior farmácia do país. Por incrível que pareça, ela não consta do organograma desse hospital. Seu enorme estoque de medicamentos não está sujeito a nenhum controle. Funciona em um prédio que anteriormente servia de velório. Apesar disso, possuía 15 livros de Registros de Especialidades Farmacêuticas. A CPI encontrou receitas feitas para um só paciente com dez mil e 15 mil comprimidos! No Livro 15, foram encontradas duzentas páginas rasuradas.

Os hospitais de Jurujuba (Niterói) e Vargem Alegre (Barra do Piraí) abrigam doentes trancados em quartos confinados, só com uma viseira na porta. Os doentes são dopados com psicofármacos que provocam um estado de apatia, o que permite o controle sobre eles. Nas enfermarias de Jurujuba, os deputados encontraram portas de ferro fechadas a cadeado, leitos, ou melhor, catres imundos, encostados uns nos outros, ali se amontoando os enfermos. Dezenas de doentes circulavam nus, em uma imundície total, sujeitos a toda sorte de sujeiras e contaminações. Não era um hospital, mas um depósito de loucos, uma prisão especializada.

Tudo isso acentua a importância de uma psiquiatria democrática. É claro que ela só poderia existir na medida em que se dê a democratização da vida política e social, que o internado, geralmente operário, camponês ou dona de casa, possa organizar-se para lutar por seus interesses. Nesse sentido, é modelar à Lei n. 180, aprovada na Itália, que afirma não ser o louco um elemento perigoso e, ao mesmo tempo, elimina os manicômios. Isso foi fruto da ação combinada de médicos, enfermeiros e pacientes que, reunidos em assembleia, discutiram seus problemas. Foi aí que se iniciou a experiência de Franco Basaglia e sua equipe, há 19 anos, no Hospital Psiquiátrico Provincial de Gorizia. Ele se fundava na experiência da comunidade terapêutica de Johnson, na Inglaterra. Seu ponto de partida foi questionar a psiquiatria, que, em sua opinião, havia sido até então a história da delegação de poderes ao psiquiatra, resultando na produção dos manicômios e na violência. Para Basaglia, o problema não consistia na criação de comunidades terapêuticas nas quais alguém iluminado organiza a vida do grupo, mas em quebrar as instituições que são obstáculos ao encontro real. Assim, a luta contra a exclusão e o confinamento alicerçaram a solidariedade entre doentes, médicos e enfermeiros, em que o coletivo atua terapeuticamente.

Essa prática implica a integração da família do doente, dos vizinhos do bairro e dos companheiros de trabalho no debate sobre sua situação.

A Lei n. 180, aprovada pelo Parlamento italiano em 1978, nega a instituição manicômio, transferindo a assistência do doente aos centros de higiene mental ligados a consórcios médicos sanitários e a unidades administrativas vinculadas a pequenas comunidades. Elas possibilitam a médicos, a enfermeiros e à população empreender juntos o esvaziamento dos manicômios. Enquanto o médico perde seu poder institucional, o enfermeiro deixa de ser a guarda controladora. Assim, os centros de higiene mental praticam assistência de ambulatório, em que a equipe médica dialoga com o paciente para estabelecer um nível de ação terapêutico; pratica a assistência domiciliar para conhecer o quadro familiar do doente. Para casos agudos que necessitem de internamento, a lei cria estruturas semirresidenciais, que permitem ao paciente abandonar o ambiente familiar, preservando seu ambiente social na forma de apartamentos ou comunidades agrícolas vinculadas aos serviços locais.

Logicamente, a psiquiatria democrática pressupõe a mobilização da sociedade civil, a criação de espaços de luta em favor dos corpos improdutivos, aqueles que, do ponto de vista dos valores dominantes, não reproduzem, na forma de trabalho acumulado, o capital. Pressupõe, também, a existência, em termos médicos nacionais, de um nível salarial que permita condições acima das mínimas para sobrevivência e, finalmente, a extinção do viés medicalizante em relação ao próximo, como o ocorrido na

Universidade do Rio de Janeiro, quando, deparando com aluno lendo jornal na sala de aula, o professor sentenciou: "Você está entrando em um processo psicótico!".

De Weimar a Dallari*

Os atentados contra Dalmo Dallari e contra a sede do PT e do CBA, a perseguição a José Carlos Dias e o tiro contra o escritório de Bierrenbach mostram o reduzido espaço da democracia política na formação econômico-social capitalista no Brasil, com a predominância do terror e a suspensão na prática dos chamados direitos humanos. Em suma, mostram como a chamada descompressão gradativa, de Hutington, teórico norte-americano das aberturas latino-americanas, encontra seus tropeços, e a chamada democracia no Brasil é o objeto mal-amado como havia sido a República de Weimar na Alemanha, que, premida por uma esquerda imobilista e uma direita superativa, gerou um monstro: o nazismo.

Entre a crise da República de Weimar e os tropeços da República no Brasil sob Figueiredo medeia uma distância de cinquenta anos, que, para o observador atento, apresentam pontos de convergência indiscutíveis.

Como o Brasil, a Alemanha não teve sua revolução burguesa. Sua grande revolução modernizante havia sido a reforma luterana, que havia substituído a autoridade da fé (na Igreja Católica) pela fé na autoridade (Estado). A Revolução Alemã de 1848 em nada alterou a estrutura do Estado nem as relações de produção, que se cristalizam sob Bismarck na forma de uma revolução por cima. A dominação da burguesia alemã se deu com a exclusão da penetração do capitalismo no campo. Isso determinou um ritmo lento na transição ao capitalismo, fazendo com que a burguesia alemã acordasse no plano político tendo como contraste a organização dos trabalhadores. Esse ritmo de desenvolvimento desigual do capitalismo levou a burguesia a soldar sua dominação em aliança com a nobreza; o Estado cumpria o papel de cimentar a nova aliança de classes. O crescimento de uma pequena burguesia nos poros de uma formação feudal em transição, em que o Estado tem o papel de cimento político, explica a re-

---

* *Folha de S.Paulo*, 29/07/1980.

levância do Estado, do exército e da burocracia no processo alemão e, logicamente, o fosso entre o autoritarismo real e o discurso liberal sob Weimar que levaria às trevas do nazismo.

Da mesma forma, a penetração do capitalismo no Brasil se dá na base de uma aliança de classes entre a oligarquia rural, os setores industriais e os bancários nascentes com o Estado cimentando tal aliança.

Nossa revolução de 1848 se chamou Revolução de 1930, que em nada mudou as estruturas socioeconômicas anteriores; ao contrário, solidificou-as mediante um sistema de alianças, no qual a política de valorização do café, de José Maria Whitaker, combinava com o impulso industrializante de décadas anteriores, e o Estado aparecia como garantia do pacto social. Nosso Bismarck se chamava Getúlio Vargas, nossa Assembleia de Frankfurt se chamava Constituinte de 1934, nosso general Groner se chamava Pedro Aurélio de Góis Monteiro. A República de Weimar, como a República brasileira, nasceu do pacto com o estamento militar burocrático. Em 1918, o presidente Ebert sela uma aliança com Groner contra a esquerda alemã; de 1918 a 1925, a República de Weimar vive sob fiança do general Von Seekt e do general Von Schleicher; a democracia está em *sursis*.

Lá também a repressão conservadora ou reacionária se dá por órgãos paramilitares, embora vinculados ao setor de segurança e informação. Assim foram assassinados Mathias Ezberger, líder católico, em 1921, na Floresta Negra; e Walter Rathenau, dono da AEG-Telefunken, ministro das Relações Exteriores, morto porque havia concluído o Tratado de Rapallo com a URSS pela direita radical, que empunhava a bandeira do nacionalismo, do racismo e do antissemitismo, e a ideologia da punhalada pelas costas como explicação da derrota alemã em 1914-8. Também sob Weimar, esquerdistas de todos os matizes, democratas dos estilos norte-americano e judeu eram os bodes expiatórios de uma inflação galopante, que fazia uma caixa de fósforos custar mil marcos.

Sob Weimar, de 1918 a 1933, quando se dá a ascensão de Hitler, houve mais de dois mil atentados políticos da direita radical, sem considerar que, para isso, havia influído a desmobilização do exército ordenada pelas autoridades civis alemãs, reduzindo seu efetivo de duzentos mil homens para cem mil. Isso gerou desempregados que iriam alugar-se à repressão paralela praticada pelos órgãos do Estado contra os que não rezavam pela cartilha do nacionalismo imperialista, do antissemitismo e rejeitavam os caminhos autoritários, que só conduzem a novos autoritarismos.

Qualquer relação com o Brasil não é mera coincidência. A ascensão da espiral inflacionária, a desmobilização dos organismos repressivos do período Costa e Silva–Médici e o início da auto-organização da classe média e do operariado urbano e rural coloca em xeque o esquema autoritário montado em 1964. A desativação dos organismos repressivos preexistentes, que, criados à sombra do Estado, pouco a pouco adquiriram autonomia de atuação, coloca a democracia brasileira, como a weimariana alemã, como a grande mal-amada.

Eis que, lá como cá, os setores dominantes preferiam a ordem do cemitério ao confronto democrático; a paz social dos mortos a lidar com o conflito social dos vivos; daí emergirem os ideólogos alemães da revolução conservadora; chamavam-se Werner Sombart, Van Den Bruck e Carl Schmitt, aqui no Brasil se chamam Gustavo Corção e Nelson Rodrigues.

Sombart, economista acadêmico, escreveu o *Apogeu do capitalismo* e *Os judeus e a vida econômica*, em que expressa seu antissemitismo e sua rebelião romântica contra a técnica, com a frase "a moto é criação do Diabo". Van Den Bruck, em O *terceiro Reich*, aponta para a missão histórica da Alemanha do mundo em crise, cuja salvação reside na volta ao prussianismo, à hierarquia, ao autoritarismo e ao agrarismo, na negação da civilização industrial. Conclusivamente, Hans Freyer, com sua *Revolução da direita*, funda o conhecimento em um ato de vontade pura, permitindo a emergência de Carl Schmitt, para o qual a verdade é serva da vontade política: é verdade tudo aquilo que interessa à razão de Estado.

É esse o clima intelectual que permitiu a emergência do nazismo, sem falar de um célebre artigo aparecido no *Bandeira Vermelha*, jornal do PC alemão, confessando que na luta contra a social-democracia se esqueceu da presença dos nazis.

Meio século decorrido, com a crise de hegemonia instalada no Estado brasileiro, a alta taxa inflacionária, o esboço de organização popular sob as formas de comunidades de base, as oposições sindicais e as associações de bairros, a emergência de novos partidos políticos inquietam a intolerância repressiva. A quem interessam os atentados cometidos? Às forças obscurantistas comprometidas com a regressão político-social como projeto nacional, dizemos nós.

O cardeal dos direitos humanos[*]

Certa vez, justificando-se de sua prolixidade, padre Vieira escrevia "não tenho tempo para ser breve": contrariamente, tenho esse tempo.

O catolicismo atual fecundado por Medellín e Puebla se afastou muito da esteira aristocrática de um Mounier, de um Claudel ou de um Mauriac.

No quadro latino-americano, a organização da CNBB (Conferência Nacional dos Bispos no Brasil), em 1952, e a CELAM (Conferência Episcopal Latino-Americana), em 1955, indicavam a formação de estruturas horizontais coexistindo com estruturas tradicionalmente verticais na Igreja; ela, dialeticamente, vivia a contradição organizacional e assumia as contradições do social.

Paralelamente, João XXIII assumia o ecumenismo como nova mensagem. Enquanto isso, no Brasil, vivíamos um momento de trevas, torturas, prisões e censura.

Nesse momento é que a presença de d. Evaristo, em São Paulo, assume a forma de verdadeiro testemunho sobre a terrível condição humana em situação opressiva, é o período da morte do estudante Vanucchi Leme, do jornalista Vladimir Herzog e do operário Manuel Fiel Filho. Nesse momento, sua voz se ergueu em defesa dos direitos humanos elementares, sem os quais nenhuma sociedade sobrevive e, especialmente, não sobrevive o direito à vida.

No plano institucional, o Movimento de Educação de Base e a Operação Periferia ampliam-se, especialmente, em São Paulo. A Pastoral Operária assume um espaço no conflito social urbano; é o momento da morte de Santo Dias, ele mesmo membro da Pastoral. A gigantesca manifestação pública na ocasião, tendo à frente d. Evaristo Arns, havia mascarado indelevelmente a vida paulista e definido a decisão dos trabalhadores em lutarem organizadamente por seus interesses sociais, econômicos e humanos.

Graças à visão do cardeal paulista, Santo André e São Bernardo, com d. Cláudio e a zona leste, com d. Sândalo, assiste-se ao espetáculo da Igreja vinculada ao proletariado, dando força na sua luta pela auto-organização. O desenvolvimento das Comunidades Eclesiais de Base como elementos de integração e organização da mão de obra advinda das migrações

---

[*] *O São Paulo*, 29/10/1982.

rurais do interior do Nordeste, de Minas Gerais e de São Paulo atestam a clarividência da política social levada a efeito por d. Evaristo.

Sem dúvida, assim agindo, conseguiu muitos inimigos entre muitos setores da elite dominante, acostumados a ver na Igreja a legitimação de seu poder; em troca, conquistou milhares de amigos entre os que nada têm, os trabalhadores espoliados de seus direitos mínimos por uma política antissocial inaugurada em 1964; e os operários expulsos da cidade, ocupando as periferias e convertendo urbanização em favelamento. A Operação Periferia, a Pastoral Operária, as Comunidades Eclesiais de Base e a Pastoral dos Cortiços definem a ênfase da dimensão social presente na prática de d. Evaristo. Nesse sentido, é um marco histórico, no plano da Igreja e no plano do país, sua ação em defesa dos direitos humanos, dos direitos sociais dos espoliados do campo e da cidade.

Temos certeza de que sua ação no plano do social se aproxima em muito à de Casaldáliga e d. Thomaz Balduíno, d. Pelé e muitos outros que, no quadro da realidade nacional e latino-americana, procuram desvincular a ação da Igreja da defesa de estruturas obsoletas corridas pelo tempo e de interesses privatistas antissociais. Esse cristianismo ativo é que se coloca na grande tradição do cristianismo primitivo, um cristianismo comunitário soldado na aliança dos pobres e oprimidos.

Hermínio Sacchetta, uma perda de todos*

No dia 28 passado, às 2h da madrugada, o advogado e amigo Renato Caldas, por telefone, me deu o recado fatal: o velho faleceu, Hermínio Sacchetta nos deixou. Emudeci ao telefone, sem resposta, coloquei-o no gancho.

Com sua morte, perdia não um pai biológico, mas um pai social. Minha cultura política a ele devia em muito. Também o sentimento de solidariedade com os que nada têm e a noção da luta como integrante constante do cotidiano contra a exploração e opressão. Mas, igualmente, o ódio ao carreirismo político e o desprezo aos canalhas que usurpam a fala do trabalhador, para em seu nome legitimarem suas prebendas burocráticas.

---

* *Folha de S.Paulo*, 02/11/1982.

Em suma, o desprezo àqueles heróis sem caráter, os macunaímas que servem a todos os governos, ontem serviam à ditadura, hoje se preparam para servir à democracia. Essas lições de vida e postura política me foram ensinadas pelo velho.

Conheci-o quando caía a ditadura Vargas, em 1945, e se iniciava um processo de abertura política e redemocratização. Discutia-se na galeria Prestes Maia, na praça do Patriarca, sobre a traição do stalinismo, que propiciaria a vitória de Franco na Revolução Espanhola de 1936-9; a degenerescência burocrática da Revolução Russa, com a degradação do PCB em mero aparelho transmissor de burocratas empedernidos, que pregavam a Constituinte com Vargas na esperança de ocupar os cargos burocráticos na Previdência Social e nos sindicatos atrelados ao Estado, desde 1931.

Era uma época em que o PCB havia se tornado partido legalizado, e vigorava em seus estatutos o inflamante Artigo 13 que rezava: "É proibido ao militante (do PCB) ter contato, direto ou indireto, com trotskistas ou outros inimigos da classe operária".

Hermínio Sacchetta substituiu Prestes como secretário-geral do PCB, em 1936, quando foi preso pelos esbirros do Estado Novo de Vargas e condenado pelo famigerado Tribunal de Segurança Nacional, prenunciando a noite negra que se abateria sobre o país com a implantação da ditadura do Estado Novo. Ela amordaçaria a consciência e a voz do brasileiro, por meio da censura exercida pelo DIP (Departamento de Imprensa e Propaganda), sob Lourival Fontes.

Com implacável lucidez política, Sacchetta demonstrou a nós, adolescentes na época, o fracasso das frentes de aliança de classes, como a ANL, dirigindo sua crítica aos ex-militares que ocupavam o Comitê Central do PCB, unindo o golpismo tenentista à ideologia stalinista. Com sua quartelada de 1935, propiciaram as condições ao golpe de Vargas de 1937, que o manteve no poder até 1945.

Em 1938, na prisão do Estado Novo, rompe com o PCB, aderindo às teses de Trotski, configuradas no programa da Quarta Internacional. Após 1945, funda a Liga Socialista Independente, em que o ideário socialista inclui a exigência da democracia operária e da liberdade política.

Sob o influxo do velho, líamos e fazíamos a crítica dos clássicos do bolchevismo, sem perder de vista que a realização de um projeto socialista não passa pela mera substituição de homens no poder do Estado, mas pela ruptura com as formas de exploração e dominação existentes. Mais ainda, o velho nos ensinou: a pessoa é mais importante que qualquer cargo, daí a rejeição à corrida ao sucesso e a gloríola fácil com que o sistema premia os heróis sem caráter, os macunaímas diplomados pelas universidades e os assessores da dominação.

Com Hermínio Sacchetta aprendíamos que, nesse meio mercantil em que tudo tem um preço, só o homem possui uma dignidade. Ela se expressa pela exigência implacável e obstinada de coerência entre meios e fins, entre a vida cotidiana coerente com os projetos de mudanças estruturais.

O velho nos mostrou a falácia das recomposições da legitimação do poder de Estado após a queda de Vargas e a eleição do general Dutra. Mais ainda, ele insistia nas consequências desastrosas para o movimento autônomo dos trabalhadores da existência de oposições que não se opõem, quando as frentes com o nome de partidos se convertem em canais de conchavos com os donos do poder. Quando os democratas acorriam à distribuição dos cargos públicos, vendendo-se barato a pretexto de prestarem um serviço social. Em linguagem atual, é o processo de transformação do PMDB em PMDS.

Sacchetta, por seu exemplo pessoal, desprezando os bem-pensantes da época, os realistas políticos de curto voo, as aves de arribação que justificavam seu oportunismo com o nome de participação e bem comum, dava-nos lições de vida e cultura política.

Já dizia Freud que a maior perda do ser humano é a morte de seu pai. É o que sinto com a morte de Hermínio Sacchetta, com quem formei minha visão de mundo. Seu desaparecimento é uma perda irreparável. Com sua morte, os trabalhadores perderam uma consciência crítica voltada aos valores de solidariedade que incluía a inteireza de caráter. O país perdeu um homem digno. O jornalismo perdeu, com sua morte, um profissional que, nos *Diários Associados*, na *Folha*, no *Em Tempo*, jamais discriminou colegas, sempre disposto a colocar seu cargo em jogo na defesa de humildes focas, iniciantes, na redação.

Após um mês de sofrimento, ele descansou. Descanse em paz, para assim nos conferir a certeza de estar junto a nós no combate à opressão, à exploração, ao carreirismo eleitoral e à mentira política. Porque os velhos soldados das lutas sociais não morrem. É nossa certeza inabalável.

Emir Nogueira*

Com sua morte ficamos mais pobres e mais tristes. Desaparece não só o professor que tinha algo a dizer a quem o ouvia, o jornalista que tinha algo a transmitir a quem o lia. Acima de tudo, nos deixa aquele que constituiu sua vida como testemunho da condição humana.

Era um militante sem partido. Sua formação cristã profunda não se esgotava nos rituais externos e nos ostentatórios das práticas religiosas institucionalizadas. Era o alicerce de uma prática social fundada na solidariedade ativa a todos que lutavam pela dignidade de quem trabalha.

Disso, inúmeros podem testemunhar, especialmente por ocasião do início do processo político iniciado em 1964, fundado na exclusão do cidadão de quaisquer decisões sociais e no amordaçamento dos órgãos de informação, quando um telex da Corte de Brasília era suficiente para impugnar a publicação de notícias que contradiziam o oficialismo dominante.

Foi nesse período, que passará à História como o tempo do desprezo, no qual a mentira organizada se converteu em norma e a morte em estratégia política de Estado, que pudemos conhecer Emir Nogueira.

Com sobriedade, sem ostentação, com seriedade, sem deixar-se levar pela facilidade daqueles que têm fórmulas acabadas para tudo, ele cumpria sua missão no cotidiano, no trabalho e na prática de uma solidariedade ativa que não ficava no mero discurso retórico.

Esse militante sem partido, eleito presidente do Sindicato dos Jornalistas, procurou agilizar uma burocracia interna, até então inoperante; procurou sanear o sindicato, substituindo os advogados criminalistas por trabalhistas, estes, sim, necessários à ação sindical.

A morte, porém, colheu-o a meio do caminho. Vai-se o homem, fica o exemplo. Um exemplo de luta pela dignidade humana inseparável da luta por melhores condições de vida dos trabalhadores, sejam intelectuais ou manuais. Ele nos deixou uma derradeira lição: se todas as coisas têm seu preço, só o homem tem uma dignidade. Com ele se foi um militante da democracia, no sentido mais amplo do termo, e a melhor maneira de homenageá-lo é continuar a lutar pela liberdade e pela autonomia sindicais, com sobriedade, discrição, porém com firmeza. Como ele o fazia.

---

* *Folha de S.Paulo*, 15/09/1982.

Questão social: ainda caso de polícia?*

A legitimidade das reivindicações sociais da classe trabalhadora foi praticamente universalizada com o desenvolvimento do capitalismo e da auto-organização da mão de obra. O capitalismo organiza a mão de obra em seus locais de trabalho. Na medida em que há interesses contraditórios entre patrão e empregado, o local de trabalho aparece como local de origem do conflito social.

É fora de dúvida que a aceitação da legitimidade das reivindicações sociais dos trabalhadores pelo sistema se deveu em muito à organização operária, à perseverança e à unidade na luta. Não é por acaso que a chamada festa do trabalho, a qual os pelegos de todo tipo promovem pelo mundo, vem marcada pelo sacrifício de seis operários, condenados pela justiça dos Estados Unidos à pena capital.

É indiscutível que, dos fins do século passado à década de 1990 deste século, muitas águas passaram sob as pontes. Assim, sob o capitalismo desenvolvido, a mão de obra não só conquistou direito de cidadania, por meio da existência e do reconhecimento da legitimidade de suas organizações (sindicatos, partidos, escolas), como o instituto da greve obteve reconhecimento universal por meio do Tratado de Versalhes.

Sob o capitalismo desenvolvido, o Estado atua como uma espécie de mão invisível, que tende a reconhecer os conflitos de interesses entre as classes e os vários grupos, na medida em que estas afirmam sua especificidade. Daí ser comum nos Estados Unidos, antes do início de qualquer negociação de acordo coletivo, as categorias se declararem em greve com a finalidade das negociações. Não só é reconhecida a legitimidade de tal pressão, como também, na Alemanha Ocidental, na Índia, na França e na Inglaterra, sob pressão da mão de obra, existe a figura do delegado sindical, com imunidade que garanta o exercício de sua função: defender os interesses de seus pares. Mas o reconhecimento da importância social e política da classe operária não para aí. Penetra na própria empresa, por meio de mecanismos como participação e cogestão, pelos quais a mão de obra é ouvida em suas reivindicações e, no mínimo, nenhum operário pode ser despedido sem se ouvirem seus pares da Comissão de Empresa.

---

* *Folha de S.Paulo*, 08/11/1979.

A falência da política

O que ocorre no país do milagre econômico? A classe operária, na realidade, não tem direito à cidadania. Salvo raras exceções, o sindicato não é a casa do trabalhador, é a casa do pelego. A Revolução de 1964 acabou com a Comissão do Imposto Sindical, mas manteve os 20% do governo, que, em vez de ir para a Comissão, vai para o Departamento de Emprego e Salário. Fica no Ministério do Trabalho: 60% do sindicato, 15% destinados à federação e 5% para a confederação; os juros até hoje são apropriados pelo Estado. Por sua vez, a CLT (Consolidação das Leis Trabalhistas), nos artigos 570 e 577, a pretexto de "organizar o quadro das atividades e profissões", realiza o enquadramento do operário, em tudo contrário à liberdade e à autonomia sindical. Onde realmente há liberdade sindical e os sindicatos se auto-organizam, as representações local, estadual e distrital constituem a base das confederações operárias. É a classe que decide autonomamente. Não para aí a regulação burocrática da representação operária. Suas lutas reivindicativas e seus órgãos representativos estão sujeitos, conforme o Artigo 528 da Constituição, à intervenção administrativa do Ministério do Trabalho, que pode destituir a diretoria do sindicato por tempo indeterminado.

Isso caminha paralelamente a uma política corporativa por parte do Estado, na qual conflitos e tensões sociais são submetidos à tutela estatal, com a função de vigiar, punir e matar em nome da lei. Isso me lembra uma frase de um célebre advogado nos anos 1974-5: "Razão de Estado, quantos crimes se cometem em seu nome".

Não há dúvida de que a emergência do Estado autoritário, a partir de 1964, implicou uma violenta regressão no trato da questão social. Não só as empresas, a partir daquela data, fecharam seus Departamentos de Relações Industriais, mas ainda a Justiça do Trabalho reduzida a um carimbo burocrático dos índices de aumento permitidos pelas Comissões do Executivo, como o assalariado ficou um fora da lei.

A duras penas, após o desencanto com o milagre econômico, realizado pelo trabalho da classe operária, a única não beneficiada com seu fruto, a mobilização da mão de obra urbana adquiriu, na prática, espaço maior na sociedade global. No entanto, a questão social ainda é tratada sob a ótica estritamente policial. A intervenção nos sindicatos, a prisão de grevistas, o aparato policial-militar para intimidá-los... Tudo isso mostra o ranço autoritário estatista, incapaz de conviver com o conflito e com a dissensão social. Como a recente repressão à oposição sindical do setor metalúrgico, a morte de um operário mostra o caráter seletivo da violência: enquanto as greves são de setores médios – professores, estudantes, funcionários públicos – a repressão adota a forma de boicotes econômicos, a retenção de verbas a institutos universitários, dificultando, assim, seus trabalhos. No momento em que o operário sai à rua, um tiro mortal marca o sentido da violência diferenciada, segundo as classes a que pertencem as pessoas. A bala que vitimou o operário Santo Dias da Silva marca os exatos limites da "abertura".

Essa "abertura" é limitadíssima, limitada pelos pacotes governamentais, que dizem respeito à reorganização dos partidos políticos, pelo pacote educacional do ministro Portela, preocupado em divulgar a Coca-Cola nos livros de primeiro grau que os professores são obrigados a adotar, a pretexto de luta pelo meio ambiente. Limitada pelos óbices colocados ao movimento operário quando procura organizar-se em uma Central Sindical Nacional, pelo não reconhecimento da UNE. Tudo isso repete em muito 1945, sendo bem verdade que a história se repete duas vezes: a primeira vez como história, a segunda vez como farsa. Tão relativa quanto atual, a "abertura" de 1945 se deu com a condição de o presidente Dutra manter o caráter corporativo da legislação social estado-novista e não realizar inquéritos sobre torturas, enriquecimento ilícito e outros desmandos da ditadura.

A atual "abertura" tem servido apenas para melhorar a imagem externa diante dos investidores internacionais, desmobilizar o povo e teimar em tratar a questão social sob ótica policial. Constitui-se em uma técnica de empulhação.

No entanto, nem sempre a questão social no Brasil foi tratada como caso de polícia:

> Bem ao contrário da afirmação que corre como oficiosa, se não como oficial, de que o problema social no Brasil é uma questão de polícia, nós estamos convencidos de que também aqui, como em todos os países civilizados, o problema social existe. Existe a questão social, porque não poderia deixar de existir: existe nas cidades, nas vilas, nos campos, no comércio, nas indústrias urbanas, nas indústrias extrativas. A existência da questão social entre nós nada tem de grave e inquietador; ela representa um fenômeno mundial, é demonstração de vida, de progresso. O que de inquietador e grave aparece no Brasil é a preocupação de ignorar oficialmente a existência de problemas dessa natureza (Manifesto da Aliança Liberal, 1929, p.7).

Pasmem! A data é 1929, e estamos em 1979. Isso dá um parâmetro para verificar o que 1964 significou de regressivo na área social. Qualquer progresso nesse terreno só poderá ser obtido pela auto-organização autônoma da mão de obra e sua determinação em criar uma estrutura social para a qual crimes como o assassinato do operário Santo Dias da Silva sejam inconcebíveis.

Constituinte, para quê?*

A convocação de uma Assembleia Nacional Constituinte se dá quando as classes dominantes necessitam redefinir a legitimidade do poder exercido por seus representantes no Parlamento, e daí a necessidade de uma nova ordenação jurídica que cimente o pacto entre as várias facções que a compõem.

Foi esse o sentido da convocação da Constituinte de 1890, quando a burguesia nacional proclamou a forma república liberal a mais apta a manter sua dominação de classe, com a exclusão dos subalternos, na época ex-escravos destinados ao subemprego urbano e colonos emigrantes, destinados à escravidão no campo.

Reagindo ao centralismo dominante da burocracia mandarinal do Segundo Império, a Constituição de 1891, fruto da Constituinte citada, irá definir-se por um federalismo estadual, ou melhor, por reafirmar a primazia política da região Centro-sul em relação à nação, ao mesmo tempo submetendo o trabalhador emigrante da zona urbana a relações de trabalho definidas pelo Código Civil, como simples prestador de serviço, sem quaisquer direitos sociais – seja aposentadoria, pensão ou coisa que o valha.

No entanto, no país, a descentralização federativa da Constituição de 1891, fundada no modelo norte-americano, funcionou ao contrário: entregou as populações rurais de mãos atadas ao domínio total do coronelismo, clientelismo exercido pelo latifundiário ou pelo aparelho do Estado a seu serviço com a figura do "juiz nosso" e do "delegado nosso", especialistas em colocar os opositores na cadeia. A bem da verdade, na época, não havia partidos nacionais, havia grupos de interesse estaduais a

---

* *Folha de S.Paulo*, 10/03/1981.

serviço do latifúndio, como o Partido Republicano de São Paulo ou do Paraná. Quando ocorria uma cisão, emergia um partido democrático, como foi o caso de São Paulo.

A industrialização, a urbanização e a emergência dos setores médios na vida do país, porém, colocaram em primeiro plano a luta pela representação, a autenticidade (!) na escolha dos eleitos pelo povo e o fim do regime de atas falsas e dos currais eleitorais, por meio dos quais as massas rurais, manipuladas pelo latifúndio por intermédio do voto, venciam por maioria os setores urbanos, legitimando o mito do destino agrícola do país e da falta de vocação industrial do Brasil, como diziam os ideólogos anti-industrialistas da época.

Os pronunciamentos militares de 1922-4 levaram à Revolução de 1930, que se constituiu na reformulação da estrutura de dominação, com a integração dos setores médios nos quadros do Estado, e na ampliação de sua burocracia, especialmente na economia. O intervencionismo econômico do Estado não agiu contra a propriedade privada, ao contrário, transformou o Estado em um elemento de acumulação com o fim de expandir sua área. A Revolução de 1930 não significou ruptura, mas sim solução de compromisso entre os vários setores dominantes. Eis que o representante da agricultura, José Maria Whitaker, aparecia como o novo ministro da Fazenda. E o reformismo dos tenentes foi domesticado por Vargas, quando ele os nomeou capitães, como se dizia na época. No entanto, o processo de industrialização e urbanização significava, também, o ingresso da classe operária na história. Eis que um sindicalismo independente do Estado emergiu em todo o país. O ápice se deu quando da greve geral que parou São Paulo em 1918, em solidariedade à Revolução Russa. Em 1931, porém, é criado o sindicalismo de Estado, e a questão social deixa de ser caso de polícia para transformar-se em assunto de Estado. Daí surgir a Constituinte de 1934, com a finalidade de recompor o novo pacto de dominação, redefinindo a existência e o papel dos setores dominados da classe dominante, procurando, ao mesmo tempo, criar instrumentos de controle da classe operária. O mais efetivo foi o sindicalismo de Estado, que, por meio do Ministério do Trabalho, com o enquadramento sindical, mantém, até hoje, o sindicato umbilicalmente preso ao Estado – controlado, vigiado, manipulado.

O pacto de classes representado pela Constituinte de 1934 desemboca na ditadura do Estado Novo de 1937, que, após um curto período de oito anos de poder, no dizer do ditador Vargas, com o fim da Segunda Guerra, abre o caminho da redemocratização e da convocação de uma Assembleia Nacional Constituinte em 1945. Recompõe-se o pacto de dominação, inclusive com a participação dos deputados do PCB. No entanto, estruturalmente, para a classe trabalhadora nada mudou; pelo contrário, toda a estrutura de controle montada pela ditadura de Vargas foi mantida após 1945, a máquina representativa de Filinto Miller ficou intacta – e ele até foi eleito senador pela Arena. O imposto sindical, base econômica do peleguismo, foi mantido com o voto dos deputados do PCB.

Onde a redemocratização? Onde a participação real do povo? Houve uma "abertura" de cima para baixo, o povo conquistou um espaço para resmungos paroquiais, pois qualquer greve na época era selvagemente reprimida pela célebre Polícia Especial criada pela ditadura de Vargas. Se nos portos, era reprimida pela não menos célebre Polícia Marítima, de triste memória.

A Constituinte livre e soberana convocada em 1945 elaborou a Constituição de 1946. No referente à situação de autonomia e liberdade sindicais, autonomia do sindicato diante do Estado, tudo ficou na mesma. Revelou-se tão eficiente o Ministério do Trabalho em sua tarefa de controlar e domesticar os sindicatos que 1964 não mexeu na estrutura sindical herdada, apenas aprimorou o ruim criando o pior, da mesma forma que substituiu a antiga Lei da Estabilidade pelo FGTS, e, com o AI-2, ampliou a competência da justiça militar, que há um século e meio era restrita a crimes militares, ao julgamento de civis. Na prática, isso propicia facilidade em encarcerar pessoas inocentes em fase de inquérito ou condená-las na base de provas que a justiça comum jamais aceitaria.

Como é possível falar em Assembleia Constituinte popular e soberana quando líderes sindicais são enquadrados pela LSN; quando ela age como uma espada sobre jornalistas que veiculam notícias que não interessam ao poder; em suma, quando, na prática, a questão social continua ainda sendo o que era na década de 1920 – um caso de polícia; quando a Lei do Estrangeiro recupera a Lei Adolfo Gordo da Primeira República, que permitia ao Estado expulsar o operário estrangeiro, especialmente se portador de ideias exóticas ou alienígenas, esquecendo-se os autores dessas classificações, fascistas em sua maioria, que o fascismo também é flor exótica e alienígena, alimentado pela raiz de Mussolini na Itália, para não dizer de nosso liberalismo de origem anglo-saxã, fonte da qual Tavares Bastos bebeu no Império e Rui, na Primeira República?

A chamada luta por uma Assembleia Nacional Constituinte, sem o desmontar da máquina repressiva, sem a participação real dos assalariados nos processos decisórios em todos os níveis, nada mais é que sonho de uma noite de verão, destinado a reciclar a ditadura em primeiro lugar e, posteriormente, pela ampliação dos cargos burocráticos, permitir a uma pequena burguesia, sôfrega de emprego e poder, oprimir o povo na qualidade de seu representante. Não importa a roupagem com que os novos patrões pretendam se apresentar, se de centro ou esquerda, o povo em sua sabedoria saberá diferenciar quem está do outro lado da cerca (setores dominantes) ou em cima do muro, esperando oportunisticamente escalar os altos cargos burocráticos, candidatando-se a um ofício inglório: assessor da tirania.

Max Weber na Assembleia (1)*

Pelo voo 527 da Lufthansa, desembarcou em São Paulo herr professor Max Weber. Em declaração à imprensa informou que sua vinda se devia ao desejo de acompanhar de perto o processo de abertura em andamento no país e visitar a Assembleia Legislativa, a casa política do Estado. Em suma, declarou seu entusiasmo em observar a transição de um Estado de direita para um Estado de direito. Declinou da oferta de carro oficial para conduzi-lo à Assembleia Legislativa, entrou em um táxi acompanhado por nós. Eis que fomos encarregados da cobertura de sua estada em São Paulo.

Chegamos ao Ibirapuera, à sede da Assembleia. Herr professor, com sua maleta na mão, percorreu a casa, tirou seu chapéu coco, desabotoou sua camisa de colarinho engomado e, sorridente, declarou-se a nossa disposição para responder o que lhe fosse perguntado. Antes de qualquer coisa, colocou uma preliminar: afirmou desconhecer a Lei de Segurança Nacional e a Lei de Imprensa, pilares da "abertura", ciente de que o desconhecimento desses "monumentos" jurídicos não o imunizava de possíveis punições.

— Garçom, um Steinhager, *bitter* (por favor).

---

* *Folha de S.Paulo*, 13/08/1980.

Após dois goles rápidos, franziu o cenho em atitude de espera.

Pergunta: Herr professor Weber, no Brasil, surgiu um relatório secreto atribuído ao Serviço de Segurança e Informações do Ministério de Minas e Energia, apontando os críticos do Acordo Nuclear Brasil-Alemanha – seu país – como integrantes de um conluio internacional, norte-americano--judeu-comunista contra o Brasil-potência. O senhor, por sua atitude crítica na Alemanha, contou com adversários desse nível intelectual?

Weber: Seria agradável travar combate com adversários imparciais – sem dúvida eles existem –, mas seria contrário à integridade alemã mostrar respeito por certos círculos em cujo seio este autor (Weber) e muitos outros têm sido frequentemente rotulados de demagogos, antialemães ou agentes estrangeiros. Como vê a razão pode estar com o Eclesiastes: nada de novo debaixo do sol (Weber, 1974, p.10).

Pergunta: Herr professor, o senhor, que já visitou os Estados Unidos e conheceu de perto a máquina política dos partidos norte-americanos, como vê a pregação direitista do candidato Reagan, declarando que a política de direitos humanos prejudicará os interesses dos Estados Unidos, especialmente em relação às ditaduras latino-americanas?

Weber: Devido ao avanço irresistível da burocratização (no Estado e nos partidos), a pergunta sobre as formas futuras de organização política só pode ser formulada do seguinte modo: como se poderá preservar qualquer resquício de liberdade individualista em qualquer sentido? Afinal de contas, é uma ilusão flagrante acreditar que, sem as conquistas da época dos direitos do homem, qualquer um de nós, até mesmo os mais conservadores, poderá continuar vivendo sua vida (Weber, 1974, p.32).

Pergunta: Como vê a posição do Parlamento no Brasil, não participando de Comissões do Executivo, permanecendo profundamente desinformado dos assuntos nacionais tratados nas antessalas da burocracia ministerial?

Weber, após ingerir outro gole de Steinhager, lembrou-nos de que gostaria de almoçar um *esbein* [joelho de porco] com chucrute, pois já passava do meio-dia, e respondeu:

– Entretanto, a demagogia ignorante ou a impotência rotinizada triunfam em um Parlamento que só critica, sem conseguir acesso aos fatos, e cujos líderes nunca são colocados em uma situação em que precisam provar seu brio. É parte daquela lamentável história da imaturidade política, que uma época totalmente apolítica produziu em nosso país (Alemanha). Lembramo-nos do período Castelo Branco, Costa e Silva, Médici e Geisel no Brasil. A publicidade da administração imposta pela vigilância parlamentar eficaz (lembramo-nos das ações da Vale do Rio Doce) deve ser exigida como precondição para qualquer trabalho parlamentar e educação política fecundos (Weber, 1974, p.56).

Pergunta: O senhor, que foi um dos redatores da Constituição de Weimar, que instituiu o regime parlamentarista na Alemanha, como vê o papel do Parlamento como escola de líderes políticos?

Weber: Podemos explicar a luta da burocracia para conservar o Parlamento na ignorância, pois somente parlamentares profissionais habilidosos, que passaram pela escola de intenso trabalho de comissões, podem produzir líderes responsáveis e não meros demagogos e diletantes (Weber, 1974, p.56).

Pergunta: Ao não responder ou demorar em demasia em fazê-lo, em que medida o Executivo torna inócuo o pedido de informações do Legislativo, transformando-o em figura decorativa, como ocorre no Brasil?

Weber: Um Parlamento excluído da participação positiva dos negócios políticos faz política negativa, enfrentando a administração como um poder hostil; nessas condições, ele receberá apenas o mínimo indispensável de informações e será considerado uma simples corrente de arrasto, um conglomerado de críticos impotentes e sabichões (Weber, 1974, p.36).

Nesse exato momento, os amplificadores do Palácio 9 de Julho chamavam os senhores deputados à votação. Weber observa, espantado, que a maioria deixa o plenário, para que o projeto do Executivo seja aprovado por decurso de prazo. Estava em discussão um projeto que facultava ao Executivo paulista a importação de duas caixas de soco inglês, como instrumento de persuasão popular de que o príncipe é bom.

Pergunta: Os defensores do predomínio do Executivo afirmam que as decisões parlamentares são mais lentas, pois a elas antecede o debate.

Weber interrompe meu raciocínio rispidamente e diz:

– Nós, na Alemanha, tivemos Carl Schmitt, ideólogo muito próximo ao nazismo, que também achava inúteis o debate e a discussão; para ele, a política se fundava na decisão, especialmente do Grande Chefe, e isso ajudou a conduzir a Alemanha ao abismo nazi (Weber, 1974, s. p.).

Retomando a pergunta, indaguei:

– O não acesso do Parlamento a informações seria por razões técnicas, como afirmam os defensores do Executivo?

Soltando monumental gargalhada, após outro gole de Steinhager, Weber retrucou:

– Consequentemente, além do diletantismo, o Reichstag (Parlamento) foi sentenciado à ignorância, está claro que não por razões técnicas, mas exclusivamente porque o supremo poder da burocracia é a transformação das informações em material sigiloso por meio do conceito notório de serviço secreto (Weber, 1974, p.47).

Max Weber na Assembleia (2)*

O alto-falante da Assembleia transmite o discurso de um deputado, anunciando à casa a presença de Max Weber; ele aproveita a oportunidade e o convida a assistir, no Teatro Municipal, ao concerto que o sr. governador daria em sua homenagem, interpretando *As cirandinhas*, de Vila Lobos – compositor oficial do Estado Novo. O sr. deputado do PDS esclareceu que esse convite se deu após a leitura que S. Exa. havia feito de *Sociologia da música*, de Weber, comentada por um dos muitos intelectuais áulicos do Palácio Bandeirantes. Coçando a cabeça, encolhendo os ombros, Weber engole outro trago de Steinhager; aproveitamos esse intervalo para perguntar:

– Herr professor, é possível dominação sem o mínimo de consentimento popular? (Falava de corda em casa de enforcado). Referimo-nos a governadores e senadores nomeados por decreto, os chamados "biônicos".

Revelando muito espanto com o inusitado dessa prática política do bionismo, Weber respondeu:

– Os parlamentares modernos são primeiramente órgãos representativos dos indivíduos governados por meios burocráticos. Afinal de contas, um mínimo de consentimento da parte dos governados, pelo menos das camadas socialmente importantes, é a precondição da durabilidade de toda dominação, inclusive da mais bem organizada (Weber, 1974, p.36).

Pergunta: Sabemos que a peça orçamentária votada pelo Parlamento é a condição de seu poder e influência. Herr professor, no Brasil, antes da ditadura, sob o governo Carvalho Pinto, instituiu-se o famigerado Plano de Ação, que tecnocratas do PDC (Partido Democrata Cristão) apresen-

---

* *Folha de S.Paulo*, 18/08/1980.

tavam como prato feito ao Parlamento, e a maioria governamental votava em cruz. Isso não significou uma perda de poder no Legislativo?

Weber: O controle sobre a arrecadação da receita – o direito de orçamento – é o instrumento de poder decisivo do Parlamento, desde que os privilégios corporativos da classe política começam a existir (Weber, 1974, p.36).

Após esvaziar um Steinhager, Herr professor nos pede que o acompanhemos ao Juca Alemão, onde faria um almoço com *esbein* e chucrute. Para lá nos dirigimos com o ilustre visitante, que, sentando-se à mesa, recusou o cardápio oferecido, pedindo o prato de sua preferência, não sem acentuar:

– Rápido *bitte* (por favor).

Pergunta: Herr professor, como o senhor vê o PDS inserir em seu programa a cogestão na empresa, praticada em seu país (Alemanha)? Como vê o programa do PP (fundado por dois banqueiros, Magalhães Pinto e Olavo Setúbal? São programas que inspiram credibilidade ao senhor? E os programas do PMDB, PCB, PC do B e das facções trotskistas?

Weber: Os partidos existentes são estereotipados. Seus postos burocráticos provêm a manutenção de seus titulares. Seu cabedal de ideias se fixou grandemente em literatura de propaganda e na imprensa do partido. Os interesses materiais dos editores e autores resistem à desvalorização dessa massa de literatura por meio da transformação de ideias. O político profissional, finalmente, que precisa viver à custa do partido é o que menos deseja ver seu equipamento intelectual de ideias e *slogans* fora de moda. (Lembramo-nos da literatura partidária do PCB, PC do B, trotskismo em sua versão mandelista, lambertiana e posadista.) Consequentemente, o acolhimento de novas ideias ocorre com relativa rapidez somente ali onde partidos destituídos totalmente de princípios (lembramo-nos do PP e do PDS) e voltados tão somente ao patronato – nomeações para cargos públicos – acrescem às suas plataformas quaisquer tábuas de salvação (isto é, candidatos) que, segundo eles, lhes atrairão maior número de votos (Weber, 1974, p.87).

Pergunta: Herr professor, ia me esquecendo. Voltando ao tema Parlamento, perguntaria como o senhor vê um Parlamento, como o brasileiro, impedido de apresentar projetos que aumentem despesas e cujos membros podem estar sujeitos à LSN (caso Chico Pinto e João Cunha), quando em qualquer país civilizado, de Gana à França, à Itália e aos Estados Unidos, o parlamentar goza de imunidades em relação ao que faz e fala?

Weber: O nível do Parlamento depende da condição de que este não simplesmente debata grandes questões, mas que as influencie decisivamente; em outras palavras, sua qualidade depende da seguinte alternativa: o que ocorre no Parlamento tem realmente importância ou o Parlamento não passa do carimbo involuntariamente tolerado de uma burocracia dominante (Weber, 1974, p.21).

Pergunta: Quais condições o Parlamento deve preencher para ser uma escola de líderes políticos e supervisionar o Executivo, não andando a seu reboque?

Weber: Só um Parlamento ativo, e não um Parlamento em que apenas se pronunciam arengas, pode proporcionar o terreno para o crescimento e a ascensão seletiva de líderes genuínos e não meros talentos demagógicos. Um Parlamento ativo, entretanto, é um Parlamento que supervisiona a administração, participando continuamente de seu trabalho. Isso não era possível na Alemanha antes da Guerra de 1914, mas deverá sê-lo depois, ou teremos a velha miséria (Weber, 1974, p.44).

Aproveitamos o fato de Herr professor estar cortando uma fatia de *esbein* e separando um pouco de chucrute, para perguntar:

– Herr professor, como o senhor vê a figura da CPI em um regime parlamentarista? Acontece que, no Brasil, essas comissões se formam e suas conclusões dormem o sono dos justos nas gavetas ministeriais.

Weber: O direito parlamentar de inquérito deverá ser um meio auxiliar, e de resto, um chicote, cuja mera existência coagirá os chefes administrativos a se responsabilizarem por seus atos de tal forma que o uso do dito chicote não se faça necessário (Weber, 1974, p.47).

Nesse ínterim, herr professor termina sua refeição, chamando o garçom:

– Garçom, uma Antártica, geladinha, *bitte*.

Pergunta: No Brasil e nos Estados Unidos, os críticos são tachados de demagogos e os conservadores de pragmáticos responsáveis. Observando a candidatura Reagan, notei a existência de uma demagogia de direita. Isso também ocorre na Alemanha?

Weber: Na Alemanha, a democratização (no sentido de massificação) dos partidos de esquerda e de direita é um fato que não pode ser invalidado. Os da direita tomam a forma de uma demagogia inescrupulosa, sem equivalentes nem mesmo na França (Weber, 1974, p.90).

Pedimos a conta ao garçom afastando com um gesto a mão do herr professor que ia em direção a seu bolso do colete, para pagá-la. Tomamos um táxi e voltamos à Assembleia, onde presenciamos o alto-falante transmitir o discurso de um deputado da maioria homenageando o Inamps pelos serviços prestados, elogiando o FGTS e o PIS como grandes conquistas populares: os deputados ouviam-no em fila.

Max Weber na Assembleia (3)[*]

No meio de um discurso, herr professor Weber se levanta irritado, dirigindo-se ao GAT (Gabinete de Assistência Técnica) para trocar ideias com os advogados, lá locados, a respeito da validade do voto universal, da falácia que representaria sua substituição pelo voto profissional corporativo e sobre a eliminação dos partidos políticos, como alguns ultrarreacionários querem.

Após cotejar várias opiniões, herr professor disse:

— É impossível eliminar a luta dos partidos, propriamente, se uma representação parlamentar ativa é o objetivo a atingir. Contudo, alguns literatos (lembramo-nos de G. Corção, J. C. Oliveira Torres, do integralismo e da TFP – Tradição, Família e Propriedade) com frequência concebem uma ideia confusa de que isso é possível ou deveria ser feito. Essa ideia, dentro de uma escala multiforme de percepção, inspira as muitas propostas para desalojar os parlamentos baseados no sufrágio (igualitário ou graduado) universal por corpos eleitorais de natureza profissional ou para colocá-los lado a lado com os grupos profissionais corporativos servindo, ao mesmo tempo, como assembleias eleitorais para o Parlamento. Essa é uma proposição insustentável para uma época em que a identificação profissional formal revela quase nada a respeito da função econômica e social, quando cada descoberta tecnológica, cada mudança econômica e cada novo setor mudam essas funções e, consequentemente, o significado de trabalhos formalmente idênticos, assim como as relações numéricas (Weber, 1974, p.25).

---

[*] *Folha de S.Paulo*, 25/08/1980.

Pergunta: Herr professor vê perigo de o Brasil cair na democracia? Em seu país (Alemanha) também havia forças que se opunham à contaminação democrática?

Weber: Na Alemanha, os direitos adquiridos – chegaremos a conhecê-los – manipulam o *slogan* igualmente hipócrita da necessidade de proteger o espírito alemão da contaminação pela democracia ou procuram outros bodes expiatórios (Weber, 1974, p.33).

Pergunta: No Brasil, há sempre escreventes que veem escalada do comunismo internacional e Repúblicas sindicalistas em tudo. Imagine que encontraram em Curitiba, que o senhor ainda não visitou, uma escola que ensinava materialismo dialético a crianças entre três e seis anos de idade, apavorando a burguesia local. Tais coisas ocorriam em seu país também?

Weber: Na Alemanha, contudo, pode-se ter toda a certeza de que os beneficiários da velha ordem e da burocracia sem controle explorarão toda tentativa de *putchismo*, não importa quão significante, a fim de apavorar nossa burguesia filisteia, a qual, infelizmente, ainda se assusta com muita facilidade (Weber, 1974, p.90).

Pergunta: Em nosso país, industriais retrógrados financiavam órgãos repressivos e, ainda hoje, mantêm grupos paramilitares de direita. Como o senhor vê a relação entre a indústria pesada e a direita política em seu país?

Weber: Há algumas sólidas razões por trás do fato de que estes mesmos poderes – plutocráticos –, que conhecem seus próprios interesses bem melhor que aqueles teóricos de gabinete, colocam-se unanimemente ao lado da burocracia estatal contra a democracia e o parlamentarismo. Isso é especialmente verídico em relação à indústria pesada (lembramo-nos das relações Krupp/Hitler), o mais impiedoso desses poderes capitalistas, mas essas razões permanecem além do conhecimento dos filisteus literários (Weber, 1974, p.44).

Para finalizar, comparando aos partidos prussianos os partidos conservadores, PDS e PP, Weber diz:

– Os partidos conservadores continuam seu monopólio de cargos na Prússia e tentam assustar o monarca (Guilherme 2º) com o espectro da revolução, sempre que esses benefícios se encontram em perigo (Weber, 1974, p.38).

Após tomar um café estatal oferecido pela Assembleia e perguntado em que cinema está sendo exibido o filme *O ovo da serpente* (sobre a crise da República de Weimar), recosta-se no sofá. Aproveitando sua descontração, perguntamos:

– Herr professor, sabemos de seu interesse em observar a abertura também na área sindical. Em seu país, como aqui, houve casos de invasão policial de sindicatos por Bismarck?

Weber: Bismarck se utilizou das disposições da legislação antissocialista para fazer a polícia destruir os sindicatos, os únicos possíveis portadores de uma representação realista dos interesses da classe operária (Weber, 1974, p.19).

Pergunta: Aqui, a "abertura" significou para os sindicatos destituição das diretorias representativas (Olívio Dutra, Lula) e reciclagem de interventores em sindicatos (Joaquim Andrade). Isso não atenta contra a dignidade das categorias profissionais atingidas?

Weber: Um Estado (com vistas ao senhor ministro do Trabalho), que deseja basear o espírito de seu exército de massa na honra e na solidariedade, não pode esquecer que, na vida diária e nas lutas econômicas dos operários, os sentimentos de honra e solidariedade são as únicas forças morais decisivas para a educação das massas, e que, por essa razão, deve-se dar total liberdade a esses sentimentos. Isso não é nada mais que o significado político da democracia social em uma época que inevitavelmente permanecerá capitalista por muito tempo (Weber, 1974, p.20).

Montoro visita Maquiavel[*]

Após os eventos de Santo Amaro, a denúncia da desestabilização de seu governo, a promessa de uma severa devassa e punição dos culpados por irregularidades, Franco Montoro, no voo 007 da Alitália, desembarca em Florença e se dirige ao sítio onde Maquiavel está a sua espera.

Recebido com afabilidade, porém friamente, penetra em uma vasta sala parcamente mobiliada: uma escrivaninha, duas cadeiras e uma estante de livros onde ressaltam as obras de Platão, Aristóteles, Políbio, Cícero. *A História Romana*, de Tito Lívio, está sobre a mesa, aberta.

---

[*] *Folha de S.Paulo*, 03/06/1983.

Montoro: Aqui estou para consultá-lo, porque o senhor entende de poder e, como democrata-cristão convicto, estou abalado com a crítica de d. Gaspar, bispo de Santo Amaro, que externou o fato de que "nas comunidades e entre os padres há desencanto, pois se esperou tanto e até agora só ouvimos discursos" (*Folha de S.Paulo*, 1983).

Maquiavel: As dificuldades existem no novo principado (governo). Mesmo que ele seja novo apenas em parte (do secretariado fazem parte antigos políticos profissionais do PDC também), suas variações surgem de uma dificuldade natural, em todos os principados (governos estaduais) novos, os quais consistem no fato de os homens substituírem com prazer seu senhor (Maluf) na esperança de melhorar, contra quem a expectativa de melhoria os incentiva a lutar (contra o PDS), nisso se enganam, porque mais tarde constatam por experiência própria ter piorado. (Maior desemprego; aumento do analfabetismo em São Paulo; Ceagesp – Companhia de Entrepostos e Armazéns Gerais de São Paulo – até hoje espera a descentralização prometida.) Concluo dizendo que o príncipe precisa da amizade do povo, diversamente, não há remédio nas adversidades. (A repressão em Santo Amaro não suscitou muito o amor do povo ao príncipe.) Tal príncipe não pode basear-se no que vê nos tempos calmos, quando os cidadãos precisam do governo, pois nesse momento todos correm, todos prometem e todos querem morrer por ele quando a morte está longe. (Resmunga o florentino, especialmente os assessores tecnocratas.) (Maquiavel, s. d. s. p.).

Quem estudar a História Romana observa quão útil era a religião na direção dos exércitos, para reunir o povo, manter e alentar os bons, envergonhar os maus. (Resmunga ele, aqueles que nomeiam tias-avós na Febem – Fundação do Bem-Estar do Menor.) (Maquiavel, s. d., p.58-9).

Montoro: Caro Maquiavel, a Igreja critica justamente a mim que prego o bem comum?

Maquiavel: Visto como vivemos ser tão longe de como deveríamos viver, quem deixa o que fazemos por aquilo que devemos fazer aprende antes o caminho da ruína que de sua preservação (imobilismo de Montoro comparado à ação de Brizola), porque um homem que queira praticar de todo lado a profissão de bondade, convém que desmorone entre muitos que não são bons (Maquiavel, s. d., s. p.).

Montoro: Enquanto isso, as minorias agressivas querem me desestabilizar.

Maquiavel: O príncipe (governador) não deve pôr credulidade ou precipitação nem aumentar desmesuradamente o perigo real, deve agir equilibradamente, com prudência, de tal maneira que não se torne incauto por depositar excesso de confiança (especialmente naqueles assessores que tramam sua queda, unidos a outros na burocracia estatal) nem intolerável por excesso de desconfiança (o secretário da Educação interrogando candidatas à direção das Drescaps de São Paulo) (Maquiavel, s. d., s. p.).

Montoro: O senhor acha que a Lei do Solo Criado levantaria contra mim a oposição da classe proprietária?

Maquiavel: O príncipe (governador) deve, antes de mais nada, não se apropriar dos bens alheios, porque os homens esquecem mais facilmente a morte do genitor que a perda da propriedade (Maquiavel, s. d., s. p.).

Montoro: E os meus secretários, alguns acusados de extremistas?

Maquiavel: Na maioria dos casos, esses transtornos são obra dos que têm propriedade, porque o medo de perdê-la agita tanto os ânimos quanto o desejo de adquiri-la (Maquiavel, s. d., s. p.).

Montoro: O que faz com que Brizola tenha a preferência do povo?

Maquiavel: A dificuldade em decidir ou a decisão tomada mais por necessidade que por escolha caracteriza as repúblicas fracas (governo Montoro de composição). As repúblicas somente tomam alguma determinação boa pela força, pois sua própria debilidade (PMDB como "frentão" impede sua determinação caso ocorra uma dúvida). Ai dos príncipes (governadores) se demorarem em atender às necessidades do povo, veja-se a rapidez com que Roma, reagindo ao ataque de Porsena, que queria restabelecer os Tarquínios no poder, suprimiu o imposto do sal e outros tributos, argumentando que os pobres faziam muito pela causa pública criando seus filhos! (Maquiavel, s. d., s. p.).

Montoro: Como poderei preservar a liberdade e combater a corrupção, uma de minhas promessas eleitorais?

Maquiavel: Se a corrupção dos reis (Maluf) se ampliasse à sociedade (povo) qualquer reforma seria impossível, devido à desigualdade (classes sociais); ela torna impossível a liberdade e favorece a corrupção. O estabelecimento da igualdade implica remédios extraordinários (extraparlamentares) que poucos querem aplicar (Maquiavel, s. d., s. p.).

Montoro: Tenho de enfrentar passeata de desempregados que terminam em saques. Na última, apelei a meu secretário da Segurança, que agiu igual a qualquer outro, antes ou depois.

Maquiavel: Os príncipes (governadores) são responsáveis pelas falhas do povo, o povo sabe mais e tem mais constância que um príncipe, é mais prudente que um príncipe, daí sua voz ser "a voz de Deus". Raramente o povo se engana em seu julgamento (preferência por Brizola para presidente). Alguma vez se equivoca; em contrapartida os príncipes o fazem em muito mais vezes, movidos por suas paixões ou interesses (o senhor se lançar à presidência do país). Os príncipes são responsáveis pelas falhas do povo, pois, observando os povos que se entregam à pilhagem, verá que quem governa não é melhor que ele (Maquiavel, s. d., s. p.).

Resposta a um contraditor irado[*]

Senhor, Em seu número de 2/4, *Jornal da Tarde* publicou matéria intitulada "Os inquisidores", em que sou nominalmente citado por seu autor, Lenildo Tabosa Pessoa. Como colaborador de alguns dos números do "Caderno de Leituras" desse jornal, e considerando o espírito democrático que sempre o norteou, solicito a fineza de publicarem minha resposta ao citado artigo, nos termos da Lei de Imprensa. Esclareço que a resposta se atém aos temas substantivos tratados no artigo do sr. Lenildo Tabosa Pessoa; tem a finalidade de estabelecer alguns reparos a considerações do ilustre articulista, sem o fito de estabelecer polêmicas narcisistas, tão iradas quão inúteis. Eis a resposta.

Os inquisidores

Sob o título apresentado, um articulista desse jornal publicou um artigo, em 2 de abril de 1981, que merece alguns reparos em respeito ao *Jornal da Tarde* e à opinião pública.

Alega o articulista que possuo veia humorística e que citei Gustavo Corção e Nelson Rodrigues como ideólogos do nazismo. O fato é que a denúncia que fiz da existência de potencial nazista no país não me parece caso de humor, a não ser humor negro. Veja-se a destruição das instala-

---

[*] *Jornal da Tarde*, São Paulo Pergunta, 08/04/1981.

ções da Tribuna da Imprensa por uma bomba – que constitui um ataque frontal a tão alegada liberdade de imprensa – digna do estilo fascista. Quanto a G. Corção e Nelson Rodrigues, citei-os em artigo publicado na *Folha de S Paulo*, em 29 de julho de 1980 ("De Weimar a Dallari"), no qual apenas mostrava a confluência de ideias do conservadorismo germânico de Sombart e Carl Schmitt, ideólogos da revolução conservadora, com as dos citados nacionais. Atribuir-me o fato de tê-los definido como nazistas deve ser fruto da ligeireza do articulista. Aliás, contrariamente ao que escreve o articulista, não sou professor da USP, e sim da Unicamp. O articulista as reduz a meras localizações geográficas. Penso que simplifica as coisas, uma vez que a USP e a Unicamp significam universidades mantidas pelo Estado com os recursos tributários da população e um espaço onde não cabe a imposição totalitária de uma ideologia única, por melhor que seja. Acresce-se a isso o fato de a Unicamp, sob a reitoria de Zeferino Vaz, ter mantido a mais ampla autonomia acadêmica: o *campus* pertencia à comunidade, e não a forças policiais; e a contratação de docentes obedecia a seu nível de competência, e não a crivos de órgãos de informação ou a serviços que possam ter prestado à repressão.

Quanto ao conceito de "universidade católica", o articulista defendeu a tese de que deva ser somente confessional. É uma opinião. Para outros, a universidade católica deve, acima de tudo, conter o pluralismo das ideias, e ser católica no sentido universalista do termo. O senhor reitor da PUC carioca demitiu, entre outros, para exemplificar, professores que cursaram a universidade católica mais conceituada atualmente: os professores Guido de Almeida e Raul Landim, formados em Louvain. Dizer que as demissões do magnífico reitor da PUC-RJ obedeciam a "ordens superiores" é adotar o álibi de Eichman no processo de Jerusalém: Enviei milhares aos fornos crematórios sob Hitler porque obedecia a ordens! No caso da PUC-RJ, ao saber da demissão em massa, o padre Henrique C. de Lima Vaz se demitiu. Ele é uma figura internacionalmente conhecida como filósofo e especialista em Hegel. O reitor "cumpria ordens", o padre Vaz fez outra opção: se demitiu.

A visão de universidade do articulista é radical: ou há universidade de Brezhnev ou há universidade católica no modelo "integrista". O que caracteriza uma universidade é a confluência de orientações, as mais diversificadas, e não a imposição autoritária de um modelo único. Nesse sentido, tais universidades vicejam sob ditaduras e todas são conservadoras, independentemente da cor que tomem. Atribuir-me indiretamente simpatias ao monolitismo político-ideológico ou acadêmico é desconhecer o que a respeito tenho defendido pela imprensa. O articulista poderia, consultando o "Caderno de Leituras" do *Jornal da Tarde* de 21de outubro de 1978 e de 7 de julho de 1979 e a *Folha de S.Paulo*, na página 3, de 6 e 8 de novembro de 1977 e 12 de fevereiro de 1981, verificar minha postura nítida em relação a exclusões por meio do poder burocrático, em nome de uma doutrina: simplesmente execráveis.

Não só Gilson, que nega a existência de uma pretensa filosofia católica; insuspeitos como Adolf Von Harnack e Romano Guardini o confirmam. Demitir alguém por não observar algo que é profundamente questionável me parece um atentado ao intelectual, à cultura e à própria racionalidade. Quanto ao fato de o articulista atribuir-me ignorância em matéria de história da Igreja ou da religião, situando no mesmo nível o jornal *O São Paulo*, é uma questão de opinião pessoal. Lembro apenas que os sociólogos que criaram a sociologia da religião como campo intelectual específico (Max Weber, Ernst Troeltsch, Tawney e Gabriel Le Bras) não pertenciam a igrejas ou seitas. Ao citar várias vezes, o órgão da Arquidiocese de São Paulo, *O São Paulo* como pasquim, lembre-se o articulista de que o termo significa, meramente, jornal; não constitui adjetivo. Em relação à demissão de professores da PUC-SP, cabe-me lembrar que, por não ter alunos para assistir a suas aulas na área de Filosofia, alguns fizeram acordos trabalhistas com a PUC e outros continuam até hoje na folha de pagamento da PUC-SP sem ministrar aula, curso ou seminário. Não foram demitidos.

São essas observações que julguei pertinentes fazer em razão do artigo "Os inquisidores", por respeito ao *Jornal da Tarde*, do qual sou colaborador no "Caderno de Leituras" e, antes de mais nada, ao leitor, a quem caberá julgar, e – por que não? – à comunidade acadêmica atenta e vigilante. A intenção destas linhas não é a polêmica raivosa, a acusação, a identificação de pretensos inimigos; é uma resposta tranquila a um contraditor irado. Aliás, irados há em todos os lugares. Enquanto o articulista do *Jornal da Tarde* me classifica como humorista, desatento, ignorante, a *Hora do Povo*, em resposta a artigo meu publicado na *Folha de S.Paulo* intitulado "Feminismo e Fascismo", presenteia-me com seu alto nível intelectual, atribuindo-me: "na linguagem própria dos reacionários mais desesperados, dos anticomunistas mais viscerais, o professor Maurício Tragtenberg vomitou por meio das páginas da *Folha de S.Paulo* novas sandices contra esta folha informativa...". Durma-se com esse barulho. Parece que Adenauer tinha razão: Deus limitou a inteligência, porém esqueceu-se de limitar a burrice! É isso aí.

Barre a escalada fascista de Maluf[*]

Antes de explicar o sentido do título deste artigo, verificamos que o primeiro turno desta eleição demonstrou mais uma vez a apatia e o desinteresse de uma parcela considerável da população brasileira pelo sistema eleitoral fundado na representação política.

Não bastasse o imenso número de votos nulos e brancos para governadores e candidatos ao Legislativo, a ponto de o presidente do TER (Tribunal Regional Eleitoral) declarar que a abstenção e votos nulos afetam a representatividade da eleição.

No Paraná, os votos nulos superaram os do primeiro colocado a governador; índices brutais de votos nulos e brancos ocorreram em São Paulo, no Sergipe, na Bahia e em Minas Gerais, ultrapassando os célebres 30% do eleitorado votante.

Isso mostra a profunda crise do país, pois para os habitantes das periferias urbanas, os que tentam sobreviver pelo subemprego, os que viajam em trens e ônibus feito gado para estudar e trabalhar com riscos de assalto, a eleição nada significa.

Para a população negra brasileira, objeto preferencial da repressão policial – matéria "Polícia agride mais negros e pardos, diz o IBGE" (*Folha de S.Paulo*, 1990b) –, votar em partidos sem ideologia definida, em candidatos que falam em "libertar os pobres" e eleitos, libertam-se dos pobres, a representação política significa muito pouco, especialmente em um momento em que o governo federal realiza o maior arrocho da história do Brasil, e o assalariado paga a conta.

A indiferença e o desinteresse popular pela eleição são tão grandes, que uma pesquisa entre a classe média das principais cidades brasileiras conclui que 62% dos novecentos entrevistados mostraram descontentamento e desânimo com os rumos do país.

---

[*] *Gazeta de Pinheiros*, 14/10/1990.

Estudantes do ciclo colegial preferem estudar Hobbes, Rousseau e Kant a discutir candidaturas políticas. É um indicador do desinteresse diante da eleição.

Como resultados do primeiro turno, temos a eleição do neopopulista Brizola no Rio de Janeiro e a vitória de candidatos a governador de Estado mancomunados com o neoliberalismo em voga na direita mundial. Hoje, ninguém é fascista; são todos liberais de centro e olhe lá! A direita formará grande bancada na Câmara, a esquerda fica em minoria, e a politicalha se definirá pelo agrupamento de colloristas, malufistas e outros tipos de personalização do poder. É o regime dos coronéis urbanos apoiado no velho coronelismo rural.

No segundo turno, temos o embate entre Maluf e Fleury.

Não se trata apenas de duas personalidades, trata-se de forças sociais personalizadas por eles.

Ou as forças progressistas barram a escalada fascista de Maluf votando em Fleury ou amargaremos, caso Maluf seja vitorioso, repressão interna, paulipetros da vida, e teremos muitos sindicalistas e militantes sob os golpes de homens como reedição da célebre pancadaria da Freguesia do Ó, a morte de Santo Dias e outras desgraças a lamentar.

O país está na encruzilhada vivida pelos trabalhadores alemães em 1933, Hitler aparecia como a diretriz doutrinária e convicta. As forças progressistas se dividiram, cada uma cuidando de *seu* partido, de *seu* sindicato e de *seu* curral eleitoral. Resultado: Hitler foi eleito primeiro chanceler da Alemanha, inaugurando a longa noite que desceu sobre a Europa.

De um lado, temos Maluf, filho da ditadura militar, vencido em várias eleições em que se apresentou candidato; simpatizante da Falange Cristã Libanesa, que assassinou palestinos nos campos de refugiados de Sabra e Chatila, no Líbano, treinados na Alemanha de Hitler são um dos responsáveis pela solução final aplicada aos palestinos: o simples extermínio.

De outro lado, temos Fleury, que descende do MDB, partido que se opôs à ditadura militar, que procura definir o novo na política por meio da procura de apoio nos setores intelectuais sem descurar dos populares.

A sorte está lançada.

O voto em branco ou nulo significa a vitória de Maluf e não absolverá a consciência daqueles que pretendem omitir-se do embate. Os grandes chefes podem alienar-se da luta; se Maluf vencer, eles serão pouco afetados, são deputados estaduais e federais, chefes de máquinas políticas influentes, para o povo, não haverá Papai Noel e ai dos vencidos, ele sofrerá a dura repressão política, sua velha conhecida, e continuará com seu trabalho a sustentar, caso vençam, os malufistas.

A vitória do malufismo não é um destino inexorável. Depende da ação dos trabalhadores em geral, dos militantes de base antifascistas que o pior não ocorra, é o que ardentemente esperamos.

Como sempre, mesmo com a possível vitória de Fleury no segundo turno, para os assalariados a luta continuará, porém, em condições menos fascistas que as que se criaram com a escalada fascista do malufismo.

Perguntado, em 1933, a quem ele se uniria para derrotar Hitler antes da eleição plebiscitária que o levou ao poder, o velho líder revolucionário e figura incorruptível respondeu claramente: "Contra o fascismo me uniria até com o diabo". Espero que o povo não esqueça isso, incluindo alguns líderes ex-proletários e chefes do PSDB (Partido da Social Democracia Brasileira), que, apoiando Fleury, quebrariam sua sina no Brasil, a dos liberais libertarem jamais.

Parte II

A Espanha do pacto social e da tortura*

O Brasil, ou sua elite dominante, precisa de modelos. Há quarenta anos, ela se dividia entre o modelo nazista e o *american way of life*; atualmente, em época de "abertura", o PFL (Partido da Frente Liberal) e o PMDS se articulam em torno do modelo espanhol, receitando ao país doente o Pacto de Moncloa, que o trabalhador brasileiro terá de engolir pela goela abaixo.

Nem tudo, porém, são rosas no país do pacto social, apontado como uma ilha de tranquilidade em um mar de crise.

Há menos de sessenta dias, a Comissão de Direitos Humanos do Grupo dos Jovens Advogados de Madri apresentou suas conclusões a respeito de várias visitas feitas à prisão de segurança máxima de Alcalá-Meco.

Os advogados José Antônio Perez Andrés, Begoña Gonzalez, José Luis Galan e Begoña Lalana, das 10h às 19h, conversaram com detentos que escolheram livremente para ouvir, ou com outros que se apresentaram espontaneamente para testemunhar.

Os advogados notaram um rígido regime disciplinar, deficiência no fornecimento de luz e de água e maus-tratos. A muitos detidos é veda-

---
* *Folha de S.Paulo*, 05/08/1985.

do o acesso à escola e ao campo esportivo. Isso levou os encarcerados no Módulo 3 da prisão a rejeitarem as refeições por dois dias, ingerindo, como protesto, inúmeros objetos de metal, que tiveram de ser extraídos cirurgicamente.

Os módulos de isolamento 1, 2 e 3 não permitem aos internos acesso a televisão, jornais e escola. Diariamente, suas celas sofrem inúmeras vistorias, com os objetos pessoais jogados ao chão brutalmente pelos guardas. São continuamente ameaçados de remoção ao Isolamento 3, onde podem permanecer isolados por 23 horas seguidas. Olhar pela janela, passar uma revista a outro preso, pedir cigarro, passear sem olhar o chão são, obrigatoriamente, motivos de punição. Inúmeros presos têm sido espancados pelos guardas, pertencentes à organização sindical Comissiones Obreras.

Nomes não faltam: Pedro Ruiz, transladado à prisão de Huesca; Caro Garrido, transladado para Ocaña; Pablo Jimenez Moreno; Pedro Garcés Montero; Alfonso Jimenez Pizarro; Mustafá Hasza (argelino) e Vicente Sanchez Montanês Fernandez.

Denunciam os jovens advogados que os presos são agredidos pelos guardas com *sprays* que emitem gases tóxicos e correntes, atingindo mãos e pés preferencialmente. Presos transferidos do hospital penitenciário de Carrabanchel durante três e quatro dias sofreram espancamento pelos guardas penitenciários. A maioria dos responsáveis pelos maus-tratos aos presos pertence à Comissiones Obreras e ao sindicato da UGT (União Geral dos Trabalhadores) do Partido Socialista Operário Espanhol, especialmente quanto à prisão de Alcalá-Meco. Salientam os presos que especialmente os partidários da linha dura das organizações acima enunciadas são os responsáveis pelos maus-tratos. É o caso de um líder da UGT, Santhiago, conhecido como mr. Spray pelo uso do objeto como método repressivo. Encontraram os jovens advogados – em algumas celas do tipo isolamento – presos apresentando transtornos psíquicos e sem atenção médica alguma.

É esse o país do pacto social, e da tortura também.

A respeito da iniquidade do Pacto de Moncloa como colete de ferro, que freia a classe trabalhadora espanhola, já escrevi em número especial do *Folhetim*. Sobre o complemento desse freio social, que é a tortura nas prisões, fica dito o que enunciamos anteriormente. Caso algum zeloso burocrata espanhol do PSOE (Partido Socialista Obreiro Espanhol) resolver pedir mais esclarecimentos, poderemos transcrever os depoimentos individuais dos presos a respeito do regime presidiário socialista na Espanha atual.

Sabra e Chatila: enquete de um massacre, de Amnon Kapeliouk por Maurício Tragtenberg

Discurso no mercado do desemprego

Samih Al-Qassim

Talvez perca – se desejares – minha subsistência
talvez venda minhas roupas e meu colchão
talvez trabalhe na pedreira... Como carregador... Ou varredor
talvez procure grãos no esterco
talvez fique nu ou faminto
mas não negociarei
ó, inimigo do sol
e até a última pulsação de minhas veias
    resistirei
(...)
talvez apagues todas as luzes em minha noite
talvez me prives da ternura de minha mãe
talvez falsifiques minha história
talvez ponhas máscaras para enganar meus amigos
talvez levantes muralhas e muralhas ao meu redor
talvez me crucifiques um dia diante de espetáculos indignos
mas não negociarei
ó, inimigo do sol
e até a minha última pulsação de minhas veias
    resistirei
ó, inimigo do sol
o porto transborda de beleza... E de signos
botes e alegria
clamores e manifestações
os cantos patrióticos arrebentam as gargantas
e no horizonte... Há velas
que desafiam o vento... A tempestade e franqueiam os obstáculos
é o regresso de Ulisses
do mar de privações

o regresso do sol... De meu povo exilado
e para seus olhos
ó, inimigo do sol
juro que não negociarei
e até a última pulsação de minhas veias
   resistirei
   resistirei
   resistirei

Apresentação

No 3º Congresso das Entidades Árabe Palestino-Brasileiras, o professor Maurício afirmou que nunca viu algo mais horrível e vergonhoso que o massacre de Sabra e Chatila.

Esta resenha sobre a enquete de um massacre de Amnon Kapeliouk[1] chega ao público brasileiro com exclusividade e dispensa maiores comentários em sua apresentação, pois sua leitura é a prova concreta dos crimes, massacres e matanças praticados pelo sionismo e imperialismo, contra palestinos e libaneses.

Em breve, teremos uma nova resenha do professor Maurício Tragtenberg – "Discriminação racial em Israel".

Capítulo I – Operação cérebro de ferro – 14/09/1982 – Terça-feira

Inicialmente, o autor adverte o leitor que o seu livro *Sabra et Chatila: enquête sur un massacre* [*Sabra e Chatila*: enquete de um massacre], de 1982, é fruto de pesquisa fundada no testemunho de dezenas de civis e militares israelenses, palestinos, libaneses e jornalistas estrangeiros. Utilizou amplamente a imprensa de Israel, libanesa e internacional; as declarações prestadas diante da Comissão de Inquérito Judicial de Israel, os anais do Parlamento israelense; serviços de escuta das rádios do Oriente próxi-

---

[1] Amnon Kapeliouk, nascido em Jerusalém, jornalista e arabisante, é membro do Comitê de Redação do *New Outlook* de Tel Aviv e colaborador do *Le Monde*.

mo, despachos de agências internacionais e documentos de origem palestina, israelense e libanesa. O autor revela que examinou e confrontou as informações recolhidas dessa forma, descartando voluntariamente aquelas sobre as quais não podia obter uma confirmação definida. Ele escreveu esses esclarecimentos em novembro de 1982, tendo o livro sido editado um mês depois.

O livro trata dos acontecimentos que transcorreram entre terça-feira (14 de setembro de 1982) e segunda-feira (20 de setembro de 1982).

Uma bomba de cinquenta quilos, teledirigida às 16h10 de 14 de setembro de 1982, fez voar pelos ares a sede do Partido Kataeb (Falange Cristã) em Beirute, situada no bairro de Achrafieh. A rádio oficial da Falange, A voz do Líbano, três horas depois da explosão, anuncia que o presidente Bechir Gemayel está morto. Há inúmeras especulações a respeito dos responsáveis por sua morte, que vão da Síria ao extremo oposto.

A. Kapeliouk relata que, antes de sofrer o atentado, Gemayel declarou à revista francesa *Le Novel Observateur* [O novo observador], no número editado em 19-25 de junho de 1982: "No Oriente Médio, há um povo a mais; é o povo palestino".

Enquanto isso, seus adversários não o poupavam; designavam-no como "o presidente imposto pelas baionetas israelenses" (Kapeliouk, 1982b, p.11).[2] Esse presidente assim imposto, eleito de 23 de agosto de 1982 a 14 de setembro de 1982, foi encontrado por um oficial israelense entre os destroços do prédio da Falange, onde se achava reunido – por ocasião da explosão da bomba – com os membros mais qualificados da Falange da região de Beirute, em uma reunião que costumeiramente se realizava às terças-feiras. Segundo o autor, a reunião se constituiu em uma espécie de "adeus aos amigos", oito dias antes de sua investidura.

O prédio de três andares que situava a sede da Falange na rua Sassine, no alto de uma colina, sofreu graves danos com a explosão. O exército israelense envia helicópteros com médicos, equipes encarregadas de remover os escombros, blindados de transporte de tropas M-113 e soldados com aparelhos de comunicação ocupam a região de Achrafieh.

---

2 Neste artigo, deste ponto em diante, até onde indicado, as páginas se referem à obra *Sabra et Cathila*: enquête sur um massacre, de Amnon Kapeliouk (Paris: Editiones Du Seuil, 1982). (N. E.).

O autor nota, da mesma maneira quando do atentado sofrido por Sadat, o atentado sofrido por Gemayel foi anunciado em primeira mão pelas televisões norte-americanas. Às 22h30, por telefone, as Milícias Cristãs Unificadas comunicam que o corpo encontrado nas ruínas do prédio da Falange era de Bechir Gemayel. Sessenta feridos são identificados em seu interior.

A morte de Gemayel representa um golpe duro para o governo de Israel, na medida em que o presidente assassinado era inimigo jurado dos palestinos. O autor mostra que ele colaborou com Israel no transcurso da guerra civil libanesa e após 4 de junho de 1982, no início da guerra israelo-palestinense. Isso permitiu que Beguin, em 17 de julho de 1982, diante de uma manifestação monstra da direita em Tel Aviv, declarasse diante de 250 mil pessoas com segurança: "Antes do fim do ano teremos assinado um Tratado de Paz com o Líbano" (p.11).

O autor apresenta a eleição de B. Gemayel como a primeira vitória política do general Sharon na guerra. Isso constituiria uma resposta dele a seus críticos, que salientavam que ele não havia atingido um dos objetivos da invasão do Líbano: a destruição da OLP (Organização para a Libertação da Palestina); 18 mil mortos e trinta mil feridos libaneses; além de reforçar a OLP perante a opinião pública internacional, retirou o apoio incondicional que ela deu a Israel, inclusive os Estados Unidos. O autor situa (p.12) que o que Sharon ganhou com a guerra foi a divisão interna entre o povo de Israel e as comunidades judaicas da diáspora. Em suma, tratava-se "de uma guerra impopular, com muitos opositores, que publicamente se manifestaram, um fenômeno inédito na história do Estado Judeu" (p.12).

Enquanto isso, Sharon pedia paciência como condição de saborear os frutos da guerra.

Após sua investidura como presidente, Gemayel recebe o primeiro telegrama de Beguin:

> Felicito-vos do fundo de meu coração por vossa eleição. Que Deus vos proteja, caro amigo, na realização de vossa importante tarefa histórica, pela liberdade do Líbano e sua independência. Vosso amigo, Menahem Beguin (p.13).

Esse telegrama enfático era a finalização de um processo de cooperação entre o governo de Israel com a Falange, iniciado em 1976 sob gabinete trabalhista e continuado a partir de 1977 sob a égide do Partido Likud de Beguin. Tudo foi posto à disposição da Falange: ajuda militar, treinamento de tropas em campos especiais em Israel, estruturação de um serviço de informações. "Não é por acaso que o chefe do Estado Maior do exército de Israel, general Raphael Eytan, declarou após o assassinato de Bechir Gemayel: 'Ele era um de nossos'" (p.13).

A euforia de Beguin e Sharon, porém, é substituída pela inquietação, na medida em que o novo presidente do Líbano não se apressa em assinar o Tratado de Paz com Israel. Gemayel, respondendo às primeiras pressões nesse sentido, argumenta que tal assinatura, naquele momento, isolaria o Líbano no Oriente Médio, impedindo-o de contar com a ajuda do mundo árabe na reconstrução do país. Priorizava a pacificação nacional à assinatura do Tratado de Paz.

Segundo o autor, na noite de 1º de setembro de 1982, quinze dias antes de ser assassinado, Gemayel se encontrou secretamente, em Nahariya, ao Norte de Israel, com Beguin, Sharon e o ministro das Relações Exteriores, Itzhak Shamir. Beguin acusa Gemayel de descumprir antigas promessas; Sharon se mostra também impaciente. Após declarar aos três membros do governo de Israel que uma assinatura de um Tratado de Paz naquela conjuntura implicaria introduzir uma bomba no Oriente Médio, Gemayel junta seus dois punhos e declara: "Se quereis prender-me, tudo o que deveis fazer é passar as algemas. Lembrai-vos que estais falando com o presidente do Líbano e não com um vassalo de Israel. Nós temos nossas razões" (p.15).

A discussão que se iniciou às 23h terminou às 3h da madrugada, sem maior resultado. No entanto, a rádio oficial de Israel anunciou publicamente o encontro havido, e "isso deixa Gemayel raivoso. A publicidade dada ao encontro tinha como objetivo certeiro comprometê-lo. Ninguém levou a sério seu desmentido posterior" (p.15).

Dois dias antes de seu assassinato, em 12 de setembro de 1982, Gemayel encontra Sharon em Bikfayah, reiterando sua posição inicial de primeiramente estabilizar a situação interna no Líbano, restabelecer relações com o mundo árabe e assim ter condições para pensar em assinar um Tratado de Paz com Israel – como mostra o autor. Eis que sua eleição para a presidência foi recebida com imensas desconfianças. Gemayel procura apoio com o dirigente muçulmano Saeb Salem e recorre ao diário libanês *L'Orient-le-Jour* a quem conta a história de seus contatos com Beguin e Sharon, solicitando que o jornal dê apoio a sua posição, persuadindo Israel que "a assinatura de um Tratado de Paz nesse momento equivaleria dividir o país" (p.15).

Sharon reage imediatamente: em um comício, em Kiriat Shmonah, declara que, caso o Líbano não assine o Tratado de Paz, ele instalará um "cinturão de segurança" que abrangerá cinquenta quilômetros no Sul do Líbano. Sharon ficaria no Sul do Líbano; os sírios, no Vale do Bekaa; e Gemayel, presidindo, em Beirute. Cabe a pergunta: presidindo o quê e a quem?

"O jornal israelense independente *Haaretz* reage violentamente. Em um editorial publicado 48 horas após essa declaração de Sharon, critica-o por seus *ukazes* (decretos imperativos) e ameaças, comparando-o a um procônsul romano que procura ditar ao Líbano sua política externa" (p.16).

Sharon alarga a área de controle do coronel Haddad, seu fiel aliado, desertor do exército libanês, ao mesmo tempo que impede que a Falange se dirija ao Sul. O autor conta que "nos primeiros dias de setembro, o exército de Israel em Saida impede um comício de Falange pelo fato de ela recusar-se a exibir bandeirolas conclamando a assinatura de um Tratado de Paz com Israel" (p.16).

Em sua última entrevista, Gemayel fala à revista *Time*, em 13 de setembro de 1982, publicada no dia 20 do mesmo mês e do mesmo ano, reafirmando que a paz com Israel virá a seu tempo, dando prioridade à capacidade de o governo libanês gerir seu país.

O autor nota que, em Israel, essa declaração é entendida como uma medida destinada a excluir o coronel Haddad do lugar que ocupa e, possivelmente, levá-lo a responder perante um Tribunal Militar, por ser desertor, daí "Menahem Beguin declarar ameaçadoramente: 'Nós protegemos nossos amigos'" (p.17).

Em Israel, nos círculos governamentais, muitos se sentem frustrados em ter propiciado a carreira a Gemayel sem nada em troca; outros criticam seu imobilismo. Tais conjeturas ficam em segundo plano, quando ocorre a explosão da sede do Partido das Falanges e Gemayel morre.

Segundo planos anteriores, caberia às Falanges ocuparem o Oeste de Beirute, e palestinos se fortificariam em seu interior, criando a possibilidade de perdas importantes para Sharon, caso invadisse a região. O autor cita o depoimento do coronel Geva – posteriormente demissionário –, de que estava tudo pronto para o assalto, faltava a ordem para isso.

Enquanto isso sucedia – mostra o autor –, a ONU (Organização das Nações Unidas) estabelece as condições de retirada das forças da OLP de Beirute sob proteção de soldados americanos, franceses e italianos. Israel solicita que os Estados Unidos retirem suas forças após a partida dos *fedayin* em 1º de setembro. Infrutiferamente, dirigentes libaneses procuram manter as tropas francesas em Beirute-Oeste até que as forças libanesas controlem essa área. No período decorrido entre a morte de Gemayel e a entrada de Israel no Oeste de Beirute, dez dias antes de expirar o prazo, 850 soldados franceses deixam a cidade.

> O correspondente militar do *Haaretz*, Zeev Schiff, uma autoridade no assunto de Israel, revela que, antes do assassinato de Gemayel, o exército israelense já pretendia atingir o quartel-general da OLP para capturar os dirigentes palestinos que encontrasse e apoderar-se dos documentos que encontrasse no local (p.19).

Contudo, duas semanas antes da entrada do exército de Sharon em Beirute-Oeste, em entrevista à jornalista Oriana Fallaci, ele desmentia a versão do assalto a Beirute-Oeste, acrescentando: "Se estivesse convencido de que deveríamos entrar em Beirute, ninguém no mundo me demoveria. Democracia ou não, entraria mesmo que meu governo *não* concordasse" (p.19). Essa declaração, que em Israel eclodiu como uma bomba, foi desmentida posteriormente, alegando não ter sido corretamente entendida.

Na realidade, após o atentado de Gemayel, Sharon se prepara para ocupar o Oeste de Beirute quando "um oficial libanês estacionado junto ao aeroporto de Beirute revelou à Agência France-Presse que uma ponte aérea israelense havia começado no dia 14 de setembro às 18h, desembarcando carros e homens" (p.20).

Sharon já havia colocado o governo civil de Israel diante do fato consumado quando entrou em Beirute-Leste. Com sua entrada na região Oeste, repete a mesma atitude. Isso levou o jornalista Isaac Ackcelrud, especialista em Oriente Médio, a chamar de "um golpe de Estado realizado a partir do exterior de Israel".

O governo e o povo de Israel souberam da ocupação de Beirute-Oeste, denominada Operação Cérebro de Ferro, no dia seguinte pelo rádio.

O general Eytan declara, na ocasião, claramente:

Estamos no interior. Queremos limpar Beirute-Oeste, confiscar as armas, prender os terroristas, como fizemos em Saida e Tiro. Encontraremos os terroristas e seus chefes. O que precisar ser destruído, será. Prenderemos aqueles que precisarmos prender. Deixaremos Beirute após a conclusão de um acordo e após termos atingido nossos objetivos no Líbano. Enquanto as forças estrangeiras lá permanecerem, ficaremos em Beirute (p.21).

Às 23h de 14 de setembro de 1982, o general Eytan examina com seus pares o plano de ocupação do Oeste de Beirute.

Capítulo II – Israel ocupa uma capital árabe – 15/09/1982 – Quarta-feira

O general Drori, encarregado da região do Golan e das zonas ocupadas do Líbano, após o início da guerra, recebe a missão de ocupar os pontos estratégicos fundamentais ao Oeste de Beirute.

Unidades de paraquedistas e toneladas de material de guerra de Israel são transportadas para Beirute por via aérea. Isso levou o general Eytan a declarar: "Jamais, na história do exército de Israel, uma operação de tal envergadura foi realizada tão rapidamente" (p.23).

Enquanto isso, às 3h30, antes mesmo da entrada dos israelenses em Beirute-Oeste, há uma importante reunião que conta com a participação, do lado de Israel, dos generais Eytan e Drori, enquanto as Milícias Cristãs são representadas por seus principais chefes militares, Fadi Ephram e Elias Hobeika, para discutirem sua participação na operação de ocupação do Oeste de Beirute.

Mosta A. Kapeliouk, nesse momento, um dos elementos centrais para a compressão do drama de Sabra-Chatila:

> Em 22 de setembro de 1982, Ariel Sharon revela ao Parlamento de Israel que, nessa entrevista, o princípio de uma entrada das Falanges nos campos de refugiados de Beirute foi discutido. No final da reunião, um chefe militar falangista confessou aos israelenses: "Fazia muitos anos que esperávamos por esse momento" (p.24).

Os falangistas preparam sua entrada nos campos de refugiados, desenhando nos muros um triângulo contido em um círculo ou as letras MP (*Military Police* [Polícia Militar]), com flechas indicando o caminho do bairro de Choueifat até a embaixada do Koweit, em direção a Sabra e Chatila, o autor relata minuciosamente.

Caças-bombardeios israelenses efetuam voos rasantes sobre Beirute, a baixa atitude; muitos se escondem nas mesquitas com medo de possíveis bombardeios. As tropas israelenses ocupam o Oeste de Beirute, avançando conjugadamente por cinco direções, cercando-o, sem encontrar praticamente nenhuma resistência.

Às 9h da manhã, Sharon instala seu quartel-general junto à Embaixada do Koweit, de onde pode observar a cidade e os campos de Sabra e Chatila, totalmente. "Na presença de Eytan e Drori, comunica-se com Beguin e exclama: 'Nossas forças avançam rumo a seus objetivos; posso vê-las com meus próprios olhos'" (p.26).

Milicianos da esquerda libanesa resistem ao exército de Israel simbolicamente. Segundo o autor, general Sharon tem até tempo para apresentar pêsames à família de Gemayel por sua morte, "segundo os testemunhos, é recebido com muita frieza" (p.27). Enquanto isso, um emissário entrega a Pierre Gemayel, pai do presidente morto, um telegrama de Beguin nos seguintes termos: "Um grande patriota que lutou pela liberdade e independência do Líbano" (p.27).

Israel desarma as forças muçulmanas e a esquerda libanesa, diante da fraqueza do exército libanês, e a única força militar séria são as Falanges Cristãs. Em declaração ao jornal israelense *Maariv*, de 26 de setembro de 1982, o coronel Zvi Elpebeg, orientalista e ex-governador israelense de Nabatiyeh, explica o sentido político desse desarme:

> Para a sociedade libanesa, paradoxalmente, o armamento permanente dos civis era um fator de equilíbrio e dissuasão recíproca. A entrada dos israelenses no Oeste de Beirute mudou a relação de forças. Eles desarmaram milhares de cidadãos, entre eles, membros do movimento xiita "Amal", em sua maioria operários e camponeses que se armaram por conta própria. Agora, desarmados, estavam à mercê dos "falangistas" (p.28).

Conforme os "acordos Habib", os palestinos deveriam deixar seu armamento pesado com a força libanesa. Como esta não se interessou em possuí-los, o exército de Israel tomou conta deles.

Em Beirute, muitos cidadãos mostram às tropas de Israel a localização de depósitos de armas e também apontam as pessoas que devem ser presas como suspeitas.

A operação Oeste-Beirute levanta inúmeros protestos e os israelenses se mostram particularmente preocupados com a reação dos Estados Unidos. Daí Beguin apressar-se a comunicar ao enviado especial de Reagen, Morris Draper:

> Tenho a honra de comunicar ao senhor que, a partir das 5h da manhã de hoje, nossas forças avançaram e tomaram posição no interior de Beirute--Oeste. *Nosso objetivo é manter a ordem na cidade. Com a situação criada pelo assassinato de Bechir Gemayel, poderão produzir-se "progroms" (massacres)* (p.29).

Segundo o autor, essa explicação de Beguin a Draper caracteriza todas as declarações israelenses a respeito da ocupação do Oeste de Beirute: impedir massacres. Só em 24 de agosto de 1982, em entrevista à televisão, Sharon dará outra versão sobre a causa da ocupação: "pelo fato de os terroristas terem deixado atrás de si milhares de homens, grandes quantidades de armas, quartéis-generais e dirigentes" (p.30). Após o que Eytan evocou em entrevista ao *Maariv*, "os milhares de terroristas armados escondidos em Beirute e nos campos de refugiados" (p.30), Kapeliouk nota que a coerência não é o forte dos generais, inclusive os israelenses, ao salientar que

> algumas horas *antes* do assassinato de B. Gemayel e da *entrada* do exército israelense no Oeste de Beirute, o mesmo general Eytan declarou perante a Comissão de Assuntos Exteriores e da Defesa do Parlamento (citado pelo *Haaretz* de 15 de setembro de 1982): "Não resta nada mais em Oeste de Beirute que alguns terroristas em um pequeno escritório da OLP" (p.30).

É sabido que os israelenses, entre 15 e 29 de setembro de 1982, identificaram pouquíssimos *fedayins*, apesar de uma operação pente-fino.

O secretário de Estado dos Estados Unidos convoca o embaixador de Israel, Moshe Arens, para inquiri-lo sobre os objetivos reais da presença do exército israelense em Beirute. A oposição trabalhista em Israel não deixa por menos e declara, no Harretz de 16 de setembro de 1982, que isso é "um escândalo sem precedente" (p.32).

O autor mostra a condenação de operação pelo diário trabalhista *Davar*, com o título "O lugar do exército de Israel é fora de Beirute". Shimon Peres, chefe trabalhista, aponta essa operação como "aventureira" (p.32).

Enquanto isso, Kadumi, chefe do Departamento Político da OLP, declara: "Deram-nos a palavra de honra que Israel não entraria no Oeste de Beirute, essa palavra foi violada" (p.33).

Saeb Salam, que havia chefiado o governo libanês e sido intermediário do Acordo Habib, que permitiu uma retirada honrosa das forças da OLP e garantiu a não entrada do exército de Israel no Oeste de Beirute, declara que a "entrada israelense na parte ocidental da cidade é uma violação dos acordos assinados" (p.43).

Solicitados pelo exército de Israel, os militares libaneses se recusam a colaborar e a penetrar nos campos pela região sul da cidade (p.33). Mais que isso, o coronel libanês Michel Aoun explica ao general Drori, de Israel, que o chefe do governo libanês, Chafic el-Wazzan, ordenou-lhe a não colaborar de forma alguma com o exército israelense, com ordem de atirar, se Israel avançar em Beirute-Oeste, concluindo:

> o exército libanês só agora está se reconstruindo e começando a reconquistar a confiança dos muçulmanos, não pode se permitir colaborar com as tropas israelenses invadindo o Oeste de Beirute (p.33).

O exército de Israel pensa e age de maneira diferente. Desde o meio-dia, seus tanques cercam os campos de Sabra e Chatila, sobre os quais têm seus canhões apontados. Instalam pontos de controle nas entradas e saídas dos campos. O autor mostra que, enquanto isso, o interior dos campos é dominado pela ansiedade, e os habitantes, em sua grande maioria, recolhem-se a seus aposentos. Da antiga presença dos *fedayin* restam inscrições nas paredes e muros dos campos.

> Os refugiados palestinos dos dois campos, em sua maioria velhos, mulheres e crianças, evitaram qualquer choque com os israelenses, evitando assim represálias, e procuraram priorizar a reconstrução de suas casas bombardeadas em agosto e diante do perigo próximo da estação das chuvas (p.34).

O autor cita que, no final da tarde e início da noite, alguns obuses foram atirados pelo exército israelense em direção aos campos, resultando em 15 feridos.

Amnon Kapeliouk conta que

Zaki, um eletricista de Sabra, disse que se dirigiu com alguns habitantes do campo rumo a uma posição israelense para explicar o temor de que grupos armados libaneses o liquidassem. Os soldados afirmaram que nada lhes sucederia, pois eram civis e não terroristas. Tiveram ordem de regressar a suas casas (p.35).

O autor relata como, durante a noite, bruscamente Beirute ficou às escuras. "Um jovem soldado israelense de 19 anos relata como recebeu a ordem de jogar foguetes luminosos sobre os campos de Sabra e Chatila" (p.35).

Capítulo III – Nossos amigos entram nos campos – "Felicitações" – 16/09/1982 – Quinta-feira

Em trinta horas, o exército israelense controla totalmente o Oeste de Beirute. Pela manhã, conquista a zona comercial de Hamra, destruindo tudo em sua passagem, imóveis residenciais, lojas e veículos esmagados. O canhão do tanque apontado em direção a uma grande avenida abre caminho, a infantaria avança, evitando entrar em ruelas.

Duas colunas de infantarias e blindados israelenses, uma partindo do aeroporto e outra, do porto, juntam-se, à tarde, perto da embaixada norte-americana. O autor assinala: "pelo meio-dia, o Oeste de Beirute está totalmente controlado. Pela primeira vez em sua história, Israel conquista uma capital árabe" (p.37).

Enquanto, em Tel Aviv, comemora-se o ano-novo judaico, Sharon anuncia o sucesso da operação: "O exército de Israel controla todos os pontos estratégicos de Beirute. *Os campos de refugiados, incluindo as concentrações de terroristas, estão cercados e fechados*" (p.37). Exceção feita ao bairro Fakhani, sede da OLP e dos campos Sabra e Chatila, "que não puderam ser limpos" (p.37).

Os habitantes dos dois campos, desde a manhã, ouvem os ruídos dos voos rasantes dos aviões israelenses. Os campos estão inteiramente *cercados* pelas forças israelenses. Atiradores de elite e obuses que atingem os refugiados levam inúmeros feridos a congestionarem o hospital de Gaza, cujos enfermeiros trabalham sem descanso.

No início da manhã, as milícias cristãs terminam seus preparativos para entrar nos campos. Após uma conversação com Sharon, Eytan pergunta ao general Drori se ele pode verificar por conta própria se os falangistas estão preparados para ingressar nos campos. Ao meio-dia, este encontra, em seu QG (Quartel-General), o chefe das forças libanesas, Fadi Ephram, perguntando-lhe a respeito da entrada de suas forças nos campos de refugiados. Resposta do chefe falangista: "Sim, imediatamente". O sinal verde foi dado (p.37-8).

Os falangistas se articulam no aeroporto internacional de Beirute, em número de 15.000. Às 15h, o general Amos Sharon se encontra com os dois oficiais falangistas, Elias Hobeika e Fadi Ephram, que, debruçados sobre fotos fornecidas pela aviação israelense, falam a respeito da entrada nos campos. "O general israelense garante que suas tropas fornecerão todo auxílio necessário à 'limpeza' de terroristas nos campos" (p.38). O general Drori telefona a Sharon anunciando que: "nossos amigos penetram os campos, nós coordenamos a entrada", ao que este responde: "Felicitações, a operação de nossos amigos está aprovada" (p.38).

O autor diz desconhecer se o general Drodi disse a Sharon o que ouviu de oficiais falangistas: "que nos campos haveria uma caçada" (p.38). Sharon, diante do Parlamento, declarou que havia perseguido objetivos precisos: "atingir os terroristas, sem tocar os civis, mulheres e crianças" (p.38).

O autor salienta que, mais tarde, seria possível saber que inúmeros oficiais superiores israelenses desaprovavam a entrada dos falangistas nos campos, pois os refugiados estavam sem defesa e sujeitos a massacre. Em 31 de dezembro de 1982, em suas declarações perante a Comissão de Inquérito, o general Drori revelou que "foi advertido por um oficial Rubem sobre um eventual massacre de palestinos por falangistas" (p.39).

Entre 1981 e 4 de junho de 1982, desde que Sharon assumiu a Pasta da Guerra até a invasão, a hora H da invasão foi mudada cinco vezes, pelo fato de oficiais israelenses discordarem da participação da Falange nos combates no Oeste de Beirute (p.39). Devido a indisciplina, violações, violências e roubos cometidos por eles no Líbano, é que previam o que sucederia nas zonas que Israel ocuparia. Isso de fato se deu.

Segundo o autor, Eytan Haber, correspondente militar do jornal *Yedioth Aharonoth*, os falangistas não passam de um bando uniformizado, culpado das piores atrocidades (p.41).

Os falangistas jamais esconderam suas intenções em trucidar os palestinos. Amnon Rubinstein declara ao Parlamento que, estando no Sul do Líbano, ocupado por Israel, ouviu de um falangista: "Um palestino morto é uma poluição, a morte de todos eles é a solução" (p.41).

O hebdomadário oficial do exército de Israel *Bamahaneh*, de 1º de setembro de 1982, relata que duas semanas *antes* dos massacres dos campos, um oficial superior israelense ouviu da boca de um oficial superior falangista:

> O problema é o seguinte: começar por violações ou matar. Se os palestinos têm amor a sua pele, devem deixar Beirute. Vocês não têm ideia da mortandade que espera os palestinos, terroristas ou civis, que ficarem na cidade. Suas tentativas de confundir-se com a população serão inúteis. A espada e o fuzil dos combatentes cristãos irão persegui-los, exterminando-os de uma vez por todas (p.41-2).

Segundo o jornal *Davar*, após a ordem de Sharon de permitir a entrada dos falangistas para "limpar" os campos, surgiu a proposta que houvesse junto um oficial israelense como agente de ligação. Isso foi recusado, com o argumento de que, se houvesse irregularidades, seria bom que o exército de Israel delas fosse excluído. Quem o dizia era um oficial israelense que sabia que Elias Hobeika dirigia a operação e o que disso poderia se esperar. Houbeika, em 1976, foi enviado por Gemayel ao Sul do Líbano, a pedido de Israel, para apoiar as atividades do coronel Haddad; tinha, na época, 22 anos, já havia matado inúmeros civis palestinos e libaneses, conta o autor. Kapeliouk salienta que os israelenses decidiram mandá-lo de volta. Enquanto isso, a

> imprensa americana informou que ele, na qualidade de responsável pela informação junto ao exército do Líbano, tinha relações com a CIA (Central Intelligence Agency – Agência Central de Inteligência) e o Mossad (serviço secreto israelense), tendo mesmo feito cursos em Israel (p.43).

O autor relata:

> Desta vez, com a benção de Israel é que Hobeika e seus homens entram nos campos palestinos, acrescentando que Hobeika, entre seus colaboradores, conta "com um oficial de ligação permanente com as forças israelen-

ses, Jessy, que de há muito tempo repete que só há uma solução: ela consiste em massacrar os palestinos residentes nos campos de Beirute" (p.43).

As forças israelenses estão a duzentos metros dos locais do massacre, a partir de um posto de observação situado no sétimo andar de um edifício, e têm a visão total do que ocorre em Chatila. Obedecendo às ordens, soldados israelenses levantam as barragens à entrada da Chatila, por onde penetram as forças da Falange. Segundo testemunhas oculares, "os primeiros contingentes de milícias cristãs (25 jipes) passam por Bir-Hassan (perto de Chatila) às 16h, rumo à embaixada do Koweit". O testemunho dos habitantes da Chatila confirma que "inúmeros soldados foram introduzidos antes das 18h, e os primeiros massacres começaram ao surgir da noite, no bairro Arsal, à frente do QG israelense" (p.44).

Kapeliouk nota que testemunhos de fontes diversas confirmam a identidade dos autores do massacre, em sua maioria "falangistas" do Partido Kataeb de Gemayel, auxiliados pelas milícias dos "tigres" do Partido Nacional Liberal, do ex-presidente Chamoun, e os extremistas de direita Guardiões do Cedro, "utilizam jipes fornecidos pelo exército de Israel" (p.45), munidos de armas brancas.

A presença das forças de Haddad foi atestada pela afirmação de um comandante israelense, segundo a qual "alguns membros de sua organização foram presos pelo exército de Israel após os 'massacres'" (p.45), e também pelo depoimento de um jornalista de TV israelense, que, enquanto se efetuava o massacre nos campos, "encontrou um mecânico de blindados membro das forças de Haddad que havia sido treinado em Israel e falava hebraico" (p.46).

O massacre de Sabra e Chatila, segundo uns, iniciou-se antes das 14h, segundo outros, às 17h15. Segundo Sharon, em suas declarações no Parlamento, "as forças entraram à noite". Dirigido por Hobeika, o massacre durou quarenta horas. A duzentos metros do massacre, podem os israelenses observá-lo, usando telescópios à noite, a partir do sétimo andar de um edifício ocupado diante dos campos, "segundo um oficial israelense, podia-se ver como sentado em um teatro na primeira fila" (p.47).

Segundo o autor, os sobreviventes relataram que, nas primeiras horas, centenas de pessoas foram mortas, famílias inteiras foram liquidadas quando jantavam, outros em seus leitos; em pijamas, crianças de três a quatro anos mortas em seus leitos. Alguns, antes de morrer, têm seus membros amputados; bebês têm seus crânios esfacelados contra os muros; moças e crianças violadas antes de assassinadas a golpes de facão; atingem sem discernir homens, mulheres e crianças. "Às vezes, voluntariamente, deixam sobreviver um membro da família para que este conte a outros o que viu. Não diferenciam muçulmanos de cristãos, libaneses de palestinos" (p.48).

Entre os desaparecidos figuram nove mulheres judias casadas com palestinos – cujos nomes a imprensa israelense havia prejudicado – durante o Mandato Britânico na Palestina, que seguiram seus maridos ao Líbano após o êxodo de 1948. O autor conta o caso de uma família de 39 pessoas assassinadas, da qual fazia parte uma mulher jovem, Zeinab, gestante no oitavo mês: "seu ventre é aberto e o feto colocado nos braços de sua mãe morta" (p.48).

Os membros das Falanges Cristãs não se contentaram em matar e violar, recorrem a pilhagem de bens. De acordo com Kapeliouk,

> um jornalista israelense cita o depoimento de um habitante de Chatila: "os falangistas entraram na noite de quinta-feira no apartamento de meu irmão. Exigiram todo dinheiro que possuísse. Se apossaram de quarenta mil libras libanesas e dois quilos de ouro. Além de obrigá-lo a assinar um cheque no valor de quinhentas mil libras (equivalente a 750.000 francos). Disseram eles: Agora não vales nada. Mataram-no, além do pai e mais dois irmãos. Só sua mulher e duas filhas que conseguiram fugir do apartamento sobreviveram" (p.50).

O autor mostra que de nada adiantou a iniciativa de três palestinos, com idade variável entre 55 e 65 anos, de recorrerem a um posto israelense perto da embaixada do Koweit, na tentativa de explicar que *não* havia armas *nem* combatentes nos campos. Foram vistos sair do campo, "e dois dias depois, seus cadáveres jaziam junto a embaixada do Koweit" (p.51).

A essa altura, os soldados israelenses desconfiam que algo estranho se passa nos campos. Kapeliouk mostra, o que é bem verdade, que foram avisados tratar-se de uma "operação de limpeza de terroristas", e na linguagem corrente de Israel, os campos de refugiados são assim chamados.

É bem verdade que os palestinos *fedayins* são caracterizados pelo regime israelense como sub-homens, como nazistas ou, para retomar a expressão utilizada por Begin no Parlamento, em 8 de junho de 1982, "animais bípedes" (p.52).

Apesar dessa desumanização dos palestinos, conforme o autor salienta, na qual o papel da imprensa israelense foi importante, soldados israelenses começam a se angustiar quando percebem que, no interior dos campos, tudo sucede, menos combates.

> Dois paraquedistas, Michael Garti e Ouzi Keren, chegados a Chatila no início do massacre, contaram ao *Haaretz*: "Esse massacre poderia ter sido bloqueado desde a quinta-feira à tarde, se fosse levado em conta o que dissemos a nossos oficiais" (p.52).

Da mesma maneira, um palestino de Sabra foge do campo à noite; dirigindo-se a um oficial israelense que fala árabe, relata o massacre que os soldados de Haddad estão perpetrando, e tem como resposta: "É necessário denunciar todo aquele civil que portar armas; elas devem ser encaminhadas até as 17h. Quanto ao massacre, isso não me interessa" (p.53).

A eletricidade desaparece de Beirute-Oeste durante a noite de quinta-feira.

Foguetes para iluminar os campos foram lançados pela aviação israelense. Um soldado israelense confirmou que sua unidade lançou foguetes de iluminação de 81 mm/min, durante muitas horas (p.55).

O autor acrescenta que "uma enfermeira holandesa de trinta anos, Tineke Uluf, relatou que, mesmo durante o cerco de Beirute que ela viveu, os campos nunca foram tão potentemente iluminados" (p.55). Perguntado a respeito disso pelos jornalistas, o porta-voz militar de Israel em Beirute-Oeste guardou silêncio, nota melancolicamente Kapeliouk.

Somente 38 horas após o início da entrada do exército em Beirute os ministros recebem um relatório a respeito. Uma resolução – conta o ator – do ministério aprovando a invasão é adotada oficialmente: "Devido ao assassinato de B. Gemayel, o exército de Israel tomou posição no Oeste de Beirute a fim de evitar riscos de violência, efusão de sangue e caos" (p.56). Realmente, esse comunicado se constituiu em uma obra-prima de burrice e cegueira. O general Eytan, eufemisticamente, enquanto se desenrolam os massacres nos campos, em uma reunião do Estado Maior, comunica que "os ninhos de terroristas estão sofrendo uma operação de limpeza pelas

Falanges que entraram nos campos de refugiados" (p.57). Acrescentando que "o contato com as Falanges é permanente e suas ações são inteiramente coordenadas pelo exército de Israel" (p.57). Só o ministro da habitação mostra o temor de que os falangistas massacrem os palestinos.

Em 22 de setembro de 1982, no Parlamento, Sharon justificará a entrada das Falanges nos campos argumentando: "Não enviamos *nossos* soldados porque *outros* podem realizar essa operação" (p.58).

Capítulo IV – Sexta-feira negra – 17/09/1982 – Sexta-feira

De seu posto de observação, oficiais e soldados israelenses observam o massacre de Chatila: "Soldados de uma unidade blindada, comandada pelo general Geva, antes de sua demissão, estão a cem metros do campo e relatam que observaram claramente a execução de civis por milicianos, nessa manhã de sexta-feira" (p.59).

Perante a Comissão de Inquérito, o tenente Grabowski declara: "Vi falangistas matando civis. Um deles me disse: 'de mulheres grávidas nascerão terroristas'", conta ele, que informou a seus superiores. Soldados israelenses recebem ordens de não penetrar nos campos; em suas proximidades ouvem salvas de armas automáticas e gritos dos atingidos, mas nada que se pareça a um combate.

O autor relata que quinhentas pessoas que procuravam refúgio em um hospital não escaparam da morte. Em uma declaração diante do Parlamento, em 22 de setembro de 1982, Sharon declara: "O exército (de Israel) imobilizou as Falanges desde sexta-feira ao meio-dia, elas foram retiradas dos locais (campos) sábado ao meio-dia" (p.62). Kapeliouk mostra que o general havia mentido: "o massacre continua durante o dia e a noite de sexta-feira até sábado de manhã" (p.63).

Segundo o autor,

> o general Drori exige que as Falanges parem de atirar. Não ordena, porém, sua saída dos campos, nem se a ordem tivesse sido cumprida, mostra Kapeliouk. Mais que isso, relata ter participado de uma reunião com o general Eytan, e o chefe militar das Falanges, Fadi Ephram, segundo depoimento do general Sharon à Comissão de Inquérito, foi felicitado pelo general Eytan pela operação dos falangistas (p.64).

Sharon, diante do Parlamento, declarara que "as Falanges, com concordância sua, se retirariam dos campos sábado pela manhã" (p.64), ao que A. Kapeliouk agrega:

>Os falangistas tiveram, assim, muito tempo para continuar a "limpeza". Fazem ingressar novos milicianos em Sabra e Chatila, enquanto isso as unidades dirigidas por Hobeika e Saad Haddad continuam a carnificina. Sobreviventes contam que muitas mulheres "foram violadas cinco vezes seguidamente e, antes de mortas, tiveram seus seios decepados" (p.64).

O autor relata, ainda, que os milicianos usavam antes armas brancas, punhais, facões; agora, atiram à queima-roupa.

Uma criança palestina sobrevivente conta que conseguiu salvar sua vida por seu pequeno tamanho, enquanto os homens morriam fuzilados diante de um muro.

>Um dos soldados de Israel relata que tal testemunho lhe recorda sua infância, quando ele soube como, durante a Segunda Guerra, as crianças judias foram salvas dos pelotões de execução nazistas por sua pouca altura (p.65).

Os mortos são embarcados em caminhões, o autor escreve fundado no depoimento de um câmera da TV dinamarquesa, M. Petersen: "ele filmou os milicianos jogando, sobre os caminhões, cadáveres de homens, mulheres e crianças em Chatila, a quatrocentos metros da posição israelense" (p.65).

Os interrogatórios a que eram submetidos os habitantes dos campos nada ficavam a dever às práticas nazistas. Segundo o autor,

>os habitantes de Chatila (os que sobreviveram, é claro) contaram que, pouco antes do meio-dia, os milicianos juntaram uma centena de homens na rua principal, ao Sul do campo. Após ter separado libaneses de palestinos, começaram a torturar estes últimos, vazando suas vistas à faca, para interrogá-los (p.66).

Os *bulldozers* cavam fossas ao sul de Chatila, próximo ao QG israelense. O autor diz: "era impossível aos israelenses isso ter passado despercebido" (p.67). O comentarista militar de TV de Israel, Ron Bem Yachai, relatou que havia descoberto junto ao aeroporto de Beirute uma força falangista que se organizou para ir rumo aos campos, contando com inúmeros tanques Sherman M-47 e T-54, morteiros de 120 mm, veículos armados com metralhadoras pesadas e algumas ambulâncias, acrescentando que

> os uniformes, como o essencial do equipamento das forças libanesas, foi fornecido pelo exército israelense. Até os uniformes eram iguais; simplesmente se trocou a inscrição "Tsahal" – abreviatura que significa exército de Israel – por "Forças Libanesas" (p.68).

Na sala de operação das Falanges, oficiais examinam as fotografias aéreas fornecidas pelos israelenses e discutem os acontecimentos. Duzentos falangistas são autorizados a partir, enquanto dois *bulldozers* são introduzidos nos campos, "um fornecido pelo exército de Israel" (p.69), nota o autor.

O general Eytan, chefe do Estado-Maior israelense, pilota seu avião rumo ao aeroporto de Ramat-David e daí a Tel-Adachim, onde reside, para comemorar nessa noite o ano-novo judaico. Às 21h, telefona a Sharon, e este, perante a Comissão de Inquérito, declara: "Eytan me disse que os falangistas exageraram" (p.69). Ele conclui: "Foi nesse momento que tive uma noção do que se passou nos campos" (p.69).

A força falangista que saíra do aeroporto penetra em Chatila pelo sul e pelo leste, matando um grupo de crianças e mulheres que encontra a sua frente. Seus *bulldozers* arrasam as casas, soterrando seus habitantes sob os escombros, não distinguindo libaneses de palestinos.

O autor constata que a tese segundo a qual o massacre e as destruições havidas eram consequência de uma explosão colérica e vingança espontânea pelo assassinato de B. Gemayel é falsa. O autor conclui que

> o massacre foi premeditado minuciosamente. Tinha como fim provocar um êxodo em massa de palestinos para fora de Beirute e do Líbano. A crueldade do crime – lacerações, amputações de membros, esmagamento de cabeças de bebês atirados contra os muros – tem sua explicação pela vontade de aterrorizar (p.70).

Esta tese é compartilhada pelo correspondente militar do jornal israelense *Haaretz*, Zeef Schiff, e por Ehoud Yaari, especialista em assuntos árabes na TV israelense, pois "a destruição das residências o confirma. Sem casa, os refugiados palestinos só tinham uma saída: partir" (p.71).

É sabido que os *bulldozers* fornecidos à Falange por Israel não se destinavam a destruir nenhuma barreira ou barricada; graças às suas fotos aéreas, os militares israelenses sabiam disso: "Eles eram destinados a destruir casas e sepultar cadáveres em fossas comuns" (p.71). Isso é confirmado pelo depoimento do general israelense Sharon perante a Comissão de Inquérito em 7 de novembro de 1982: "Nós sabíamos que eles iriam destruir os campos" (p.71).

Kapeliouk salienta que essa prática não foi inventada pelas Falanges; ela foi experimentada pelos israelenses após o início da guerra, depois de junho de 1982. A dinamites e a *bulldozers*, os campos de refugiados palestinos do Sul do Líbano tinham sido destruídos. Conforme o autor, em Israel, tal operação era chamada "destruição da infraestrutura dos terroristas". Mas, seguindo o raciocínio do autor do livro, a finalidade de tais operações era mais ampla, tratava-se de "impedir que os palestinos se organizassem enquanto comunidade nacional no Líbano" (p.71). Daí escolas e hospitais também serem visados. Isso é confirmado por uma diretiva clara que os oficiais israelenses receberam do ministro Yaakov Meridor, encarregado junto ao governo de Israel da questão dos refugiados: "Desloque-os rumo a Leste, em direção à Síria. Deixe-os partir, porém, não permitam sua volta" (p.72).

As Falanges não se contentaram em destruir residências de palestinos; procuraram aterrorizá-los, conforme descrito anteriormente. Com isso, perseguiam outra finalidade: reduzir o número de quinhentos mil para cinquenta mil, para "não afetar o equilíbrio demográfico entre cristãos e muçulmanos" (p.72), pois a maior parte dos palestinos é de confissão muçulmana.

No entanto, a entrada do exército israelense em Beirute seria seguida de um massacre de palestinos, da destruição de seus campos, o que foi claramente previsto e denunciado pelo antigo deputado Uri Avnery, presidente do Congresso para a Paz Israel–Palestina, quando, em 17 de setembro de 1982, lança uma advertência,

> acusando o general Sharon de procurar, a pretexto de uma operação militar, destruir os campos de Beirute-Oeste como o fez com os campos de Ein-El--Helouch perto de Saida, de Rachidyeh e de Borj El-Chemali perto de Tiro,

provocando novos sofrimentos terríveis a dezenas de milhares de civis palestinos inocentes, que tanto sofreram nessa guerra (p.72-3).

Tal comunicado, segundo o autor, foi publicado pela imprensa matutina.

As forças de Israel ocuparam o escritório principal da OLP, a redação e oficinas do jornal *Al Hadaf* da G. Habache e a sede de duas organizações nasseristas, os Murabitim e a União Socialista Árabe. Saad Haddad ocupa a sede central do Partido Socialista Progressista, cujo dirigente é o druso Wallid Joumblatt, entregando-a aos israelenses.

Em resposta ao enviado especial de Reagen, Sharon declara calmamente: "A entrada do exército de Israel trouxe a paz e a segurança, impedindo um massacre de palestinos na parte ocidental da cidade" (p.74). Enquanto isso, o general Eytam, chefe do Estado-Maior, declara à imprensa israelense: "Nossa entrada no Oeste de Beirute impediu uma catástrofe" (p.74).

O correspondente militar da TV israelense, Ron Ben Yichai, em companhia de altos oficiais israelenses de uma unidade em Baabda, bairro na parte oriental de Beirute, ouve oficiais de um batalhão de blindados que cercavam Chatila relatarem ter visto "execuções sumárias em paredões do campo, um habitante do campo morto à bala por recusar-se a seguir os milicianos e outros 'horrores'", descreve o autor. Como resposta, o comandante disse que no dia seguinte iria promover uma investigação e que iria até o chefe do Estado-Maior para saber da verdade. "Ben Yichai fala por telefone com Sharon, repetindo o que havia ouvido. O ministro não reagiu, agradeceu e desejou-lhe um 'bom ano'". (p.75). Kapeliouk não deixa de transcrever a Ben Yichai a impressão que a entrevista telefônica com o ministro causou. Nas palavras de Ben Yichai: "minha impressão é que ele sabia o que se passava nos campos" (p.75).

O enviado especial do *Newsweek*, dirigindo-se rumo aos campos, defronta-se com uma barragem formada por soldados israelenses e homens de Saad Haddad. Segundo ele, um desses últimos lhe disse: "Não podes entrar, nesse momento estamos degolando-os" (p.76). Um oficial israelense, de nome Elias, explicou ao correspondente "que as forças do exército de Israel receberam ordens de não atrapalhar as milícias que estão 'limpando o terreno'" (p.76).

Capítulo V – Nessas operações não se fazem prisioneiros – 18/09/1982 – Sábado

Até meados de sábado, o massacre continuava, milicianos continuavam matando, *bulldozers* esmagando casas, equipes se encarregavam das fossas comuns.

Centenas ou mais de mil pessoas, em sua maioria mulheres, velhos e crianças, agrupavam-se na rua mais importante do campo de Sabra, portando bandeiras brancas, atendendo a um apelo transmitido por alto-falante às 6h da manhã. Os milicianos nos obrigavam a tomar o rumo sul; no caminho, alguns foram isolados e executados diante de um muro. Um *bulldozer* destruiu a casa, sepultando seus corpos sob os escombros. Outros milicianos enchiam caminhões de refugiados dos campos; os que não cabiam eram obrigados a se deitar no solo, de bruços, para não ver em que direção esses caminhões iriam. O autor relata que jamais alguém reverá esses passageiros para a morte.

O general israelense Sharon, de seu QG, perto da embaixada do Koweit, relata que observou o desfile macabro de velhos, mulheres e crianças, chorando, muitos sangrando. Por um megafone anuncia que nada de mal sucederá a eles; que voltem ao campo, recebam dos soldados israelenses: água, pão, laranjas. "Os homens são introduzidos no interior do Estádio (desportivo) para serem interrogados, para revelarem onde se escondem os terroristas" (p.79). O autor salienta os limites da bondade: o interrogador ameaça o interrogado nestes termos: "Se não dizes a verdade, sabes que aqui há soldados das Falanges e do coronel Haddad" (p.79). O autor confirma, de fato, "seriam encontrados 28 cadáveres de prisioneiros com as mãos amarradas no interior do estádio e quatro na piscina" (p.79).

Segundo Kapeliouk, muitos habitantes dos campos, já sem vida, enchiam os caminhões que seguiam rumo ao desconhecido. Ele observa que

> um dos mistérios maiores de tudo isso são os desaparecidos. Jamais se saberá seu número. Seus corpos, segundo sua aparência, jogados fora dos caminhões, foram encontrados junto a estradas em direção ao sul (p.80).

Esses caminhões, com inúmeros cadáveres, cobrem as localidades de El Ouzai, Khaldé, Harat em Naameh, Naameh, Kafr Chima, na direção do aeroporto; inúmeros cadáveres foram encontrados, segundo Kapeliouk.

Nos campos reina o maior silêncio, quebrado pelo enxame de moscas que pululam em torno dos corpos sem vida. Os tanques israelenses se aproximam da entrada de Sabra e Chatila, indicando que tudo terminou, enquanto isso, os milicianos abandonam os campos em direção às suas bases de origem.

Ao meio-dia, os correspondentes internacionais têm acesso a Sabra e Chatila. O correspondente do *Washington Post* descreve tudo que Kapeliouk nos havia mostrado até agora, objeto dessa resenha mais ampla. Jornalistas e diplomatas norte-americanos e europeus, inclusive o embaixador da França, Paul Marc-Henri, percorreram os campos, descobrindo o horror.

Segundo o autor, as estatísticas da Unicef (Fundo das Nações Unidas para a Infância) mostram que, para cada combatente morto, dez crianças morreram durante o decorrer da guerra no Líbano. Em Sabra e Chatila, a impressão é que os assassinos procuraram atingir preferencialmente as crianças (p.82). Sobre alguns cadáveres, as Falanges colocaram granadas dissimuladas, para matar os familiares que estivessem à procura de parentes mortos. De acordo com o autor, "muitos foram torturados antes de serem mortos, outros, após a morte, apresentavam traços de mutilação" (p.82).

Braços e pernas eram visíveis a olho nu, pois muitos foram enterrados apressadamente nas fossas comuns: "cada um por si, os jornalistas mudos de estupefação contam os corpos" (p.83). Um deles conta oitenta, distancia-se e vomita. Outro encontra 150 em um único grupo de casas. Kapeliouk, porém, adverte ao analista apressado que "essas cifras nada significam; numerosas as vítimas soterradas sob as casas destruídas" (p.83).

O autor relata a história de Djamila:

> Quinta-feira pela manhã, voltei ao campo para procurar minha mãe. Um miliciano me tomou pelo braço e fui conduzida a uma casa próxima a que residia, lá encontrei quatro soldados. Ele me disse: "Dispa-se e os deixe fazer o que quiserem, senão será pior para ti". Eles me violentaram (p.84).

Dirigindo-se aos jornalistas, pede para que não publiquem seu sobrenome, pela vergonha que sentia. Ela saiu com vida por ser libanesa; seus parentes, sobrinhos e seu irmão foram mortos (p.84). Continuando, conta que encontrou o corpo de sua mãe na rua. Vê os homens da Cruz Vermelha retirarem um corpo dos escombros, ela o identifica como o corpo de seu irmão e grita de dor (p.84).

Kapeliouk comenta que nos muros nos campos se liam as inscrições: "Deus, pátria e família", o *slogan* das Falanges, devidamente assinado Kataeb.

O autor relata que mulheres em estado de choque perambulavam pelas ruas dos campos como autômatos, umas com a fotografia do marido, de um irmão, de um filho, esperando que isso as ajudasse a reencontrá-los. Nem os animais escaparam, três cavalos e cães mortos o atestam.

Soldados do exército libanês e os homens da Cruz Vermelha que chegaram aos campos no fim do massacre apontam com o dedo o local onde estava instalado o QG do exército israelense. "Um deles pergunta: 'quem pode acreditar que lá do alto eles não viam o que se passava aqui embaixo?'. Tudo isso aconteceu sob seus olhos!" (p.85). Muitos soldados israelenses pareciam sinceramente chocados com a enormidade dos massacres. "Um deles chora convulsivamente" (p.85). Outros se recusam a falar, alegando que o farão oportunamente; outros alegam não saber; outros atribuem toda a responsabilidade às Falanges; outros, dirigindo-se a um jornalista do *Maariv*, de Israel, perguntam o porquê de tantas fotos, dessas revelações? Ele mesmo responde: "Isso serve a nossos inimigos" (p.86).

Um oficial das Falanges declara a um repórter americano: "Durante muitos anos, esperamos entrar nos campos do Oeste de Beirute. Os israelenses nos escolheram porque somos melhores que eles na luta casa por casa" (p.86). Em resposta à pergunta do repórter, se foram feitos prisioneiros, diz: "Nesse tipo de operação, não se faz prisioneiros" (p.86).

Em Israel, essa sexta-feira é o primeiro dia do ano-novo judaico e o rádio transmite música leve e festiva. Segundo o autor, é às 14h que a rádio Kal Israel, no Boletim Informativo, transmite: "Os correspondentes de Beirute informam que membros das Milícias Cristãs mataram centenas de residentes nos campos de refugiados a Oeste de Beirute" (p.86-7).

O autor salienta que "o primeiro-ministro Beguin toma conhecimento do massacre às 17h por meio da BBC inglesa, isto é, 48 horas após ele ter acontecido" (p.87).

O secretário do governo, Meridor, confirma ter sabido do massacre por meio de um correspondente da United Press, em Israel.

Relata o autor que o general Eytan, depondo perante a Comissão de Inquérito, declara que Beguin o chamou nessa sexta-feira, às 9h, para tratar da posição dos Estados Unidos, referente aos acontecimentos ocorridos no Hospital Gaza. Perante essa mesma Comissão, Beguin declara: "Não estou lembrando dessa conversa" (p.87).

As primeiras versões oficiais transmitidas em Israel "demonstram incontestavelmente uma vontade em *negar* qualquer responsabilidade nos acontecimentos" (p.87). O porta-voz militar israelense, diante de jornalistas, declara, em Tel Aviv, absoluto desconhecimento do ocorrido. *A Voz de Israel* relata que falangistas penetraram nos campos e relataram ao exército de Israel que travaram duro combate, com vítimas de ambos os lados, finalizando: "o exército (de Israel) interveio para cessar a luta" (p.88). Conforme o autor salienta, a referida rádio sugere que "em vez de criticar nosso exército, melhor seria felicitá-lo por sua intervenção, mesmo tardia, onde ele não devia intervir, evitando um mal maior" (p.88).

Um comunicado oficial do Ministério do Exterior "condena o massacre" (p.88). O autor do livro pergunta: como esses "extremistas" entraram nos campos? Quem planejou sua entrada e os autorizou? Nenhuma resposta a isso. Os massacres foram anunciados pelas rádios e televisões do mundo inteiro. Os jornalistas dizem o que o Ministério do Exterior deixou de dizer: "o massacre se desenvolveu sob os *olhos* dos soldados do exército de Israel e eles *nada* fizeram" (p.88).

Nos Estados Unidos essas notícias abalaram a comunidade judaica.

Em declaração sem precedentes, Reagan lembra "que Israel havia justificado sua entrada no Oeste de Beirute afirmando que ela evitaria o tipo de tragédia que, no entanto, havia sucedido" (p.88-9).

Diante dos funcionários libaneses que haviam negociado a retirada das forças da OLP de Beirute, que manifestaram seu medo de um massacre posterior de palestinos, pelos falangistas, Habib e Morris Draper lhes asseguraram que receberam dos representantes garantias seguras e firmes do governo de Israel e de seu exército de que tal massacre não se produziria (p.89), conclui o autor, citando os diplomatas: "Temos o sentimento de que, acreditando nas promessas israelenses, abandonamos os palestinos à própria sorte" (p.89).

Por ocasião do massacre, um diplomata americano em Tel Aviv teve reproduzidas suas reflexões a respeito: "Eles – os palestinos – confiaram em nós. Nós confiamos em vocês (israelenses). Agora compreendemos, muito tarde, nosso erro" (p.89-90).

O exército de Israel, após consumado o massacre, contata oficiais do exército libanês para que ocupem os campos de refugiados e outros locais que Israel pretende deixar, particularmente a zona bancária a Oeste de Beirute; decide ficar no resto da cidade de Israel. Enquanto isso, um repórter envia matéria a seu jornal. Muito longe do Líbano, ele termina nesses termos: "Tudo começou por uma pretensa 'Paz na Galileia', terminando por um dos *pogroms* (massacres) mais abomináveis e terríveis havidos após a Segunda Guerra Mundial" (p.90).

Capítulo VI – Os *goym* (não judeus) matam outros *goym* e se acusa os judeus – 19/09/1982

Nesse domingo, forte odor pestífero emerge de Sabra e Chantila, a centenas de metros dos campos; sob as ruínas, novos corpos de homens, mulheres e crianças são encontrados. Uma imensa fossa os recebe, muitos estão irreconhecíveis. Muitos procuram seus parentes próximos entre os escombros na esperança de encontrá-los. Sua fisionomia dá a impressão de que saíram do inferno; uns choram, outros tremem, outros se locomovem como se fossem autômatos em ritos de horror, urros histéricos quando se fazem ouvir, quando mães encontram seus filhos, ou esposas reconhecem seus maridos.

Identificados os corpos, são recolhidos em sacos de náilon, dispostos uns perto de outros em uma imensa fossa. Friamente, os funcionários da Cruz Vermelha registram os cadáveres identificados. Uma criança de 11 anos com sua mãe permanecem imóveis, com os olhos esbugalhados. São os únicos sobreviventes de uma família de oito pessoas (p.92).

Uma adolescente – escreve o autor – murmura: "todos os vizinhos estão mortos" (p.92).

Uma parte dos ex-habitantes dos campos, ainda aterrorizados com o massacre, preferem pernoitar nas praças públicas, jardins públicos ou nas escolas, durante a primeira semana após o horror vivido.

Assiste-se a um desfile de cifras macabras do número de vítimas do massacre. Segundo a Cruz Vermelha, 663 cadáveres foram enterrados; o jornal *L'Orient-le-Jour* fala em 762 cadáveres dos campos, a Cruz Vermelha Internacional fala em 1.200 cadáveres enterrados por suas famílias, elevando a dois mil o número de mortos.

O autor assinala que a esses dois mil corpos enterrados após o massacre devem se juntar "os enterrados em fossas comuns durante a carnificina, os que ficaram soterrados nos escombros de duzentas casas e um terceiro grupo: os desaparecidos" (p.93-4).

"Em uma população de vinte mil pessoas, pode-se contar com 3.000 a 3.500 vítimas, homens, mulheres e crianças assassinadas em 48 horas, entre 16, 17 e 18 de setembro de 1982, nos dois campos. Um quarto das vítimas era libanesa, o restante, palestinos" (p.94).

O autor dá razão ao coronel Geva ter solicitado demissão do exército, na medida em que previa que a invasão de Beirute seria desastrosa para o Estado de Israel.

Enquanto isso, o exército israelense ocupa o Centro de Pesquisas Palestinas, instituição científica; os soldados percorrem todos os andares do prédio onde está instalado, carregando consigo o arquivo e o Centro de Documentação.

Nesse domingo, a imprensa libanesa publica títulos na primeira página: "Terrível massacre em Sabra e Chatila" (*L'Orient-le-Jour*); "Carnificina nos campos" (*Safir*, jornal de esquerda).

No tocante às responsabilidades, o autor mostra que as autoridades libanesas rejeitam atribuí-las às tropas do coronel Haddad ou a Israel diretamente. O ex-primeiro-ministro Saeb-Salam exclui os Kataeb "Falanges Cristãs" de qualquer suspeita. Amin Gemayel, futuro presidente, nega qualquer participação dos Kataeb e das Forças Libanesas no massacre. Em uma discussão íntima com diplomatas – acentua o autor –, ele acusa Israel como responsável pelos massacres.

O autor mostra que ninguém acusa as Falanges, pois colocam em primeiro lugar a unificação do Líbano e a retirada de todas as tropas não libanesas do país, por isso, "os libaneses acham que a Comissão de Inquérito libanesa a respeito dos massacres de Sabra–Chantila presidida pelo procurador militar As'ah Germanos, que iniciaria seus trabalhos em 18 de outubro de 1982, não chegará a nenhum resultado concreto" (p.97).

Ele pergunta: o oficial falangista Michel irá depor? É duvidoso. Ele, pela TV israelense, reconheceu ter assassinado palestinos em Sabra-Chatila: "Durante anos, continuarei a matar palestinos. Já matei 15 nos campos e ainda não terminei" (p.89). Conclui dizendo: "um bom palestino é um palestino morto. A melhor coisa que Israel fez foi o massacre de Deir Yassine" (p.98).

Os militares conhecem os nomes dos falangistas que penetraram nos campos, mostra o autor citando o jornal *Maariv*, diz que "o exército israelense não quer aumentar o fosso com os cristãos libaneses". Por sua vez, o autor acentua que as forças libanesas entraram nos campos pelo sul, com aprovação do exército israelense. Tal decisão foi avalizada quinta-feira (16 de setembro) por seu governo (p.98-9).

Eytan, chefe do Estado-Maior israelense, culpa os libaneses que se recusaram a entrar nos campos (o exército oficial) e os norte-americanos pelos massacres.

Nesse domingo, 19 de setembro de 1982, os militantes do movimento Paz Agora decidem realizar uma manifestação de protesto contra os massacres diante da residência de Beguin em Jerusalém. São mil pessoas, entre cientistas, artistas e intelectuais, que acompanham os militantes e participam também alguns deputados da Frente Trabalhistas, e alguns membros de partidos religiosos. "Beguin terrorista", "Beguin assassino", "Beirute é Deir-Yassine 82", "Abaixo Sharon". Razão pela qual, do ponto de vista internacional, "a responsabilidade pelo que se passou nos incumbe" (p.102-3). Beguin publica matéria paga no *New York Times* e no *Washington Post* ao preço de 54 mil dólares, com o título "Uma conspiração sangrenta", fundado na premissa de que uma verdadeira conspiração sanguinária havia sido levada a efeito contra o Estado Judeu e seu governo, contra o exército de Israel (p.103).

Ao mesmo tempo, as imagens do massacre são transmitidas pelas televisões do mundo inteiro, "levando o jornalista norte-americano notoriamente pró-israelense a intitular o massacre como 'O Baby-Yar israelense' (em Baby-Yar, os nazistas executaram dezenas de milhares de judeus na Segunda Guerra Mundial)" (p.105). O *Jewish Chronicle*, principal jornal da comunidade judaica inglesa, escreve: "Após a 'limpeza' dos campos de Beirute, é Israel que necessita 'se limpar' de todos aqueles que autorizaram ou são implicados nesse horror que envergonha a todos nós" (p.105).

Capítulo VII – Crime de guerra em Beirute – 20/09/1982 – Segunda-feira

Mil e quinhentos libaneses do exército oficial com quarenta blindados estabelecem um "cordão de segurança" em torno dos campos. Pela manhã de segunda-feira, nenhum soldado israelense é visto.

O cheiro da morte emerge dos campos. São encontrados cem corpos em decomposição, impossibilitando sua identificação, afirma o autor. São cobertos com cal vivo. Os habitantes ainda estão aterrorizados; basta surgir um caminhão de soldados do exército do Líbano para que eles nos confundam com os milicianos do coronel Haddad e fujam em desabalada carreira. Somente à tarde é que as autoridades os tranquilizam e eles voltam aos campos.

Enquanto os israelenses esperam ser substituídos por tropas internacionais, continuam a procurar armas, depósitos de munições e identificar pessoas com listas de nomes à mão, acompanhados de delatores, conta o autor. Visitam domicílios de membros da esquerda libanesa, simpatizantes de palestinos; às vezes, efetuando detenções. "O número exato ninguém sabe, a imprensa libanesa calcula que de 1.000 a 1.500 foram presos" (p.108).

O autor relata que a rica biblioteca do Centro de Pesquisas Palestinenses continua fechada pelas tropas israelenses; de lá retiram livros e documentos. "Um jornalista salienta a um oficial de Israel que se trata de um Centro de Pesquisas. Este responde: 'É um centro de espionagem. Não há intelectuais palestinos, só há espiões'" (p.108).

Zeef Schiff, jornalista do *Haaretz*, referindo-se aos massacres, escreve:

> As Falanges mataram centenas, senão mais, de velhos, mulheres e crianças. Exatamente da mesma maneira dos *pogroms* contra os judeus. Não é verdade que não conhecíamos esses crimes, como dizem os porta-vozes oficiais, que somente sábado, ao meio-dia, chegou a seu conhecimento. Eu mesmo soube sexta-feira pela manhã. Isto é, o massacre começou quinta-feira à tarde... (p.109).

Em seu editorial, o *Haaretz* comenta que "as circunstâncias nas quais esse ato atroz foi cometido demonstram irrefutavelmente a responsabilidade de Israel, responsabilidade indireta, senão direta, na morte de centenas de pessoas indefesas" (p.109-10).

Em seu levantamento de imprensa israelense, o autor cita o jornal trabalhista *Davar* com o título "A vergonha de Beirute", no qual escreve: "É difícil ser israelense. Jamais poderemos nos lavar dessa ação" (p.110). No mesmo estilo, a diretora do jornal, Hanna Zemer, classifica tal ação como "de um governo de celerados que levou o Estado de Israel a uma falência moral" (p.110). O jornal da oposição, *Mapam "Al-Hamischmar"*, salienta que "esse massacre tornou a guerra do Líbano a maior desgraça que sucedeu ao povo judeu após o Holocausto" (p.110). Igualmente, os jornais *Yedioth Aharonoth* e *Maariv* consideram Israel indiretamente responsável pelo massacre, conclui Kapeliouk (p.110).

Documentando as reações intelectuais israelenses ao massacre, o autor cita a Israel Zamir, filho do prêmio Nobel Isaac Bachevis Singer: "Até agora, *pogrom* tinha uma conotação que se referia diretamente a nós, judeus enquanto vítimas. Beguin 'o ampliou'; houve Baby-Yar, Lidice, Oradour e também Sabra e Chatila" (p.111). O escritor Amos Keenan, colaborador do jornal *Yedioth Aharonoth*, escreve: "De um só golpe, sr. Beguin, haveis perdido milhões de crianças judias de Auschwitz que não vos pertencem mais. Vendeste-as sem benefício" (p.111).

Beirute, pela primeira vez, fez com que me envergonhasse em pertencer ao exército de Israel (p.112). O romancista Itzhak Orpaz declara:

> Nunca vos perdoarei em desestruturar um país que amei, em uma onda monstruosa de burrice e morte. Nos campos de Sabra e Chatila, meu pai e minha mãe, que perdi no Holocausto, foram assassinados pela segunda vez (p.112).

No mesmo espírito – relata o autor –, o historiador e professor de ciência política Zeev Sternheil, da Universidade Hebraica de Jerusalém e membro do Partido Trabalhista, fala a seus alunos: "O governo e a sociedade israelense têm uma responsabilidade moral, política e jurídica no crime de guerra de Beirute. Se nós próprios não os cometemos, é indiscutível que o autorizamos" (p.112).

Kapeliouk salienta que o deputado Amnon Rubinstein também lembra quando os sírios bombardearam Zahlé em 8 de maio de 1981. Beguin declara que aconteceu com os cristãos libaneses o mesmo que aconteceu com os judeus na Europa na década de 1940, ou seja, o que os nazis fizeram contra os judeus. Quando criança, são degoladas diante das vistas de suas mães, seus corpos desfigurados são jogados ao solo. Cometidos crimes abomináveis e indescritíveis, como o faziam os nazistas, pessoas são enterradas em fossa comum, são fuziladas e enterradas por *bulldozers*. Nesse momento, as analogias do sr. Beguin com os atos nazistas não aparecem, conclui Rubinstein:

> Pertencemos a um povo que, mais que qualquer outro no mundo, sofreu perseguições. Conhecemos assassinatos, o racismo e as perseguições. Devemos ser vigilantes e não engrossar a fileira de perseguidores. Devemos ser inimigos irredutíveis do racismo. Não temos o direito de diferenciar entre sangue de uns ou de outros. Para nós, todas as crianças que morrem são iguais (p.111).

Sharon toma da palavra no Parlamento, classificando como injustiça o estabelecimento de uma Comissão de Inquérito. As manifestações de rua em Israel continuam. Em uma manifestação em Tel Aviv, um estudante de Direito declara:

> Arafat transformou um povo perseguido e rejeitado em uma nação respeitada e popular. Beguin transformou uma nação respeitada e popular em um povo excluído e rejeitado. Arafat uniu seu povo; Beguin dividiu seu povo. Arafat transformou uma derrota em vitória; Beguin transformou uma vitória em derrota (p.114-5).

O autor relata que após a manifestação de rua ocorrida depois da criação do Estado de Israel, que reuniu quatrocentas mil pessoas em Tel Aviv, o governo resolveu, em 28 de setembro de 1982, nomear uma Comissão de Inquérito.

Enquanto isso, o Estado-Maior se reunia, "segundo um dos participantes que transmitiu a informação a um jornalista do *Davar*, ele – o chefe do Estado-Maior – dedicou cinco minutos aos acontecimentos de Sabra e Chatila. Ninguém questionou o assunto" (p.116).

Kapeliouk termina seu relato contando que

> no campo de Chatila, junto a uma fossa comum, uma mulher vai e vem incessantemente. Perdeu 13 familiares, inclusive seu bebê de quatro meses. Ela para, senta-se no solo e, jogando um monte de terra sobre a cabeça, urra: "Agora, para onde ir?" (p.116).

Sem comentários.

Conclusão

Beguin, a continuar no poder com aliança com vários partidos religiosos e seculares, porém de direita, leva implícito o perigo de, em médio prazo, um Estado Fascista se institucionalizar. Ao mesmo tempo, por ocasião da passeata dos membros do movimento Paz Agora exigindo que Sharon deixe o Gabinete,

> por ordem do juiz de paz de Jerusalém, Moshé Ravid, ficou detido até o *término* do processamento judicial Bnaiahu Aharoni, acusado de ameaçar, insultar e *atacar violentamente* os participantes do Paz Agora em 10 de fevereiro passado, que resultou na morte de Emil Grintzwaig. Segundo a acusação, Aharoni foi submetido a juízo por delitos devido ao uso da violência (*Frente a Frente*, 1983, p.18).

Por sua vez, segundo o *Frente a Frente* (1983, s. p.), em 7 de fevereiro de 1983, foi tornado público o Relatório Final da Comissão Investigadora de Israel sobre os campos de Sabra e Chatila.

No capítulo "Responsabilidade Interna" (*Frente a Frente*, 1983, p.20), a Comissão *definiu* a responsabilidade individual de nove autoridades políticas e militares de Israel nos acontecimentos "ao não prever os perigos existentes na entrada de falangistas nos campos nem prestar apropriada atenção à informação recebida sobre as matanças e não haver efetuado ações enérgicas e imediatas requeridas para frear tais atos".

Quanto à atitude do governo de Israel diante das conclusões e recomendações da Comissão Kahan, cabe notar aqui algumas considerações.

Em 1978, por ocasião da Guerra do Yom Kippur iniciada pela Síria e Egito, a opinião pública israeli reclamou uma Comissão de Inquérito para determinar a responsabilidade do governo de Golda Meir e o ministro da Defesa Moshé Dayan por não terem previsto a tempo tal ataque. Imediatamente após a Comissão definir os responsáveis na conclusão de seu trabalho, o governo trabalhista renunciou coletivamente.

Prossegue a conclusão do Relatório da Comissão Kahan acentuando que, paralelamente, o atual governo de Israel até o momento não agiu como havia agido o que anteriormente citei, quanto à *responsabilidade indireta que a Comissão Kahan lhe atribui*. Prossegue a conclusão do Relatório, vendo nessa atitude um perigo às normas democráticas fundamentais da sociedade israeli pelo fato de que, se ele (o governo) aceitou suas conclusões (da Comissão), *ele não tirou suas próprias conclusões*.

A grande crítica dos meios de comunicação de Israel, os votos de desconfiança propostos pela oposição no Parlamento e as manifestações de rua custaram, pela primeira vez na história de Israel, a vida de um cidadão, sem mudar a atitude da coalizão governante.

Conclui o Relatório: "a sociedade israeli dirigiu seu dedo acusador sobre aqueles setores ou pessoas que decidiram usar o *ataque físico para refutar ideias*" (*Frente a Frente*, 1983, p.20).

Beguin substituiu Sharon no cargo de ministro da Defesa, transformando-o em ministro sem pasta. Isso, porém, não descaracteriza o general Sharon como um candidato a Bonaparte no Oriente Médio. Não restituirá a vida àqueles que foram enterrados sob os escombros de suas casas por *bulldozers* ou jazem em fossas comuns. A Auschwitz, Treblinka, Bergen-Belsen se agregaram os nomes de Sabra e Chatila. A um horror outro horror.

Palestina

Tawfiq Az-Zayad

Aqui
sobre vossos peitos
persistimos
   como uma muralha
(...)
quando tivermos sede
   espremeremos as pedras
e comeremos a terra
   quando estivermos famintos
Mas não iremos embora
(...)
Aqui temos um passado
   e um presente
Aqui
está nosso futuro.

Resposta tranquila a um embaixador irado[*]

Como um dos signatários do "Manifesto Contra a Violência no Líbano", publicado em 25 de junho na *Folha*, sinto-me na obrigação de ponderar algumas colocações do sr. Shaul Ramati em sua carta publicada pelo mesmo jornal em 15 de julho passado. Isso, em deferência à opinião pública e aos 250 assinantes do manifesto, que incluem judeus e não judeus, trabalhadores de fábrica e professores universitários.

O que choca na resposta do sr. Shaul é o tom de sua carta. Um manifesto assinado por nomes internacionalmente conhecidos, entre outros, Raymundo Faoro, José Goldenberg, Waldemar Rossi, Paulo Freire, Marilena Chauí, Mário Schenberg, não pode ser tratado em um tom que foge à expressão de pessoa medianamente civilizada, mormente se é embaixador em um país, entrando no mérito do Manifesto, e distribuindo insinuações que ficariam melhor na pena de um "tira" suburbano, criticando deselegantemente e de forma inusitada os assinantes do citado Manifesto.

Diferentemente agiu o embaixador da Polônia. Recebeu documento criticando o golpe militar do general Jaruzelski, não entrou no mérito da questão e o encaminhou a seu governo, como era seu dever.

A carta do sr. Shaul peca pelos desprimores. Acusa a Comissão Arquidiocesana da Pastoral dos Direitos Humanos e o Centro Santo Dias de Direitos Humanos de serem manipulados por esquerdistas bem conhecidos, agregando "para participar da campanha dos terroristas da OLP de informação errônea e guerra psicológica contra Israel, um país que mantém relações calorosas e amistosas com o Brasil". E acentua "a falta de seriedade dos signatários".

Utiliza o conceito "esquerdista" não para definir uma opção política, mas para estigmatizar pessoas. Se S.Sa. é embaixador do Estado de Israel no Brasil, deve-o ao fato de o Estado de Israel ter sido fundado e ter tido como o primeiro-ministro Ben Gurion, líder do Partido Trabalhista de Israel e fundador da Histadrut (Central Sindical). Graças a um esquerdista é que hoje S.Sa. pode usufruir as prebendas burocráticas de embaixador no Brasil.

---

[*] *Folha de S.Paulo*, 23/07/1982.

Quanto à vinculação dos signatários à OLP, S.Sa. opera uma falsa identificação, típica de mentalidades totalitárias. Por acaso o general Matitiau Peled, presidente da Comissão Israelense para a Paz Israelo-Palestina, é manipulado pela OLP? Ele condenou a invasão israelense do Líbano e denunciou a existência de um campo de concentração perto de Nabatiê, no Sul do Líbano, onde estão presos nove mil combatentes palestinos, conforme a Lei n. 1.182, de 9 de junho de 1982, que permite a qualquer general de brigada israelense prender ou deter qualquer cidadão não judeu ou que não viva em Israel considerado como perigoso para a ordem pública (*Folha de S.Paulo*, 1982f). Pierre Mendes France, Nahum Goldman e Philip Klutznik, que subscreveram o manifesto condenando a escalada militar no Líbano, seriam outros "manipulados" pela OLP?

É lamentável a pobreza de imaginação de S.Sa. É que S.Sa. parte de uma lógica totalitária: quem não é fascista é comunista e ponto-final, aí tudo é permitido. Essa lógica levou Hitler e Mussolini ao inferno.

Muitos dos signatários do Manifesto criticado por S.Sa. se manifestaram contra a invasão do Afeganistão e o golpe contra o Solidariedade, porém é necessário ter em mente uma coisa: nenhum genocídio ou holocausto justifica outro. Sob o nazismo houve o Holocausto judaico, isso, porém, não justifica haver Holocausto de libaneses, drusos, palestinos.

Sem dúvida que regimes conhecidos por nós cometem crimes, por isso criticamos o terrorismo, especialmente o terrorismo de Estado.

É inútil continuar na contabilidade macabra dos mortos e desabrigados no Líbano devido à invasão israelense. Sharon e Beguin apresentam-na como a "solução final" para o problema palestino. Já em 1981, Sharon dizia que os interesses de segurança de Israel se estendiam ao Zimbábue, Irã, Turquia, Paquistão e toda a África do Norte! Se isso não for imperialismo, o que é imperialismo?

A expansão imperialista está vinculada ao genocídio. Quando a aviação de Israel bombardeia em tapete cidades libanesas inteiras, arrasa as principais cidades do Sul do Líbano, quando bombardeou o bairro de Fakhani sob o pretexto absurdo de lá se achar o QG de Arafat; quando bombardeou um estádio de futebol em Beirute com bombas F-15 e F-16 a pretexto de destruir carregamentos de armas e munições, quando na realidade havia simplesmente caixas e sacos de mantimentos, Israel pratica o genocídio. A Unicef, órgão da ONU, informou que havia já 240 mil crianças libanesas, palestinas e drusas entre mortas e mutiladas pelas "bombas pessoais". Isso é genocídio.

De nada contribui para manter a tradição humanista judaica a utilização por Israel de bombas de bilha contra a população civil. São bombas que explodem em direção horizontal, de onde saem pequenas bolas de aço com a força de uma bala calibre 22. Provocam muitas mortes e poucos estragos materiais. E há a utilização concomitante de bombas de fragmentação, que, ao explodir, soltam pequenas granadas. Elas, após a explosão da bomba central, misturam dois gases letais, atingindo uma distância de 550 metros, espalhando estilhaços mortais. Alia-se a isso a utilização de bombas de fósforo, que soltam um líquido incandescente que se cola à pele da vítima, da qual ela não se livra de forma alguma. Tudo isso são lições de terrorismo de Estado, que enterram a tradição milenar humanista judaica.

Entendemos, Beguin se formou nessa escola. Chefe do grupo terrorista Irgun, braço armado da direita israelense, discípulo de Jabotinsky, criado do Movimento Revisionista, expulso na época de Weizman da Organização Sionista Mundial, ele via em Mussolini o ideal de homem político. No poder, Beguin realiza o terrorismo de Estado.

Ele trabalha a favor do antissemitismo ao promover o Holocausto de libaneses e palestinos.

Em sua carta, S.Sa. se refere às "relações amistosas e calorosas com o Brasil". Lembramos-lhe a leitura da *Folha* de 2 de julho de 1982, na página 8, em que o governo brasileiro repudia essa invasão.

Concluindo, o momento deveria levar S.Sa. a refletir mais a respeito do genocídio que representa essa escalada militar de Beguin, Sharon e Eytan a que serve. Ao mesmo tempo, nunca é demais procurar manter o decoro diplomático ao se dirigir a habitantes de um país em que S.Sa. atua como embaixador de outro Estado.

É claro que o tom triunfalista de sua carta, a estigmatização a que S.Sa. recorre, desferindo críticas aos "maus" e premiando os "bons", em sua opinião, articulam-se com a doença que tomou conta da elite política norte-americana por ocasião da guerra do Vietnã, e foi expressa pelo senador Fulbright de forma lapidar: é a arrogância do poder.

Mesmo assim, desejo a S.Sa. seu pronto restabelecimento.

Resposta de um intelectual a um coronel embaixador*

S.Sa. o embaixador de Israel, em sua carta à *Folha* de 29 de julho de 1982, solicita a fonte a respeito das crianças libanesas vítimas de "bombas pessoais" de Beguin. A informação está contida em matéria de Paulo Francis, "Os horrores de uma ocupação militar" (*Folha de S.Paulo*, 1982d, p.11), em que escreve: "A Unicef, agência que cuida da infância na ONU, estima que entre 220 mil e 240 mil crianças no Líbano foram 'afetadas'. Em tradução, foram mortas, mutiladas ou feitas refugiadas". É isso aí.

Na mesma carta, S.Sa. atribui aos assinantes do manifesto "Repúdio à violência de Israel no Líbano" conivência "com a OLP ou seus amigos". Os cem mil manifestantes em Tel Aviv contra a escalada militar; a pesquisa de opinião pública feita em Israel revelando que a maioria da população condena o bombardeio indiscriminado de Beirute Ocidental (*Folha de S.Paulo*, 1982g, s. p.); os membros do Conselho Ecumênico das Igrejas, representando quatrocentos milhões de protestantes de todo o mundo, condenando o cerco de Beirute Ocidental como escandaloso e cruel (*Folha de S.Paulo*, 1982g, s. p.) – seriam agentes ou "amigos" da OLP? Nuchem Fassa, israelense de origem brasileira, dirigente da Histadruth, ao condenar a escalada, dizendo que "o governo Beguin assumiu posições aventureiras com essa guerra não obrigatoriamente necessária" (*Folha de S.Paulo*, 1982e, p.4), seria outro agente da OLP travestido? Convenhamos, sua interpretação, segundo a qual quem não é genocida no estilo Beguin, Sharon, Eytan é "manipulado" pela OLP, tem um nome: delírio lógico; isso é tratado pela psicanálise. No Brasil, há bons psicanalistas, diga-se de passagem. A invasão do Líbano por Beguin tem a OLP como pretexto; ele invadiu o país para aniquilar um Estado palestino em formação: hospitais, escolas e exército eram a infraestrutura com que a OLP assumiria o Estado palestino onde fosse criado.

Desqualificando as críticas do Manifesto, S.Sa. argumenta que os assinantes não são "especialistas em Oriente Médio". Sem dúvida. Por acaso, milhares de pessoas no mundo que assinaram manifestos contra o genocídio nazista, os fornos crematórios e campos de concentração na

---

* *Folha de S.Paulo*, 02/09/1982.

Alemanha de Hitler eram especialistas em Política Europeia ou História Política da Alemanha?

S.Sa. cita uma carta de libaneses radicados nos Estados Unidos, "A OLP tem de sair do Líbano", mencionando suas ações nesse país que redundaram em saque de casas e aldeias, crianças órfãs. Isso não é resposta para minhas críticas, pois não pertenço a organização alguma. Como são dirigidas à OLP, penso eu, algum membro deverá responder à questão.

Eu não sou servo de organização alguma nem obedeço a palavras de ordem de quem quer que seja, não sou "judeu profissional", não pertenço à burocracia de nenhuma organização judaica ou não judaica. Mas, S.Sa. é embaixador de um governo – não confundo com Estado e povo – cujo poder de mando se baseia em um compromisso clerical-fascista. Nessa medida, é corresponsável pelo colonialismo de Beguin, e a Cisjordânia é exemplo dessa prática colonialista. Lá há 160 colônias israelenses, com previsão de mais 11 colônias. Isso suscitou reações da população drusa. Que "tratamento" ela teve?

> Para castigar a reação diante do uso da carteira de identidade israelense, o exército bloqueou as aldeias drusas, cortou o telefone, limitou a algumas horas por dia o fornecimento de água e eletricidade. Rebanhos não podiam pastar, faltavam gêneros, alimentam-se eles de água açucarada e sopa. Foi proibida a entrada de jornalistas. O bloqueio durou 53 dias; foram impostas as carteiras de identidade israelenses à força e, às vezes, com ajuda de golpes e humilhações (Kapeliuk, 1982b, p.7).

Isso levou o ex-juiz da Corte Suprema de Israel, Haim Cohen, a declarar à imprensa em Jerusalém, em 15 de abril de 1982, que "Israel instaurou a Lei dos Bárbaros no Golan".

Pior que isso é o aval que dá ao genocídio o rabinato israelense. O deputado do Parlamento de Israel, Amnon Rubinstein, cita o caso do rabino Israel Hess, autor do artigo "A ordem para o genocídio da Bíblia", publicado no jornal estudantil da Universidade de Barllan, em que se lê que "durante a guerra a ordem é matar e exterminar, da mesma forma, as crianças de peito". O rabino Tsemel, ex-capelão-chefe do Comando Militar da Região Central, escreve que "na lei 'haláchica' judaica, há justificativa para o assassinato de cidadãos não judeus, incluindo mulheres, crianças, quando em combate ou guerra" (Kapeliuk, 1982b, s. p.). Algum rabino se levantou contra isso? Ao mesmo tempo, o diário israelense *Yediot Aharanot* relata que "os oficiais do governo militar tratam os palestinos como micróbios locais" (Kapeliuk, 1982b, p.8).

O que dizer da "punição comunitária" imposta em 1967 na Faixa de Gaza? Isso levou a serem dinamizadas, em 1981, cinco casas em 24 horas, porque três jovens entre 15 anos e 16 anos jogaram um coquetel *molotov* contra um tanque de ocupação, que saiu ileso. Daí o prefeito de Belém, Elias Frej, exclamar:

> Estamos oprimidos. De onde virá nosso socorro? Como o governo de Israel pode perpetuar tal ato de opressão, dinamitando cinco casas e atirando 55 pessoas à rua por algo que alguns garotos fizeram? É assim que se comporta um povo que tem sentido na carne a opressão por dois mil anos. Onde está sua moral? Punir igualmente jovens e velhos, por um ato que não causou danos? (Kapeliuk, 1982b, p.12).

Ao agir assim, Beguin desjudaíza os judeus.

Creio firmemente, sr. coronel embaixador, que o povo judeu permanecerá conhecido por meio da contribuição de Espinosa, Freud, Marx e Einstein, e não das figuras sinistras como Beguin, Sharon ou Eytan.

O termo "figuras sinistras" não é mera retórica. Após exílio de 12 anos, o ex-prefeito de Ramaliah (zona ocupada), Nadain Zaro, publicou nota na imprensa de Jerusalém na qual condena a destruição de casas, fechamento de universidades e jornais, detenção de acadêmicos, ativistas sindicais e estudantes, prisões domiciliares e confisco de terras (Kapeliuk, 1982b, p.12). São fatos relatados por uma revista judaica, *Shalom*, antifascista, editada na rua da Graça em São Paulo, no Bom Retiro. S.Sa., do alto da Versalhes brasileira – Brasília –, deve ter ouvido falar do bairro; lá morei muitos anos.

O jornalista Issac Ackselrud (Kapeliuk, 1982b, p.17) desvenda o mistério da política de ocupação de Beguin. Segundo ele – com o que concordo plenamente –, Israel nasceu como Estado leigo e secular, transformando-se em um Estado teológico, clerical e messiânico. Realiza uma política de ocupação que fornece mão de obra a preço vil para uma burguesia em Israel especializada na sonegação de impostos, caixa dois e contrabando. A pretexto de "defesa", Israel se expande, e quanto mais se expande, mais precisa "se defender".

Isso tem um nome: paranoia política, com o triunfalismo e a arrogância que a acompanha. Um povo que oprime outros não pode ser livre; quem sofreu o Holocausto não pode impô-lo a outros povos; quem sofreu racismo não pode impô-lo a outras comunidades. O racismo está ligado à morte, ao extermínio. Que respeito pode haver para um governo como o de Beguin, quando, referindo-se aos palestinos, usa a desprezível expressão "polícia de vara e cenoura" como se os palestinos nos territórios ocupados fossem gado que precisasse ser alimentado a cenouras e tocados à vara? (Kapeliuk, 1982b, p.12).

Pelas cartas de S.Sa. à *Folha de S.Paulo* vejo que Beguin envia o melhor de seu quadro diplomático para os países da América Latina. Espero que tal debate público não prejudique S.Sa. em sua carreira burocrática, pelo contrário, ajude-a, pois a burocracia é o espaço onde a obediência ao poder é premiada, onde cresce um saber instituído e dominante chamado "competente". Ele é burocratizado e, por isso, não oferece perigo como o saber crítico. Sua função é servir à dominação e à intimidação social e política. Espero não ter sido inócuo esse debate com um funcionário da dominação. Diante dela e dos fatos, lá nos ensinava Espinosa, nem rir nem chorar, compreender. Mais ainda, denunciá-los e combatê-los quando negam o humano. Afinal, diante dos fatos há argumentos. Receba minhas saudações judaicas.

Quando os "justos" têm as mãos sujas[*]

Beirute, uma cidade aberta, sofre bombardeios indiscriminados que atingem a população civil, a maior vítima deles. Matam velhos, mulheres e crianças. Tudo isso em nome da construção do sonho imperialista de Menachem Begin do Grande Israel, que, no Líbano, teria como prepostos os membros das milícias cristãs do nazista Gemayel.

A escalada militar contra o Líbano pouco tem a ver com o atentado de Londres e com a segurança da Galileia. Não se trata mais de uma invasão limitada a quarenta quilômetros da fronteira, trata-se de uma verdadeira *blitz*, em que as bombas caem sobre aldeias, cidades povoadas e campos

---

[*] *O São Paulo*, 02/07/1982.

de refugiados de palestinos já expulsos do Estado de Israel com a "colonização" levada a efeito.

Isso tudo coloca uma questão: a construção de uma máquina militar a pretexto de defesa tornou o Estado de Israel, especialmente na administração Begin, um Oriente expansionista e militarista, que cultiva a ilusão de todos os expansionismos, que é resolver os problemas suprimindo as populações. Essa fantasia genocida que é levada à prática por homens como Sharon, movidos pela lógica da máquina militar, e como Begin, movido por sua formação fascista.

Menachem Begin se formou politicamente no movimento terrorista Irgun Zwai Leumi, braço armado da direita israelense, que lutou contra a ocupação inglesa na Palestina. Ao mesmo tempo, Begin é fiel discípulo do criador da Jewish Legion, Jabotinsky, teórico direitista que via em Mussolini o modelo do grande estadista político. O que se esperar de uma pessoa assim "formada" quando dispõe de poder? Somente a expansão da morte e o genocídio.

Da mesma maneira que defendemos o direito de Israel subsistir como Estado, defendemos o direito de os palestinos construírem seu Estado, terem seu lugar ao sol. É bem verdade que contra eles não milita somente Begin; milita a Legião Árabe de Hussein da Jordânia, que já promoveu um genocídio de palestinos há anos, o conservadorismo atroz da monarquia saudita, o oportunismo da diplomacia egípcia e o oportunismo dos componentes da OPEP (Organização dos Países Exportadores de Petróleo) cujo silêncio perante o genocídio implica cumplicidade.

Nesse momento, o Papa, ao condenar a escalada militar no Líbano e pedir um Estado palestino como reivindicação legítima de um povo humilhado, expropriado e dizimado, deve ser ouvido por todos aqueles que ainda não perderam a razão. Não se deixaram levar pela lógica totalitária da máquina de guerra de Sharon, apoiada pela mediocridade política de Reagan. Essa escalada militar poderá liquidar os palestinos como povo, mas é certo que liquidará os israelenses como seres humanos. Essa é a banalidade do mal em sua versão atual.

É melancólico que um povo que conheceu o genocídio, os campos de concentração, seja utilizado como arma pela minoria governante em Israel, que serve a interesses espúrios. Razão pela qual a oposição à "escola" cresce também em Israel. O *Jerusalém Post* critica essa escalada, o ex-chefe do Estado-Maior Conjunto de Israel, general Chaim Bar-Lev, adverte que é um erro pensar que dizimando a OLP está tudo acabado. Para ele, a única maneira de conter a OLP é por meio de negociações e acordos. O editor da *Foreign Policy* nos Estados Unidos, Charles Maynes, adverte que os norte-americanos não acompanharão muito tempo fascinados o genocídio no Líbano, refletindo a divisão de consciência da opinião pública norte-americana.

Já dizia Clausewitz ser a guerra assunto muito sério para ser levado adiante por militares, a guerra é a política sob outras formas. Política significa negociação, significa sentar-se a uma mesa para dialogar. Com a morte de trinta mil pessoas até agora, Israel poderá ter a vitória no Líbano, será, por sua vez, a derrota na vitória, jamais conseguirá apagar da memória os horrores dos bombardeios; em suma, essa escalada poderá significar, também, o começo do fim de Begin e seus aliados. Quem viver verá.

Menachem Beguin visto por Einstein, H. Arendt e N. Goldman[*]

Deu-se o massacre dos palestinos dos campos de Sabra e Chatila por obra dos assassinos chefiados pelo coronel Haddad, com conivência e participação do exército de Israel, isso após a morte do traficante de haxixe Gemayel, novo "Quisling", imposto pelas tropas de ocupação.

Por tudo isso, ser fiel à tradição judaica é condenar mais esse genocídio praticado contra o povo palestino.[3]

É necessário acabar de vez com o etnocentrismo que toma a forma de judeucentrismo, em que o massacre de judeus brancos por brancos europeus tem um *status* diferente do massacre dos armênios pelos turcos, dos negros africanos pelos traficantes de escravos, dos chineses na Indonésia. Assim, Auschwitz é elevado à potência metafísica. Sou um dos últimos a minimizar as atrocidades cometidas em Auschwitz, porém, as lágrimas de outros povos não contam?

Esse massacre de palestinos, a escalada militar no Líbano e a expropriação das terras de camponeses palestinos à custa dos quais se fundou o Estado de Israel são consequências da hegemonia em Israel do bloco

---

[*] *Folha de S.Paulo*, 21/09/1982.
[3] O correspondente do *Newsweek* em Beirute revelou que os israelenses participaram do massacre nos campos de refugiados, encurralando os civis palestinos para que os milicianos libaneses pudessem liquidá-los (*Folha de S.Paulo*, 1982i, p.6). Sem comentários.

religioso unido ao fascismo, que tem em Beguin sua maior expressão. Compreender o "fenômeno Beguin" é condição indispensável para a compreensão de um fenômeno que transformou o Estado de Israel na Prússia do Oriente Médio.

Já em 1948, Beguin era criticado em uma carta publicada pelo *New York Times*, em 4 de dezembro, assinada por Albert Einstein e Hanna Arendt, entre outras personalidades judaicas e não judaicas.

Já era chamado de terrorista, acusação que ele no poder faz contra os palestinos indiscriminadamente. Muito mais, denunciava a carta que entre os fenômenos mais perturbadores de nossa época está o aparecimento do Tnuat Haherut, partido político semelhante, por sua organização e métodos totalitários, aos partidos nazista e fascista. Acrescentava a carta que a visita de Beguin aos Estados Unidos era para dar a impressão de que ele dispunha de apoio norte-americano. Argumentavam os autores da citada carta ser inconcebível que aqueles que se opunham ao fascismo através do mundo, se corretamente informados sobre os antecedentes e perspectivas do sr. Beguin, apoiassem suas iniciativas. Segundo Hanna Arendt e seus companheiros, hoje em dia, ele (Beguin) fala em democracia e liberdade, mas até há pouco pregava abertamente a doutrina fascista. Einstein e os demais subscritores da carta criticam como prática fascista o massacre de camponeses árabes da aldeia de Der Yassin.

Em 9 de abril de 1948, o bando terrorista da Irgun do sr. Beguin massacrou 240 habitantes, levando os poucos sobreviventes para uma parada, exibindo-os como cativos nas ruas de Jerusalém. Enquanto a Agência Judaica se desculpava por esse massacre fora dos planos, os adeptos de Beguin convidavam os correspondentes estrangeiros no país para ver os corpos empilhados em Der Yassin.

Segundo Einstein, Hanna Arendt e mais 24 intelectuais que assinam a carta, o partido do sr. Beguin prega ultranacionalismo, misticismo religioso e superioridade racial. A carta critica o Irgun, por espalhar o medo entre a comunidade judaica na Palestina, espancando intelectuais judeus que o criticam, tentando intimidar a população judaica com assaltos e depredações. A carta conclui que Beguin tenta substituir a liberdade sindical por um modelo corporativo "nos moldes do fascismo" e que seu partido traz a marca do Partido Fascista, para quem o terrorismo contra ingleses, árabes e judeus é um meio e a construção do Estado Fascista Autoritário, a finalidade.

Na mesma linha de pensamento está baseada a entrevista que Nahum Goldman, ex-presidente do Congresso Mundial Judaico, concedeu à revista alemã *Der Spiegel*, pouco antes de falecer.

Segundo N. Goldman, a política agressiva de Beguin reforçará no mundo o antissemitismo. Condena como ação criminosa o bombardeio de Beirute. Esse homem não quis tornar-se cidadão israelense nem participar do governo de Israel. Nutria a firme convicção de que não haverá futuro para o Estado judeu sem acordo com os árabes.

É necessário compreender que Beguin é fruto de uma formação ideológico-política inerente ao Movimento Revisionista criado por Jabotinsky. Esse movimento adotava a saudação fascista, estilo militar e camisas negras. Um de seus líderes, Aba Haimeir, colaborava no jornal israelense *Doar Hayon* em uma seção intitulada "Diário de um fascista".

Em 1922, Jabotinsky escreve carta entusiasmada a Mussolini. Este, em 1924, envia seu representante, dr. Mancini, à Palestina para conhecer o Partido Fascista Judeu.

O Primeiro Congresso do Movimento Revisionista de Jabotinsky-Beguin se realiza em Milão, em 1932, tendo como *slogan* Ordem italiana para o Oriente. Devido ao apoio do Movimento Revisionista à guerra de Mussolini contra a Etiópia, a agência noticiosa fascista Oriente Moderno saudava o Congresso Revisionista realizado em 1935.

A partir de 1935, quando se tornou público o universo concentracionário criado por Hitler e seu antissemitismo militante, o Movimento Revisionista prudentemente se afasta de Mussolini. Isso não o impede de organizar na Palestina o bando de "fura-greves", criar uma central sindical paralela com o nome Histadruth Aleumit, e praticar terrorismo contra organizações operárias na Palestina. São os culpados pelo assassinato do dirigente sindical operário Alrosoroff. Recrutavam seus membros entre a classe média de origem polonesa, em crise e sensível à demagogia fascista. Jabotinsky e Beguin eram comandantes do Irgun e o mentor político do fascismo era o rabino Bar-Ilan, conforme o historiador Yehuda Baer (1966, s. p).

Quem sabe isso poderia permitir a compreensão do massacre de palestinos no campo de Chatila, "onde ninguém foi deixado vivo para contar o que aconteceu" (*Folha de S.Paulo*, 1982h, p.15).

Já no início do século, Judah L. Magnes (1947, p.14-21), presidente da Universidade Hebraica de Jerusalém, desiludido com o jovem Estado de Israel, morria nos Estados Unidos, não sem antes advertir profeticamente:

Um Estado judeu só pode ser obtido pela guerra. Falai a um árabe do que quiseres, menos de um Estado judeu. Porque isso significa por definição que os judeus governam outros povos que vivem no Estado judeu. Jabotinsky o sabia, ele foi o profeta do Estado judeu. Exorcizado, excomungado, viu o movimento sionista adotar suas ideias. Escrevia ele: "Já se viu um povo doar seu território por vontade própria? Os árabes da Palestina não renunciarão sem violência". Conclui J. L. Magnes, essas coisas são adotadas por aqueles que os excomungaram.

Não há povos inocentes ou culpados. O povo de Israel que saiu às ruas para protestar contra o massacre de palestinos não pode ser responsabilizado por um governo genocida, fruto da aliança clerical-fascista.

Seria o mesmo que dizer que todos os alemães são nazistas, quando é sabido que o Holocausto começou na Alemanha, quando Hitler assassinou sessenta mil líderes sindicais alemães.

O que favorece o antissemitismo latente no mundo é a escalada militar e o genocídio que a acompanha. A crítica pública a essa política é o primeiro dever de quem não renunciou à tradição humanista judaica, presente em Einstein, Hanna Arendt e nos críticos atuais.

Tem como um de seus fundamentos um preceito de Rabi Hilel (s. d., s. p.) que, antes do surgimento de Jesus de Nazaré, ensinava: "O que condenas não o faças a outro. Eis toda a lei, o resto é só comentário".

Israel: o cisma na alma*

Não é necessário ser sionista – não o sou – para verificar que a Operação Paz para a Galileia, que levou à invasão do Líbano por Sharon, fez eclodir uma crise de consciência que atingiu a sociedade civil em Israel, levando quatrocentas mil pessoas a protestarem publicamente contra essa invasão, assim como abalou o apoio incondicional que, até então, as comunidades judaicas fora de Israel manifestavam ao mesmo.

Um reflexo dessa crise de consciência é o surgimento de *Encontro* (1983., p.3), que em seu número 2 se declara por "um sionismo progressista" e em seu editorial no número 1 "pretende trazer ao judaísmo brasi-

---

* *Folha de S.Paulo*, 02/04/1984.

leiro um polo de reflexão sobre si mesmo e seu papel ante os problemas do Oriente Médio e do Mundo".

Engloba em seu Comitê de Redação, Celso Gabarz, Francisco Moreno de Carvalho, J. Klintovitz, Dan I. Gedanken, Y. Telenberg e Isaac Akcelrud. Apresenta-se ao leitor no Brasil como "publicação mensal do Kibutz Artzi-Haschomer Hatzair" (*Encontro*, 1983, p.43).

Encontro, em seu primeiro número, de dezembro de 1983 (s. p.), apresenta, entre outras coisas, uma crítica ao trabalhismo bicéfalo e à oposição acéfala por meio de uma carta do deputado Gad Iacovi, "Carta aberta a Peres e Rabin", publicada no matutino *Davar*, que, entre outras coisas, critica, no Estado de Israel,

> a destruição das normas democráticas e sociais e o desrespeito dos governantes por seus deveres ridicularizam as noções de responsabilidade, justiça, império da lei e soberania e democracia parlamentar. A responsabilidade coletiva do governo se tornou um conceito arqueológico – continua – e a distância entre as declarações e os fatos aumenta a desconfiança do povo no sistema democrático, em seus representantes eleitos e nos "valores da verdade e de responsabilidade sociais".

Linguagem incomum por esses arraiais.

Importante matéria é a que estampa a posição do embaixador Shlomo Argov. Ele havia sofrido atentado na Inglaterra, como embaixador do Estado de Israel, cometido pelo grupo Abu Nidal, inimigo da OLP, pretexto para invasão do Líbano. Em fins de julho passado, manifestou-se a respeito da invasão:

> A guerra do Líbano é uma aventura infortunada. Se tivessem calculado a magnitude de aventura, teriam poupado a vida de nossos melhores filhos. Os soldados, assim como todo o povo, estão cansados das guerras. Estamos cansados delas (*Encontro*, 1983, p.5).

Falando em guerra, *Encontro* (1983, p.5) mostra os lucros da guerra, em que "os impostos, empréstimos e bônus emitidos para o financiamento da guerra do Líbano superaram em 250% o custo do conflito", atingindo os lucros da guerra a 23 bilhões de shekel (moeda israelense). A revista traz uma matéria em que o Mapam (partido de oposição) critica o apoio israelense à invasão de Granada.

Encontro (1983, p.39-40) denuncia, em um artigo, "A intervenção em El Salvador", que "a política de repressão e terror governamental é perpetrada na América Central com a ajuda da submetralhadora Uzi e do rifle Galil e aviões de transporte Aravá!".

O governo de Israel, segundo *Encontro*, vendeu 25 aviões de transporte Aravá Stol 201, duzentas submetralhadoras Uzi de nove milímetros, duzentos lança-mísseis de oitenta milímetros, 18 bombardeiros de combate Ouragán Dassault reformados, seis aviões de treinamento Fuga Magister. Registra que Estados Unidos, França e Brasil figuram como parceiros fornecedores de armas à Junta de El Salvador, em um período que abrange o período entre 1974 e 1979.

A autora do artigo (*Encontro*, 1983, p.41), Shulamit Segal, conclui:

> Não é segredo que Israel está ganhando muito poucos amigos graças a sua política de venda indiscriminada de armamentos. De fato, está ganhando inimigos que incluem, hoje em dia, o governo sandinista da Nicarágua. E não é casual, Israel foi o principal fornecedor de armas para o governo Somoza.

Ainda sobre armamentismo e guerra, *Encontro* (1983, p.2) traz o testamento do soldado Meiad Alon, publicado no jornal israelense *Haaretz* três dias antes de sua morte no Líbano. Escrevia ele:

> Somos a geração de Sharon. Pagamos e estamos pagando dia após dia o imposto. Levamos pedaços de corpos, membros queimados e homens dilacerados ao enorme altar de Sharon e lhe dizemos: Toma, esta é sua vez de vencer. Nós sempre perdemos. Mesmo que conquistemos Trípoli, teremos sido derrotados: essa geração de soldados de Golani (unidade de elite do exército), paraquedistas e blindados. Nós sempre seremos derrotados. Jamais se deve esquecê-lo.

Encontro traz quatro artigos sobre o celerado governo Beguin no qual predomina a influência do Partido Likud e a autonomia ampla que goza a máquina militar comandada na época por Sharon, Eytan, Drori e outros rinocerontes: razão pela qual Sever Plotzker clama por campos verdes, depois de Beguin. Ar puro, o orvalho banhando a ponta das folhas, o aroma da terra que desperta. Depois de todos os Meridor, Aridor e Savidor (membros da coalizão governamental), queremos correr descalços no parque, rodar pelas colinas dos campos verdes. Não se podia falar, ouvir, respirar. Encheram-nos de grandes palavras nacionais que envolviam feitos miseráveis. O presente está engasgado em nós como um osso na garganta: não podemos vomitar, não podemos tragar (*Encontro*, 1983, p.12-3).

Gadi Iatziv, professor da Universidade de Tel Aviv, no artigo "Um hebraico retumbante" (*Encontro*, 1983, p.14), mostra-nos Beguin como

o homem que iludiu as massas populares, fazendo-as crer que lhes fazia o bem, enquanto nos afundava até o pescoço em um desastre econômico contínuo e em dívidas externas de enormes dimensões. Que desenvolveu uma infraestrutura de colonização destinada a eternizar a hostilidade e o domínio dos judeus sobre os árabes, ameaçando destruir qualquer possibilidade de acordo e inibir qualquer esperança de paz.

Levi Morav escreve que a definição dos palestinos como "bestas bípedes" – com que Beguin batizou Arafat: "esse que tem pelos na cara" – revelou um mundo espiritual, cultural e político aterrador. Um mundo no qual os árabes – em especial os palestinos – são considerados os piores inimigos, um mundo no qual as metáforas lembram as utilizadas pelos antissemitas durante séculos (*Encontro*, 1983, p.15). Conclui que seu governo foi marcado pela "linguagem bombástica, mentira e nacionalismo".

Encontro traz em encarte uma publicação do movimento pacifista Paz Agora, engajado na luta pela paz no Oriente Médio, por cujo intermédio "o povo judeu se incorpora ao grandioso movimento mundial pela paz entre as nações", conforme o artigo "Shalom Ahshav, caminho de Paz de Isaac Akcelrud", em que nota que "começa fraternizando judeus e palestinos para escândalo dos reacionários judeus e árabes".

Conclui o articulista assinalando que "se compreende, portanto, que os bonzos do *establishment* que agridem e caluniam os partidários e ativistas da paz se colocam fora do povo e não pertencem ao nosso tempo. Renunciam à identidade judaica" (*Encontro*, 1983, p.22).

Yossi Thalenberg, em "Dois pesos e duas medidas", assinala que as milícias do major Haddad massacraram barbaramente mais de mil civis indefesos com o beneplácito do exército de ocupação israelense. Depois de um ano, dissidentes palestinos e o exército regular sírio bombardeiam os campos de refugiados palestinos de Naha El Bared e Badawi (fiéis ao líder da OLP, Arafat), matando mais de mil indefesos. Por sua vez, o governo sírio foi apontado pela Anistia Internacional por suas práticas de tortura e instigador de uma guerra fraticida entre palestinos. Sobre esses últimos fatos, nenhuma palavra. Segundo o articulista, isso configura dois pesos e duas medidas.

Inúmeras outras matérias não puderam ser apresentadas ao leitor, por problema de espaço. O interessado na revista, porém, poderá encontrá-la na redação, à rua Bandeirantes, 474, capital. *Encontro* é uma alternativa em informação, apresenta problemas para serem discutidos. Pode-se estar a favor ou contra a revista; desconhecê-la, não.

O judeu, a classe média e o Estado Moderno[*]

O problema judaico é, em suma, o problema de uma minoria grupal que, além de possuir certa unidade de culto, define-se basicamente pela situação da classe média, intermediária entre as grandes classes sociais modernas: burguesia e proletariado.

O elemento judaico (tradicionalmente concebido), ao integrar-se em uma dessas classes extremas, automaticamente abandona os usos e costumes do grupo de origem, deixa de ser judeu, assimila-se ou ao grupo dominante ou ao dominado.

O desenvolvimento do capitalismo permitiu uma grande margem de integração do judeu na sociedade global; a crise deste reavivou o problema da concorrência entre as classes médias, na forma do antissemitismo. A reação da classe média nativa contra a intrusa, a alienígena.

Sob o capitalismo moderno o problema judeu apresenta dois aspectos básicos. De um lado, o elemento judaico se integra na mecânica econômica do desenvolvimento moderno – no comércio, banco ou indústria; de outro, essa integração acarreta fricções com os nativos, motivando reações antissemitas, aproveitadas pelos donos do poder para desviar a atenção do povo de seus problemas de subsistência. A consciência social, em vez de estar penetrada de um agudo discernimento dos problemas econô-

---
[*] *O Shofar*, ago. 1958.

mico-sociais mais prementes, regride à esfera biológica e racial, daí o mito da pureza racial encontrar campo aberto.

O sionismo representa uma reação da classe média judaica que por via diferente chega à mesma solução pregada pelos "assimilacionistas". Isto é, o povo judeu deve deixar de ser um povo – classe –, deve "produtivar-se", acabar com a herança do *gheto*. O Estado de Israel representa a realização dessa tendência.

O Estado de Israel não resolve o problema judaico globalmente falando; constitui solução para os que lá emigram. Acrescenta-se um fato, a criação de um Estado Nacional em uma época de universalização das relações econômico-sociais, sob a égide de uma burguesia nativa que monopoliza os postos de mando – pois a burocracia da Histadrut representa mais a burguesia que o operário – em um caráter profundamente conservador. Essa burguesia palestinense utiliza o nacionalismo como ideologia de classe; os chamados partidos de esquerda do sionismo – Mapal, Mapam, Achdut Avodá – incorporam o nacionalismo a sua fraseologia socialista. Borochov representa a síntese entre a ideia socialista proletária e o nacionalismo de fundo pequeno-burguês materializado no chamado sionismo-socialista.

Tudo isso, apesar da existência do movimento do kibutz, ideal fourierista de pequenas comunidades agrárias autossuficientes, representa uma "vanguarda" sem retaguarda. O espírito de vanguarda existe na ideia socialista que anima seus membros, espírito esse diluído pela vida em moldes agrários, logicamente mais conservadores que os urbanos, onde a luta de classes é vivida "teoricamente" nos livros dos clássicos do marxismo unidos ao contrabando pequeno-burguês do nacionalismo.

O problema judeu, como o problema de outras minorias – o do negro –, não pode ser resolvido independentemente de outros problemas econômico-sociais que afligem a humanidade.

Em um mundo universalizado pela energia nuclear e pelo avião a jato, não existem soluções autárquicas e nacionalistas. Tudo é resolvido na arena internacional.

O elemento judeu como elemento da classe média tem possibilidades de escolha: ou se alia aos donos do poder, ajudando-os a manter o *status quo* ou se alia aos que nada têm a perder para mudar o *status quo*.

Sob o ponto de vista econômico, o elemento judeu – de classe média – procura integrar-se dentro da órbita estatal como engenheiro, médico ou advogado. Ou, então, aparece como um assalariado qualificado nas grandes corporações econômicas do mundo moderno. O judeu de classe média não foge ao destino de outros pertencentes ao mesmo grupo social: ou se integra na máquina estatal ou então na grande corporação industrial moderna.

Aliás, essa integração não se dá somente com a classe média; o proletariado sofre o mesmo processo. Atualmente, o capitalismo de Estado consegue realizar o sonho de Comte da "integração do proletariado na sociedade". A criação do Seguro Social Estatal e do sindicato ligado ao Estado representa tendências nesse sentido.

Em suma, a integração dentro das normas do capitalismo de Estado nos países mais desenvolvidos não é somente um fenômeno de classe média judaica, mas também da indígena, acompanhada de seu proletariado. Basta ver a história do Estado brasileiro de 1930 até hoje. Os IAPCS, IAPI, IAPETRO, sindicatos, Ministério do Trabalho, representam canais institucionais dessa integração. Diante desse processo universal de amalgamento das classes médias e proletárias pelo capitalismo estatal centralizado, o problema judeu representa um mal-entendido "racial" de um processo econômico que tem sua lógica interna. Falta só descobri-la.

Palestinos: o Dia da Terra*

Amanhã, dia 30, o povo palestino comemora o Dia da Terra, que surgiu como lembrança histórica da resistência que, em 1976, os vários palestinos da Galileia (território ocupado em 1948) manifestaram contra a invasão e ocupação de suas terras pelo Estado em Israel.

Como acontece nessas ocasiões, houve repressão e violência por parte das autoridades militares de ocupação, que foram indiscriminadamente atingidos homens, mulheres, velhos e crianças. É impossível destruir um povo que por mais de trinta séculos construiu sua cultura e suas obras materiais e espirituais.

Enquadradas no plano de destruição da cultura e identidade do povo palestino estão as universidades palestinas construídas nas zonas ocupadas pelo Estado de Israel.

---

* *Folha de S Paulo*, 29/03/1985.

Pela Ordenança Militar 854, uma das 1.080 ordenações militares que modificam a legislação palestina, em vigor na Cisjordânia, o Estado detém em suas mãos a permissão de funcionamento de qualquer instituição educacional, que implica o controle pelas autoridades do pessoal acadêmico, dos programas e manuais de ensino.

Uma das iniciativas que afetou gravemente o funcionamento das universidades palestinas nas zonas ocupadas foi a que, a partir de 1983, os professores estrangeiros – na realidade palestinos com passaportes de diversas nacionalidades estrangeiras – tenham de assinar uma declaração, segundo a qual se comprometem a não dar apoio algum à OLP nem a qualquer organização terrorista. Diante da recusa unânime do corpo de professores em assinar tal ignominioso papel, a repressão foi terrível.

A Universidade d'An-Najah teve 18 professores expulsos, enquanto outros três que estavam no exterior foram proibidos de ingressar na Cisjordânia. Bir-Zeit perdeu cinco, e a Universidade de Bethléem perdeu 12 de seus professores.

O fechamento temporário de universidades é outra medida que as autoridades de ocupação lançaram mão; entre 1981-2, a Universidade de Bir-Zeit ficou fechada sete meses. A Universidade de An-Najah, em 1982-3, ficou fechada durante três meses consecutivos; as Universidades de Bethléem e Hébron conheceram igual destino.

Com o fim de vencer a resistência cultural palestina, a detenção de estudantes pelos motivos mais fúteis é coisa comum em todas as universidades da Cisjordânia. Os detidos são confinados na prisão de Fara'a, no Vale do Jordão. Segundo a advogada Lea Tsemel, o detido, conforme a "Lei de Urgência" (do período do mandato britânico), pode ficar incomunicável durante 18 dias, sem culpabilidade definida nem visita de advogado. Por trazer consigo um panfleto ilegal, o detido pode assim ficar durante 48 dias.

O tratamento é o mais degradante possível: duchas frias, golpes, insultos.

O presidente do Conselho de Estudantes de An-Najah, condenado a seis anos de prisão em 1974, não só afirmou ter sido torturado como também afirmou: "todos os prisioneiros palestinos são torturados".

A Universidade de Bir-Zeit, porém, é um foco de resistência cultural palestina: organiza atividades culturais fundadas na cultura popular palestina e possui uma biblioteca significativa aberta à consulta pública.

Os dados a respeito da situação da resistência cultural palestina acima descrita nos foram fornecidos por Sônia Dayan-Herzbrun e Paul Kessler, que testemunharam: "O fato de sermos judeus não afeta nossa objetividade em relação ao tema tratado. A consciência de nossa identidade judaica e das responsabilidades inerentes a ela nos levaram a participar do Centro de Cooperação com a Universidade Bir-Zeit" (*Le Monde Diplomatique*, 1964, s. p.).

É o que também pensamos. O Dia da Terra é a reafirmação de um povo que pode ser expropriado, espezinhado, torturado, caluniado; vencido nunca.

A revolta palestina*

Quando, em 9 de dezembro de 1987, um caminhão israelense acidentalmente atropelou quatro habitantes do campo de refugiados palestinos de Jebalya, na faixa de Gaza, pela repercussão provocada na região, iniciou-se a reação palestina na Cisjordânia e em Gaza à ocupação israelense.

A maioria dos rebeldes é constituída de jovens na faixa entre 15 anos e 25 anos, criados no regime de ocupação israelense, criados nos campos de refugiados. A reação à ocupação se deu espontaneamente, surpreendendo as lideranças palestinas, inclusive a OLP.

Esses jovens palestinos apareceram vinculados à Jihad islâmica, ligado ao movimento dos Irmãos Muçulmanos no Egito. Jihad é um grupo sunita que prega uma guerra santa contra a ocupação israelense e tem sua base nas mesquitas. Por incrível que pareça, o colonizador israeli construiu mesquitas nas regiões ocupadas, preocupado em desviar as forças do nacionalismo palestino. É justamente delas que surge a reação contra o neocolonialismo do Estado de Israel.

As regiões ocupadas por Israel fornecem mão de obra barata para Israel, especialmente na construção civil. Alguns kibutzim em épocas de entressafra empregam mão de obra assalariada palestina.

Essa mão de obra palestina da zona ocupada sai pela manhã, em caminhões, dirigindo-se aos postos de trabalho em Israel, regressando ao final

---

* *Folha de S.Paulo*, 08/02/1988.

de cada jornada de trabalho. Esses trabalhadores não possuem autorização para pernoitarem em Israel, e uma polícia especial cuida de localizar os recalcitrantes.

A ocupação israelense se funda nas normas de direito colonial inglês, na medida em que Gaza e Cisjordânia não são consideradas zonas anexadas a Israel. A legislação colonial inglesa é uma das mais repressivas que a história moderna conheceu. Assim, a administração militar em Gaza e Cisjordânia, com base nessa legislação, pode deter por tempo indeterminado para interrogatório qualquer pessoa na área, pode deter sem mandado judicial de prisão, pode demolir ou selar casas de pessoas consideradas pelas autoridades como colaboradores de terroristas.

É uma luta desigual. Um exército fortemente armado e treinado com jovens adolescentes que atiram pedras e lutam com paus.

Isso levou a moderados palestinos ameaçarem com boicote os produtos israelenses. O boicote a pagamento de impostos às autoridades de ocupação. Desde que o exército israelense oficializou a política de espancamento, mais de duzentos palestinos foram internados com fraturas.

As forças de ocupação usam o toque de recolher para disciplinar trezentos mil palestinos, cercam os campos de palestinos para impedi-los de sair para o trabalho. Até então, bastava exilar alguns líderes e a "vida voltava ao normal", como diziam alguns. Hoje isso é insuficiente. A política neocolonial do atual governo Likud – Partido Trabalhista – causa crises de consciência em Israel, levando trinta mil israelenses a saírem em manifestação pública em Tel Aviv protestando contra a ocupação e a violenta repressão dos palestinos. Dezenas de oficiais e centenas de soldados do exército de Israel se recusaram a servir nas zonas de ocupação. O movimento Iesh Gvul (Há Limite), criado em 1982 por reservistas que se recusaram a lutar no Líbano, produziu uma petição pública em que critica essa política neocolonial e insensata. Enquanto isso, Shamir declara que "jamais haverá um Estado Palestino". Não há dúvida de que havia sido precedido por Golda Meir, quando ela dizia: "Os palestinos não existem". Tanto existem que a questão palestina ocupou as manchetes da imprensa mundial nos últimos meses.

Essa política neocolonial levou o secretário do Partido Trabalhista de Israel a demitir-se. O jornal israelense *Haaretz* noticiava que psicólogos do exército foram enviados a Gaza para tratar dos soldados israelenses abalados emocionalmente com o papel repressivo que lhes é destinado, que contradiz os valores educacionais em que foram formados, de só lutar para defender-se e não para empregar violência indiscriminada contra jovens, mulheres, velhos e crianças.

Enquanto isso ocorre, Arafat se declara pronto para discutir a Confederação Palestina Israelense nos territórios ocupados. O Conselho Central da OLP e o Conselho Nacional Palestino se reuniram para discutir que estratégia adotar nos territórios ocupados. Pensam em criar um governo no exílio; isso levaria os Estados Unidos e Israel a negociarem diretamente com a OLP, pensam alguns.

A revolta palestina apresenta novos contornos. A OLP, embora não fosse sua iniciadora, é ainda a organização que legitimamente representa os palestinos. No entanto, aparece uma força nova: o fundamentalismo sunita. Ele tem apoio na Cisjordânia, tem força na Síria e mais alguns países árabes. Como todo movimento fundamentalista, é teocrático e rígido. Caso Israel rejeite negociar com a OLP, terá de enfrentar futuramente o fundamentalismo sunita. Aí a conversa será outra.

É verdade que há também o fundamentalismo religioso em Israel. Boa parte das colônias criadas nos territórios ocupados é obra do movimento Gush Emubim (Bloco dos Fiéis). Um de seus representantes é a sinistra figura do rabino Kahane, que conseguiu unir judeus e árabes contra sua política cega e racista de expulsar os árabes de Israel, os que lá sobraram.

A revolta palestina coloca em questão a sobrevivência do neocolonialismo no século XX, seu arcaísmo. Coloca em questão a urgência de uma solução política, a criação de um Estado palestino, cuja necessidade clama aos céus. É no apoio a essa luta que os setores progressistas do mundo devem unir-se, no direito do palestino a sua autodeterminação nacional, na construção de um Estado laico.

A postergação da solução do problema palestino continuará a manter o Oriente Médio como um barril de pólvora com explosões imprevisíveis. Isso se dá no momento em que a própria URSS (União das Repúblicas Socialistas Soviéticas) pretende retirar-se do Afeganistão e uma política de distenção mundial aparece no horizonte.

Após Sadat, o quê?*

O atentado contra Sadat na realidade significou um golpe de Estado abortado, pelo número de prisões havido antes do atentado, pois ele já era do conhecimento da CIA, que trabalha junto com a Informação egípcia, como pela repressão posterior. Para efeito interno, julgou o regime conveniente legitimar-se pela transmissão do poder ao vice-presidente Mubarak e ao mesmo tempo utilizar o plebiscito como técnica acessória.

As manobras navais norte-americanas e as advertências soviéticas ligadas às ameaças da Líbia e as reações do Sudão mostram um quadro aparencial no qual ressurge a questão principal: o problema palestino como um desafio à estabilidade no Oriente Médio.

Pensar que o problema é recente é laborar ledo engano. O problema palestino surge por ocasião da emigração judaica à Palestina financiada pela Agência Judaica e pelo barão Rotschild. De um lado, com a criação da Legião Judaica por Jabotinsky, lutando a favor da Inglaterra na guerra de 1914-8, e a crise do Império Otomano, a Inglaterra estabelece seu protetorado na Palestina. Contudo, a emigração se dá pela expropriação de terras pertencentes a palestinos de língua árabe que secularmente habitavam o país. Paralelamente a esse processo, criou-se a Irgun Zwei Leumi, braço armado do chamado Partido Revisionista criado por Jabotinsky, de que Beguin é discípulo, preocupado em expulsar pelo terrorismo a Inglaterra e ao mesmo tempo criar um Império Judaico com a topografia dos tempos bíblicos.

Com a Declaração Balfour, a Inglaterra se compromete a tornar a Palestina um Lar Nacional para os judeus. Após a Segunda Guerra Mundial, é proclamado o Estado de Israel, estruturado de forma pluripartidária, em que a direita é ocupada pelo Bloco Religioso, especialista em criar colônias em terras árabes sob a hegemonia do Partido Herut (nova denominação do Partido Revisionista), com a direção de Beguin.

Após as inúmeras guerras mantidas entre o Estado de Israel e seus vizinhos árabes, alargou-se sua esfera de denominação, ao mesmo tempo que convertia os palestinos na escória da terra, no dizer de Koestler: despojados de sua terra, habitação, formam o contingente dos errantes do século, são os novos judeus dos fins do século XX.

---

* *O São Paulo*, 16-22/10/1981.

O acordo Sadat-Beguin sancionou um lance da diplomacia norte-americana do Oriente Médio e, ao mesmo tempo, isolou Sadat no contexto do mundo árabe; sua morte por obra de fundamentalistas muçulmanos mostra a precariedade das situações resolvidas por via diplomática de cúpulas pelas grandes potências. Ao mesmo tempo, coloca na ordem do dia o problema palestino, sem cuja discussão nenhuma solução pacífica ou diplomática terá o mínimo de viabilidade.

Soluções neocolonialistas – do tipo criação de administração árabe nos territórios ocupados por Israel – em nada contribuirão para solucionar a questão. Ao contrário, tenderão a esticar a corda até os limites do imprevisível. As soluções armadas como técnica de resolução de problemas revelaram sua falácia no próprio Oriente Médio, onde, durante a Guerra do Yom Kipur, os árabes mostraram sua capacidade na utilização de tecnologia ocidental com sucesso, que travou a ofensiva israelense em pontos vitais.

A questão palestina, vital para o mínimo de estabilidade política no Oriente Médio, não pode ser resolvida sem a consulta e o respeito aos diretamente interessados, os palestinos, por meio de suas organizações, de fato que necessitam ser reconhecidas como "de direito". Nesse sentido, Carter e Ford, ao enunciarem a necessidade do reconhecimento da OLP como legítimo interlocutor dos palestinos, mostram o que deve ser feito e o que eles, enquanto detinham o poder, recusavam-se a fazê-lo. Os políticos são muito interessantes, têm um discurso enquanto detêm o poder e outro discurso após perdê-lo. Assim, Galbraith, como assessor de Kennedy, defendia a tecnocracia; bastou perder a assessoria para que passasse a criticá-la.

Concordará Beguin com essa proposta? É impossível prever. No entanto, o homem que realiza ataques preventivos contra o Iraque de fazer inveja a qualquer totalitário, que dispõe de maioria no Parlamento graças ao apoio do Bloco Religioso, ávido em ocupar terras árabes, dificilmente concordaria em sentar-se à mesa de negociações com a OLP.

É necessário, porém, não esquecer que Beguin está coberto pelo guarda-chuva norte-americano no Oriente Médio. Embora o voto judaico seja significativo na esfera da política interna norte-americana, considerações de política internacional, especialmente ligadas à política externa da URSS, poderão levar Reagan The Kid a moderar seu impetuoso parceiro. Nesse sentido operam as últimas declarações de Reagan, de que o Egito se constitui no amigo preferencial dos Estados Unidos no Oriente Médio, o que deve ter ofendido o ego político de Tel Aviv.

Em suma, a estabilidade do Oriente Médio passa pela questão palestina e é impossível tapar o sol com a peneira, da mesma maneira que é impossível negar a absorvição da tecnologia de guerra moderna pelo mundo árabe; por tudo isso, é urgente uma solução negociada da questão dos palestinos que lhes garanta a vida digna e livre que tem qualquer grupo nacional. Somente assim os palestinos deixarão de ser os judeus dos fins do século XX. Fora disso, o Oriente Médio continuará a ser o "caldeirão do diabo", em que humildes camponeses pagam com a vida o jogo desbragado de "esferas de influências" com que os donos do mundo – Estados Unidos e URSS – e seus satélites procuram manter. O exemplo do Irã é muito recente e pode servir de lição à URSS e à sábia diplomacia norte-americana. Murabak e Beguin que anotem isso, antes que seja tarde demais.

África do Sul – *apartheid* esconde o conflito social*

Antes de qualquer coisa, a África do Sul é uma grande potência que possui enormes jazidas de minérios – alguns com fins estratégicos. Ela possui três quartos das reservas de cromo do mundo, mais da metade dos minérios do grupo da platina, metade do ouro, um terço do magnésio existente no mundo, um terço da produção de diamante e um quinto da produção de urânio.

É uma constatação feita pelo ex-presidente dos Estados Unidos, Richard Nixon, em sua obra *La verdadera guerra* (s. d., p.40). Ele agrega que o cromo é tão vital aos Estados Unidos como o petróleo, pois é a base dos aços inoxidáveis, o que significa instrumentos de precisão e mísseis teleguiados. Um avião com motor à reação necessita de três mil libras de cromo, ou seja, 1.359 quilos.

Os minérios do grupo da platina e do titânio são fundamentais na fabricação de submarinos nucleares, aviões táticos e estratégicos, e mísseis de curto e longo alcance.

---

* *Folha de S.Paulo*, 28/04/1986.

Para os Estados Unidos, a queda do regime de Pretória significaria outro perigo potencial, pelo fato de que, pelo Cabo da Boa Esperança, passam as principais comunicações marítimas internacionais. E em outros termos, 70% da matéria-prima e do petróleo importado pela Europa Ocidental, e em grau menor pelos Estados Unidos, por lá transitam.

Em caso de um conflito mundial, a base marítima de Walwis-Bay e outras localizadas na África do Sul seriam tão ou mais importantes que o Havaí. E as grandes batalhas aeronavais de um possível conflito mundial teriam maior possibilidade de acontecer nos oceanos Índico e Atlântico, que convergem no Cabo da Boa Esperança, que no Pacífico.

Nessa região, os Estados Unidos contam com o interesse do Japão em defender suas linhas de comunicação marítima, sem as quais não poderiam subsistir por muito tempo.

Por isso, o problema do *apartheid*, que aparentemente é fonte de um conflito racial, entra no contexto do antagonismo entre Leste e Oeste.

Há que se considerar a importância de Moçambique e Angola. Os Estados Unidos temem que a URSS, valendo-se desses países como base estratégica, apodere-se de 50% da produção mundial de ouro da África do Sul, passando a controlar o mercado de metais preciosos e estratégicos.

Tal controle impediria Wall Street de voltar ao regime do padrão ouro, para superar a inflação e o caos dos mercados de câmbio e monetário internacional.

O governo racista sul-africano (a minoria capitalista branca que controla a indústria, os bancos e as forças armadas, constituindo 15% da população) poderia tentar a invasão de Angola e Moçambique e, dessa forma, o regime desviaria a atenção mundial a seus problemas internos, mediante uma guerra externa. Não é a primeira vez na história que regimes contestados internamente e pressionados externamente utilizam a guerra ao inimigo externo como solução a seus problemas.

Em Angola, reside a fonte do abastecimento e apoio logístico do Swapo (Movimento de Libertação da Namíbia); em Moçambique, situa-se o ANC (*African National Congress* – Congresso Nacional Africano), que fustigam o regime do *apartheid*. Este, por sua vez, conta com a Unita (União Nacional pela Independência Total de Angola), que tem seu apoio militar; em Moçambique atua no mesmo sentido a Frente Nacional Moçambicana, que ocupa partes importantes do país.

A Europa burguesa, os países que fazem parte da Trilateral e as igrejas sediadas na Europa e Estados Unidos lutam por mudanças na África do Sul, proclamando a defesa dos direitos humanos contra o *apartheid*, porém preservando a propriedade do capital e da terra, e o monopólio do poder à classe dirigente sul-africana.

Na África do Sul, a campanha de todas as Igrejas – reformadas, protestantes ou católicas – e de todos os partidos, sejam eles liberais, democrata-cristãos ou social-democratas, concentra-se em uma reivindicação: "Um homem, um voto". Creem que a supressão do sufrágio universal à maioria negra inevitavelmente deslocaria do poder a minoria branca, que constitui 15% da população.

Um dado que os comentadores do conflito entre negros e brancos na África do Sul desconsideram é o fato de existir um proletariado mineiro formado por trabalhadores negros e brancos, organizado em torno do NUM (Sindicato Nacional dos Mineiros). Ele reúne quatrocentos mil assalariados, que são explorados pela Anglo American Corporation of South Africa Ltd. e outras empresas menores.

Esses proletários assalariados, negros e brancos, são igualmente explorados pela burguesia nacional e multinacional, não tendo diferença separá-los, e sim interesse de classe de uni-los.

O Sindicato Nacional de Mineiros Sul-Africanos, que reúne quatrocentos mil trabalhadores negros e brancos, filiou-se à AIT (Associação Internacional dos Trabalhadores), com sede na Espanha; situou-se, assim, entre os sindicatos da Federação Sindical Mundial (que engloba a URSS, Leste Europeu e alguns sindicatos italianos e franceses) e o sindicalismo norte-americano.

A filiação do NUM à AIT representa uma clara opção pelo socialismo libertário, pela gestão democrática das empresas, por conselhos autogestionários de empresas, eleitos democraticamente pelos trabalhadores.

Essa postura do Sindicato dos Trabalhadores Mineiros Sul-Africano pela autogestão democrática das empresas é um intento de criação de uma democracia política em que a cidadania inclua negros e mestiços.

O sindicato reconhece que a existência de direitos políticos igualitários entre brancos, mestiços e negros é o ponto de partida de uma luta pela democracia política e econômica. Sabe que de nada adiantará a formação de um governo que inclua as minorias raciais, sem que esteja garantida a participação dos trabalhadores no processo de gestão econômico-social.

África do Sul – resposta a um funcionário do neonazismo*

O sr. Sarel Kruger, vice-cônsul da África do Sul, em artigo publicado na *Folha de S.Paulo* de 26 de maio de 1986, procurou convencer a opinião pública nacional, cuja população, em sua maioria, é formada por negros e mestiços, de que o governo neonazista a que serve e justifica é a realização de "Alice no país das maravilhas" na África Austral. Segundo esse senhor, Botha segue uma política externa pacifista em relação a seus vizinhos, proibindo que seu território seja base de ataque a eles; 45% das exportações do Malawi, Zimbabwe e Zaire passam pela rede ferroviária centrada na África do Sul.

Credora da África Negra, ela ajudou a replanejar a dívida de alguns devedores seus. Contudo, adverte que a frente negra *antiapartheid* dirigida pelo Congresso Nacional Sul-Africano pretende atingir seus objetivos pela violência, o que, segundo Kruger, impossibilita qualquer negociação.

Enquanto o sr. Kruger escreve tais pérolas divulgadas pela imprensa brasileira, três mil pessoas que foram presas em 12 de junho, quando foi imposto o Estado de Emergência, podem estar sendo torturadas, segundo a Anistia Internacional, e Soweto e outros guetos negros foram cercados pela polícia; já em 1985 tinham sido detidos mais de oitocentos estudantes negros em Soweto, inclusive crianças, opositores banidos, e inaugurada prática da tortura sistemática contra os *antiapartheid*.

Compreendemos a intenção do autor do artigo, a necessidade de criar uma imagem civilizada do neonazismo sul-africano, tendo em vista os investimentos sul-africanos no Brasil. A *Folha de S.Paulo* publicou matéria mostrando que a Anglo American Corporation of South África controla, no Brasil, 83% da produção mecanizada de ouro, 54,3% da produção de níquel, 44,6% da produção de nóbio e 15% da produção de rocha fosfática. Em parceria com a Union Carbide, controlará a extração de minério de tungstênio, material estratégico na área metalúrgica e nas indústrias aeronáutica e aeroespacial.

Funciona, na África do Sul, a sociedade secreta Broederbond, formada pela pequena burguesia, em sua maioria. Após a vitória de Hitler em 1933, o dr. Diederichs, que ocupou vários ministérios sob diferentes governos

---
* *Folha de S.Paulo*, 28/07/1986.

na África do Sul, foi enviado à Alemanha para estudar a estrutura do Partido Nazista e adquirir formação na escola de quadros que o regime nazi mantinha.

Daí a imprensa sul-africana atual apresentar caricaturas do industrial judeu Oppenheimer – hoje contra o *apartheid* – com nariz e mãos de águia. Estranhamente, o judeu é suspeito de simpatia pelo comunismo, como o confessou cinicamente o general H. J. van den Bergh, chefe de polícia: "os judeus se tornaram comunistas porque o comunismo é a suprema forma de capitalismo" (Thion, 1969, p.177).

A base desse racismo se funda na crença da superioridade do branco sul-africano, pois ele se vê como um *herrenvolk* (um povo de senhores), enquanto os africanos negros, mestiços e indianos são vistos como inferiores, impossibilitados de viver sob um Estado acima do tribalismo.

O *apartheid* implica o confinamento de trabalhadores negros por via tribal; nos dez bantustões que ocupam 13% do território sul-africano residem mais de 85% da população negra.

Os bantustões funcionam como reserva de mão de obra negra barata, centros de cassinos e prostíbulos à disposição da minoria branca. A taxa de mortalidade infantil atingia 13% entre brancos e 90% entre negros, segundo *The Economist*, de 2 de junho de 1984. Operário branco ganha seis vezes mais que o negro; técnico negro é sempre aprendiz, enquanto aprendiz branco é especialista. O governo sul-africano criou a fraude da "descolonização" ao atribuir independência aos bantustões no Transkei e Venda. Com isso, o habitante negro perdeu sua cidadania sul-africana, é um estrangeiro em sua terra.

Defende o *apartheid* a burguesia bôer, latifundiária e mineira que emprega mão de obra negra. A burguesia branca industrial anglófona quer eliminar o *apartheid*, pois precisa rebaixar os salários de um milhão de trabalhadores brancos. Seu representante, Oppenheimer, defende essa abolição, afirmando que "em princípio, não tem objeções a um governo negro".

A afirmação do sr. Kruger, de que a África do Sul detém a liderança na rede de transportes da África Austral, mostra que suas relações com a África Negra são relações centro-periferia, com capitais e recursos concentrados no centro, basicamente. Relações de exploração, basicamente.

Os Documentos de Gorongoza, encontrados após a assinatura do Tratado de Nkomati – da paz – entre África do Sul e Moçambique desmentem tal pacifismo.

Prevendo a assinatura do acordo, militares sul-africanos reorganizaram os mercenários da Renamo (Resistência Nacional Moçambicana) para atuarem após sua assinatura. Forneceram a eles material bélico para manter no mínimo um ano de luta, treinamento de mercenários como paraquedistas, instrutores, operadores de rádio. Seis meses após a assinatura do Acordo de Nkomati, a agência portuguesa ultramar informava que a África do Sul usava aviões Dakota CD-3 para abastecer mercenários em território moçambicano. Esse acordo foi uma manobra da África do Sul para desestabilizar o governo moçambicano, apresentando a Renamo como entidade autônoma e desvinculada do exército sul-africano para efeito externo.

Enquanto o sr. Kruger procura justificar o não diálogo África do Sul e Congresso Nacional Africano, a sra. Tatcher – que não é bolchevista – convidou seu dirigente, Oliver, para dialogarem.

Foi matéria publicada na *Folha de S.Paulo* de 6 de julho, o chefe zulu Buthelezi e o Movimento Inkata como um negro jaboticaba: negro por fora e branco por dentro. Esclareça-se que Buthelezi foi chefe do Conselho Consultivo do Bantustão Kwazulu. Em março de 1973, apresentou um documento ao Instituto Escandinavo de Estudos Africanos defendendo a consolidação da ocupação dos bantustões. Essa é a grande tese neonazista sul-africana: alimentem-se as organizações tribais e não a soberania nacional negra. A Mandela foi oferecida a chefia de um bantustão, e este respondeu que preferia ir a um campo de concentração. Buthelezi está cotado a ser um governo de transição, como Murosewa no Zimbawe, que inaugurou o período da maior repressão aos negros. São cartas do baralho racista sul-africano.

Concluindo, Alfonsín rompeu relações diplomáticas com os neonazistas, o presidente Sarney discursou na ONU contra o *apartheid* – e agora José?

África do Sul – resposta a seu embaixador no Brasil[*]

Em carta publicada pela *Folha de S.Paulo* em 29 de agosto de 1986 (p.3), o embaixador da África do Sul omitiu uma série de verdades que devem ser postas publicamente e conhecidas por todos aqueles que se solidari-

---

[*] *Folha de S.Paulo*, 01/12/1986.

zam com Desmond Tutu, Nelson Mandela e outros tantos que lutam pela emancipação do povo sul-africano e o fim do *apartheid*.

Em primeiro lugar, não é o fato de a África do Sul ter lutado conjunturalmente contra a Alemanha nazista que desqualificaria o regime dominante do neonazista. O ex-primeiro-ministro sul-africano John Voster, antecessor de Pieter Botha, declara, em 1942, "somos por um socialismo cristão que é um aliado do nacional-socialismo (leia-se, nazismo, NT). Na Itália, é chamado fascismo; na Alemanha, nacional-socialismo, e, na África do Sul, nacionalismo cristão" (Hople, 1974).

Quanto aos bantustões, é mister considerar que eles só são reconhecidos como Estados nacionais, na definição do embaixador, pelo governo de minoria branca a que V.Sa. serve. Esse governo detém o poder de Estado acima desses Estados, que foram criados por decreto e não têm por fundamento a soberania popular como base de sua criação.

Contrariamente à visão do sr. embaixador, a OUA (Organização da Unidade Africana) define que a soberania dos povos africanos é reconhecida nos limites das fronteiras nacionais, estabelecidas no processo de ocupação colonial da África. Tais fronteiras não podem ser confundidas com as fronteiras étnicas, impostas aos negros nos bantustões, criada pela minoria branca que detém o poder econômico, social e político na África do Sul.

É importante que o leitor saiba que o *apartheid* não é só racismo nos esportes, teatros segregados ou hotéis cujo acesso é baseado na cor da pele. Isso existia há séculos antes da invenção do termo *apartheid*. Também não é só a exclusão dos negros de determinados postos de trabalhos, contra a qual muitos empresários se insurgiram desde a década de 1920. Muitos dos elementos constituintes do *apartheid* se encontram na origem da África do Sul.

Desde sua origem, a África do Sul, dominada pela minoria branca, funda-se na exploração das reservas de mão de obra barata, na negação de direitos civis e políticos à população de cor, nas limitações dos direitos de ir e vir dos negros, na perseguição política contra organizações operárias e de libertação nacional e na monopolização pela minoria branca de 87% da terra produtiva do país.

A desocupação e o esgotamento das terras nos bantustões chegam a tirar o trabalho de 20% dos homens lá confinados e de 55% das mulheres. A migração interna, considerada ilegal pela minoria branca dominante, leva um negro à prisão a cada dois minutos, estimula a formação da "vilas-miséria". Uma delas, Crossroads, por exemplo, agrupa nada menos que sete milhões de negros urbanos (*Le Monde*, 1984, s. p.).

Desde os inícios da década de 1960, crê-se que o governo transferiu à força 3,5 milhões de negros aos bantustões. Há uma lei de imortalidade, que desde os anos 50 proíbe relações sexuais entre brancos com outros grupos étnicos. Desde 1965, há uma lei que permite a tortura sobre os detidos. Acresça-se o fato de que os chefes dos bantustões são militares mercenários que serviram a África do Sul na guerra da Rodésia, hoje Zimbábue. Por tudo isso é que Samora Machel define o *apartheid* como o nazismo de nossa época.

Uma política que expulsa os negros das cidades arrasando suas casas a *bulldozer*, que converte os lares negros em prisões e os quartos em celas, que concede atestados de suicídio a negros detidos, só pode ser qualificada de nazista.

O que precisa ficar claro é que há um complexo militar industrial na África do Sul que promove a integração estatutária de todo o sistema industrial na economia de guerra, centralizando todas as armas do aparelho de segurança nas mãos do primeiro-ministro. Efetua o recrutamento e doutrinação da juventude branca no racismo, utiliza as emissoras de rádio e TV para promover uma psicose de guerra e incrementa ataques a Angola e Moçambique, apesar da assinatura dos acordos Komati e Lusaka.

Existe uma ilusão de caráter liberal, de acordo com a qual o sistema será obrigado a reformar-se segundo a lógica da necessidade econômica. Isso é muito discutível. Devemos lembrar-nos de que a pior repressão sobre os negros se deu quando dominava o Partido Nacionalista e a economia conheceu um grande *boom*.

Insinua-se que mudanças importantes estão sendo feitas por Pretória. É que, pressionado pela crise interna resultante em grande parte da guerra com seus vizinhos e das dificuldades de intercâmbio econômico com a maioria dos países de Terceiro Mundo, P. Botha andou pela Europa prometendo "abertura". Na realidade, houve mudança de tática da África do Sul.

Em vez de guerrear com o próprio exército sul-africano, o regime do *apartheid* atua mediante fantoches como a "Unita" (Angola) e a Renamo (Moçambique). Em Angola, os compromissos de evacuação das áreas ocupadas não foram cumpridos, o general Malan optou pela infiltração, despejando lá dezenas de grupos armados com pessoal treinado na África do Sul.

Para a diplomacia europeia, a África do Sul aparentava cumprir as promessas de paz, pois se retirava de parte das áreas ocupadas guerreando por outros meios. A retirada da África do Sul implicava devastação das terras abandonadas e na prática pela "Unita" de ações armadas isoladas, como sequestro de pessoas, sabotagens a barcos no porto de Luanda. Durante muito tempo, a África do Sul se eximia da responsabilidade dessas ações, qualificando-as de movimento nacionalista, fruto de grupos inconformados com o caráter socialista do MPLA (Movimento Popular pela Libertação de Angola). Contudo, na festa nacional de Pretória, o líder da "Unita", Savimbi, foi desengavetado e apareceu ao lado de seu mentor sul-africano: Botha.

Enquanto isso, contrariando a resolução da ONU (n.435), a África do Sul continua ocupando a Namíbia, mantendo cem mil soldados sul-africanos para uma população de um milhão de habitantes.

Por outro lado, no interior da África do Sul, assiste-se à progressiva transferência de empresas multinacionais do país. Nem a General Motors nem a IBM, que de lá se retiraram, suportam a tensão gerada pelo *apartheid*, mesmo maquiado com a eleição para as três Câmaras de brancos, negros e mestiços.

Por tudo isso, sr. embaixador, é impossível tapar o sol com a peneira. V.Sa., ao defender o regime dominante, cumpre com sua obrigação profissional, mantém seu cargo diplomático e essa defesa. Quem sabe pode ser útil à rápida ascensão em sua carreira diplomática. No entanto, desserve à maioria negra da África do Sul e a todos aqueles para quem a discriminação pela cor constitui um cadáver que é preciso enterrar para ter vida.

Traços comuns[*]

Ceausescu e Fidel são fruto de processos histórico-políticos específicos, embora apresentem alguns traços comuns no que se refere à estrutura dos dois regimes.

Ceausescu é fruto da intervenção do Exército Vermelho sob Stalin, que entronizou os partidos comunistas no poder no Leste Europeu, exceção à

---

[*] *Folha de S.Paulo*, 27/01/1990.

Iugoslávia, que havia se libertado dos nazistas graças aos *partisans* de Tito, que assumiram o poder após derrotar o nazicroata Mihailovitch.

Sob Stalin, o regime do Leste Europeu reproduziu o modelo russo: economia de Estado regida por uma burocracia que gozava de imunidades e privilégios definidos por um Estado policial, em que a liberdade era vista como preconceito burguês.

Tudo isso ruiu pelos ares por meio das reformas de Gorbatchev, que aprofundou as propostas de Kruchev, desestalinizando o país jogando sua imagem ao lixo da história, confirmando a previsão do velho Trotsky, de que os filhos da burocracia stalinista acabariam renegando seu passado, execrando sua memória.

O processo, porém, não ficou nisso. Gorbatchev suscitou um vasto movimento social da URSS e no Leste que se converteu em uma revolução política do proletariado contra a burocracia comunista, que pretendia dirigi-lo, comandá-lo e falar em seu nome. É nesse processo que a despótica figura de Ceausescu emergiu, amparado em um amplo Estado policial, com uma polícia política recrutada entre órfãos confinados e doutrinados pela burocracia despótica romena.

O estilo de vida de Ceausescu reproduz os tiranos do despotismo asiático tão bem descritos por Marx em seus textos sobre Índia, China, Rússia; onde havia um modo de produção asiático, a burocracia tinha o poder econômico e político diretamente, explorando o trabalho, embora não houvesse propriedade privada.

O caso Fidel é outro. Emergindo de uma revolução camponesa dirigida por intelectuais, cai sob órbita russa graças à miopia da diplomacia norte-americana da Guerra Fria. Ele é uma figura que explora seu carisma pessoal, anda entre o povo sem seguranças. No entanto, apesar disso, apresenta traços comuns com o romeno: o patriarcalismo familiar de Ceausescu estava presente no poder por intermédio de sua mulher e filho. No caso cubano, fala-se no irmão de Fidel como herdeiro do poder. Raul Castro continuaria a tradição patriarcal familiar no poder apoiado na ditadura do partido único e no Estado policial: traços convergentes da dominação da burocracia cubana e romena. Duvido que o jornal oficial de Cuba – no caso de seus interrogadores – trouxesse essa manchete da *Folha de S.Paulo* de 24 de janeiro de 1990: "Jornalista acusa ministro de tê-lo interrogado no DOI-Codi em PE". É isso aí.

O socialismo blindado do general Jaruzelski*

O operariado polonês está sob a lei marcial; a falta ao trabalho pode ser punida com a pena de morte. É assim que um partido que tem o nome de POUP (Partido Operário Unificado da Polônia) reage a esse proletariado, hoje unificado em torno do sindicato Solidariedade.

O que ocorre na Polônia constitui mais uma lição que os trabalhadores, especialmente no Brasil, devem assimilar. Eles não podem esperar que nenhum partido, mesmo que tenha o nome de Operário, na cúpula de um Estado, mesmo chamado de Socialista, vá defender seus interesses.

Ocorre na Polônia que o Estado é propriedade de uma casta de funcionários estatais e do partido único dominante citado. Nessa qualidade, eles dispõem de privilégios e imunidades e do uso da polícia e do exército contra os trabalhadores poloneses. Tão logo o trabalhador procure organizar-se autonomamente, independente do sindicato atrelado ao Estado, a repressão chega, e violenta.

Afinal, o que querem os dez milhões de operários reunidos em torno do Solidariedade, para ocasionar tão violenta repressão?

Os membros do sindicato Solidariedade procuram, antes de tudo, criar um sindicato com autonomia perante o Estado e o partido único dominante. Segundo o parágrafo VI de seus estatutos, o sindicato Solidariedade procura defender os interesses materiais, sociais e culturais de seus associados e de suas famílias, a garantia dos direitos dos trabalhadores no exercício de sua profissão, de sua remuneração, de suas condições sociais de vida, como segurança e higiene do trabalho. Procura assegurar, a seus associados, férias pagas, satisfazer suas necessidades de habitação, vaga nas creches e nas escolas maternais para seus filhos.

No entanto, o que deve ter sido sentido como subversivo pelos donos do poder na Polônia foi o Solidariedade fundar-se (parágrafo VIII do Estatuto) na organização sindical de base, por fábrica, agrupando os trabalhadores de todas as profissões empregados em uma mesma fábrica. Isso constitui um grande golpe ao sindicato paralelo que é o do Estado.

A luta pelo direito de greve, única arma eficiente do trabalhador perante o empresário privado ou burocrata de Estado (parágrafo XXXIII do

---

* *Folha de S.Paulo*, 16/12/1981.

Estatuto do Solidariedade), definida em greve de advertência ou greve propriamente dita, mobilizou contra o Solidariedade todo o aparelho do partido e do Estado e, agora, o Exército. A isso se soma a reivindicação de respeito à liberdade de expressão, impressão e publicação, fim da repressão contra publicações independentes e abertura dos meios de comunicação aos representantes de todos os credos.

Além disso, o Solidariedade luta pela libertação de todos os presos políticos, fim à repressão por opinião, garantia de escala móvel de salários, designação de quadros conforme sua competência e não com base em sua filiação ao partido.

Tudo isso mobilizou o aparelho de Estado e do partido, levando ao golpe militar dirigido pelo general Jaruzelski.

A experiência polonesa deve servir de lição aos trabalhadores brasileiros, especialmente, para conhecer melhor os adeptos brasileiros do socialismo blindado de Jaruzelski, os que defendem a unicidade sindical e rejeitam as comissões de fábricas quando criadas pela base, aqueles que defendem a necessidade de um partido organizar o trabalhador e tomar o poder em seu nome para defendê-lo. Só que, depois de atingido o poder, o trabalhador precisará defender-se contra esse seu defensor. Em suma, os adeptos do MR-8 (Movimento Revolucionário 8 de Outubro) (*Hora do Povo*), PCB (Partido Comunista Brasileiro), PC do B (Partido Comunista do Brasil) e de outros grupúsculos, que, cavalgando o operário, trarão o cassetete escondido, usando-o contra o trabalhador que tanto badalam.

E a experiência polonesa comprova mais uma vez que o trabalhador tem de contar com sua auto-organização se quiser algo autêntico. Não pode deixar-se encabrestar por vanguardas que procuram falar em seu nome e, depois, traí-lo após escalar o poder com seu voto ou sua passividade.

É positivo para o movimento operário tudo aquilo que o leva à auto-organização, a permanecer como elemento ativo do processo social. Tudo que leve o trabalhador à passividade, deixando a atividade àqueles grupos que usam seu nome e pretendem escalar o poder, só pode levar à situação em que se encontra o POUP: no país da ditadura do proletariado, ele exerce uma ditadura contra o proletariado e, mais ainda, sem proletariado. Este, em sua maioria, está integrado ao sindicato independente Solidariedade e hoje sofre a ditadura militar e a lei marcial, proclamada por um Estado que diz que o socialismo na Polônia está em perigo. Ledo engano. Lá o socialismo não está em perigo, pois sequer existe. O que há é um capitalismo de Estado monopolista, legitimado pela ditadura do partido único em nome do trabalhador. Aqui, em nome da nação e do povo, o trabalhador é explorado e dominado. Na Polônia, isso se dá em nome do socialismo e da classe operária. Na realidade, é um capitalismo de Estado monopolista que, por meio da ditadura militar, introduz uma inovação: socialismo blindado como presente de Natal aos trabalhadores. Sem dúvida que eles reagirão à altura do presente que recebem. Quem viver verá.

Trabalhador não ganha "boas festas" nem "feliz ano novo"*

Na Polônia, observa-se um quadro de estarrecer o próprio Marx, se estivesse vivo. Trabalhadores nas minas e estaleiros mortos após choque com o Exército socialista de Jaruselski, fábricas bombardeadas com artilharia pesada, mostrando que Pinochet fez escola. Abertura de dois campos para prisioneiros perto de Varsóvia, para confinar 45 mil prisioneiros, julgamentos sumários de trabalhadores por tribunais militares. Enquanto isso, o general Jaruselski afirmou que o governo de Varsóvia está firmemente comprometido com a aplicação dos princípios do marxismo-leninismo, nas condições polonesas, visando ao desenvolvimento democrático no espírito de renovação socialista. Se as práticas citadas são o resultado da aplicação dos princípios do marxismo-leninismo, a conclusão é que esses princípios estão vinculados à morte e à repressão contra os trabalhadores, que enunciam defender. Só que a classe operária polonesa tem de defender-se de seus defensores, e de que maneira, ameaçando explodir estaleiros e minas caso seus defensores invadam!

Tudo isso suscita reflexões. Como pode ser revolucionário um Estado – conforme o "Boletim de Greve de Gdansk" (1980, s. p.) – que realiza colossais despesas com burocratas do partido, com a polícia política e com as forças armadas? Onde o trabalhador tem de lutar para que o Estado socialista reconheça o direito de greve, sindicatos desatrelados do Estado ("Boletim Informativo", 1980, s. p.).

Como pode intitular-se socialista uma sociedade em que há falta de leitos nos hospitais, falta de medicamentos, aumento brutal de casos de

---

* *Folha de S.Paulo*, 23/12/1981.

tuberculose entre trabalhadores atingindo uma faixa entre 23 e 35 anos? ("Boletim Informativo", s. d.). Onde há discriminação ideológica na aceitação do trabalhador na empresa estatal? A escolha do dirigente da fábrica é feita em função de sua filiação ao partido e não em função de sua competência? ("Boletim Informativo", s. d.).

Na realidade, o que ocorre é que com o nome de economia socialista existe uma economia de Estado nas mãos de uma burocracia dominante que exerce o poder em nome do trabalhador. Que há um Estado vertical e um exército burocrático e hierárquico, acima da população e dirigido contra ela nas épocas de crise.

Por isso, nenhuma ditadura é revolucionária, pois ela tende a ser exercida por um quadro burocrático e defender o *status quo*. A isso chamam "socialismo realmente existente" seus defensores profissionais. Na realidade, trata-se de um capitalismo de Estado monopolista, no qual a burocracia coletivamente detém nas mãos os meios de produção e o trabalhador permanece como escravo assalariado, domesticado por meio do partido e do Estado.

A lição serve ao trabalhador brasileiro, não ser massa de manobra de partidos que falam de socialismo e na realidade constroem o capitalismo de Estado, falam de liberdade e constroem sua ditadura de partido único, enquanto o operário permanece escravo na linha de produção.

A liberdade só é possível entre iguais. No entanto, a igualdade proclamada nos discursos oficiais dos partidos comunistas é escravidão, na medida em que suprime a liberdade de auto-organização do trabalhador.

Disso entendiam muito bem os operários que criaram a Associação Internacional de Trabalhadores. Para eles, o projeto socialista era inseparável da autonomia e da organização dos trabalhadores. A auto-organização a partir da fábrica e sua ampliação por comissões interfábricas, como o fez o Solidariedade, constituía-se na condição inicial de um projeto socialista viável.

O movimento operário internacional, porém, foi corroído por homens da classe média encastelados nos Comitês Centrais dos partidos políticos autodenominados de esquerda, que, na prática, ao tomarem o poder de Estado, convertiam-se nos maiores carrascos dos trabalhadores, pretextando serem sua vanguarda organizada e consciente.

Não entendem esses vanguardistas convertidos em policiais do Estado socialista que por meio do processo de existência real é que uma classe operária forma sua consciência político-social, e não por meio de injeções doutrinárias da autodenominada vanguarda, constituída, em sua maioria, de ex-militares e filhos do latifúndio ou da classe média, como é o caso das direções clássicas do PCB.

Os partidos autodenominados esquerdistas têm se notabilizado pela eficiência com que tomam o poder, porém, isso não é sinônimo de construção do socialismo. Não cabe confundir alhos com bugalhos.

Isso entendeu profundamente Rosa Luxemburgo ao polemizar com Lênin e Trotsky, mostrando que a liberdade dentro do partido é incompatível sem a liberdade no conjunto da sociedade. Ao realizar-se o projeto que confunde estatização com socialização, ele iria institucionalizar a ditadura de alguns intelectuais que, do alto de sua sabedoria, ditariam regras aos trabalhadores; seria um socialismo de carimbo, quando não um socialismo blindado com hegemonia do aparelho militar, como se dá na Polônia atual.

Um projeto socialista está vinculado à autogestão da luta pelos próprios trabalhadores, assim como pela autogestão da economia da base ao topo e das demais instituições: hospitais, escolas, empresas.

Daí a profunda importância que tomaram os Comitês de Fábrica e Comitês de Interfábricas na formação e crescimento do sindicato Solidariedade. Porque, por meio dele, era a própria classe que dirigia sua luta, sem tutela de ninguém, de nenhum grupúsculo vanguardista ou de intelectuais que, além da ditadura científica, almejam o poder de Estado para exercerem-na no plano político-econômico.

Mais que isso, as Comissões de Fábrica, base do sindicato Solidariedade, constituíam-se no embrião de um socialismo autogestionário, no qual o trabalhador decide o rumo das coisas.

A repressão, porém, veio, e violenta, da forma que ficou conhecida, enquanto aqui ela se exerce no cotidiano do trabalhador. Com inflação a mais de 100% anual, o Inamps (Instituto Nacional de Assistência Médica da Previdência Social) com roubo de mais de quatrocentos bilhões de cruzeiros; novecentos mil desempregados declarados, entre 1971-80, com a morte de quarenta mil operários e 16 milhões de acidentados, com um milhão de favelados e uma dívida externa de 750 bilhões de cruzeiros. Juntam-se 12 mil líderes sindicais cassados e se verá que lá (Polônia) como cá (Brasil) trabalhador não tem Papai Noel, só pela auto-organização de base terá voz para se fazer ouvir.

Um dos pilares do Estado polonês é o sindicato atrelado*

"Não sou capaz de dar a vida a uma sociedade nova. No entanto, sou capaz de enterrar os mortos", dizia a escritora Gabriela Liansol, e o movimento da contestação do proletariado polonês de 1956, 1970 e 1980 realiza a ideia.

A gigantesca mobilização dos trabalhadores dos estaleiros de Gdansk, Szczecin e Gdinia colocou em xeque a dominação exercida pelo POUP no Estado e na sociedade civil; 1980 repete os levantes de 1956 e 1970 com uma diferença básica: enquanto os primeiros levantes foram reprimidos pela polícia, esse movimento recente foi contornado na base do diálogo e da negociação direta.

A diferença do tom que o poder utiliza para atingir os operários é evidente. Enquanto, em 28 de junho de 1956, o primeiro-ministro Cyrankiewicz se dirigia aos trabalhadores nesses termos, "todo aquele provocador que ouse levantar a mão, te-la-á cortada", a legitimidade do movimento é reconhecida pelo poder por intermédio de Tadeusz Fisbach que, em 24 de agosto, durante a Quarta Reunião Plenária do C.C. do POUP, afirmava em Varsóvia: "o conflito social e democrático que explodiu em Gdansk e na Gdinia não é obra de dissidentes, mas suas verdadeiras causas estão na queda do nível de vida da população do litoral báltico". Ao que acrescentou: A extrema centralização das decisões, os erros do planejamento, a má administração e sua burocratização, sobretudo na área sindical, são imperfeições do funcionamento da democracia socialista".

O não atendimento das reivindicações enviadas por essa delegação operária a Varsóvia levaram à revolta de 28 e 29 de julho. Sob pressão popular Gromulka sai da cadeia e ocupa o cargo de primeiro secretário do POUP, reconhece ele que o Plano Sexenal, que havia sido apresentado no passado como nova etapa na elevação do nível de vida decepcionou largas massas de trabalhadores.[4]

---

* Movimento-SP, n.275, 06-12/10/1980.
4 Os parágrafos a partir de "Não sou capaz..." até "massas de trabalhadores" exigiram ajustes de redação para dar-lhes maior clareza e suprir lacunas. (N. O.)

Seu carisma, porém, não consegue evitar o levante de 1970 em Gdansk, Gdinia, Elbag e Szczecin, como protesto contra a alta de preços e os métodos administrativos em vigor. Operários são tratados como bandidos e marginais e, em 20 de dezembro de 1970, Gierek assumia o cargo de secretário-geral do POUP, enquanto a polícia no país da "ditadura do proletariado" reprimia os supostos ditadores: o proletariado.

Em 15 de dezembro de 1970, é declarada greve geral e o povo canta a "Internacional" aos gritos de "Pão e Liberdade" e "Abaixo a mentira da imprensa". As tropas têm ordem de marchar sobre os grevistas a pretexto de combater um desembarque imperialista no litoral de inimigos fantasiados de operários de estaleiros!

Utilizando equipamento pesado e sob os gritos de "Gestapo, Gestapo", populares enfrentam a repressão.

As reivindicações de 1956 e 1970 consistiam em independência dos sindicatos perante o Estado e o Partido; equiparação salarial dos altos funcionários do Partido e do Estado ao equivalente de um salário médio de operário qualificado.

Basicamente, as mesmas reivindicações do movimento de 1980.

O que reivindicam os operários poloneses agora? Aumento salarial, melhor abastecimento dos gêneros alimentícios, garantia do direito de greve e segurança dos cidadãos, liberdade de expressão oral e escrita, abolição da censura, liberdade e autonomia sindical, fechamento das lojas "especiais" só abertas a funcionários do Estado e do POUP, ereção de um monumento aos mortos pela repressão nos levantes anteriores.

A primeira vitória dos grevistas é a readmissão, pelo Estado, da operária demitida por causa da greve.

O Estado responde pelo jornal oficial *Trybune Ludu*, em 16 de agosto de 1980, conclamando todos à disciplina, ordem e calma. O ministro Baiauch afirmava, na ocasião, que "os *slogans* e reivindicações nada tinham em comum com a classe operária".

Negando-se inicialmente a negociar e posteriormente aceitando negociações com os trabalhadores, o Estado pretendia dividi-los. É a mesma manobra tentada pelo patronato no ABC Paulista (Santo André, São Bernardo e São Caetano) tempos atrás. Se dá a demissão do chefe dos sindicatos oficiais, do chefe do Departamento de Informações do Estado (a Secom – Secretaria de Comunicação – polonesa), do presidente da rádio e TV estatais e do presidente da comissão de estatística.

Enquanto a rebelião húngara era predominantemente orientada pela classe média e intelectualidade com *apoio* operário, a da Checoslováquia não contou com a participação sindical; na Polônia é a classe operária que toma a palavra e exige direitos que são negados por quem exerce o poder em *seu* nome.

O internacionalismo proletário funcionou, a FITIM (Federação Internacional de Trabalhadores Metalúrgicos) se solidarizou com o movimento, assim como as três maiores centrais sindicais italianas, a CGIL (Confederação Geral Italiana do Trabalho), CISL (Confederação Italiana dos Sindicatos do Trabalho) e UIL (União Italiana do Trabalho), sem falar do Conselho Executivo da AFL-CIO (Federação Americana do Trabalho – Congresso das Organizações Industriais) norte-americana, que havia ameaçado boicotar a Polônia em caso de repressão ao movimento.

Papel importante coube ao KOR (Comitês de Defesa Social do Operário), nascido em 1976, após as manifestações das fábricas Ursus e Rado, e contra a alta dos preços da carne. Entre seus fundadores está Jacek Kuron, ex-professor da Universidade de Varsóvia, que escreveu a Berlinguer após a morte de 14 operários devido às greves de Ursus e Radon. Converteu-se o Comitê em um centro de questionamento do poder, divulgando relatórios sobre as condições de trabalho nas fábricas e sobre a burocratização dos sindicatos.

A aceitação das reivindicações dos grevistas pelo Estado e pelo partido implicou o término da greve e a instalação do Sindicato Independente sob direção de Leszek Walesa, líder emergente dos trabalhadores.

Walesa instala o sindicato independente e inaugura um regime de dualidade de poder. De um lado, o Sindicato Independente; de outro, o POUP e o Estado como ditadores do proletariado. Até quando a situação se manterá assim? Especialmente considerando as dificuldades atuais que encontra Walesa em instalar o sindicato e as ameaças da URSS sobre elementos estranhos agindo na Polônia e a circulação de tropas em exercício nas fronteiras do país?

A raiz dos problemas poloneses está em um crescimento lento da economia, na incompetência administrativa e no desinteresse do trabalhador na produção... Eis que não participa das decisões fundamentais da empresa.

Daí o governo aprovar uma lei, em 1979, que regulamenta as operações *joint-ventures* – empresas de capital estatal e privado – com a participação de capital norte-americano.

O sistema de estímulos materiais ao trabalho (taylorista) leva à dispensa de pessoal, à elevação das metas de produção a atingir e à supressão dos prêmios de produção, acompanhados do trabalho gratuito aos sábados prestado pelo operário ao Estado operário.

O pagamento de juros e a amortização da dívida externa que atinge vinte bilhões de dólares, negociação de um empréstimo de quinhentos milhões de dólares com bancos europeus e norte-americanos, levam o Estado a procurar diminuir a demanda pela elevação de preços da carne no mercado interno, para com isso obter divisas com a exportação.

No setor das relações agrárias, o predomínio da pequena propriedade, incapaz de suprir a cidade com os alimentos necessários, constitui-se em sustentáculo da burocracia estatal, o campesinato repassa a mais-valia do operário à burocracia do Estado.

A Polônia se integra no capitalismo mundial; assim há uma fábrica da Fiat em construção com previsão de produção calculada em 150 mil Fiats; está vinculada à Fiat de Togliattigard na Rússia, aprovisionando-a com peças isoladas. Carros e peças isoladas serão entregues à Fiat italiana conforme as necessidades do truste Fiat.

A fábrica Ursus, após acordo com a Massey Ferguson, constrói nova fábrica com capacidade prevista para produzir cem mil tratores anuais. Em novembro de 1973, cria-se um banco misto Polônia-República Federal Alemã, em Frankfurt. O *Wall Street Journal* dedica sua edição de 26 de junho de 1976 para analisar o controle bancário exercido pelo Chase de Nova York sobre a Polônia.

O capitalismo internacional reserva à Polônia uma função: exportar matérias-primas e importar máquinas e nova tecnologia, com vistas inicialmente ao mercado mundial e posteriormente ao interno. Na Polônia, há a propriedade estatal dos meios de produção e não a propriedade social. O operário que lá trabalha está privado de qualquer propriedade real, não influencia o Estado e não possui nenhum controle sobre o processo de trabalho e sobre o produto final.

O fato de não haver propriedade privada não quer dizer que a sociedade não está dividida em classes: é o caso de sociedades nas quais predomina o modo de produção asiático. O que caracteriza a propriedade burocrática é *não ser* individual, e sim propriedade comum de uma elite identificada com o Estado. Seu caráter de classe é definido por sua relação com os meios de produção e com o trabalho. Um dos pilares do sistema é o sindicato que age como correia de transmissão das ordens burocráticas.

Em 1955-7 se deu o desmantelamento da ideologia estalinista e a burocracia ficou sem ideologia própria; ela atualmente fala em nome do interesse nacional, adotando postura nacional-polaca e punindo os heréticos como Adam Schaff, Leszek Kolakovski e J. Kuron.

As reivindicações de Walesa continuam não só na linha básica dos movimentos anteriormente citados, na Polônia, como também na herança da Oposição Operária a Lênin e dos marinheiros de Cronstad. Enquanto esses foram reprimidos militarmente na época, Walesa e seus adeptos conseguiram uma vitória política sobre a burocracia. Há, porém, o imenso perigo de a burocracia recuperar pouco a pouco o que cedeu ao proletariado no calor da hora. Em suma, como dizia Sócrates, do Planeta dos Macacos: não se pode elogiar.

Os poloneses indicam ao movimento operário brasileiro o caminho a seguir: organização autônoma na luta pela autonomia e liberdade sindical.

Polônia, ano zero*

Promovendo uma greve fundada na ocupação dos locais de trabalho, os trabalhadores dos estaleiros de Gdansk, Szczecin e Gdinia, secundados pelos mineiros da Silésia, varreram a hegemonia dos burocratas do POUP, amparados pelo Estado operário, durante as últimas semanas.

São os legítimos herdeiros da Primeira Oposição Operária nos anos 20-1, e dos marinheiros de Cronstad, imortalizados por Eisenstein em seu *Encouraçado Potemkin*, que, de 3 a 18 de março de 1921, levantaram-se contra a ditadura do partido único, o atrelamento dos Conselhos ao partido dominante e ao Estado, pela construção de um socialismo fundado na liberdade.

Quais são as reivindicações dos operários poloneses perante aqueles que exercem a ditadura em seu nome?

Os grevistas de Gdansk, Szczecin, Gdinia e os mineiros da Silésia se levantaram para lutar por: (1) melhor abastecimento de gêneros alimen-

---

* *Folha de S.Paulo*, 11/09/1986.

tícios; (2) direito de greve e segurança aos grevistas; (3) liberdade de expressão oral e escrita, abolição da censura; (4) liberdade aos presos políticos; (5) liberdade de organização sindical independente do Estado e do partido; e (6) abolição dos privilégios na previdência social.

Quais eram as reivindicações da Primeira Oposição Operária na Rússia nos anos 20-1? Liberdade de imprensa e de organização dos trabalhadores: dar fim à perseguição a opiniões que colidiam com as oficiais, no âmbito do partido e dos sovietes (conselhos); rechaçar a noção segundo a qual qualquer opinião que colida com as elites do partido, emitida por um trabalhador, seja tachada de "anarcossindicalismo"; autonomia e liberdade sindical perante o Estado.

Ao mesmo tempo, os membros da Oposição Operária se opunham à direção individual da empresa por meio de um diretor nomeado pelo topo, em detrimento da direção colegiada, e à introdução do sistema Taylor, efetuada por Lênin, fundado no salário por produção, estímulo material e cronometria de tempos e movimentos, a última forma requintada de exploração do trabalho surgida nos Estados Unidos e, posteriormente, universalizada, atingindo atualmente todos os países do Leste Europeu.

Os membros dessa Oposição Operária foram dizimados, alguns presos, outros removidos pelos altos escalões do partido e do Estado "operário" e outros cooptados pelo poder. Alexandra Kollontai, uma das ideólogas do grupo, terminaria seus dias como embaixadora da URSS na Noruega sob Stalin.

No entanto, é em Cronstad que se dará o conflito aberto entre o Estado proletário e os marinheiros, que desde a revolução de 1905 atuavam na primeira frente da luta por um socialismo libertário e antiautoritário. O que eles reivindicavam? Segundo seu jornal *Izvestia*, editado em Cronstad (*Izvestia*, s. d., in *La Commune de Cronstad*, 1979, s. p.), lutavam por: (1) reeleição dos Conselhos por voto secreto e campanha eleitoral com liberdade ampla; (2) liberdade de palavra e imprensa para os operários e camponeses; (3) liberdade de reunião para os sindicatos operários e as organizações camponesas; (4) liberdade a todos os socialistas prisioneiros políticos, assim como operários e camponeses, soldados e marinheiros encarcerados durante os diferentes movimentos populares; (5) eleição de uma comissão encarregada de examinar o caso dos aprisionados e internados em campo de concentração; e (6) supressão do Departamento Político do partido; nenhum partido deve ter o privilégio da propaganda ideológica nem receber por ela a menor subvenção governamental.

A questão sindical ocupava posição central no conflito. Enquanto Trotsky era favorável e realizou a militarização dos sindicatos, Cronstad denunciava, em 8 de março de 1921, que,

> sob a ditadura bolchevista, os problemas de direção dos sindicatos foram reduzidos ao mínimo escrito. Durante os quatro anos do movimento revolucionário na Rússia socialista, os sindicatos jamais puderam tornar-se organismos de classe, devido ao partido no poder educar as massas pelo método centralizador. Daí, a atividade sindical se reduziu unicamente a recensear – tarefa inútil – os membros de tal ou qual sindicato, a profissão deste ou daquele aderente ou o partido a que pertence. Isso levou as massas operárias a se afastarem dos sindicatos e os gendarmes do bolchevismo se serviram deles como aparelho auxiliar para explorar as massas. Os sindicatos reorganizados, assim como suas comissões, resolverão o problema da educação das massas em consonância com a construção cultural e administrativa do país. Deverão animar suas atividades com sopro inovador, tornando-se intérpretes dos interesses do povo" (*Izvestia*, 8 mar. 1921, in *La Commune de Cronstad*, 1979, p.51).

Em resposta, Trotsky jogou as tropas do Exército Vermelho contra Cronstad, não sem antes utilizar a mentira como arma política; agentes do estrangeiro e defensores da liberdade do comércio foram a justificação da repressão aos marinheiros. A utilização da mentira como arma política transpareceu na Polônia por ocasião da repressão aos levantes de 1970, quando as tropas tiveram ordem de marchar sobre Gdinia para combater "um desembarque imperialista no litoral de inimigos fantasiados de operários de estaleiros"!

Não há dúvida de que o sindicato independente de Leszek Walesa irá se chocar inevitavelmente com o monopólio do poder de Estado pelo POUP... Eis que é incompatível a ditadura do partido único com a existência de liberdade sindical.

É incompatível a existência da democracia de trabalhadores com o monopólio estatal pelo partido único. E um dado elementar: na medida em que o partido único cresce, a distância entre a direção e as bases aumenta. Os líderes, além de se converterem em personagens, perdem o contato com as bases.

Quanto mais o partido busca a eficiência na hierarquia, nos quadros burocráticos e na centralização, menos reflete os interesses de quem diz representar. Ele somente é eficiente em um sentido: o partido único molda a sociedade de conformidade com sua própria imagem hierárquica, cria a burocracia, a centralização e o Estado. Daí, em vez de desaparecer progressivamente, o chamado Estado Operário, controlado pelo glorioso partido, preserva as condições de existência de uma burocracia central. Na Polônia, os Conselhos (sovietes) substituíram os trabalhadores e seus delegados de fábrica, o partido substituiu os sovietes, o Comitê Central substituiu o partido, e este foi suplantado pelo Birô Político; os meios suplantam os fins.

No caso russo, suprimindo os comitês de fábrica na indústria, aniquilando a Oposição Operária e os marinheiros de Cronstad, Lênin e Trotsky garantiram o triunfo da burocracia sobre o operariado. Na Polônia, a emergência do sindicato independente de Leszek Walesa, a existência das comissões de fábrica como suporte, marcam maior vitória do operariado após a revolução de 1917. Assim também indicam os futuros caminhos do operariado brasileiro em sua luta pela autonomia e liberdade sindical, base da dignidade do trabalhador.

O Xá Está Frio*

A queda da dinastia Pahlevi e a desintegração de um exército superarmado implicaram uma "revolução conservadora", em outros termos, a afirmação do domínio hierocrático de um poder fundado na tradição islâmica, legitimado pelo Alcorão e Khomeini, seu profeta. Tal evento provou a possibilidade da coexistência de uma estrutura na qual aparece combinada a tecnologia mais avançada do século com instituições e valores medievais. Em que consiste esse poder hierocrático? Fundado no clero, legitimado pela tradição islâmica, essa república de mulás está sujeita a tensões internas graves, como a rebelião curda, tensões sociais que levaram Khomeini a acabar com o direito de greve, além de condenar à morte 14 adeptos do movimento trotskista iraniano. A necessidade de consenso

---

* *Folha de S.Paulo*, 17/12/1979.

interno pode ser a mola propulsora da criação de tensões, do tipo da ocupação da embaixada norte-americana em Teerã e a captura de reféns.

O poder sacerdotal-hierocrático sempre manteve certa afinidade eletiva com os poderes dominantes "deste mundo" – o banco, a indústria e o comércio –, além de considerar o poder político instrumento de Deus para repressão das potências antieclesiásticas. Para conseguir esse intento, a hierocracia constrói seu próprio quadro administrativo, no qual a outorga de bens mágico-religiosos ao povo se converte em uma profissão e ramo lucrativo. Nessas condições, a Igreja islâmica não aparece como uma seita de pessoas qualificadas carismaticamente (portadoras de uma missão de salvação), mas sim portadoras de administradoras de um dogma oficial, ao qual é inerente a existência de um estamento sacerdotal autorregulamentado, com dogmas e cultos racionalizados na forma de escritos sagrados. Aí o Alcorão se constitui no fundamento da lei e a Sunna atua como escrito canônico adaptativo às mudanças histórico-sociais. Na República de Khomeini, viceja o carisma do cargo, base de exigência de poder político, exacerbando a dignidade de seus portadores, a ponto de atualmente nenhum mulá respeitar fila. Ao lado disso, o islamismo chega a utilizar o ascetismo dos mulás para submetê-los mais ao poder hierocrático, poder fundado no clericalismo. Tal tendência se origina, no âmbito islâmico, na formação da ordem dos derviches, a partir da instituição do dogma islâmico ortodoxo com Al Gazzali. Isso significou que todos os cargos superiores fossem apropriados pelo clero, que possui pretensões universalistas, quer submeter a seu arbítrio a sociedade civil. É a explicação para a perseguição a homossexuais, prostitutas e a persistência em manter o papel subalterno da mulher. O poder hierocrático de Khomeini, porém, na melhor tradição xiita, apresenta traços messiânicos, como sucessor legítimo do Profeta do Irã. Eis que o xá, que anteriormente ocupava tal posição, "esfriou" no exílio norte-americano.

A hierocracia iraniana se adapta ao capitalismo na medida em que assume as funções de direção do Estado e dos aparelhos de Estado, atuando como Partido Nacional. Essa hierocracia modernizante funda seu poder no discurso: Deus deve ser mais obedecido que os homens.

O tradicionalismo xiita só é comparável ao "wahabismo" saudita e atua como cimento da composição que se dá entre uma estrutura de poder e valores pré-capitalistas com o que mais avançado do capitalismo existe: a tecnologia petrolífera, exploração e comercialização obedecendo às normas mais modernas do marketing internacional.

Até que ponto a externalização dos conflitos com a exacerbação do ódio aos norte-americanos e ao sionismo constituem armas eficientes para a consecução do consenso interno e a legitimação da repressão?

É necessário não perder de vista que, após a queda do xá e a ascensão de Khomeini, a chamada Revolução Iraniana rapidamente passou ao regime do terror, em que a hierocracia iraniana, usando o Estado, deslocou as facções esquerdistas da revolução. Os *fedayin* foram marginalizados, o partido Tudeh (comunista) viceja a ilegalidade e o conflito social declarado fora da lei, pela lei antigreve de dias atrás.

O regime iraniano oscila entre o capitalismo ocidental que critica, a burocracia soviética que rejeita, fundado em valores islâmicos e agora, com o conflito ocorrido em Meca, coloca-se em choque contra o "wahabismo" saudita. Está muito claro que Khomeini pretende isolar os Estados Unidos e o sionismo do Oriente, mas na medida em que açula as minorias xiitas em outros países, como Arábia Saudita, é de se esperar que no Iraque, onde a facção xiita tem inúmeros adeptos, idênticos a Meca, possam suceder e ter efeito retroativo: alimentar o isolamento iraniano.

Khomeini parte de uma posição de força; os Estados Unidos também. Os reféns na embaixada norte-americana em Teerã concretizam a humilhação imposta pela hierocracia iraniana ao imperialismo ocidental; os porta-aviões norte-americanos indicam o sinal para a negociação a partir de uma posição de força também.

Cremos que, em longo prazo, a recusa em receber o pagamento em dólares pela venda de petróleo possa afetar mais profundamente o mercado internacional que o espetáculo militar-político da mobilização de forças navais e da ameaça de julgar os reféns conforme as normas do direito islâmico.

Já uma alta personalidade iraniana opinou significantemente a respeito dos reféns, admitindo que julgamento não significa obrigatoriamente condenação.

Parece claro que a hierocracia iraniana, com o julgamento dos reféns, pretende julgar a política norte-americana na região, podendo até se dar ao luxo de julgá-los, libertando-os posteriormente.

Assim o fazendo, lavraria um tento político, colocaria em xeque, na prática, o imperialismo ocidental, assim como o julgamento dos norte-

-americanos serviria de cimento ideológico à preservação da unidade iraniana interna. Nessa constelação de forças, é sintomático o silêncio da burocracia soviética, premida entre seu antiamericanismo competitivo e seu medo de implicações antissoviéticas não previstas na ação de Khomeini e sua República de mulás. É novamente a prática que confirmará ou não o preceito de Maquiavel, segundo o qual o mundo é dos profetas armados, os desarmados sucumbem.

Irlanda[*]

Morrem militantes do IRA (Exército Republicano Irlandês), e a olímpica Thatcher não se comove; porém, o quadro é mais amplo que se pensa. Há 1.500 presos políticos nas prisões inglesas e irlandesas. Há mais novecentos nas prisões da Inglaterra, Escócia e País de Gales, 180 a 200 na República da Irlanda, 1.300 na Irlanda do Norte, sujeitos a torturas tão selvagens como as praticadas pelos governos autoritários na América Latina ou nos hospitais psiquiátricos soviéticos. Os presos na Grã-Bretanha são vítimas de terríveis espancamentos que levam à morte. As prisões na Irlanda do Norte são campos de prisioneiros de guerra. Na República da Irlanda, foram criadas brigadas especiais para torturas e interrogatórios e uma lei especial que permite sete dias de detenção sem culpa formada.

Na Irlanda do Norte, pratica-se o internamento, que consiste simplesmente em manter grande número de pessoas detidas sem julgamento; essa prática havia sido introduzida em 1971 pelo exército inglês, porém, anteriormente, durante o apogeu da questão irlandesa, em 1916, já havia sido utilizado, e reproduzido em 1921, 1940 e 1950.

É necessário entender que a própria Irlanda do Norte foi criada por meio do internamento, que se iniciou com a detenção de duzentas pessoas em Bally Kinlar. Em 1938-9, o mesmo método foi utilizado com a internação do navio *Al Rawdah*, usado como navio-prisão, em 1956. A resistência ao internamento levou à repressão a manifestações de rua, no célebre Domingo Sangrento (*Bloody Sunday*), com 16 mortos, ocasião em que os paraquedistas ingleses abriram fogo contra o povo desarmado

---

[*] *Folha de S.Paulo*, 01/09/1981.

em Derry. Seis meses depois, 2.357 pessoas foram presas e, destas, 757 internadas.

Na Irlanda do Norte, pode-se ficar preso por três dias, "por suspeita de ser terrorista", e mantido em total incomunicabilidade. É o que ocorre nos *raids* ao amanhecer, entre 4h e 6h da manhã. Soldados irrompem em casa, destroem a mobília, arrastam a pessoa da cama, empurrando-a com bastões e coronhas de espingarda até o carro dos presos. Dessa forma, a polícia espera desmoralizar a vítima, para torná-la vulnerável nos interrogatórios, a cargo da RUC (Royal Ulster Constablary), força policial da Irlanda constituída só de protestantes. Em outros casos, a vítima é espancada, sofre privação de sono, queimaduras por cigarros, é pendurada em cima de fogões elétricos ou com a cabeça em vasos sanitários.

O irlandês Joe Clark descreveu essas torturas no livro *The Guinea Pigs* [As cobaias], no qual conta como foi algemado, arrastado para fora de casa, amarrado com uma corda no interior de um caminhão do exército. Chegando a Sedwood, recebeu pontapés, sendo obrigado a sentar-se imóvel em uma cadeira dura.

Outros relatam o sistema de helicóptero: são obrigados a passar entre fileiras de policiais, apanhando com bastões, entram em um helicóptero e aí são ameaçados de morte e empurrados para fora dele; os detidos, na ocasião, julgam estar a grande altitude, verificando depois que estão a poucos centímetros do chão. Aplicam a tortura da privação sensorial, a tortura dos olhos vendados, porém, devido à reação popular a esses métodos, a repressão voltou a utilizar choques elétricos, alucinógenos, de aplicação mais simples e efeitos mais rápidos. Perante uma comissão da ONU, os supliciados irlandeses apresentaram relatório sobre outras técnicas de tortura que sofreram: raspagem de ossos com agulhas, olhos vendados, queimaduras com eletricidade e a técnica do isolamento total, praticada atualmente na República Federal da Alemanha. Diante da reação pública que tais métodos suscitaram, os torturadores voltaram à Inglaterra, recebendo o título da nobreza QBCS (Queen's Bench Councillor [Banco de Vereadores da Rainha]), além de serem agraciados com o título de *sir*!

No entanto, o principal campo de internação da Irlanda do Norte se localiza em Long Kesh, onde a única coisa que o detido conhece são as barracas do campo de concentração. O único contato com o exterior são as visitas, a presença do exército e a boa pronúncia de Oxford dos oficiais ingleses provenientes da elite econômica e política. Eles têm contato também com o sotaque dos voluntários da rainha, corpo formado por elementos advindos dos setores subalternos da sociedade, especialistas em bater na cabeça dos detidos com a coronha da espingarda, de igual maneira como dizem bom-dia. Esse campo, que é chamado pelos ingleses de gaiola ou complexo e abriga 80 homens, é composto por cinco barracas, sendo uma usada como lavanderia e instalações sanitárias. A sala de estudo é singular, não tem mesa nem estantes nem livros. Somente os desenhos na parede, com a figura de *Che* e Patrick Perrse, líder da revolta pela independência da Irlanda, mantêm alto o moral dos prisioneiros. Em 1º de março de 1976, o governo inglês retirou o estatuto político dos prisioneiros, piorando sua situação. Há um "setor especial" na prisão no qual eles são mantidos isolados durante 24 horas por dia, nus, com apenas um cobertor; de dia ficam sem camas, somente com uma cadeira. As celas não têm nenhuma mobília nem aquecimento no inverno; estão proibidos de receber cartas, não têm material de leitura nem assistência médica. Quem recusa o uniforme da prisão é despido à força e espancado até a inconsciência. Não podem tomar banho, cortar os cabelos nem as unhas; sofrem espancamentos, e a comida, além de má, é fria. Estão isolados e degradados. São obrigados a perfilarem-se nus diante dos *screws* (policiais), que os insultam e humilham, referindo-se às partes do corpo. Sofrem de úlceras e a pele da mão está a cair, devido à falta de vitamina C. A respeito, as imprensas irlandesa e inglesa mantêm total mutismo.

A Irlanda do Sul oferece o mesmo espetáculo. A Lei de Jurisdição Criminal, promulgada em 1975, acabou com os padrões liberais de justiça social-democrata. O suspeito ficou sem direito de defesa nem asilo político. O governo que promulgou essa lei era um governo de coligação. Essa coligação era formada pelo partido da extrema direita Fine Gael (esse partido havia patrocinado os movimentos fascistas Camisas Azuis, dos anos 30, cujos chefes apoiaram publicamente Franco) e o Partido Trabalhista, membro da Internacional Socialista. Nesse governo de coligação, o ministro da Informação foi o responsável pela pior censura que a Irlanda havia conhecido até então, ministro esse íntimo amigo de Mário Soares. A polícia política é o sustentáculo ostensivo do poder, porém, foi-se o tempo em que batia com toalhas molhadas e esmurrava o estômago dos suspeitos. Em 23 de janeiro de 1976, Thomas Conners, descontrolado com as torturas que havia sofrido, atirou-se por uma janela na província de Tipperary, ao Sul. Isso permitiu ao jornal liberal de Dublin *The Irish Times* relatar as condições dos interrogados. O ministro da Justiça, Cooney, respondeu que isso inexistia na Irlanda do Sul, recusando-se a abrir inquérito.

Um dos entrevistados pelo *Irish Times*, o sr. Edmundo Ignatius Boey, simpatizante republicano, foi interrogado acerca do assassinato de um guarda, permanecendo na prisão sete dias; libertado depois, foi novamente preso por mais sete dias e sistematicamente espancado. Foi finalmente libertado por decisão do Supremo Tribunal. A prisão de Portlaoise é outro estabelecimento de elevada segurança (na Irlanda). As condições são idênticas às de Long Kesh. Aí os visitantes são separados dos presos por uma grande rede e mantidos a longa distância, de forma tal que tenham de gritar coisas íntimas na frente do guarda que tudo vê e ouve. Os presos estão sujeitos a constantes revistas totais, em que são obrigados a se despir e os guardas examinam suas partes íntimas; são forçados a se curvar enquanto os guardas lhes examinam o ânus com uma vara. Isso ocorre antes e depois das visitas. Um detido foi vistoriado dessa forma três vezes no intervalo de uma hora. As instalações da prisão são uma fortaleza da qual ninguém escapa, daí deduzir-se, logicamente, que tais vistorias com uma vara têm a finalidade de quebrar a resistência dos presos. Nessa prisão, queixar-se significa ir para uma cela de isolamento.

O isolamento é tão comum como uma receita de Valium na prisão de Armagh. Aí o isolamento significa ficar 24 horas sem visitas e cartas e perceber ruídos. O preso é abandonado na cela, com o pote para excrementos, sentando-se no chão para tomar suas refeições. Tem de tratar o guarda por *sir* e pedir licença para acender a luz.

O exemplo irlandês mostra como a tortura existe no coração da Europa. O único apoio dos presos é a Anistia Internacional, porque o resto é um grande silêncio. É isso que a sra. Thatcher mantém, e enquanto isso ocorre, há um casamento principesco na Inglaterra, como se estivéssemos na época da rainha Vitória. É a sociedade do espetáculo e da repressão.

Alemanha, oh, Alemanha[*]

Henrich Heine confessava que perdia o sono todas as vezes que pensava no futuro alemão, porém é o presente alemão que causa insônia. Fa-

---

[*] *Folha de S.Paulo*, 19/05/1985.

miliares de presos políticos da Alemanha Ocidental que estiveram em greve de fome desde 2 de fevereiro apelam à Comissão de Direitos Humanos da ONU para que intervenha, a fim de salvá-los e impedir a prática da tortura. A greve de fome é o protesto contra o descaso das autoridades alemãs perante a prática da tortura nas prisões social-democratas. Agregue-se a esse quadro a pesquisa divulgada pela revista *Der Spiegel*, que conclui que um em cada sete alemães tem tendências políticas direitistas e alguns apoiam mesmo o uso da força. Quase metade dos direitistas entrevistados – em um total de 6.968 eleitores – apoiam o terror contra o povo; 13% dos entrevistados se identificam com a visão nazista de raça pura, ódio ao estrangeiro. A democracia é vista como um presente desnecessário ao povo. Evidenciaram-se essas posições mais entre os agricultores, pessoas de províncias com menos de cinco mil habitantes com baixa escolaridade; entre os sindicalistas, o direitismo é menos palpável.

A Alemanha Ocidental é a segunda potência militar da Nato (North Atlantic Treaty Organization [Otan – Organização do Tratado do Atlântico Norte]), fundada com os Estados Unidos política, econômica, militar e ideologicamente; além da homogeneidade de sua estrutura social determinada pela concentração de capital e pela sociedade de consumo.

Diferentemente da França, Itália, Iugoslávia e Grécia, onde se deram guerras de libertação contra o fascismo que mobilizaram o povo na Alemanha, Hitler caiu vencido pelos exércitos aliados da época. Isso levou a que o aparelho do Estado alemão continuasse nazificado, suprimindo de fato a divisão dos poderes legislativo, executivo e judiciário, e à instauração de uma legislação repressiva fundada nas célebres "Leis de Emergência" de 1968. Significou a exclusão de quem professasse doutrinas críticas ao Estado de quaisquer funções públicas, inclusive da universidade, isso é artigo da Constituição da RFA (República Federal Alemã).

Tudo isso cria condições para a tortura nas prisões da RFA. A tortura do isolamento total dá a sensação, a quem a sofre, de a cabeça explodir, quebra da capacidade de associação, que a cela se move, sensação de mudez. Agressividade sem canal de expressão, sensação de alguém estar arrancando a pele. Peter Milberg, que passou por isso na prisão de Frankfurt, acusou o juiz de querer executá-lo dessa forma: essa sensação era o resultado do isolamento total.

Por ocasião de uma manifestação contra a tortura nas prisões da RFA, Sjef Teuns, psiquiatra holandês, mostrou que a Medicina Geral recorre ao isolamento preventivo em casos de doenças infecciosas ou para favorecer a cura após operação complicada. Contudo, nos sistemas psiquiátrico e judiciário não é assim. Proibição ou censura de correspondências ou leituras, redução ou proibição de visitas e curas de sono ou à base de insulina são pretextos para isolar os homens a fim de acalmá-los. Ficam tão condicionados que não querem deixar o isolamento. O eletrochoque é uma forma breve de isolamento próximo à crise epiléptica aplicado na psiquiatria, em que a cura coincide cada vez mais com a repressão da atividade humana. No sistema judiciário alemão, são usadas todas as formas de isolamento, na prevenção, nos interrogatórios e nas penas. A punição serve para intimidar, inspirar e difundir o terror. Aliada ao medo, serve para extorquir confissões. A pretexto de investigação ou interrogatório, as pessoas são submetidas ao isolamento, podendo perder drasticamente sua capacidade de percepção e pensamento autônomo. A privação sensorial, o isolamento do homem em relação a seu ambiente por meio da privação dos estímulos necessários aos sentidos da visão, audição, olfato, tato e paladar. Manutenção de ambiente artificial caracterizada pela constância atrofia os órgãos sensoriais, conduz à integração e desorientação do indivíduo isolado.

O indivíduo submetido à privação sensorial apresenta um quadro de desorientação, tendência alucinatória, desordem nas funções vegetativas (mais fome, mais sede, mais vontade de urinar). Ele está submetido a um regime arbitrário, impossibilitado de autorregular-se; um regime que parece anular as leis naturais da sucessão do dia e da noite, do quente e do frio, do ruído e do silêncio. O isolamento acústico, interrompido por irrupções de barulho, é um dos componentes da máquina de destruição da substância vital humana. Privação sensorial é o método mais desumano de destruição progressiva da vida, utilizado durante anos; é o delito perfeito pelo qual ninguém – exceto a vítima – é responsável. As celas isoladas dos presídios, nas quais se recolhem os presos por decisão do pessoal das penitenciárias e de nenhum tribunal, é onde isolamento e privação sensorial andam juntos. Celas do silêncio (*silent rooms*) foram construídas no fim dos anos 50 nos Estados Unidos e Canadá, depois implantadas pela RFA, na prisão judicial de Stuttgart-Satmmheim. Com base em pesquisas no Laboratório de Estudo Clínico do Comportamento do hospital universitário de Hamburgo-Eppendorf. Lá é que se estudam, observam e medem as reações dos sujeitos; medem como a privação sensorial ocasiona alucinações, falsificações ilusórias, perturbações de funções vegetativas como deformações do sono e da fome, convulsões e desequilíbrios motores sem necessidade do eletrochoque. Entendem, os repressores, que as reações desse tipo indicam o núcleo essencial da personalidade, daí o juiz ter carta branca para submeter as pessoas que lhe são confiadas à provação sensorial para possibilitar emergência de personalidade real. Isso mostra o quanto a tradição autoritária está presente na República Federal Alemã.

Àqueles que ainda hoje se identificam com o nazismo é bom lembrar que Hitler instituiu o fornecimento de mão de obra escrava dos detidos em campos de concentração a Krupp, IG Farben Industrie, Siemens, onde o horário mínimo de trabalho era de 11 horas diárias, devendo ele ser esgotante para que se possa conseguir o máximo rendimento. Tudo que possa diminuir a duração do trabalho (refeições, chamadas) é reduzido ao mínimo estrito.

Deslocação e intervalos ao meio-dia, qualquer que for sua duração, tendo por único objetivo a refeição, são proibidos (Documento R 129 n. RF 348, Arquivos do Processo de Nuremberg). A utilização de deportados para experiências médicas era rotina sob o nazismo. A firma Bayer trocava correspondência com o comandante de Auschwitz, que fornecia à empresa mulheres a duzentos marcos cada para experiência médica. A ordem de 23 de setembro de 1940 determinava que os comandantes dos campos recuperassem o ouro dentário dos cadáveres, entregassem os cabelos à fábrica de feltro Alex Zink (perto de Nuremberg); os ossos calcinados eram vendidos como adubo à empresa Sterm para fabricação de superfosfatos. Cada campo trazia uma inscrição no portão de entrada: *Arbeit macht frei* [O trabalho liberta]. Será esse passado que 18% dos alemães pretendem reviver? Sem dúvida, Joyce tinha razão, a história é um grande pesadelo!

Japão: escolarização e suicídio[*]

Considerado como uma das alavancas do sucesso japonês, seu sistema educacional atualmente é fortemente criticado. Da mesma forma que

---

[*] *Folha de S.Paulo*, Folhetim, 29/07/1984.

o crescimento econômico, seu sistema educacional é implacável, seletivo, concorrencial, ignorando o indivíduo em função de uma ética grupal.

Os resultados são no mínimo catastróficos. É comum que uma punição por fracasso escolar leve ao suicídio.

O estudante japonês de primeiro e segundo graus tem direito a duas semanas de férias na primavera, quarenta dias no verão e vinte dias no inverno.

Seu ingresso na escola é marcado por cerimônias de iniciação e entrega de diplomas do ciclo anterior concluído. Muitos discursos na presença do diretor da escola e, inevitavelmente, o juramento dos alunos se declarando pertencentes à nova comunidade.

Definido após o fim da Primeira Guerra Mundial, o sistema educativo japonês atual consiste em um ciclo obrigatório de nove anos, abrangendo seis anos de ensino primário que termina aos 12 anos, e três anos de "colégio" até os 15 anos. Mais de 90% dos colegiais continuam seus estudos por mais três anos.

Pressionados por um sistema social que coloca como valor supremo o sucesso profissional, eles têm como finalidade última a integração em uma universidade de prestígio, ponto de chegada de uma trajetória de combatente marcada por exames implacáveis.

Algumas escolas procuram encontrar crianças altamente dotadas a partir de um ano. Aos três anos, submetem-se a concurso para ingresso nas escolas maternais de renome, passagem obrigatória às universidades famosas.

Isso além do condicionamento escolar sobre o familiar. Superprotegida pela mãe como presença dominante, a criança desconhece o pai, ausente física e psicologicamente. Ele sai pela manhã e regressa alta noite do trabalho, após tradicionalmente ter se encontrado com seus colegas em um bar. É muito malvisto no Japão aquele que, saindo da empresa, vai direto a sua casa.

Muito cedo, a criança se conscientiza da absoluta necessidade de atingir o mais alto grau da hierarquia das empresas. Seja para escapar da obediência absoluta que a grande empresa exige de um funcionário médio, seja para fugir da instabilidade dos que trabalham em empresas que se dedicam à subcontratação de serviços. Sob pressão familiar, a criança sabe que, durante muitos anos, deverá ser um perfeito estudante, do mais alto nível.

O sentido do esforço sistemático lhe será inculcado durante a escolarização. Historicamente, isso surge com a ascensão da Dinastia Meiji nos fins do século XVIII, quando, desaparecida as castas, os samurais, para sobreviverem, acudiam às novas universidades abertas a todos aqueles à procura de ascensão social pela posse do diploma. Isso marcou a consciência coletiva japonesa, e igualmente a tradição de que o universitário japonês deva sacrificar-se para honrar o nome da família, ser um vitorioso.

Nesse contexto, o jovem japonês com seis anos de idade enfrenta seu primeiro dia na escola, com ritmo de estudo intensivo.

De segunda a sexta-feira, a partir das 8h30, iniciam-se os cursos, discutindo-se o melhor emprego do tempo de estudo. Depois, o ensino propriamente dito, interrompido por dez minutos para recreação e menos de uma hora para a refeição, que se prolonga até as 15 horas. O resto do tempo é empregado em atividades extraescolares, como música, clube escolar.

A obsessão do sucesso

Um sistema que seria perfeito, na ausência da imposição da obsessão do sucesso, que leva as crianças a darem o máximo de si. Após completar dez anos de idade, o escolar é submetido a testes nos quais mil pontos é o máximo a atingir. Se obtiver 650 pontos, terá boas chances de ingressar em uma universidade de prestígio; senão, deverá sacrificar-se para atingir tal nível intelectual. Essa ameaça permanente que sobre ele pesa, com a universalização do ingresso nos colégios por concursos com número limitado de vagas, leva-o durante oito anos a frequentar escolas paralelas especializadas. São verdadeiros cursinhos de ingresso em ciclo colegial.

Os mais frequentados são os *Juku* (união de estudantes com o mesmo espírito). São escolas particulares, muito caras, totalmente independentes do sistema educativo oficial. Após a jornada escolar comum, diariamente se dedica o estudante a estudar mais lentamente, porém com mais rendimento. Trata-se de não decepcionar a família, que financia um cursinho muito caro e acompanha sua performance. No fim do dia, em sua casa, o escolar fica até as 23h preparando as lições e testes para o dia seguinte.

Após cada etapa escolar, recheada por uma série de concursos, os jovens estudantes frequentam, nas férias, os *Mogi-Shiken*, escolas que organizam exames simulados em plano regional. Para ingressar na universidade, os estudantes dispõem dos *Yobikô*, que é a escola dos reservistas da universidade. Inicialmente, essas escolas atendiam aos reprovados nos concursos, mas, pela inexistência de classes paralelas nos colégios, por razões médicas, os *Yobikô* organizam classes correspondentes a todos os níveis de ensino. Como os estudantes mais jovens frequentam os *Jukus*, os de segundo grau vão aos *Yobikô* à tarde, após as aulas comuns nas férias.

Encontram-se salas com 200 a 250 estudantes, que acompanham as matérias por circuitos internos de televisão, nas quais os professores implacáveis mantêm a reputação da escola. Os resultados dos exames simulados são fornecidos por um computador, permitindo ao estudante estar a par de sua situação. Conforme essa classificação é que se dá a escolha da universidade, sem definição de área de estudo. É comum um estudante candidatar-se na área de letras, direito e engenharia. O que conta é a probabilidade de sucesso.

Pressionado pela família e por um sistema implacável de seleção, o estudante japonês dá o máximo de si para ingressar em uma universidade famosa; caso contrário, fará parte dos 60% de rejeitados pelo vestibular.

No dia em que são publicados os resultados dos vestibulares da Universidade de Tóquio, a polícia intensifica a vigilância junto às vias férreas para impedir o suicídio de candidatos reprovados. Muitos se atiram sob os trens, resolvendo uma situação de angústia diante do fracasso e suas repercussões perante a família e a sociedade. Nos últimos dez anos, esses suicídios aumentaram. Fala-se de centenas de suicídios por ano. Os motivos são os mais banais: nota baixa obtida em um teste, retardamento escolar ou o fato de ter sofrido uma reprimenda exacerbada ao máximo pelo meio social mais amplo.

Pesquisas feitas no Japão sobre o suicídio infantojuvenil a partir de 1960 mostram que isso se dá não só devido ao fracasso escolar, mas também à diminuição da capacidade física, que induz à perda da vontade de agir.

Os japoneses se orgulham de possuir o quociente intelectual mais alto do mundo. Desde os primeiros anos escolares, a criança memoriza 1.850 ideogramas do alfabeto chinês e 94 do japonês.

Conformismo premiado

A procura da rentabilidade e eficiência é tal que uma criança que tenha alta capacidade de memorização é considerada boa aluna, enquanto outra que emergir se diferenciando do grupo é prejudicada na gincana dos diplomas. O conformismo é premiado, e o contrário é punido.

O jovem japonês não faz esforços físicos, não tem tempo para recreação, daí os médicos constatarem baixa estimulação muscular e baixa estimulação cerebral.

Em 1978, uma pesquisa da rede de TV NHK efetuada em mil escolas primárias mostrou que 90% das crianças não conseguem sentar em uma cadeira adequadamente. Muitos não conseguem cumprir um percurso regular a pé. Um grande número sofria dos rins e de hipertensão arterial. Perdendo alguns reflexos, muitos, ao cair, quebram os dentes, pois suas mãos não reagiram a tempo.

Em 1983, a violência contra professores aumentou 25% comparativamente a 1982. Calcula-se ter havido 1.500 ataques contra professores durante o ano letivo. Consequência de um sistema implacável que coloca a criança diante de duas alternativas: a violência para fora (agressão ao professor) ou o suicídio (autoagressão).

Deslocando a agressividade da guerra à competição econômica, a classe dominante japonesa investiu em escolarização, privilegiando a memorização e os mecanismos automáticos nos estudantes em lugar de uma ampla pesquisa básica.

Isso leva ao espírito de adaptação do que já existe fora do país, tornando o japonês um grande copiador de fórmulas, técnicas e procedimentos, o que no setor industrial se traduz por uma economia na área de pesquisas fundamentais.

Diante do fracasso do sistema escolar definido pelo domínio da violência entre crianças e adolescentes, os professores criticam a família japonesa que aceita e favorece o elitismo e as indústrias que privilegiam os diplomas. Acusam o Estado de uma volta ao hipernacionalismo de antes da Segunda Guerra, pressionando as escolas a reintroduzirem os cursos de civismo.

Uma universidade quis cortar o nó do sistema, tornando mais fáceis os exames vestibulares. A maioria dos estudantes preferiu aquelas que mantinham o padrão mais difícil, as mais renomadas.

A neurose do sucesso vai da escola às empresas. Assim, um instituto ministra cursos de agressividade a vendedores para torná-los mais eficientes, obedecendo à divisa: Obediente como um cão, inteligente como uma raposa, corajoso como um leão.

Contudo, o suicídio infantojuvenil de estudantes não é privilégio do Japão: a Alemanha Ocidental compartilha esse problema com ele.

Japão: a outra face do milagre (1)*

Nossas considerações abaixo têm como fonte os depoimentos de trabalhadores recolhidos por Kamata Satoshi e publicados pela editora francesa Maspero, sob o título *Japon: l'envers du miracle*.

Kamata Satoshi é nascido em 1938 em Hirosaki, no Norte do Japão. Desembarca em Tóquio em 1957, trabalha como aprendiz de torneiro mecânico, depois como operário em uma pequena gráfica. Adere ao sindicato que é criado em sua empresa, porém é demitido em 2 de novembro de 1958. Inscreve-se como aluno por correspondência na Universidade Waseda de Tóquio, obtendo diploma em literatura japonesa. Viaja por todo o Japão na qualidade de jornalista *freelancer*, escreve sobre a poluição, a indústria de guerra e os trabalhadores do campo, de onde se originou. Em 1972-3, emprega-se como trabalhador temporário na Toyota e publica o livro *Toyota, a indústria do desespero*.

Em uma outra obra, *Os traços dos passos de Guliver*, conta a história da cidade costeira de Kamahishi, que se desenvolveu com a vinda do truste japonês Nippon Steel; hoje, arruinada e irreversivelmente poluída. A Nippon Steel fechou a usina, o que não impediu de os detritos atingirem o mar.

Em *Japão: a outra face do milagre*, ele não pretende dar uma imagem exaustiva do Japão ou da classe operária japonesa, sua ideologia e seu sindicalismo. É mais uma coletânea de reportagens destinadas ao público japonês, que atestam um estado de espírito que reina no operariado japonês nos inícios da década de 1980.

Satoshi é um crítico do milagre japonês que fascina o mundo, sobretudo o patronato, que está à procura de uma receita: seja o consenso so-

---
* *Folha de S.Paulo*, 01/06/1984.

cial, o robô ou a sociedade dualista. É com isso que ele sonha. Contudo, qual é o custo social desse sucesso? No que consiste, hoje em dia, o milagre do consenso?

São os trabalhadores japoneses que estão em melhores condições de dizê-lo. Fundado em pesquisas sobre a condição operária, Satoshi coloca as coisas em seus devidos lugares: no Japão se assiste à superexploração dos trabalhadores, aos pedidos de demissão sob pressão, falências e desemprego, que revolucionam o cotidiano do trabalhador. De forma difusa, é todo um sistema que é colocado em causa por intermédio das lutas da base operária.

Assim, Satoshi analisa a situação dos estaleiros navais, símbolo da competitividade japonesa, assiste ao fechamento de usinas, demissões em massa e decapitação de regiões inteiras, enquanto os trabalhadores denunciam a superprodução.

Mostra como na área das pequenas empresas se multiplicam as falências; em alguns casos, os trabalhadores ocupam as usinas e assumem a produção sustentados por seus colegas de região.

Enquanto isso, Satoshi mostra a situação do trabalhador na indústria florestal, atingido pela doença das vibrações, causada pelo uso de motosserra, a luta dele para que essa doença seja reconhecida como doença profissional. É o processo de modernização sem mudança, sob a égide do capitalismo, que é colocado em discussão.

Sua obra é um testemunho vivo do cotidiano do trabalhador no Japão. É o primeiro documento que conta o outro lado do milagre: seu preço em sangue e humilhações, que o tornou possível; testemunha um fato totalmente desconhecido no Ocidente: o surgimento de um sindicalismo japonês radicalmente anticapitalista.

Satoshi mostra como um Japão devastado pela Segunda Guerra inunda o mundo com seus automóveis e equipamentos eletrônicos, passa pela crise mundial a uma taxa de crescimento de 6% anuais. Um país que aparentemente não possui conflitos internos, uma ilha tranquila no mar da crise.

É que a sociedade e o capitalismo japonês, além de produzirem objetos, produzem o consenso, fato reconhecido pelo Conselho Nacional do Patronato Francês, em que a explicação essencial das performances japonesas se funda em sua política de participação de pessoal, generalizada após vinte anos, sem igual no mundo. Os administradores da França capitalista vão ao Japão receber lições.

A integração do trabalhador no esquema da empresa capitalista japonesa se dá por meio de práticas cotidianas. É o caso dos operários da Matsushita, que diariamente, após a ginástica matinal na empresa, assistem ao hasteamento da bandeira nacional com fanfarras tocando em louvor ao chefe hierárquico, que aproveita a ocasião para definir as finalidades da empresa. Diariamente, os operários cantam esse hino:

Para construir um novo Japão
Trabalhe muito, trabalhe muito
Aumentemos nossa produção
Nós, à frente de todas as nações
Sem trégua, sem repouso
Como um cristal
brilha nossa indústria.
Sinceridade e harmonia
eis Matsushita Eletric.

O "participacionismo" no Japão se funda na prática dos CCQs (Círculos de Controle de Qualidade), o movimento de feitios zero e os comitês de cogestão em cada empresa. O trabalhador japonês, quando doente, solicita suas férias para que a empresa não perca dinheiro, faz horas extras gratuitamente para ajudar *seu* país a vencer a guerra econômica. Trabalha em uma empresa que o manipula por meio de um sistema de comunicação que ressalta as motivações psicológicas. Integra-o no contexto de uma empresa entendida como família. É a receita japonesa ao capitalismo ocidental.

Por sua vez, a sociedade japonesa não é tão aberta como querem mostrar os adeptos do milagre. Lá vivem oitocentos mil coreanos que são discriminados pelos japoneses, como o são os turcos pelos alemães e os argelinos e tunisianos pelos franceses.

O Japão possui três milhões de homens e mulheres que, embora fisicamente não se distinguam do japonês médio, estão fora das castas: são os *burakumin* ou *eta*.

Esse grupo teme ser identificado, tanto mais que uma caça às bruxas se organizou nos últimos anos com a venda de um anuário adquirido pelas grandes empresas japonesas – fundado em um paciente trabalho de detetives particulares – para a prática discriminatória no momento de empregar a mão de obra.

Quanto aos trabalhadores doentes, Francis Ginsbourger, em seu artigo "Viagem ao país do consenso social", publicado no *Les Temps Modernes* em fevereiro de 1981, traz o testemunho de um operário da Toyota:

> É um escândalo. Os operários da Toyota, quando não podem trabalhar, pedem suas férias, pois, se forem declarados doentes, perderão muito dinheiro. Os três primeiros dias não são indenizados. Os restantes são pagos à razão de 80% do salário-base. Isso exclui os prêmios, horas extras e bônus, que, em seu conjunto, representam 40% do salário médio de um trabalhador. As pessoas preferem pedir férias que receber indenizações ridículas ou passarem por simuladores de doenças.

Muitos atribuem o milagre japonês à pesquisa, inovação, informática e aos robôs. Os laudatores do milagre japonês, na realidade, passaram dias, poderiam ter passado meses ou anos no Japão, na redação dos grandes diários, nos grandes hotéis, nas grandes empresas selecionadas pelas necessidades da causa, em contato com intérpretes e administradoras devidamente ocidentalizados.

Japão: a outra face do milagre (2)[*]

Quanto aos trabalhadores que adoecem, Francis Ginsbourger, em seu artigo "Viagem ao país do consenso social", publicado na revista francesa *Les Temps Modernes*, de fevereiro de 1981, relata o testemunho de um trabalhador da indústria Toyota:

> É um escândalo. Os operários da Toyota, quando não podem trabalhar, pedem suas férias, pois se forem declarados doentes, perderão muito dinheiro. Os três primeiros dias de afastamento não são indenizados. Os restantes são pagos à razão de 80% do salário-base. Isso exclui os prêmios, horas extras e bônus no seu cômputo. Representam somente 40% do salário médio de um trabalhador. As pessoas preferem pedir férias que receber indenizações ridículas ou passarem por simuladores de doenças.

---

[*] *Folha de S.Paulo*, 11/06/1984.

Isso coexiste com um esforço fundado na modernização sem mudança, conservando relações de exploração de trabalho, atingindo, porém, setores limitados do aparato industrial. Ilhas subdesenvolvidas emergem de uma paisagem próxima a um país do chamado Terceiro Mundo. Todo esforço, dirigido aos setores de ponta, foi fruto de riquezas produzidas no país em sua totalidade sob a dominação incontestável dos Estados Unidos no plano político, durante o período da decolagem. Hoje o Japão enfrenta problemas como baixo poder aquisitivo e de nível de emprego. Bastião do Ocidente sob Mac Arthur, de já muito a classe empresarial japonesa limita o direito de greve, elimina sistematicamente o sindicalismo de oposição e promove uma verdadeira caça às bruxas, reforçando o conservadorismo nacional que une o tradicionalismo dos costumes à lógica da reprodução do capital, em uma unidade de ferro.

As indústrias de ponta escolhidas para a decolagem foram inicialmente a têxtil, depois a metalúrgica e atualmente a eletrônica, todas integradas. Atualmente, vinte monopólios funcionam oligopolisticamente, são os *zaibatsu*.

Os sindicatos da Sohyo, de orientação socialista, assistiram ao surgimento do sindicalismo por empresa, técnica usada pelo patronato para esvaziar o sindicalismo reivindicativo, que o Ministério do Trabalho quer implantar no Brasil. Tal sindicalismo facilita a cooptação de líderes pelo patronato. No Japão, esse processo foi acompanhado pela institucionalização dos chamados pequenos grupos de base e os métodos científicos de origem norte-americana.

Desenvolveu-se uma estrutura dualista: um setor industrial altamente produtivo e concentrado de um lado, um sem-número de pequenas e médias empresas, com trabalhadores temporários diaristas e *dekassegi* – trabalhadores rurais que deixam o campo rumo à cidade no período das entressafras. Somente um terço da mão de obra ativa tem emprego estável pela vida toda.

A economia dualista funciona dessa forma: por exemplo, a empresa Sujitsu Fanuc possui a usina mais automatizada do mundo, fabrica robôs, utilizando setecentas pessoas, e possui uma máquina automática de controle de qualidade de circuitos impressos. A fabricação dessa máquina se consegue mediante a subcontratação junto a pequenas empresas, que utilizam a mão de obra barata de mulheres que trabalham em domicílio, no Japão ou na Coreia do Sul.

No Japão, o salário por hora, sem contar os prêmios, é 40% inferior em uma empresa com menos de cem assalariados em relação a uma empresa com mil assalariados. Os salários das mulheres na indústria eletrônica – elas constituem um quarto da mão de obra ativa – representam o equivalente a 64% do que cabe a um homem por um trabalho de tempo integral, 48% delas trabalham em tempo parcial ou em domicílio (Satoshi, *Sohyo News*, 1980).

A ambiguidade do consenso

As quarenta horas semanais de trabalho afetam o horário de trabalho hebdomadário de operários masculinos empregados por toda a vida nas grandes empresas, isso já em 1978. Globalmente, o horário médio de um trabalhador japonês é de 2.205 horas contra 1.717 na França, confirmado por um estudo comparativo de Hideo Ishida, no jornal *Revue Française de Gestion* (1980, s. p.).

É necessário considerar o que o salário médio do trabalhador japonês permite pagar, pois a mulher tem cada vez menos acesso ao trabalho. Esse salário permite pagar os estudos das crianças, aliás, muito caros. Considerando uma família média com dois filhos, um assalariado dispensa em educação 10% do salário durante sua existência, garante a subsistência da família e a manutenção da casa.

Um assalariado garante, também, a sobrevivência dos pais ou avós; 74% dos japoneses vivem com seus filhos ou parentes. O salário permite pagar o seguro, cadernetas de poupança, considerando que as taxas de poupança familiares são as mais altas do mundo capitalista. O trabalhador japonês tem de contar com essa poupança na medida em que não há um seguro social eficiente, nem conta com proteção social em caso de doença, acidentes ou aposentadoria.

Comparativamente ao trabalhador europeu, seja francês ou alemão, o japonês é superexplorado; em vinte anos, seu salário aumentou 14 vezes somente.

Os assalariados japoneses aceitaram certo modo de consumo com base na aquisição individual de bens de consumo corrente, em detrimento de equipamentos sociais. Aceitaram certa forma de segregação social, permitindo enormes disparidades entre homens e mulheres, jovens e velhos, trabalhadores estáveis e precários, verdadeiros japoneses e os não tão verdadeiros (*burakumin*). Os trabalhadores japoneses aceitam as horas extras, modulação salarial em função dos lucros da empresa. O capitalismo moderno elevou o nível médio do japonês, a alto custo social. Trabalhar intensamente é normal nesse país sem matérias-primas.

O barco e o ciclista

O milagre funcionou bem até 1962, embora se registrassem algumas explosões, como greves de mineiros em 1960, movimentos de contestação estudantil em 1968 e a luta contra o Tratado de Segurança Nipo-americano tivesse mobilizado o povo. Ao lado disso, apareceram problemas de habitação, poluição e queda da qualidade do nível de vida.

A elevação dos preços do petróleo leva a economia japonesa a uma crise profunda entre 1974-8, a qual ela supera por meio da extraordinária mobilidade do nível de emprego, isto é, dos trabalhadores. A reorganização do aparelho produtivo japonês da indústria metalúrgica e eletrônica se faz ao preço de uma desestabilização das relações sociais.

Japão: a outra face do milagre (3)*

Entre 1973 e 1975, o número de horas extras diminuiu de 18% para 11%, e, em empresas com mais de quinhentos assalariados, a semana de cinco dias atingiu, em 1978, 90% delas. O Estado garantindo "as condições gerais da produção" subvencionou as empresas no equivalente a dois salários mensais em 1975 para que elas conservassem seu pessoal subempregado. Empresas que contratam trabalhadores para a vida toda preferem estocá-los a demiti-los. Esse material humano implicou um custo de formação a elas. Nessa situação estão dois milhões de subempregados.

Em cinco anos, o número de trabalhadores contratados pela vida toda baixou em um milhão. São as primeiras vítimas do desemprego dissimulado. Ficam como desempregados temporários ou trabalham nas peque-

---

* *Folha de S.Paulo*, 02/07/1984.

nas empresas com salários iniciais abaixo da média. Esse semidesemprego é a forma adotada pelo subemprego no Japão.

Como todos os marginais no sistema produtivo, as mulheres conhecem igual destino: basta que trabalhem uma hora por semana para que sejam consideradas empregadas. Os jovens que conseguem penetrar no mercado de trabalho o fazem à custa de uma desclassificação radical: são os colarinhos cinza, cujos parentes financiaram os estudos universitários em instituições consideradas de segunda ou terceira qualidade e que se tornarão os futuros vendedores, policiais ou taxistas.

Precariedade de emprego, desclassificação, diminuição do poder de compra e subemprego em massa coexistem. É da tradição japonesa procurar uma solução a uma situação grave realizando um salto econômico para a frente e um social para trás.

Satoshi mostra outras consequências menos perceptíveis e menos imediatas da crise japonesa. O mercado interno é saturado – 95% das famílias japonesas têm TV em cores –, o poder de compra dos assalariados diminui, há alta dos preços das matérias-primas. Isso exige ênfase nas exportações, levando a tensões protecionistas da parte dos Estados Unidos e Europa, em contrapartida. Isso tudo constitui um risco à válvula de segurança exportadora. A conversão dos grupos dominantes da indústria japonesa ao ramo eletrônico pressupõe um crescimento massivo do mercado mundial que está longe de acontecer. Alia-se a um problema demográfico sério: prevê-se que a população japonesa que oscila entre 45 anos e 65 anos seja mais numerosa que a de 25 anos a 45 anos. O Japão está na situação do ciclista, segundo Satoshi, que deve pedalar como condição para manter o equilíbrio. O problema é se a bicicleta pode adaptar-se aos terrenos mais difíceis e ao cansaço do ciclista.

Kamata Satoshi retrata em sua obra três setores falidos. A indústria naval, antes vitoriosa e hoje reorganizada, é o protótipo dessa falência. Ela atinge técnicos, operários estáveis, temporários, pequenos empresários que alugam homens, cuja fortuna havia sido efêmera.

A segunda parte de sua obra descreve a luta encarniçada levada a efeito pelo grande patronato e pelo Estado do Japão contra empresas nas quais existe um sindicalismo combativo. A luta contra a resistência operária às falências planejadas, as tentativas de autogestão operária da produção nas pequenas e médias empresas metalúrgicas. Como no caso da empresa Okidenki, na qual se realizou uma caça às bruxas aos sindicalistas combativos, ao mesmo tempo que a empresa era reorganizada, iria dedicar-se ao ramo eletrônico.

A terceira parte da obra de Satoshi trata da indústria florestal. É um mundo desconhecido na cidade. A falência não é financeira, não são usinas que são abandonadas ou destruídas. A força produtiva são os homens com suas mãos e equipamentos de serrar árvores. A serra mecanoelétrica substituiu a manual; isso mudou a paisagem, as relações do homem com a natureza, e fez emergir a doença das vibrações, conhecida como *hakurobyo*, que provoca a paralisia dos dedos das mãos irreversivelmente.

Em 1979, a indústria de construção naval entrou em crise, o equipamento excedente virou sucata, cidades se transformaram em desertos. Há uma reorganização e tentativas de definir a aposentadoria dos operários aos sessenta, cinquenta e quarenta anos. Vinte mil pequenas e médias empresas desapareceram anualmente. Patrões utilizam a falência para regulação de pessoal, como abrir uma válvula no momento exato, rebaixando cada vez mais as condições de trabalho. É uma forma de o truste anular uma filial ou empresa de subcontratação na qual os salários são maiores, desembaraçar-se da seção sindical. Ao mesmo tempo, selecionar os readmitidos sem os direitos anteriores. A falência é organizada e planejada pelos trustes que funcionam como dirigentes de uma mão de obra em liquidação. Demitidos ou não, devido à falência, os trabalhadores se encontram desempregados.

Para quem conheceu o *boom* econômico, só ficou sofrimento, amargura e decepção.

Na indústria da construção naval que se desenvolveu após a guerra da Coreia, após a crise de Suez, até os primeiros anos da década de 1960, à geração que não conheceu o *boom*, isso pouco representou. Essa mão de obra veio do campo: eram pescadores, artesãos e camponeses que atravessaram o mar rumo à metrópole (Honshu), a principal ilha do Japão. Operários recentemente integrados à produção se endividaram para construir uma casa, trabalharam muito. A crise submerge os belos projetos. Trabalhar duramente e aos cinquenta anos estar desempregado é o horizonte possível.

Após 1979, a economia japonesa reaquece, e o operário é a vítima dessa racionalização. Isso significa férias forçadas, falências, rotatividade da mão de obra, maior ritmo de trabalho e perda de conquistas sociais.

A crise implicou o surgimento de novos ramos industriais. Nesse momento, a depuração nos sindicatos de oposição é necessária para impor a racionalização. Na empresa eletrônica Okidenki, surgiram as demissões após vinte anos de estabilidade da mão de obra. A mão de obra reage criando sindicatos paralelos aos oficiais.

Hoje o capitalismo japonês se adapta ao computador, surgem as demissões coletivas. Surgem também os sindicatos colaboracionistas, os *goiokiumiai* (pelegos) que fiscalizam o trabalhador. A adaptabilidade do capitalismo no Japão está vinculada às falências planejadas, dispensas programadas. Nessa direção operam as ações seletivas dos bancos e a estrutura conglomerada das grandes empresas.

Os trabalhadores respondem ao sindicalismo desorganizador de empresa com a criação de um sindicalismo novo de oposição, fundado na noção de unidade, consciência de classe e solidariedade.

É a história do ressurgimento dessa consciência de classe que constitui a razão do depoimento de Kamata Satoshi.

Ainda sobre Círculos de Controle de Qualidade (1)*

O presente artigo é resposta ao de Osvaldo Peralva, "Sobre o controle de qualidade" (*Folha de S.Paulo*, 1982c), com a intenção de esclarecer aspectos de meu artigo "Controle de qualidade ou do trabalhador?" (*Folha de S.Paulo*, 1982b) e fornecendo subsídios para que a opinião pública julgue as posições a respeito dos CCQs.

É claro que a posição que norteou meu artigo sobre o assunto e fundamenta o presente é a de defesa do trabalhador diante das manipulações patronais que utilizam os departamentos de recursos humanos das empresas, formados por psicólogos, sociólogos, para empulhar a mão de obra, procurando criar o escravo contente e autoassumido.

Feito esse esclarecimento preliminar, segundo o qual os CCQs só podem ser vistos por duas óticas – do patrão e do empregado –, entremos no assunto.

O primeiro tema da resposta do sr. Osvaldo Peralva se refere ao fato de ter situado o sindicato de empresa base do sindicalismo japonês, que ele qualifica como correta. Contudo, faltou acentuar que o sindicalismo

---

* *Folha de S.Paulo*, 27/07/1982.

de empresa sobre o capitalismo não constitui traço específico do Japão. Na forma de *shop-stewards* (delegados sindicais), ele funciona na Inglaterra e na Suécia na forma de clubes de fábricas, na Holanda sob a forma de homens de contato (sindicato-empresa); com o sindicato de empresa japonês apresentam características comuns. Conduzem suas ações segundo uma ideologia de harmonia social e colaboração de classes, não aceitam a noção de existência e legitimidade do conflito social, isto é, de interesses diferenciados conforme as classes.

O sr. Osvaldo Peralva menciona o emprego vitalício como uma particularidade do capitalismo japonês, no que está certo. No entanto, é necessário ressaltar que ele só é adotado nas grandes empresas que abrangem de 30% a 40% da mão de obra ativa, beneficiando-se de situações oligopolísticas. O sistema do emprego vitalício é possível na medida em que paralelamente existe um sistema de subcontratação para amortecer as flutuações sazonais dos negócios em períodos de recessão. As pequenas firmas, que oferecem emprego à maioria da mão de obra industrial, há muito pouco tempo não trabalhavam com operários sindicalizados. A sindicalização se restringia aos operários das grandes firmas. Os subcontratados em períodos de crise são despedidos, recebem salários mais baixos que a média, não têm benefícios sociais indiretos. Constituem os "baianos" do sistema, são companheiros dos trabalhadores coreanos. Esses são fortemente discriminados e até há pouco tempo estavam impedidos de casar-se com japonesas.

O sistema de contratação permanente é o sistema *joyo*, que requer, para funcionar, operários estranhos a esse sistema, que compreende os operários sazonais, os operários fora da empresa e os contratados e dirigidos pelas firmas subcontratantes. Em certas usinas da Nippon Steel, porém, o pessoal de empreitada perfaz 63% do total. O sistema generaliza o recrutamento a partir da escola, aprendizagem na empresa, lealdade a ela e contrato permanente.

O capitalismo japonês estabeleceu profunda vinculação entre o sistema escolar e a empresa. O formado por universidade de alto nível trabalhará em empresa de alto, médio ou baixo nível e assim por diante. Ocorre que a empresa de alto nível remunera melhor, daí a extrema ansiedade nos exames vestibulares para ingressar em escolas de alto nível, o que explica o grande número de suicídios que ocorre nas épocas de divulgação dos resultados dos exames vestibulares.

Concordamos com Osvaldo Peralva de que o Japão se tornou a segunda potência econômica do mundo, porém, salientamos que isso não tirou dos trabalhadores assalariados sua condição de dependentes. Na média, eles não ganham nem muito mal nem muito bem. O salário médio no Japão é baixo, daí a importância dos benefícios indiretos (moradia ou carro). A trajetória do trabalhador assalariado no Japão se inicia ao ingressar na empresa com piso salarial baixo, e que sobe pouco a pouco; quando está perto da aposentadoria, cai a curva salarial. Até 1980, a idade-limite para aposentadoria era 56 anos; a partir de 1981, estendeu-se para sessenta anos. Aposentando-se, ele recebe sete salários, pois não há nenhum esquema de aposentadoria permanente.

O esquema de moradia tem aspectos bem específicos. O trabalhador entra para o internato de solteiro até os 16 anos, ocupando-o até os 26 anos. Ao casar, passa para o internato de casado; aos quarenta anos procura comprar sua casa e sair do internato. O interessante é ver que o sistema de internato torna a empresa uma instituição total. O assalariado não tem privacidade, não há separação entre os aspectos público e privado na vida dele. A empresa deixa de ser *um* mundo para ser *o* mundo, e o assalariado, seu "colonizado". Se não conseguir ter casa própria, como o salário desce ao aproximar-se da aposentadoria, ele procura asilo na casa do grupo familial, daí muitas casas se tornarem verdadeiros asilos de velhos.

Segundo o sr. Osvaldo Peralva, é inacreditável aceitar que os trabalhadores japoneses cumpram jornadas de setenta horas semanais. Quando escrevi isso, estava contando, além das 41 horas semanais normais, outras atividades que os operários cumprem. Assim, à tarde, após o expediente, existe a meditação, em que o grupo de trabalho se reúne para pensar e cultuar a transcendência da mente, tendo como objetivo a solução de problemas da empresa. Não recebe horas extras.

Nós tivemos ocasião de presenciar dois grupos que estavam preparando um trabalho para ser apresentado. Era o pessoal que tinha entrado cinco horas antes do início de sua jornada de trabalho, sem ganho salarial adicional nenhum ("Semana da Siderurgia Japonesa/Cosipa", s. d., p.12).

Estatisticamente, é sabido que o trabalhador japonês dedica 80% de seu tempo à empresa, 15% aos colegas de trabalho com quem bebe após o fim da jornada diária e 5% do tempo restante à família. Além de ele estar inteiramente vinculado à empresa, devendo participar de todos os seus programas, como clubes, frequentar restaurantes em que os filhos e a esposa podem almoçar com o marido na empresa. Considera-se que, fora do expediente normal, existem ainda as horas diárias de ginástica em grupo, a atividade dos GPs (Grupos Pensantes) e dos CCQs. No intervalo de almoço, é comum ver na usina o pessoal praticando beisebol simulado: sem taco, nem bola, mas correndo em volta da usina ("Semana da Siderurgia Japonesa/Cosipa", s. d., p.10).

Ainda sobre os Círculos de Controle de Qualidade (2)*

O sr. Osvaldo Peralva acentua a crescente produtividade como causa do *boom* japonês e o fato de o Japão, com metade da população dos Estados Unidos, formar mais engenheiros que este país. Essa crescente produtividade deve estar associada à decisiva contribuição do trabalhador; sem isso, não haveria milagre japonês algum. Quanto à formação de engenheiros, salta aos olhos que todas as crianças no Japão não nasceram para isso, são formadas para tal, o que mostra apenas o alto nível de vinculação da escola com a empresa na formação da mão de obra de que o sistema necessita.

Segundo o sr. Osvaldo Peralva, em 1962, criaram-se CCQs espontaneamente. Duvido muito disso.

Questionários distribuídos entre os CCQs no Japão entre novembro de 1966 e fevereiro de 1967, em um total de 530 respostas, constataram que 44,9% das pessoas atribuem à direção dministrativa a iniciativa da formação dos CCQs; 33,4%, a sugestão dos executivos; só 20,9% atribuem origem espontânea aos CCQs ("Japan Quality Control Circles", 1972, p.8).

É sabido historicamente que os GPs formam a base sob a qual se desenvolveram, depois, os CCQs. Qual é a finalidade que perseguiam?

> O propósito das atividades dos GPs, baseados nos conceitos de voluntariedade e igualdade do participante, é o de conseguir alcançar ideias originais dos indivíduos-membros (trabalhadores) e compensar a fraqueza do sistema organizacional vitalizando-o ("Manual de atividades dos Grupos Pensantes", s. d., p.6).

---

* *Folha de S.Paulo*, 28/07/1982.

Em outras palavras, vitalizar a empresa capitalista lucrativa tal qual é. A respeito da espontaneidade dos grupos, o "Manual de atividades dos Grupos Pensantes" (s. d., p.6) adverte:

> Seria mais embaraçoso se os membros do GP tivessem carta branca. Para facilitar o andamento apropriado dos GPs, portanto, os superiores devem ser solicitados a oferecer orientação e apoio.

Os resultados do trabalho do grupo devem ter a "forma de um relatório a ser apresentado ao superior" ("Manual de atividades dos Grupos Pensantes", s. d., p.6), ele deve ser consultado no decorrer das atividades; deve-se pedir sua presença nas reuniões para sugestões e conselhos. Na reunião de apresentação, o superior deve estar presente para comentar os resultados das atividades.

No Brasil, deu-se a mesma coisa. A introdução do CCQ aconteceu quando o sr. Oleg Gresher, da Johnson & Johnson, em conjunto com a direção da empresa, viu e acreditou nesse acontecimento no Japão e, pela primeira vez, o introduziu no Brasil (Hayasu. s. d., p.4).

Que a participação operária nos CCQs não é espontânea como muitos ideólogos patronais querem fazer passar é mostrado pelo introdutor dessa prática no Brasil, Oleg Gresher, que cita o fato de "muitas indústrias japonesas obrigarem os funcionários novos a passarem pelo curso de controle de qualidade e curso em processo nos primeiros cinco meses" (Gresher, s. d., p.5).

Reafirmo: considero os CCQs instrumentos de superexploração do trabalho fabril, por meio de sua "ideologização", na medida em que o controle de qualidade oferece alternativas ao trabalhador e foge ao controle estrito de cronometria.

Fundado nas teorias de motivação de Herzberg, Maslow e McGregor, o empresariado, pelos departamentos de recursos humanos, procura impor um dos mais arrojados tipos de escravidão. Cansado de explorar o corpo produtivo do operário, volta-se para a exploração da mente produtiva da mão de obra, e isso a baixíssimo custo. Para isso, necessita de um departamento de recursos humanos que saiba manejar a teoria da motivação, a procura da autorrealização e trabalho criativo que cada operário possui, utilizando-as a serviço do lucro patronal.

Conta um relator, na Semana Japonesa da Cosipa, que, em Mizushima, esses grupos (CCQs) totalizavam 1.324, em 1979. Envolveram quase 90% do pessoal. Desenvolveram quase 2.500 temas (fundados nos problemas da usina), o que deu uma média de dois temas a cada grupo no ano. Isso gerou cerca de 87.500 ações, que foram executadas no campo da economia de energia, economia de materiais, reforma de instalações, rendimentos de produção. Toda essa atividade deu um ganho para a empresa de três bilhões de cruzeiros em 1979, ao nível da moeda de julho de 1980 ("Semana da Siderurgia Japonesa/Cosipa", s. d., p.12). Só que o relator esqueceu uma particularidade: o que ganhou o trabalhador com isso?

Nos Estados Unidos, em 1977, a empresa Lockeed declarou ter economizado quatro milhões de dólares com os CCQs; em outra empresa, reduziu-se o processo de moldagem plástica de cinco para duas etapas, com uma economia anual de 160 mil dólares; em uma firma de processamento e controle de documentos, graças às recomendações do CCQ, conseguiu uma economia anual de 41 mil dólares.

Uma pesquisa do Sindicato de Cientistas e Engenheiros Japoneses revela que, em 276 fábricas, a média de custos gravados pelos CCQs foi de 2,5 milhões de ienes por fábrica, enquanto a média de benefícios obtidos foi de duzentos milhões de ienes por fábrica, ou seja, uma relação custo–benefício de quase oitenta para um! (Reis, 1981, p.22).

No Brasil, o que ocorre? Aos membros dos CCQs não oferecemos remuneração, mas ensinamos a pescar peixe, aproveitar ideias e iniciativas. Isso redundou para a companhia (Johnson & Johnson) 110 mil horas contribuídas gratuitamente que, à razão (cálculo baixo) de vinte cruzeiros a hora, totalizam 2,2 milhões ("Relatório de atividades da Johnson & Johnson", s. d., p.21).

Na empresa no Brasil, os operários cumprem funções específicas devido à divisão de trabalho, dentro dos grupos de CCQ, cumprem funções de tapa-buracos. Há uma empresa no Rio de Janeiro que formou os Escoteiros da Qualidade, uniformizados com roupas de cor diferente do operário comum, que se sentem superiores à média de operários e denunciam à direção o que a seus olhos constitui uma falha.

Em uma empresa na área eletrônica no Brasil, o pessoal de CCQs usa medalhas, ganha elogios da diretoria. Quem se negar a participar é demitido; quem entra não pode sair. O CCQ do grupo de bobinas e transformadores, mediante suas sugestões, deu um lucro líquido à firma de

120 mil dólares em noventa dias. O que ganhou em troca? Elogios no prontuário.

Concorda o sr. Osvaldo Peralva que o fato de alguns operários tentarem "desvirtuar" o movimento, procurando utilizá-lo para lucros rápidos, levou outros operários a se oporem aos CCQs, vistos como tentativa de controle de cima. A formação dos CCQs não configura uma tentativa de controle de cima, é o próprio controle vertical, burocrático e patronal no qual o supervisor é a peça-chave, apoiado pela alta administração. Assim, "o primeiro passo para a introdução de CCQs em uma empresa é dado pela alta administração ao oferecer treinamento em análise de problemas de qualidade a sua força de trabalho" (Reis, 1981, p.18). Isso é reafirmado pelo introdutor de CCQs no Brasil, Oleg Gresher: "Uma das condições de sucesso do CCQ é apoio vertical de cima para baixo e demonstração de confiança no pessoal" ("Relatório de atividades da Johnson & Johnson", s. d., p.2).

Os CCQs são uma técnica de empulhação do trabalhador visando ao aumento da produtividade à custa da manipulação psicológica, ao controle de qualidade com a finalidade maior e à redução de custos para o empresário. O trabalhador, o que ganha com isso?

Como disse, embora se denominem Círculos de Controle de Qualidade, em uma pesquisa efetuada entre eles se verificou que 44% deles se preocupam com redução de custos, 30%, com melhora da qualidade e 3%, com segurança. Deveriam chamar-se Círculos de Redução de Custos.

O trabalhador, em troca desse esforço produtivo no Brasil, ganha medalhas, chaveiros, bonés, distintivos, participa de disputas de taças.

Na Johnson & Johnson, os CCQs têm nomes que induzem a trabalhar mais, como: Luís Pasteur, King Kong, Jorge Amado e Rui Barbosa.

Finalmente, concordo com a observação do sr. Osvaldo Peralva: "Se o CCQ é aceitável ou não para os operários brasileiros é questão a ser estudada e decidida por eles". Isso seria válido em um país em que os trabalhadores fossem consultados antes da implantação de sistemas e medidas novas, o que não é nosso caso. Veja-se o "pacote" da Previdência Social, no qual os últimos serão os primeiros – os assalariados, últimos na escala social, são os primeiros a pagar. Daí a razão desses artigos: provocar o debate no meio sindical, no seio dos partidos políticos que se dizem compromissados com o trabalhador e no interior das fábricas, a respeito de quem ganha e quem paga com a implantação dos CCQs. A quem beneficiam? A quem prejudicam? Essa é que é a questão.

Uruguai sem anestesia*

O Uruguai do legendário Artigas é hoje uma Treblinka latino-americana, concluímos após ter feito a leitura do livro de J. Victor, *Confissões de um ex-torturador* (1980). O livro é fundado nas revelações do ex-soldado uruguaio Hugo Walter Garcia Rivas, que prestou serviços como fotógrafo da Contrainformação do Departamento 2 do Estado-Maior do exército. O texto resultou de declarações suas prestadas perante o presidente da OAB (Ordem dos Advogados do Brasil), Seabra Fagundes, o secretário da OAB de São Paulo, Márcio Tomás Bastos, e Iberê Bandeira de Mello, representante da Associação dos Advogados Latino-americanos pela Defesa dos Direitos Humanos.

Garcia Rivas relata o abismo entre o Uruguai legal da Constituição escrita e o real da prática social negadora do legal, a formação de uma Escola de Inteligência em que espionagem, tortura, sequestros, gravações telefônicas e seguir e fotografar pessoas são práticas cotidianas. Aduz esclarecimentos a respeito do sequestro do casal Lilian e Universindo, em Porto Alegre, entre 12 e 21 de novembro de 1978, como obra de militares uruguaios com cumplicidade da polícia gaúcha, confirmado pela sentença judicial condenatória proferida pelo juiz Moacir D. Rodrigues em 21 de julho de 1980. Infelizmente, o caso foi esquecido, pois não ocupa as manchetes dos jornais; nisso a sociedade civil brasileira pouco fez. Por algo parecido, invasão da embaixada da Venezuela e prisão da professora uruguaia Elena Quinteros, o presidente Campins rompeu relações com o Uruguai. A principal acusação a Lilian e Universindo era de terem entrado clandestinamente no Uruguai com armamento militar. Respondendo a pergunta sobre a imputação do casal apresentada anteriormente, feita pelo governo uruguaio, esclarece Garcia Rivas:

> Ah! Isso foi muito fácil. Tomaram várias armas da Companhia (de Contrainformação do Exército) e as fotografaram. Depois mandou isso ao juiz. Fui eu quem tirou essa foto. Colocaram uma metralhadora em uma mesa da Companhia, acho que argentina, uma pistola 45, dois ou três revólveres 38 e diversas munições. Tudo era material da Companhia. Eu o fotografei (Victor, 1980, p.45-6).

---

* *Folha de S.Paulo*, 17/03/1981.

Isso define bem o quadro da mentira oficial, em que mentira e poder andam juntos. Eis que a mentira, fruto das contradições sociais, torna-se hegemônica quando sistemas políticos regressivos se implantam por meio do controle da informação nas fábricas, colégios e universidades, sanções à imprensa, queima de livros e repressão a artistas que difundem a cultura popular. Malraux caracterizava nossa época como "o tempo do desprezo", em que crimes dos campos de concentração nazistas de Treblinka, Auschwitz e Buchenwald se repetem na América Latina, continente sofrido, porém não vencido. Fica claro que a crise do Estado Liberal clássico e a falta de alternativas populares como saída à crise que se dá em plano mundial levaram no Cone Sul à formação do eixo Chile–Argentina–Uruguai–Paraguai–Bolívia, nazismo "à moda da casa". Ingredientes desses Estados autoritários são o preconceito e a discriminação ideológica e política, que leva à morte do dissidente. Para formar homens que pratiquem os princípios do Estado de Segurança Nacional, criam-se seminários, cursos e escolas nos quais homens de princípios torturam, esfolam e matam, da mesma forma que sob o nazismo iguais homens de princípios criaram campos de concentração e fornos crematórios, nos quais imolavam os desviantes. O que importa notar é que, no Estado totalitário, o saber não serve meramente ao poder, há a noção de um tipo de saber como poder, como dominação. Sua prática leva ao universo concentracionário. Esse tipo de saber traz em si a danação.

Estruturas totalitárias como as existentes no Uruguai constituem o solo em que a delação e o sadismo florescem, onde se dá a regressão do homem civilizado à Idade da Pedra, pois sistemas políticos regressivos são acompanhados de regressões psíquicas. Constituem-se em solo privilegiado em que a delação é um canal de ascensão social para ressentidos, em que a agressividade reprimida pode impunemente ser exercida contra o inimigo interno, conforme relata Garcia Rivas: "Quando o sadismo começa? Quando a gente pensa: por que não colocar o fio elétrico em tal lugar para saber se é tão macho?" (Victor, 1980, p.56). A tortura uruguaia é supervisionada, qualquer movimento que possa denotar falta de firmeza do aluno leva à punição imediata:

> Um dia, após termos assistido a uma aula dessas – na Escola de Inteligência –, por não termos agido como eles queriam, por castigo, nos deram

uma aula de esgotos, que consistia em descer até os esgotos e percorrê-los. Era intransitável, muito desagradável (Victor, 1980, p.56-7).

À prepotência e ao sadismo se vincula a corrupção inerente ao poder absoluto. O ex-torturador Garcia Rivas denuncia a descoberta de uma rede de prostituição na qual "uma grande quantidade de delegados de polícia levava para a Europa garotas uruguaias" (Victor, 1980, p.81). Garcia Rivas relata como no Uruguai o roubo se constitui em atividade política dos agentes de Estado, os detidos são despojados de dinheiro, relógios, rádios ou aparelhos de televisão pelos agentes de segurança, com a maior tranquilidade, impunidade e boa consciência.

Nada escapa ao Estado uruguaio. Assim, a Comissão da OAB que foi a Montevidéu investigar o sequestro do casal Lilian-Universindo teve sua chegada, hora e número de voo de Porto Alegre a Montevidéu anotados pela Contrainformação uruguaia. Garcia Rivas revela que havia participado com outros companheiros da vigilância dos movimentos dos membros da OAB.

> Dos outros – uruguaios – que participaram do sequestro, nenhum apareceu nesse dia, com medo de serem reconhecidos. Um medo muito grande. Fomos ao aeroporto e do terraço fotografamos a Comissão. Era um grupo grande, de umas nove pessoas, porque, além dos advogados, vinham alguns jornalistas. Depois, vigiávamos do Palácio do Governo. Três de nós estávamos lá, no Salão Vermelho, no segundo andar. No primeiro andar fica o presidente. Tínhamos binóculos para ver quando eles saíam do *hall* do hotel e então comunicávamos por rádio ao outro pessoal que estava na praça ou nas ruas laterais do Victoria Plaza: estes se encarregavam de segui-los. Completando o trabalho, viajou a Porto Alegre o sargento Miguel Rodriguez, braço direito do Capitão Ferro (da Contrainformação), acompanhado de uma telefonista, para infiltrar-se na casa do dr. Ferri (Victor, 1980, p.49-50).

Note-se que o dr. Omar Ferri foi o advogado do casal Lilian-Universindo, sequestrado em Porto Alegre.

Confissões de um ex-torturador é o resultado do remorso de uma estada no inferno e da denúncia dele pelo ex-soldado uruguaio Garcia Rivas. Parafraseando o Rei Lear, "é uma desgraça de nossa época que loucos dirijam cegos". Garcia Rivas nos dá um quadro sem retoques de um país que um dia foi a Suíça da América Latina. Ironicamente, hoje sua prisão maior se chama Libertad e seus ditadores pretenderam legitimar-se por um plebiscito popular, colhendo uma maioria de "Não" às suas pretensões de dominar em nome do povo. Restou o recurso ao futebol para legitimar a tirania; a conquista da Copa pelos uruguaios teve esse significado. A opinião pública, porém, exige mais que espetáculo, circo e futebol; exige o respeito aos Direitos Humanos, sem o qual nenhuma sociedade pode substituir muito tempo, nos dias que correm.

Um povo que resiste[*]

Com seiscentos candidatos excluídos do processo eleitoral, fechamento do semanário *Opcion*, 1.500 presos políticos e 150 "desaparecidos", realizam-se as eleições internas no Uruguai. Concorrem os três partidos consentidos pelas forças armadas: Partido Colorado, Partido Nacional (Blanco) e União Cívica. Dessa eleição sairão os membros que integrarão as convenções partidárias responsáveis pela indicação das futuras direções de cada um dos partidos. As listas eleitorais são encabeçadas por candidatos que são diretores de grandes bancos, industriais, estancieiros e ex-chefes de polícia.

Essas listas não contêm operários, professores, enfermeiros, bancários ou quaisquer assalariados.

A eleição interna implica a institucionalização da proscrição dos principais líderes com audiência popular e de quaisquer tendências da esquerda. Daí os excluídos desenvolverem a campanha pelo voto em branco, como expressão de repúdio à ditadura.

O voto em branco na atual conjuntura uruguaia significa um *não* a um Estado fundado na Doutrina da Segurança Nacional, que além de negar os Direitos Humanos básicos por meio da Lei n. 15.137, criou um sindicalismo atrelado ao Estado por intermédio de sindicatos por empresa, controlando e dividindo o movimento operário.

Esse voto em branco significa um *não* a um modelo econômico fundado no liberalismo de Milton Friedmann, cuja efetivação significa desemprego, miséria ou emigração para o trabalhador. Sua realização pressupõe a ditadura militar e o arrocho salarial.

---

[*] *Folha de S.Paulo*, 27/11/1982.

O modelo econômico imposto pela ditadura uruguaia paralisou 95% da construção civil, levou 90% das empresas de borracha a fecharem suas portas, gerou uma taxa de 25% de desemprego entre a população ativa, levou à emigração de setecentas mil pessoas em um país de menos de três milhões de habitantes.

Esse modelo perverso institui um salário mínimo de 1.851 pesos, quando uma casa com dois cômodos na periferia de Montevidéu tem um aluguel mensal de 3.500 pesos. Efetivou uma política salarial em que 80% dos assalariados recebem no máximo até cinco mil pesos; para se viver com um mínimo de decência, precisa-se ganhar 12 mil pesos mensais. A política antissocial das forças armadas uruguaias instituiu um desconto mensal que incide sobre o salário de 1% a 3% mensais, dependendo da faixa salarial. Descontam-se mensalmente 3% a título de assistência médica, excluídos os dependentes, além de 10% do salário a título de aposentadoria, que se dá aos sessenta anos, desde que o cidadão tenha completado quarenta anos de trabalho contínuo.

As forças armadas controlam as eleições internas e ditam as regras do jogo, proibindo: crítica ao processo "cívico militar", à atual política econômica, reclamação em relação à abolição dos atos institucionais 4 e 7, insistência na divisão entre *si y no* do plebiscito de 1980 e menção do nome de dirigente político ou sindical proscrito.

Tais regras que legitimam a tutela militar sobre o Estado e a exclusão dos ideologicamente indesejáveis aos olhos das forças armadas são aceitas pelos Partido Colorado, Pela Pátria e Movimento Rocha. O voto em branco é a bandeira do Partido Por la Victoria del Pueblo e Patria Grande.

Pela campanha do voto em branco, procuram interferir em um processo do qual foram excluídos, razão pela qual esse voto se constitui no voto útil, o único autêntico, na medida em que candidatos que poderiam ser votados foram excluídos do pleito. O processo movido pelo governo contra três dirigentes da Juventude Nacionalista e a advertência aos partidos políticos consentidos mostram os limites da "abertura".

O voto em branco, neste contexto, não é abstenção ou colaboração. É simplesmente um *não* ao estatuto dos partidos, que consagrou os partidos tradicionais da oligarquia, que levou o país ao imobilismo, às proscrições coletivas e à ditadura.

Os tradicionais partidos uruguaios – Blanco e Colorado – foram sempre incapazes de mobilizar o povo. Hoje, participam de um suposto diálogo com as forças armadas em um clima dominado pelo medo e pela intimidação.

Especializaram-se em só convocar o povo às vésperas das eleições; indefinidos em seus programas políticos, pretendem a democracia política sem o povo.

Aceitando o cronograma imposto pelas forças armadas, esses partidos mantêm no isolamento outras tendências políticas e reduzem a classe operária à ilegalidade. Sua maior preocupação é como organizar suas cooperativas eleitorais. Esforçam-se por interessar os trabalhadores com mudanças que jamais farão. Predominam, na realidade, a política paroquial, os pactos eleitorais e as ambições com vistas às eleições nacionais de 1984.

Eles são os responsáveis pela ditadura militar implantada em 1973, que usa, para efeitos demagógicos, o discurso "eles não voltarão". Na realidade, ela quer dizer ao povo: "Deixar o poder, jamais!".

A campanha pelo voto em branco é parte da luta dos assalariados uruguaios contra um sistema que produz mais miséria, desemprego, repressão e emigração.

O voto em branco procura eliminar o confusionismo existente entre os partidos tradicionais, que confundem Estado de direito com Estado de direita, confundem mobilização popular autêntica com manipulação estatal do povo, participação real nos processos de decisão com incorporação ao poder dominante. Confusionismo que os uruguaios – e por que não também nós brasileiros? – devem eliminar.

A vitória do *não*, quando o povo foi consultado a respeito da nova Constituição em 1980, abalou os fundamentos morais de um regime ditatorial com sete anos de idade. O peso do voto em branco nessa consulta a que a ditadura se submete para "legitimar-se" aos olhos do povo poderá se converter em uma segunda pá de cal, em um regime que proclamou o terrorismo de Estado como o meio e o fim. Parece-me que, comparativamente aos militares uruguaios, o sr. Menachem Beguim pode tranquilamente posar de liberal. O que de forma alguma constitui um consolo. Vitorioso ou não, o voto em branco significará o repúdio à ditadura, aos assassinatos políticos nas prisões, o que é alguma coisa.

A vitória de Mitterrand na França*

Sem dúvida alguma, a vitória eleitoral de F. Mitterrand do Partido Socialista Francês representa um ponto positivo: é o alargamento do espaço no qual os movimentos populares reivindicatórios poderão expressar-se. Nesse sentido, sua vitória é uma conquista dos trabalhadores franceses.

É necessário, porém, alguns cuidados. Em primeiro lugar, as eleições parlamentares de junho ao Parlamento confirmarão, ou não, sua vitória; ele precisa de maioria parlamentar para governar. Pela primeira vez, a esquerda tradicional, isto é, o Partido Socialista Francês e o PCF (Partido Comunista Francês) estavam unidos. Graças à disciplina partidária do militante do PCF, Mitterrand obteve maioria.

A cisão da direita de Giscard e dos gaulistas, que possibilitou sua vitória de hoje nas eleições parlamentares de junho, poderá ser superada por uma recomposição. Chirac e Giscard aparecerão brevemente em público como aliados. No que se refere ao programa de governo do Partido Socialista Francês, é necessário salientar duas medidas: nacionalização dos bancos, estatização de algumas indústrias básicas, ao lado da diminuição da jornada de trabalho, e aumento salarial são as medidas centrais que figuram no programa e que deverão ser implementadas. Contudo, é necessário esclarecer que nem tudo o que reluz é ouro, e estatizar indústrias, sob o Estado capitalista, mesmo com Mitterrand no topo, não significa socializar, significa transformar o Estado em capitalista coletivo real.

É necessário ressaltar que a economia francesa é estruturalmente capitalista, articulada no Mercado Comum Europeu. Nesse tipo de economia, a função do Estado é distribuir a parte do trabalho não paga ao operário, que é apropriada pelo capitalista em seu conjunto, que assume as formas de empresa comercial, industrial, bancária ou fazenda. Estruturalmente, portanto, não há uma ruptura com o sistema capitalista de produção.

É sabido que o Partido Socialista Francês não concentra a maioria do operariado francês, partido de escriturários, pequenos comerciantes com alguma penetração entre os trabalhadores e industriais e procura realizar o sonho da classe média sem propriedade; a construção do socialismo por meio do Estado Capitalista e pela via parlamentar.

---

* *O São Paulo*, 23-28/05/1981.

O perigo é o trabalhador pensar que está no poder e não que elegeu alguém que fala em seu nome, e no poder terá de se compor com as várias frações da classe dominante francesa e com o PCF. A experiência de ministérios com primeiro-ministro socialista não é nova na França. Os gabinetes Mitterrand, Briand e Guy Mollet, em diferentes momentos da República Francesa, mostraram que a participação governamental do Partido Socialista Francês serviu para tingir de vermelho o capitalismo. Hoje, na fase crítica que atravessa, essa tinturaria é importante e os novos pintores que tingirão de vermelho a face do capitalismo francês têm nome: Partido Socialista Francês e PCF.

Vamos dar tempo ao tempo, e ele mostrará mais ainda que a vitória de Mitterrand pode significar um contraponto à vitória de Reagan e nos EUA, porém, não eliminará a necessidade de auto-organização da classe operária na luta por suas reivindicações econômico-sociais. Ao contrário, mostrará sua urgência, pois a libertação dos trabalhadores só pode ser obra dos próprios trabalhadores, organizados a partir de suas Comissões de Fábrica e não ser delegada a partidos, chefes que queiram representá-los ou defendê-los. Porque esses defensores da classe operária no poder dentro do Estado Capitalista levarão a classe operária a defender-se desses mesmos defensores e a apresentar-se por meio das Comissões de Fábrica em lugar de representar-se por deputados ou ministros, quaisquer que sejam eles.

Concluindo, a subida de Mitterrand é uma vitória dos trabalhadores na medida em que pode abrir espaço por onde suas lutas se escoarão e é também um alerta contra entusiasmos fáceis, provindos do oportunismo ou da ignorância política.

A morte de um homem[*]

Morreu o historiador Joaquim Barradas de Carvalho, e com ele morre um pedaço de nós. Barradas de Carvalho, exilado há 15 anos em Paris, onde fez sua real carreira universitária, bolsista do CNRS (Centre National

---

[*] *Folha de S.Paulo*, 14/07/1980.

de Recherche Scientifique), conquistou o maior título do ensino universitário francês, doutor de Estado.

Historiador, vinculado ao grupo fundado pelo pai da historiografia moderna francesa, Marc Bloch, o grupo da revista *Annales* trazia a preocupação premente do estudo das estruturas e das conjunturas socioeconômicas. Alia-se a isso seu compromisso político com o antissalazarismo.

Militante da história e historiador militante, Joaquim Barradas de Carvalho reuniu em si aquilo que Bergson dizia ser o nervo do intelectual: viver como homem de pensamento e pensar como homem de ação.

Professor na École dês Hautes Études, pesquisador do CNRS, viveu no Brasil entre 1964-8, tendo sido o primeiro titular da cadeira de História Ibérica do Departamento de História da USP (Universidade de São Paulo).

Veio, porém, ao Brasil em um momento crítico: no bojo da crise de 1968, em que, sob o Ato 5, ser intelectual se converteu em uma pecha. Daí ter sido convocado para responder a inquérito instaurado na USP, para detalhar sua atividade didática e científica, o que fez com paciência oriental, relatando minuciosamente sua prática pedagógica a leigos embasbacados que esgrimiam a razão do poder.

Após o término do curso na universidade, volta a Paris e, nesse ínterim, se desmorona a ditadura salazarista, substituída pelo interregno do general Espínola, o Napoleão peninsular.

Cheio de esperanças na redemocratização e efetividade da revolução portuguesa, volta a Lisboa; dedicando-se às fainas políticas, é eleito deputado.

No entanto, a revolução portuguesa ficou a meio-termo, não desmontou a máquina repressiva do salazarismo; ao contrário, deu-se a reconversão dos antigos funcionários da Pide em servidores da Nova Democracia. Como nenhum processo político se mantém no meio-termo, impossibilitada de realizar suas tarefas populares, a Revolução Portuguesa regrediu; uma recomposição civil-militar, amparada pelo Mercado Comum Europeu, pela social-democracia alemã e pela diplomacia norte-americana, instala-se no poder.

A reconversão de uma revolução de base popular em uma contrarrevolução conservadora se dá, emergindo Mário Soares como líder incontestado processo, como o pensamento atuante da social-democracia alemã no quadro português. Não era a primeira vez que a social-democracia havia fraudado as esperanças populares de renovação das estruturas; na própria Alemanha, em 1918 e em 1945, ele se converteu no fiador do conservantismo social e no reacionarismo político.

A social-democracia portuguesa não seria uma exceção à regra. Trabalhou celeremente na anulação das ações das bases urbanas e rurais, indiretamente auxiliada pelo sectarismo do PC (Partido Comunista) português, cujo líder biônico, Álvaro Cunhal, sentia dificuldades em adaptar-se aos novos tempos dos pós-stalinismo.

A chamada esquerda portuguesa, premida entre a social-democracia alicerçada nos marcos alemães e o PC português, querendo reviver o passado (stalinismo) no presente e o voluntarismo irracionalista do chamado Movimento de Reorganização do Proletariado, que radicalizava processos políticos sem ter elementos para sustentá-los posteriormente, só poderiam levar águas à recomposição conservadora.

É nesse quadro que decorre o drama pessoal e político de Barradas de Carvalho. Adepto da mudança social, sem, porém, referendar o totalitarismo stalinista: defensor da liberdade de organização e palavra sem pactuar com os conluios conservadores do chamado Partido Socialista de Mário Soares; crítico intransigente do radicalismo suicida e suspeito do então chamado Movimento de Organização do Proletariado, viu-se Barradas de Carvalho exilado pela segunda vez, desta vez, em sua própria terra.

Aprendeu na escola de um Braudel, Marc Bloch e Labrousse, fundadores dos *Annales*, o respeito à inteligência crítica, a afirmação fundamentada em fatos e documentos; não fazia concessões à demagogia social daqueles que, embora não se salientassem na luta contra a ditadura salazarista, aproveitaram-se de sua queda. São os arrivistas de todos os movimentos sociais, a escória humana que chega à tona dos movimentos populares quando estão em descenso, ocupando novos cargos burocráticos, em suma, os "termidorianos" de todas as revoluções.

Foi justamente esse processo do "termidor" revolucionário português, que se inicia com a escalada de Mário Soares ao poder e é complementado com o general Eanes, que marcou os limites da queda do salazarismo: caía um homem, não um regime. A democratização de cima para baixo, a reconversão dos funcionários do antigo regime a expoentes da Revolução dos Cravos legitimaram os novos patrões.

Os dilemas da Revolução Portuguesa, a tragédia de sua regressão, foram vividos por Barradas de Carvalho como dilemas e tragédia pessoal.

O organismo desse velho combatente das causas do homem e da liberdade e da igualdade não resistiu ao desencanto, e a morte o retirou do convívio dos homens.

Enquanto, porém, o homem alienado e oprimido por potências que ele não controla necessitar lutar para afirmar-se contra as alienações econômicas, políticas e sociais, terá por companheiro Barradas de Carvalho. Sobre sua retidão e coerência fala sua vida. Como Robespierre, ele nunca se atemorizou, nunca transigiu e não se corrompeu.

Parte III

Seção I

Bakunin à moda da casa*

A volta de Bakunin às primeiras páginas do noticiário jornalístico se deve ao fato de o presidente José Sarney, em resposta à formulação do sr. presidente da Fiesp (Federação das Indústrias do Estado de São Paulo), Mário Amato, quanto ao perigo da desobediência civil, ter dito que os dirigentes empresariais "passam a ser aliados daquela coisa do século passado que é aliado de Bakunin (o agitador russo, um dos ideológicos do anarquismo" (*Folha de S.Paulo*, 1987a).

Estamos em pleno teatro do absurdo. O presidente da Fiesp acusado de subverter a ordem por meio da desobediência civil, e esta vinculada ao anarquista – no sentido de baderneiro – Bakunin. Quem diria, o agitador russo do século XIX com cadeira cativa na Fiesp!

Há equívocos dos dois lados. O sr. presidente da Fiesp não tem como reclamar do Plano Cruzado; eis que, segundo o Dieese (Departamento Intersindical de Estatística e Estudos Socioeconômicos), os operários tiveram aumento médio de ganho em 5%; os assalariados do setor terciário, em 3%; e os empresários e comerciantes, em 24%.

Diferentemente desses, a corrente liderada por Karl Marx propunha, na transição do capitalismo ao socialismo, a constituição de um Estado

---

* *Folha de S.Paulo*, 13/01/1987.

transitório que tomaria a forma de ditadura do proletariado; a historiografia definiu essa postura nos termos de um socialismo autoritário.

Por último, por meio de Proudhon e Bakunin, chegava à Associação Internacional dos Trabalhadores a proposta de construção do socialismo pela autogestão social, econômica e política, realizada pelos trabalhadores; essa corrente foi denominada socialista libertária ou anarquista, denominando-se anarquismo a construção de uma sociedade sem Estado.

Toda vez que um grupo de trabalhadores se une para reivindicar algo diretamente, sem intermediários, está realizando a autogestão de suas lutas; quando os trabalhadores procuram gerir seus locais de trabalho, realizam a autogestão social.

Um modelo de sociedade sem Estado nos é dado por meio das pesquisas antropológicas de Pierre Clastres em sua obra *Sociedade sem estado*. O que importa esclarecer é que confundir anarquismo com baderna só pode ser fruto de desinformação ou de leituras equivocadas.

Mas os equívocos povoam todos os lados. O sr. Mário Amato pregou a desobediência civil só para os empresários. No dia seguinte, pregou a suspensão do gatilho que beneficiaria os assalariados.

Para concluir esse elenco de equívocos, o jornal *Folha de S.Paulo* noticiou em um de seus números a existência repentina de um autodenominado Movimento Anarquista Revolucionário, sediado em Brasília sob a sigla MAR. Sem dúvida essa sigla está mais para "Cabo Anselmo" que para qualquer outra coisa. É um *tape* de um filme já visto há mais de vinte anos. Já dizia um sábio alemão: a realidade se repete duas vezes: a primeira vez como realidade, a segunda, como farsa. Estamos na fase da farsa, porém esperamos que ela tenha curtíssima duração.

Quem pode controlar o Estado e a burocracia no Brasil[*]

Entrevista a Kleber de Almeida

Segundo os conceitos clássicos de burocracia, como é que o sr. classificaria a burocracia brasileira?

---

[*] *Jornal da Tarde*, 26/03/1988.

Há duas burocracias. Em primeiro lugar, é a burocracia de Estado que acompanha a formação e o crescimento do Estado brasileiro desde sua origem até hoje. O Estado se vale dessa burocracia para realizar alguns fins. Em outros termos, a burocracia estatal é um meio para realizações de programas políticos que detêm o poder do Estado. Essa é uma das funções centrais de uma burocracia de Estado em qualquer lugar do mundo. Outro aspecto da burocracia é a administração pública, o conjunto de cargos. Então se pode dizer, também, que em qualquer Estado, mesmo nos de partido único, a burocracia e os quadros da administração são preenchidos em função das necessidades do partido hegemônico. Toda a luta político-partidária, no fundo, é uma luta pelo direito de nomeação para os cargos públicos, independentemente da ideologia com que apareçam. Outra burocracia foi gerada pela industrialização e pelo capitalismo, que desenvolveram nas empresas privadas formas complexas de controle do trabalho e da produção em seus vários níveis e momentos. Tudo isso leva as empresas privadas a níveis de burocratização tão ou maior que muitas empresas públicas. Isso se entendermos como nível de burocratização um quadro administrativo grande e uma tramitação muito complexa de papéis, da base ao topo da empresa, para tomada de decisão.

O sr. acha que a concentração de poder facilita a expansão da burocracia e pode estimular a corrupção?

O presidencialismo, especialmente o brasileiro, concentra realmente grandes poderes na mão do presidente. O primeiro embaixador inglês no Brasil, logo que foi proclamada a República, Hand Bloch, escreveu um livro chamado *Sua Majestade, o presidente do Brasil*, criticando a alta concentração de poderes na mão do presidente do Executivo, do presidente da República. Mas, se, de um lado, a alta concentração de poderes na mão do presidente do Executivo, na mão de uma só pessoa, pode ser antissocial, por outro lado, é necessário notar que o parlamentarismo não é uma panaceia que resolve os problemas do país, mesmo os problemas de corrupção que são atribuídos somente à centralização. Veja bem, países com uma tradição parlamentarista como a Alemanha e a França têm problemas de corrupção seriíssimos e que coexistem com o parlamentarismo. Antes dessa discussão, sobre qual dos sistemas de governo é mais ou menos corrupto ou corruptível, é necessário discutir outra coisa mais séria: os mecanismos de controle públicos sobre instituições privadas que têm função pública e sobre as instituições públicas. Enquanto isso não for discutido, falar de sistemas de governo se reduz a uma discussão meramente literária.

O sr. acha que o bom funcionamento da máquina administrativa depende do sistema de governo?

A eficiência da máquina de Estado não vem do regime. Veja os Estados Unidos: até 1910, tinham uma, quando o Partido Democrata vencia, os funcionários democratas entravam para a administração e os republicanos eram demitidos; se a vitória era dos republicanos, acontecia o mesmo com os democratas. Chamava-se isso política de despojos. Em 1910, houve a reforma da administração pública norte-americana, que acabou com a política de despojos e definiu uma estrutura de carreira nas empresas públicas, o que não existe no Brasil. Criou, então, uma burocracia no sentido positivo do termo, que realmente funciona. Independentemente de quem esteja no poder político, ela tem uma dinâmica própria. No Brasil, houve a criação do Dasp (Departamento de Administração Pública), com a Revolução de 1930, mas o que ocorre? Há concursos para cargos como o de escriturário, de encarregado e de jardineiro da prefeitura. Os altos cargos não têm concursos – são de confiança. Então, cria um regime de incompetência treinada na administração pública, sem dúvida nenhuma. O problema mais profundo não é apenas que os altos cargos sejam distribuídos entre o curral eleitoral, entre o clã de parentes do presidente ou do governador ou do prefeito. O problema é mais grave se analisarmos a maioria das empresas públicas do Estado... Não há uma carreira. Que destino social um funcionário que dedicou vinte anos ou trinta anos de sua vida a uma empresa pública espera? Eu acho que, enquanto não se definir isso, ficamos falando em generalidades.

E o que impede isso, em sua opinião?

Parece que o grande impedimento é de caráter clientelístico. Sabemos que, entre os que estão na Constituinte, 90% foram eleitos em uma base clientelística. Há um conflito entre os interesses do clientelismo no recrutamento de pessoas para a empresa pública e a real criação de uma carreira definida que daria eficiência à empresa pública e motivação ao funcionário para produzir.

O impasse tem, em verdade, uma causa política. Estaríamos, então, vivendo uma falta de vontade política para a grave crise do setor público?

Em uma análise das greves dos funcionários públicos, verificamos que 90% delas têm ocorrido nos setores de saúde e educação, justamente os dois setores que mais sofreram restrições de verbas e de falta de condições de trabalho de 1964 até hoje. A saúde pública no Brasil está em colapso, e, se o Inamps (Instituto Nacional de Assistência Médica da Previdência Social) fosse realmente uma coisa boa, ministros iriam lá se consultar com os médicos do instituto. No caso da educação, falando do ensino universitário, 90% desse segmento do ensino está coberto muito bem por verbas privadas, mas o que ocorre é que quem arca com o grande peso da pesquisa neste país são as universidades federais e, no cenário estadual, o que eu conheço é o que se faz na USP (Universidade de São Paulo), na Unicamp (Universidade Estadual de Campinas) e em algumas outras, em outros estados. Os setores crucificados no Brasil – educação e saúde – necessitam de um trabalho em longo prazo para que a saúde pública seja uma coisa séria e para que a educação universitária volte a ter a qualidade que perdeu. Hoje a educação universitária se converteu no maior balcão de negócios do mundo.

O sr. considera que a burocracia brasileira ainda guarda traços de sua origem histórica, a transferência pura e simples de uma estrutura administrativa já montada em Portugal e transposta para o Brasil com a vinda da família real?

Eu acho que a burocracia brasileira começou a ser montada bem antes. Foi na época do ouro, da descoberta do ouro, no desenvolvimento da mineração aurífera e com o objetivo de arrecadar impostos. E nossa burocracia tem até hoje esse traço profundamente arrecadador. Veja que também nos últimos vinte anos o que mais se desenvolveu no Estado brasileiro foram os mecanismos de arrecadação em detrimento dos mecanismos de prestação de serviços. O Estado e a burocracia existem nas sociedades modernas, sem dúvida, mas o problema é que, nessas sociedades, há uma preocupação de controle público de tudo. Em nosso país, infelizmente, tudo é sigiloso, tudo é considerado secreto, e o controle público fica sendo um conceito para uso de palanque em época de eleição.

A alta burocracia, ao mesmo tempo que assegura para si altos salários e mordomias, concentra um poder de fato que escapa ao controle político da nação. Essa "nova classe" pode agora beneficiar-se dos amplos direitos à greve embutidos no texto da futura Constituinte e efetivar uma ameaça que já paira no ar: paralisar o Estado e criar o caos?

Em primeiro lugar, esses altos funcionários são uma minoria, e o fato de eles entrarem em greve não afetaria muito o Estado. Mesmo em países de capitalismo desenvolvido, como a França, um funcionário, fora da política e do exército, tem total direito à greve, e nem por isso a máquina administrativa francesa é ineficiente ou está ameaçada. O que é necessário considerar é que o funcionário vive em uma economia de mercado e que, se ele não tem possibilidade de pressionar para melhoria de seus salários, vai receber sempre salário de escravo. O direito de greve para o funcionário é tão importante quanto o direito de greve do trabalhador, porque é a maneira de ele recompor o salário, tendo em vista a realidade de viver em uma economia de mercado. Na França, há greve de funcionários públicos. É até comum isso. Na Itália também. Na Itália, há greve até na polícia. E isso não impediu a Itália de ser hoje o terceiro país em desenvolvimento econômico na Europa.

O que fazer para resolver o gravíssimo problema de o governo da união gastar com o funcionalismo direto ou indireto quase tudo o que arrecada? Enxugar drasticamente a máquina ou promover uma reforma administrativa de fundo?

Seria necessária uma reforma administrativa. Essa necessidade vem desde a Revolução de 1930. Mas, no Brasil, quando não se quer reformar nada, fala-se em uma reforma para a administração, nada muda e tudo continua do mesmo jeito.

Mas não se promove atualmente uma reforma administrativa no âmbito federal? O que o sr. diz dela?

São, geralmente, reformas feitas de cima para baixo e, às vezes, obedecendo a interesses políticos muito imediatos ou muito imediatistas de quem momentaneamente detém o poder do Estado. Tem ocorrido muito que os reformados, às vezes, têm sido do partido oposto ou os que votam por quatro anos. O Brasil é o país das reformas para que nada mude e tudo fique como está.

O sr. não acha que estamos assistindo, no país, a uma crescente personalização do poder?

Esse problema de personalização do poder é um fenômeno interessante. É um fenômeno que, por exemplo, eu senti mesmo em um congresso da CUT (Central Única dos Trabalhadores), em que os sindicalistas urbanos queriam uma direção colegiada e o pessoal do meio rural queria o presidente, porque eles estão acostumados com uma personalização do poder. Aí você diria: é o Jeca brasileiro de meio rural que quer isso? Não se você analisar Roosevelt nos Estados Unidos, se analisar De Gaulle e

Mitterrand na França, Adenauer na Alemanha; em países de alta cultura e que são modelos para todo o mundo, a personalização do poder é muito alta e, às vezes, está acima dos partidos políticos.

Por falar em outros países, todos os governos prometem atacar a chamada corrupção institucionalizada, a intermediação de favores, a contenção dos escândalos que sangram o erário público. Mas todos confessam que é impossível eliminar a corrupção residual. Isso é uma verdade universal ou um problema só nosso?

Esse problema de corrupção é complicado. Por exemplo, a crítica à corrupção em defesa de tese do moralismo político: houve, no Brasil, partidos, e há pessoas que acham que, resolvendo o problema da corrupção, os problemas brasileiros estarão resolvidos. E mais: que os corruptos são sempre os outros. Isso é muito comum também em setores da classe média, de encarar uma solução ética e moral, como base de uma solução política. Nós temos na história exemplos de movimentos antissociais como o nazismo que ascenderam ao poder na base de uma bandeira contra a corrupção como tal, como fenômeno ético, moral e dissociado do social, do econômico e do político. O que eu quero dizer com isso é que a luta contra a corrupção em si é insuficiente para acabar com ela. O problema, como eu disse, é o seguinte: quanto mais secreta e fechada é a estrutura do poder, maior é a tendência à corrupção. Na burocracia soviética, houve casos de corrupção, e acontece agora mesmo, sob Gorbatchov. Agora, lá eles têm um remédio drástico: fuzilam o corrupto. Casos de corrupção são comuns na Europa e nos Estados Unidos; formas de intermediação também, sobretudo sob o ponto de vista financeiro. O problema é esse: toda estrutura que foge a um controle público tende à corrupção, e toda pessoa que foge ao controle de seu grupo tende a se corromper. É necessário inventar ou criar meios a partir dos grupos de trabalho. Por exemplo, que um trabalhador possa controlar sua diretoria de sindicato, já que, se ela não for controlada, a tendência à corrupção é inevitável.

Quer dizer que o sr. acha que há regimes políticos que podem ser mais corruptos do que outros?

Eu acho que a corrupção, em tese, é inerente a sociedades fundadas na desigualdade social e também com uma centralização de poder. Isso vale para qualquer Estado. O problema que eu acho não é propriamente gritar contra a corrupção, mas é acender uma luz. Isto é: discutir mecanismos de controle público sobre pessoas, grupos e instituições.

O sr. acha que essas denúncias de corrupção que ocorrem hoje com frequência significam que o governo atual é mais corrupto que os outros, ou simplesmente que há mais transparência hoje devido à maior liberdade de expressão?

Eu não saberia dizer assim em relação a outros governos. Por exemplo, no período da ditadura militar a imprensa estava totalmente censurada. Mas eu acho que, de qualquer maneira, com ou sem ditadura, a corrupção não se justifica porque é um crime antissocial. Isso não tem justificação.

Como conseguir maior participação popular, se a maioria está alheia ao que se decide no país?

Participação popular, a bem dizer, quase nunca houve no Brasil. A começar pela abolição, que foi um "assunto de branco", o escravo negro era caro, e a mão de obra livre mais barata, daí a abolição. À Proclamação da República o povo assistiu bestializado, pensando tratar-se de uma parada militar, testemunha Aristides Lobo, cronista da época. As revoluções de 1924, 1930 e 1932 se deram mais a cisões entre a classe dominante que a qualquer pressão popular. A campanha das Diretas desembocou ingloriamente no Colégio Eleitoral e, após a morte de Tancredo, assistimos ao fiasco político que embala a Nação. É impossível pensar em participação popular, com um povo sem habitação, sem padrão alimentar, com o serviço de saúde pública muito aquém de suas necessidades e analfabeto em sua maioria. Resolvam-se os problemas apresentados e os demais serão acrescentados, como se diz na Bíblia.

Como o sr. vê a ampliação da atividade política no país e qual é sua opinião sobre os partidos políticos?

Se entendermos por ampliação da atividade política no país o crescimento dos partidos políticos, maior espaço aos políticos profissionais, não me parece ser essa uma tarefa das mais urgentes e significativas para garantir o bem-estar do povo brasileiro. Os partidos políticos, para mim, constituem-se de associações que lutam pelo poder, para, lá chegando, procederem à distribuição dos cargos burocráticos entre seus adeptos. Da direita, passando pelo centro, à chamada esquerda, repete-se monotonamente o mesmo quadro: os partidos se tornam viveiros de uma chefia burocrática que pretende o poder de Estado. E o povo? Fica onde sempre esteve, trabalhando para sustentar parasitas. O problema não é só brasileiro. Na Itália, observa-se uma decadência da influência dos partidos políticos e a emergência de movimentos sociais como o pacifista, o ecológico, ocupando maior espaço social. Na Alemanha, temos o regime clássico de partidos: o parlamentarismo. Isso não impediu que o país ficasse abalado com o célebre Escândalo Flick, diante do qual muitos gatunos nacionais são aprendizes de feiticeiro.

Sociólogo afirma que país não tem oposição[*]

Maurício Tragtenberg faz uma análise do quadro eleitoral e lembra que o brasileiro prefere votar em pessoas e não em partidos ou programas, como parte de um fenômeno que ele classifica de personalização do poder. Sobre a falta de oposição que predomina na política brasileira, lembra que "oposição, hoje, é uma moeda rara, mais rara que os centavos do real para troco", acrescentando que o Brasil se revolve na conciliação. "O enigma decifrado brasileiro é que aqui tudo se reforma e nada muda", disse. A seguir, os principais trechos da entrevista:

Diário: O senhor acha que as pessoas votam nos candidatos ou nos partidos?

Maurício Tragtenberg: O eleitor conta com poucos partidos nacionais e pouquíssimos partidos ideológicos. Os partidos significam pouca coisa para a população. O eleitor prefere votar em nomes – "sou Lula", "sou Fernando Henrique" – porque as personalidades políticas preenchem várias funções. Há o político que aparece como forma dominante e que mobiliza os que não têm nada, como é o caso da figura ambígua do coronelão populista. A política brasileira, desde Tomé de Souza até hoje, tem sido o domínio das pessoas. Trata-se de um fenômeno de personalização do poder.

Diário: Qual é o principal problema político brasileiro?

Tragtenberg: É um problema sério: falta de oposição. Temos oposição a pessoas e governos, mas não temos uma oposição séria. Com a derrocada do Leste Europeu, surgiu essa oposição que não se opõe. Oposição hoje é uma moeda rara, mais rara que os centavos do real para troco. O país teve poucos momentos de ruptura. Ainda não realizamos uma revolução de-

---

[*] *Diário do Grande ABC*, 18/09/1994.

mocrática, como os Estados Unidos, a Inglaterra, a França e os países nórdicos já fizeram.

Diário: O senhor acha que no Brasil tem muita conciliação para pouca oposição?

Tragtenberg: O muito pouco citado escritor Justiniano José da Rocha, no livro *Três panfletários no período regencial*, falava – referindo-se à velha Regência do século passado – que, no Brasil, a política se desenrola em três movimentos: *ação, reação* e *translação*. Assim, a primeira ação é popular; a segunda é absorvida pela elite; e a terceira é a conciliação. O Brasil se revolve na conciliação. O enigma decifrado brasileiro é que aqui tudo se reforma e nada muda. Quando ouço falar em ampla reforma educacional, sei que tudo vai continuar do mesmo jeito. Não sai do papel.

Diário: O senhor tem acompanhado o horário eleitoral gratuito?

Tragtenberg: Na medida do possível, sim. O que se tem visto é um conjunto de homens cercado por um deserto de ideias. Os programas são repetitivos. Tenta-se vender uma embalagem com a imagem do candidato. Fernão Lopes, cronista português, que foi Mestre de Aviz em 1210, já aconselhava os políticos a prometerem o que nunca cumpririam.

Diário: O problema será a linguagem de massa que a TV exige?

Tragtenberg: Certamente. Quando se tenta atrair um público de massa, o conteúdo se torna vazio. Mas o poder da TV não é tão totalizante como se propaga. Lazarsfeld, em um trabalho sobre as influências da TV, disse que a eleição acaba se decidindo no boteco da esquina. As máquinas de comunicação do povo influem muito mais. A questão que se coloca é outra. Na realidade, os políticos mudam sua estratégia a todo instante. Dizem: "Hoje vou defender a classe média; amanhã, defendo os pobres". É política sob o signo de Macunaíma, o herói sem caráter. A identidade de um político não se muda como se troca uma camisa.

Diário: Qual é o perfil do político médio brasileiro em sua opinião?

Tragtenberg: Nosso político é, geralmente, marxista até os trinta anos. Dos trinta aos quarenta, ele passa por uma fase liberal. E dos quarenta em diante, ele se torna autoritário ou fascista. Há, é claro, raras exceções.

Diário: Seu coração bate por qual candidato?

Tragtenberg: Bate pelo Lula. Mas se o coração bate por ele, a minha cabeça se preocupa. Estou achando que vai ser muito, mas muito difícil ele ganhar essa eleição. Quem quer ganhar eleição não pode estreitar alianças. Precisa também definir um programa. O PT (Partido dos Trabalhadores) ainda não disse para a nação a que veio. Falo, explicitamente. Em termos programáticos. Essa indefinição é uma grande fonte de fraqueza e que se revela na queda das intenções de voto.

Diário: O que o senhor espera do novo governo?

Tragtenberg: Qualquer que seja o governo, a população precisa se organizar para ter voz. A maioria da população é assalariada e não tem voz. É preciso, antes de qualquer coisa, alterar esses ranços medievais que ainda se encontram nas estruturas sociais brasileiras. É inadmissível que ainda hoje haja trabalho escravo em algumas regiões de Minas Gerais e em outros estados do país.

Os fazendeiros do ar*

O quadro nacional não se caracteriza pela distensão nem econômica, política ou psicológica.

Com uma taxa inflacionária de 130% anuais, uma seca prevista há tempos pelos técnicos irrompe levando populações ao desespero pela fome; enquadramento de líderes sindicais na LSN (Lei de Segurança Nacional); com base na mesma lei, a condenação do editor Válter Fontoura, do *Jornal do Brasil*, e o indiciamento de outro, Boris Casoy da *Folha de S.Paulo*; vitória governamental na eleição, para presidente da Câmara Federal, de um político provinciano de um minúsculo município do interior do Rio Grande do Sul, Nélson Marchezan, com a cumplicidade de elementos das pseudo-oposições, a eleição de Cantídio Sampaio para chefe da bancada do PDS (Partido Democrático Social) na Câmara a transformará em um mero carimbo legislativo tolerado pela burocracia do Executivo.

Pressões da mão de obra urbana no sentido de elevação de seus salários por meio de seus sindicatos da categoria; pressão das populações das periferias dos centros urbanos por equipamentos sociais: água, luz, esgoto, asfalto; crescimento do sindicalismo de colarinho branco pela associação de professores de nível primário, secundário e universitário. A volta à pauta da imprensa da denúncia de torturadores, sem que haja condições sociais e políticas para que essas denúncias ultrapassem os

---

* *Folha de S.Paulo*, 12/04/1981.

limites da crítica firme e agressiva, porém, ineficaz. O torpedeamento das Comissões Parlamentares de Inquérito para averiguarem casos de corrupção, tráfico de influência exercido pelos áulicos próximos ao poder. Isso é "fechadura".

Soma-se a isso a profunda descrença manifestada por Tales Ramalho e Tancredo Neves quanto à realização de eleições em 1982, políticos conservadores, mas bem informados. Porém, a grande imprensa não publicou suas entrevistas que aumentaram a massa de papel que enche a cesta de lixo das redações.

Diante desse quadro cinzento, é inútil assobiar no escuro e utilizar irresponsavelmente uma linguagem radical para encobrir a própria impotência na ação. Nesse sentido, prestam um péssimo serviço à organização dos trabalhadores as declarações de um eminente líder operário de 1968, quando diz "que o país precisa de um banho de sangue para purificar-se": é o que o homem do meio rural chama "cutucar onça com vara curta". Inclusive, aqueles que atualmente reprimem nas instituições privadas, demitem professores nas universidades, sem dúvida, estão apostando na hegemonia de uma direita radical que sequer aceita a "aberturinha" para as alta e média classes realizadas por Figueiredo. Ela é restrita na medida em que, até o momento, o povo dela em nada se beneficiou.

Acresce-se ao fato a crise no aparelho repressivo do Estado, com a greve da Polícia Militar baiana e sua repressão e, salvo melhor juízo, não estamos muito longe de 1964. Sem dúvida que, de lá para cá, o mundo mudou, porém em que direção?

A vitória de Ronald Reagan nos Estados Unidos; sua aposta nos governos racistas do continente africano contra os governos de Angola e Moçambique; sua pressão ao Congresso para que lhe dê liberdade para enviar armas a Savimbi, notório agente da CIA (Central Intelligence Agency – Agência Central de Inteligência) na África; a carta branca dada por Washington aos atuais governantes do Chile para sua perpetuação no poder; e a participação discreta, porém real, da embaixada norte-americana na loucura política de oficiais médios e generais envolvidos em complô contra a democracia relativa espanhola, tudo isso dá o que pensar.

Não podemos, em 1981, assobiar no escuro e recorrer ao triunfalismo verbal. É importante relembrar 1964. Em 30 de janeiro desse ano, o sr. Luís Carlos Prestes concedia entrevista-sabatina à revista *Novos Rumos*. Ele foi participante de uma coluna que levava seu nome em 1924, participante de 1930 sem envolver-se com o oportunismo que levou muitos tenentes a se tornarem capitães e generais domesticados pelo aparelho de Estado getulista. São pontos a seu favor. No entanto, sua prática política de secretário-geral do PCB (Partido Comunista Brasileiro), na época, não aumentou sua lucidez política. Ele via a conjuntura nestes termos:

> O que vemos é uma luta política pelo avanço e o processo democrático brasileiro está avançando, está alcançando êxitos e os elementos mais reacionários estão alarmados. Eles sentem que esse processo democrático avança e pode alcançar êxitos dentro ainda dessa estrutura política.

Como se isso não bastasse, aduzia em 30 de janeiro de 1964:

> Pensamos que, no momento, dada a situação mundial e a situação brasileira, é possível, mesmo dentro do regime atual, ainda nesse regime capitalista com essa estrutura que aí está, formar-se um governo nacionalista e democrático que inicie as reformas para chegarmos finalmente a um governo efetivamente revolucionário que leve até o fim as tarefas da revolução nessa etapa e abra caminho para o socialismo em nosso país.

Não sem antes advertir: "Estou convencido de que qualquer tentativa de golpe reacionário hoje no Brasil será a guerra civil".

Para concluir essa pérola de sabedoria e metafísica política, respondendo a uma pergunta sobre se o deputado Leonel Brizola é um revolucionário autêntico capaz de desempenhar no Brasil o papel que Fidel Castro havia desempenhado em Cuba, o sr. Luís Carlos Prestes respondia com toda a segurança dos que têm baixo nível de percepção do real:

> Creio que pode; as condições brasileiras são hoje tais que um homem que tenha visão política e que não esteja preso por interesses a grupos monopolistas estrangeiros e ao latifúndio pode ser o chefe da revolução brasileira. O próprio presidente João Goulart, caso conseguisse desprender-se de certos interesses – que parece ainda tolhem sua ação – poderia ser esse chefe. Ele tem prestígio bastante grande na classe operária e entre os trabalhadores do campo.

Concluindo, o sr. Prestes afirmava:

Nunca o movimento operário no Brasil esteve tão forte quanto está hoje. O CGT (Comando Geral dos Trabalhadores) é o fantasma da reação. Pergunte ao sr. Júlio Mesquita como ele vê o CGT, treme de medo diante do CGT.

Pobre visão de um líder carismático.

Veio o 31 de março de 1964, o sr. Luís Carlos Prestes conseguiu chegar a Moscou, não sem antes deixar um sem-número de anotações que constituíram o célebre IPM (Inquérito Policial Militar) das cadernetas de Prestes. O sr. João Goulart viajou ao Uruguai e lá foi plantar batatas em suas fazendas e criar gado. Os cinquenta mil camponeses que o sr. Francisco Julião alegou ter armado só existiam em sua fantasia. Com rapidez, Julião voava a Brasília para colocar-se sob a asa protetora do deputado da antiga UDN (União Democrática Nacional), Adauto Lúcio Cardoso. Os 24 mil componentes do Grupo dos Onze, de Leonel Brizola, existiam no papel. Sucedeu o que o historiador Jacob Gorender definia no artigo "64, o fracasso das esquerdas", publicado no jornal *Movimento* (s. d, s. p.): "Houve desmoronamento, desmantelamento, descalabro, salve-se quem puder".

Por isso, a análise da conjuntura atual não pode prescindir do estudo das relações de força reais entre os vários setores dominantes, da tendência do processo inflacionário nos próximos meses e da maneira pela qual serão absorvidos os inevitáveis conflitos trabalhistas. Líderes, carismáticos, deputados, senadores, escritores, em suma, membros progressistas da alta e média classes podem exilar-se, porém, uma classe operária não pode fazê-lo. Ela tem de aguentar, na marra, a burrice, a irresponsabilidade, a incontinência verbal de seus pseudorrepresentantes. Avançar, sim, mas com os pés na terra, o exemplo é a realização da Conclat (Conferência Nacional dos Trabalhadores). Isso é importante; o resto é sonho de fazendeiro no ar.

O pacotão: um cruzado de direita no povo[*]

O trabalhador viveu anos de arrocho, conheceu tudo isso na Velha República. Agora, com a Nova (Velha) República tem de enfrentar um pacotão com base em decreto-lei, em que ele terá de pagar a conta.

---

[*] Porandubas – PUC/SP, fevereiro de 1986.

Embora a mobilização da população contra a remarcação de preços que envolve o comércio em geral e até um supermercado de propriedade de um membro do Conselho Monetário Nacional – Abílio Diniz – tenha um lado positivo, ela apresenta mais indagações que respostas.

O congelamento dos preços não deve limitar-se ao açougue, ao supermercado ou hipermercado, tem de abranger frigoríficos, a pecuária que fornece a carne aos frigoríficos que a comercializam.

A ação popular em defesa de preços de 25 de fevereiro eufemisticamente foi chamada Revolução Cultural pelo ministro João Sayad, com isso esquece que na China houve mudanças estruturais que aqui não se deram; aqui houve modernização *sem* mudança. O que é claro é que o governo prevê desemprego, daí surgir o seguro-desemprego, que só abrange os que têm carteira assinada, milhares que não possuam Carteira de Trabalho estão excluídos.

Quanto aos salários, vemos que o salário mínimo terá uma perda de 20,4%, conforme cálculos de técnicos do Ministério do Trabalho. As categorias com reajuste em janeiro terão *prejuízo* em 4,6%, as reajustadas em março terão *prejuízo* de 25,6%.

Existe a promessa oficial de que as perdas serão futuramente recuperadas, isso é *impossível* pelo fato de o governo *proibir*, nos dissídios e negociações, aumentos a título de reposição salarial, sob pena de nulidade da sentença. Em suma, é admirável ver economistas que escrevem sobre teoria do valor em Karl Marx ou sobre capitalismo tardio, advogando essas medidas, de interesse maior do FMI (Fundo Monetário Internacional). É o fascínio do poder e das mordomias sobre o intelectual que tem *discurso* crítico e prática reacionária. Mas isso é outra história.

Os que furtam com unhas políticas as eleições em Santa Catarina*

A "vitória" do PDS nas eleições para o governo estadual e para o Senado em Santa Catarina nos lembra aqueles governantes a quem o padre

---

* *Folha de S.Paulo*, 10/02/1983.

Antônio Vieira, em sua *Arte de furtar*, fustigava pelo abuso de poder, utilização da fraude em defesa de seus privilégios.

A última eleição em Santa Catarina assistiu a um desfile de irregularidades. Menores votando com títulos de eleitor; duplicação de títulos eleitorais, que permitia a seu portador votar em dois ou três municípios diferentes; transferência de títulos mediante atestados de residência frios; municípios paupérrimos onde não houve nenhum voto anulado; títulos eleitorais e cédulas fornecidas em troca de sacolas de alimentos.

Alie-se a isso o silêncio dos meios de comunicação de Florianópolis. Quando havia um comício do PDS, eles inflacionavam o número de comparecimentos e faziam o contrário quando se tratava do PMDB (Partido do Movimento Democrático Brasileiro). Este reuniu, na capital, em um comício, vinte mil pessoas, e isso não mereceu nota na imprensa local.

Ao silêncio, liga-se a repressão: funcionários zelosos da prefeitura retiravam os cartazes do PMDB; quem distribuía material em praça pública corria o risco de prisão. As Juntas Escrutinadoras, em sua maioria, compunham-se de dependentes do governo, quando não, integrantes do PDS. Dava-se a aceleração da divulgação da apuração das urnas pró-PDS e seu retardamento quando se tratava do PMDB. Surgia o voto camaleão: o voto mudava de cor ao passar pela mão dos escrutinadores. Muitos escrutinadores sonegavam votos ao PMDB, computando-os ao PDS; eram poucos por urna, muitos no total.

No município de Matos Costa, três menores votaram. Em Imauri, quatrocentos defuntos *compareceram* às urnas, e, em Tubarão, títulos falsos eram trocados por sacos de alimentos. Foi nessa localidade que o jornal *O Estado* denunciou existência de mais de 1.500 títulos duplos. Em Garopaba, além de menores votarem, houve o caso de o sr. Manuel Bento denunciar que seu irmão, já falecido, havia votado também.

O município de Paulo Lopes recebeu, no dia da votação, uma excursão de eleitores vindos da capital em 16 ônibus: recebiam o título, apresentando a cópia carbonada da cédula para receberem dinheiro devido. A Praia da Pinheira ganhou um transformador de luz, em troca de títulos a menores, com a recomendação: votem no PDS.

Em Canoinhas, quatrocentos eleitores transferiram seus títulos para Três Barras, e ali mais de 180 eleitores votaram *sem* folha de votação. O PMDB calcula que, no conjunto, mais de seis mil votos teriam de ser renovados, por vício radical de nulidade plena.

O candidato do PDS ao governo, Esperidião Amin, venceu Jaison Barreto, do PMDB, por uma diferença de 12.650 votos. Para o Senado, Jorge Bornhausen (PDS) venceu Pedro Ivo (PMDB) por diferença de 1.439 votos, somente.

Outro fator de "vitória" do PDS foi a pressão sofrida pela população rural por parte de soldados; além de votarem – o caso de Chapecó e do Oeste Catarinense – fardados em jipe, alertaram a população de que, caso o PDS fosse derrotado, haveria uma revolução no Estado.

Foi tamanho o número de irregularidades que o PDS-2, de Ilhota, referindo-se ao município de Bom Retiro no Processo n. 389/1982 ao TRE (Tribunal Regional Eleitoral), salienta:

> Temos agora não a denúncia de corrupção eleitoral, mas de violação de urnas, falsificação de assinatura de membros das mesas receptoras. Um exame mostrará quantidade expressiva de cédulas preenchidas por uma mesma pessoa, comprovando a fraude eleitoral.

Outro fator da "vitória" do PDS foi a transferência maciça de títulos no último trimestre que antecedeu as eleições, de municípios maiores para menores. Isso se deu em Joinvile, Porto Belo, Garopaba e Araquari, razão pela qual o PMDB, em recurso, solicitou a anulação de votos em 25 seções eleitorais. Isso aceito, mudaria e inverteria a relação entre perdedores e ganhadores.

Diplomados os "vitoriosos", eles têm a legalidade para o exercício dos cargos. Pergunta-se: isso significa alguma legitimidade?

Diminuiria muito a fraude se a mesa que recebe os votos, após o encerramento da votação, os apurasse sob fiscalização dos interessados. No entanto, legitimidade da representação, um dos motivos básicos da Revolução de 1930, é algo muito longínquo no país, ainda em 1983.

Porém, o melancólico é que, no episódio em nível estadual, a cúpula do PMDB agiu como se fosse o PMDS, pela omissão. Restringiu-se ao envio de um recurso cujo resultado é previsível.

O que é pacto social?*

Corda em casa de enforcado

Falar de pacto social em um momento em que a LSN enquadra líderes sindicais operários, em que o desemprego como um fantasma ronda os bairros dos trabalhadores, parece-me falar de corda em casa de enforcado. É necessário situar, antes de qualquer coisa, uma preliminar: quem seriam os protagonistas desse pacto social? Quais seriam as partes contratantes? Os trabalhadores de um lado e empresários e Estado de outro? Ou trabalhadores ou seus pretensos representantes assinando um pacto social com os senhores empresários? A pergunta tem cabimento na medida em que, no Brasil atual, não há organização alguma que possa falar em nome da classe operária. Quando quatro ou cinco agrupamentos ou partidos se apresentam em nome da classe operária, é claro que nenhum a representa realmente. As siglas do populismo tradicional estão mais que desgastadas, PTB (Partido Trabalhista Brasileiro) ou PDT (Partido Democrático Trabalhista) representam siglas corroídas cujos líderes, Ivete Vargas ou Leonel Brizola, apresentam um discurso desgastado. Organizações do tipo PCB, PC do B (Partido Comunista do Brasil), PC (Partido Comunista) do Comitê Central, ou os vários agrupamentos em que se divide o trotskismo atual, representam a si próprias, e não à dinâmica do movimento operário. A história do movimento operário não pode ser confundida com a história das organizações que pretendem *falar* em nome dele. Da mesma maneira, essa falta de representatividade atinge um agrupamento "frentista" do tipo PMDB, que, na realidade, é uma oposição que não se opõe, é facção dominada da classe dominante.

O PT é um partido ainda em formação; é impossível discernir os níveis de representatividade que possui em relação ao conjunto dos trabalhadores do país, embora, se reconheça, seja a primeira proposta política em nível nacional de um partido constituído majoritariamente de trabalhadores, ultrapassando a fase dos grupúsculos doutrinários que exercem um poder de disciplina sobre seus membros tão eficaz quanto inoperante no plano do social.

---

* *Leia Livros*, junho de 1981.

O fato é que se fala de um pacto social sem interlocutores válidos. Por sua vez, há a experiência do Pacto de Moncloa, na Espanha, firmado entre partidos e sindicatos que pretendem representar o operariado e os setores empresariais. Com que resultado? O nível de desemprego não deixou de aumentar na Espanha, apesar do pacto social, os salários foram praticamente congelados, porém os preços não foram. Na prática, esse Pacto de Moncloa entregou os assalariados de mãos atadas à burguesia e ao latifúndio, sem por isso aprofundar o processo de abertura do rei. A prova disso foi a recente *fronda* dos generais franquistas, com raízes tão profundas no aparelho do Estado que levaram o rei a desistir de uma investigação maior a esse respeito. Por tudo isso, pacto social só interessa a quem explora o trabalho e domina o trabalhador, é o antipovo.

Quem paga o pacto social?*

Nesse período chamado Nova República, os termos mais difundidos no debate político se referem à conciliação e ao pacto social.

Enquanto o termo, "pacto social", remete diretamente à experiência da Espanha, onde, após cinquenta anos de ditadura franquista, o governo Suarez implementou o Pacto de Moncloa, no que se refere à conciliação na política brasileira, a Nova República nada inovou. É crucial que apareçam movimentos de conciliação no país após grandes mobilizações de massas que, no limite, são enquadradas no aparelho de Estado.

Assim, na Regência, após inúmeras revoluções populares, de Cabanos à Praieira, tivemos o Gabinete da Conciliação do Marquez de Paraná, que prefigurava a extremada centralização burocrática do Segundo Império e o afastamento das massas de qualquer ação política mais ampla.

Atualmente, após a grande mobilização pelas "diretas já", vimos sua canalização rumo ao Colégio Eleitoral que, da noite para o dia, de órgão espúrio se transformou na tábua de salvação nacional.

O pacto social nada mais é que a retradução, no plano das classes sociais, da conciliação que opera em nível político. Razão pela qual os trabalhadores, os militantes de Comissões de Fábricas e os sindicatos devem

* *Folha de S.Paulo*, Folhetim, 07/04/1985.

pensar e muito antes de aderirem a ele. Estarão vendendo sua primogenitura por um prato de lentilhas, como na Bíblia. Quem ganha com isso? Com base na experiência espanhola, aventuramo-nos a dizer que o assalariado é o grande perdedor nesse jogo desigual entre capital e trabalho.

Foi em 1977 que a era dos pactos sociais se iniciou na Espanha, onde os partidos políticos da direita à esquerda oficial aderiram ao pacto, entendendo tal adesão como uma fiança do processo de democratização. Diga-se de passagem que isso se deu em detrimento dos trabalhadores assalariados, que tiveram seu poder aquisitivo diminuído.

Máximas facilidades para as empresas

Em 1978, a negociação coletiva na Espanha foi definida por um decreto-lei que fixou o percentual de aumento dos salários entre 11% e 14%, na previsão de uma taxa inflacionária de 10%. Esse índice foi previsto tomando como base o desempenho das empresas públicas. No que se refere às empresas privadas, as negociações foram de empresa a empresa, em que as partes livremente punham suas cartas na mesa. Os trabalhadores mostraram que a inflação real atingiu os 15,6%. Portanto, seus ganhos no pacto social estavam abaixo da taxa inflacionária.

Em 10 de julho de 1979, os sindicatos dos trabalhadores e dos empresários definiram o Acordo Básico Interconfederal, iniciando uma nova fase do pacto social, caracterizada pela não intervenção do Estado nas negociações entre as partes. Esse acordo criou os fundamentos dos pactos futuros: após seis meses, chega-se ao AMI (Acordo Marco Interconfederal), subscrito pelos sindicatos de trabalhadores e patrões, estabelecendo-se um limite de aumento salarial variável entre 13% e 16% no máximo. Constavam termos a respeito do aumento da produção e de condições especiais para empresas em crise.

Os sindicatos atrelados à política governamental rechaçaram publicamente o acordo, porém, aplicaram-no nos convênios em que participavam. Um ano depois, o AMI é revisto, estipulando-se a taxa de aumento salarial em 11%, no mínimo. Esse acordo é acompanhado de baixa progressiva dos salários, com a inflação se mantendo no nível de 15% aproximadamente.

O ANE (Acuerdo Nacional de Empleo – Acordo Nacional de Emprego), assinado em 5 de junho de 1981, estabelece o aumento máximo de salário no nível de 11%, abaixo da taxa inflacionária. Seus defensores alegam que é um pacto destinado a garantir novos empregos. Na realidade, as empresas "reconvertidas" ganharam máximas facilidades no manejo da mão de obra, especialmente no que se refere a demissões e aposentadoria.

Para as empresas em crise, o ANE facultava a livre negociação salarial com os trabalhadores. Aos sindicatos que assinaram o pacto, foram destinadas inúmeras subvenções estatais, direito de usufruto do patrimônio acumulado e implementação de obras destinadas ao lazer dos associados.

Aumentos sempre abaixo da inflação

Em 17 de fevereiro de 1983, nasce o Acordo Interconfederal, em que se estabelece um mínimo de 9,5% e um máximo de 12,5% de aumento salarial, em uma inflação prevista em 14%. Às empresas foram concedidas imunidades fiscais e subvenções de vários tipos, enquanto os trabalhadores ficavam cada vez mais sujeitos à vontade patronal no que se refere a aposentadorias, transferências e demissões.

O AES (Acuerdo Económico y Social – Acordo Econômico e Social) é o pacto social mais recente, vigorando no período compreendido entre 1985 e 1986. Diferentemente dos anteriores, que deveriam vigorar por um ano, esse vigora por dois anos. A esquerda oficial, o Partido Comunista Espanhol e as Comissões Operárias a ele subordinadas aderiram à tática de rejeitá-lo publicamente, adotando-os na prática cobertos pelo sigilo burocrático que envolve a assinatura de tais acordos.

Em um de seus primeiros itens, o AES define isenções fiscais que privilegiam os empresários por inversão de capital e por criação de empregos. Eles têm 15% de isenção sobre o valor global das inversões realizadas e quinhentas mil pesetas de dedução nos impostos por trabalhador contratado por 12 meses. Como sempre, os pactos sociais espanhóis se caracterizam por facilidades concedidas ao capital e limitações aos trabalhadores.

O AES recorda a obrigação, por parte dos representantes dos trabalhadores, em manter sigilo sobre informações recebidas. Daí, decorre que no que se refere a acordo salarial, os trabalhadores estão condenados a perder seu poder aquisitivo, pois é norma do INE (Instituto Nacional de Estatísticas) publicar os índices de preços ao consumidor dois meses após cada mês correspondente, de forma que o IPC (Índice de Preço ao Consumidor) de 31 de dezembro de 1985 só será publicado em fevereiro de 1986. Como costuma ocorrer, os sindicatos patronais atrasam o processo de revisão salarial, levando alguns poucos trabalhadores a se beneficiarem com as revisões.

O AES vincula os salários e incentivos salariais ao aumento da produção, jogando às calendas gregas anos de luta dos trabalhadores espanhóis para superar qualquer discriminação interna em seu seio. A tendência dominante é extinguir os convênios de empresa a empresa, substituindo-os por convênios que abram algum ramo de produção. No lugar de uma legislação do trabalho que fixe a jornada normal em cada área, a tendência é que ela seja definida pela chamada livre negociação, pelas relações de força entre assalariados e o patronato. Os sindicatos e os partidos burocratizados associados ao patronato atuam como únicos juízes a respeito do que é melhor para os trabalhadores.

Vulnerabilidade do trabalhador à demissão

Aparece uma tendência clara nos mais recentes pactos sociais assinados, a do aumento da vulnerabilidade do trabalhador à demissão direta pura e simples, sem maiores subterfúgios. É sabido que, na Espanha, trabalhador demitido não recebe nenhuma indenização.

O AES, com seu caráter predatório, está presente na vida do trabalhador espanhol apadrinhado pelos sindicatos burocratizados que falam em seu nome, levando-os a confiar somente em sua auto-organização a partir do local de trabalho para resistir a essa ofensiva patronal-burocrática. Quanto ao desemprego, ao passo que em 1976 – por ocasião da assinatura do Pacto de Moncloa – 62% dos desempregados recebiam ajuda estatal, atualmente, só 25% recebem-na: há quase 2,5 milhões de desempregados nessa situação.

Que o pacto social espanhol significa para o trabalhador maior arrocho no salário é indiscutível. Acresce-se que ele abre mão do direito de greve enquanto durar o pacto. Assim, categorias de trabalhadores que recorram à greve têm seu sindicato multado, o que leva ao esvaziamento do fundo de greve.

Quanto à defasagem entre os aumentos salariais e a taxa de inflação na Espanha, entre 1977 e 1984, temos a informação do jornal da CNT

(Confederação Nacional do Trabalho), *Solidariedade obrera*, que, em seu número publicado em novembro de 1984, nos traz os seguintes dados:

ANO	AUMENTO DOS SALÁRIOS	AUMENTO DOS PREÇOS
1977	25,01	24,0
1978	20,59	19,3
1979	14,10	16,2
1980	15,26	15,5
1981	13,04	14,5
1982	12,01	14,0
1983	11,56	12,0
1984	6,50	8,0

Em 1979 e no período compreendido entre 1981 e 1984, o pacto social significou para o trabalhador espanhol perda do direito de greve e arrocho salarial. Ele foi entregue de mãos atadas à burocracia estatal pelas burocracias dos partidos e sindicatos que dizem representá-lo.

Adequação ao programa do grande capital

Com o pacto social, as Comissões Obreras espanholas cumprem seu papel de disciplinadores dos trabalhadores, induzindo-os a sua aceitação sem prévia discussão nos locais de trabalho ou assembleias sindicais.

As Comissões Obreras dependentes do PCE (Partido Comunista Espanhol) sempre cuidaram de manipular as assembleias operárias para que os trabalhadores deleguem por via eleitoral sua soberania a Conselhos permanentes, teledirigidos pelas executivas do partido atrelado ao pacto.

Nesse atrelamento, incluem-se o PCE e o Partido Socialista Operário de Gonzalez, atualmente no poder.

Os pactos sociais na Espanha mudaram o *layout* dos dirigentes operários, como eles próprios se autodenominam, os burocratas sindicais e de partido não aparecem mais com roupas de trabalho em público, mostram seu novo uniforme: relações públicas do grande capital na Espanha.

Os políticos profissionais, da direita civilizada de Fraga Iribarne à esquerda oficial do Partido Socialista Operário Espanhol, o PCE e as Comissões Obreras são responsáveis pelo produto que o trabalhador espanhol engole goela abaixo: a austeridade.

Isso significa uma adequação incondicional ao programa do grande capital, que sustenta o Ministério de Gonzalez, com apoio do PCE, unidos na defesa do pacote econômico do ministro Fuentes Quintana.

Nesse pacote econômico, os preços disparam ao passo que os salários são congelados. Os preços dispararam no outono, na esperança de serem controlados no inverno, por meio da manipulação de índices oficiais; a crise das empresas e o desemprego são tratados no nível da caridade, enquanto a pretexto de racionalização o sinal verde para a demissão de trabalhadores está dado.

O que inexiste no pacote econômico governamental é algo que alivie a exploração que sofre o trabalhador. Os partidos que falam em seu nome, o socialista e o comunista, conduzem-no a fazer sacrifícios na defesa da monarquia e do capitalismo.

É nesse contexto que os pactos sociais emergem na Espanha.

Peões e pelegos[*]

Pelego é uma pele de carneiro curtida. Pode ser também de cabra ou de outros animais que possuam pelos macios. É usado sobre a sela do cavalo para amaciá-la e, assim, impedir que o trotar do animal maltrate as nádegas do cavaleiro. Em nosso país, atribui-se, ainda, à palavra outro significado, devido à semelhança de utilidades: pelego é o dirigente sindical que, comprometido com determinações oficiais, coloca-se entre o governo e os integrantes de sua categoria, servindo como amortecedor dos conflitos de classe ou sociais. Nisso, percebe-se, seu papel tem muito que ver com o pelego de montaria. Como bom gaúcho e, naturalmente, excelente montador, Vargas buscaria inspiração nesse costume de montaria para idealizar a organização sindical com que contemplou os trabalhadores, décadas atrás. Estrategista habilidoso, Vargas precisava laçar sua doação trabalhista com um instrumento que lhe permitisse ter o controle total da situação. Nesse sentido, serviu-se com sucesso de sua experiência como cavaleiro dos Pampas, transportando à sociedade e à política a serventia

---

[*] *Folha de S.Paulo*, 10/08/1981.

do pelego. Finalmente, pelego é todo aquele que, sem muitos escrúpulos, passa a servir ao cavaleiro como amaciador de sua sela.

Em suma, pelego é um tipo social resultante do caráter vertical da organização corporativa e da dependência do Ministério do Trabalho da estrutura sindical brasileira.

É um erro ver no populismo como movimento político apenas seu caráter mobilizador do povo. Se, de um lado, mobilizava os assalariados, e Getúlio Vargas o fazia por meio do PTB, de outro criava estruturas de controle sobre eles tão abrangentes que em 1964 não precisou mexer nessa estrutura de controle, simplesmente colocou-a a seu serviço.

A implantação do sindicato vertical no Brasil se deu em 26 de novembro de 1930, com a criação do Ministério do Trabalho, ocupado pelo positivista gaúcho Lindolfo Collor. A preocupação positivista de integrar o proletariado na sociedade, definida por Augusto Comte, no Brasil, é transformada no esforço para integrar o proletariado no Estado, por meio do sindicato atrelado ao Ministério do Trabalho.

Cria-se o sindicalismo de Estado e se suprime a liberdade e a autonomia política do próprio sindicalismo. Para funcionar, necessitam da carta de registro prevista pelo Decreto n. 19.970, de 31 de março de 1931. Alia-se o Decreto n. 24.694, de 12 de junho de 1934, que define as condições de reconhecimento do sindicato pelo Ministério do Trabalho, e temos o sindicato atrelado como produto final.

Esse sistema vigorava na Itália fascista de Mussolini, cuja Carta del Lavoro havia influenciado decisivamente na organização sindical brasileira. O verticalismo do sindicalismo nacional deriva de sua dependência do Ministério do Trabalho, que tem poderes para expedir ou cassar carta de registro do sindicato; promover seu enquadramento sindical por profissão; controlar a gestão das diretorias, dirigir o processo eleitoral e, se for o caso, intervir e destituir suas direções. O Ministério do Trabalho pode, após o exame trimestral da situação financeira dos sindicatos, bloquear as contas bancárias deles. Se, no cenário sindicalista, a eleição é direta, no cenário da federação ou confederação é indireta.

Além do mais, há a contribuição sindical, recolhida obrigatoriamente por desconto em folha de todo assalariado e redistribuída aos sindicatos, às federações e às confederações.

Há, ainda, a Justiça do Trabalho, que deve arbitrar as questões surgidas entre patrões e empregados. Uma vez que predomina o contrato de trabalho individual, e não o coletivo, o empregado já parte de uma situação de inferioridade diante do patrão, daí o surgimento das indústrias dos acordos na Justiça do Trabalho, pois, morosa como é, leva o empregado ao acordo, na impossibilidade de uma espera indefinida de solução de conflito.

É dentro desse quadro amplo que se deu a reeleição do presidente do Sindicato dos Metalúrgicos de Belo Horizonte e do presidente do Sindicato dos Metalúrgicos de São Paulo.

Desde 1969, João Soares da Silveira ocupa o cargo de presidente do Sindicato dos Metalúrgicos de Belo Horizonte. Além desse cargo, acumula com o de vogal na Justiça do Trabalho. Então se beneficia da contribuição sindical enunciada anteriormente, e também cobra uma taxa extra do associado, a pretexto de manter escola e atendimento médico, com o nome de desconto assistencial. A inscrição de novos membros no sindicato é feita por meio de suas funcionárias que ganham uma porcentagem por cabeça, porém, só após noventa dias decorridos da inscrição, o peão entra no gozo de seus direitos com o sindicato. Não aceitou fazer a sindicalização dos peões da Fiat, alegando que ela tem muito operário. Partindo da noção expressa em entrevista à imprensa mineira, que "o verdadeiro problema dos operários não é ganhar pouco", preocupa-se em organizar festas, cursos de corte e costura e banquetes para as autoridades. O sindicato está organizado como uma empresa prestadora de serviços, em que a participação dos trabalhadores é simbólica.

Diga-se de passagem que sua reeleição não se deu sem incidentes. O médico Ulisses Panisaad, quando fazia campanha pela Chapa 3 nos portões da Mannesman, foi agredido por adeptos da chapa situacionista. Isso mostra as dificuldades de a democracia penetrar no interior das organizações sindicais.

Em São Paulo, Joaquim dos Santos Andrade foi reeleito presidente do sindicato que dirige há 16 anos, durante seis gestões consecutivas.

Sua vitória foi a vitória dos inativos, pois ele obteve 78% de votos dos aposentados, enquanto Rossi obtinha 17%. A divisão da oposição em duas chapas contribuiu para sua vitória, especialmente porque os membros da Chapa 3 estavam mais preocupados em marcar posição que lutar contra o inimigo principal – Chapa 1 –, no primeiro escrutínio; no segundo, muitos transferiram seus votos para a Chapa 1. É penetrando pelas cisões das oposições que aparelhistas, burocratas e pelegos obtêm maioria; é uma lição que há muito deveria ter sido aprendida pelos membros da Chapa 3. Durante o segundo escrutínio, a calúnia e a violência estiveram presentes, favorecendo a Chapa 1. Assim, um lutador como Rossi foi acusado de agente divisionista a serviço das multinacionais, por cartazes que apareciam em São Paulo, durante o processo eleitoral. Conforme relata Mário Serapicos no jornal *Movimento* (s. d. p.9), as portas de fábrica e a sede do sindicato viraram verdadeiros campos de batalha. Em uma dessas brigas, o braço de uma garota de São Miguel Paulista que apoiava a Chapa 2 foi quebrado em três partes pelos militantes do jornal *Hora do Povo*.

Dentro das fábricas, Rossi obteve maioria, e Joaquim só se reelegeu pelos votos dados pelos aposentados que dependem da máquina assistencial montada pelo sindicato, e este, por sua vez, dependente do Estado. Vencedor nas fábricas, Waldemar Rossi afirmou a unidade sindical a partir delas, negando a pretensa unidade sindical, na realidade, união entre pelegos. Joaquim deve sua vitória a sua máquina muito mais que ao apoio de *Hora do Povo*, *Voz da Unidade* e dos membros da Chapa 3 que votaram nele. É nesse sentido que o futuro do sindicalismo autêntico reside no pé da máquina por meio das comissões de fábrica. Está longe dos pacotes do tipo Conclat ou CUT que reeditam o CGT de 1963. A história se repete duas vezes: a primeira como história e a segunda como farsa. CUT sim, porém, a partir da fábrica.

Afinal, uma política de empregos*

Sindicalistas de todas as tendências entoam um coro unânime contra o desemprego. Esse foi um dos temas centrais do Conclat recém-realizado. Joaquim dos Santos Andrade, ao mesmo tempo, barganha o índice de produtividade pela criação de cem mil empregos hipotéticos. A Câmara Municipal de São Paulo, porém, por meio de sua mesa, realiza um concurso para o preenchimento de cinco vagas de técnico em reprografia e sessenta vagas para auxiliar legislativo. Até aí, nada de mais.

Eis que os menos avisados começam a perceber coincidências estranhas por ocasião da nomeação dos candidatos aprovados. Em um concurso que

---

* *Folha de S.Paulo*, 11/11/1981.

contou com dois mil inscritos, dos 65 aprovados, pelo menos 13 têm ligações de parentesco e afinidade com vereadores e altos funcionários da Câmara e com os responsáveis pela elaboração das provas. Assim, foi aprovada a cunhada e chefe de gabinete do presidente da Câmara, o filho do secretário da Mesa, a filha do líder do PSDB (Partido da Social Democracia Brasileira), a filha do atual secretário do Interior, o chefe do gabinete do líder do PTB, a funcionária do vice-presidente da Câmara pela legenda do PP (Partido Popular), um funcionário do diretor-geral da Câmara, o filho do chefe da assessoria de recursos humanos, o filho do chefe da assessoria da Mesa, o filho do diretor de Transportes, o filho do membro da comissão organizadora dos concursos e um funcionário do líder do PTB.

É a grande contribuição da Câmara Municipal de São Paulo no combate ao desemprego. Nesse sentido, é uma iniciativa pioneira no país, promovendo o alargamento das brechas e dos espaços para a mão de obra, mesmo que seja no setor terciário. Embora engenheiros, professores e advogados fossem reprovados no concurso, o vice-presidente da Câmara (PP), em declarações ao jornal *Folha de S.Paulo*, em 1º de outubro de 1981, garantiu que os aprovados são intelectuais altamente capazes, que poderão ser prejudicados pelas denúncias publicadas pela imprensa. Realmente, a existência da imprensa, para uns poucos, é um grande mal, especialmente pela capacidade que ela tem de prejudicar ao comentar certos atos da administração pública, em uma área que funda a legitimidade de seu poder no voto popular, na eleição, que é a área do Legislativo.

Tudo isso suscita reflexões. Após a Revolução de 1930, com a criação do Dasp e a universalização do concurso para a administração pública, pretendeu-se, por meio de provas objetivas, avaliação de títulos, tempo de serviço e competência, preencher os cargos vagos na administração. Com isso, pretendeu-se acabar com a política de despojos para preenchimento de cargos, isto é, a nomeação por indicação dos partidos políticos, que atuam mais como órgãos de direito privado que de direito público, no dizer do velho Oliveira Viana.

No entanto, o que se viu não foi bem isso. Quanto maior é o cargo a ser preenchido, mais ele o é em função do capital de relações sociais do candidato, por simples recomendação postal ou telefônica. Quanto menor for o cargo, maior será a exigência formal para seu preenchimento, daí, o concurso. É o período dos clãs parentais na administração pública, em que o filhotismo, "genrismo", compadrismo e outras formas de paternalismo geraram um novo tipo social: o funcionário público. Mais que isso, após cada movimento revolucionário, como a Revolução de 1930, o golpe de Estado de 1937 que instituiu o Estado Novo e a Revolução de 1964, um fenômeno apareceu com muita clareza: o aumento geométrico do número de funcionários públicos, o que levou um ensaísta norte-americano a perguntar se, no Brasil, um fator causal de muitas revoluções poderia residir na possibilidade de nomeações burocráticas pelos adeptos do novo regime.

A instituição do concurso como obrigatório para preenchimento de alguns cargos públicos, geralmente os de importância média e pequena, não eliminou os clãs parentais na administração pública. Eles realizaram uma reconversão do instituto do concurso: é o que se depreende do concurso realizado pela mesa da Câmara Municipal de São Paulo.

Sem dúvida alguma, é ilusório pensar que o concurso que efetiva os pertencentes aos clãs parentais que ocupam cargos administrativos na Câmara, como parentes daqueles que foram eleitos para defender o povo soberano, contribui para conferir mais credibilidade ao Poder Legislativo e muito menos aos partidos políticos, sejam quais forem suas legendas – PDS, PP, PMDB, PDT, PTB ou PT – é a luta pelo poder. Atingido o poder, esses partidos tenderão cada vez menos a ouvirem suas bases – aqueles que as têm – e serão presas fáceis de seus senadores, deputados e vereadores. Quem, na base, discordar dos notáveis é excluído do partido.

A luta partidária, no Estado atual, assume a forma definida por Max Weber: é a luta pelo direito de nomeação aos cargos públicos. Isso é o central, e o programa partidário, em geral, constitui-se em mera enganação. Tem tanto menos valor quanto mais o partido é controlado por uma máquina burocrática apoiada nos parlamentares que falam em nome do povo soberano, porém – como dizia Tocqueville – miserável. O problema mais sério do partido é, após escalar o poder, quem o tira de lá. Diriam alguns: é por meio do processo eleitoral. Concordamos, porém ressaltando que a diferença entre os partidos brasileiros são de rótulo. Eles se constituem nos viveiros de uma nova burocracia tecnocrática, que, legitimada pelo voto popular, melhor poderá explorá-lo e dominá-lo.

Ao lado desse processo, origina-se outro: o deslocamento das finalidades dos partidos. Enquanto não detêm o poder, propõem-se missões de salvação nacional, de mudança social; não deixam por menos. Criam os líderes profissionais, ou seja, os vereadores, os deputados e os senadores que legislam em nome do povo, sem o povo e, em geral, em causa própria. Assim, um órgão legislativo, que tem como finalidade reunir os representantes do povo para defendê-lo, cria um grande aparato burocrático com cargos de concursados e de confiança, como meio para atingir os fins, só que o fim é esquecido, e o meio se torna fim: a autossustentação dos clãs parentais nos cargos burocráticos é a grande finalidade da Câmara.

É a conclusão melancólica a que chegamos, ao observar a árvore de Natal em que constitui o concurso da Câmara Municipal de São Paulo. Que isso sirva de advertência ao eleitorado desavisado. Podemos admitir que, com esse concurso, a mesa da Câmara Municipal dá sua contribuição à luta contra o desemprego: mas é com as eleições de 1982 que teremos a possibilidade de um pleno emprego, eis que serão eleitos senadores, deputados federais e estaduais e vereadores, sem falar dos reeleitos. Isso sim contribuirá definitivamente para a erradicação do desemprego no setor médio. É o modelo brasileiro para enfrentar a crise e, com ele, todos os partidos, independentemente de sua sigla, estarão de acordo.

Os partidos políticos, ao se colocarem como intermediários entre as lutas do povo e o poder econômico e político, apenas reproduzem esse poder, na medida em que adormecem o povo, conclamando-o a esperar que seus representantes lutem por ele. Assim, reproduzem uma das características principais do capitalismo: a atividade de uma elite que fala em nome do povo e tem a política como profissão, ao lado de uma grande maioria esmagada pela carga do trabalho, que passivamente espera que seus lutadores profissionais – os políticos – não lutem em causa própria ou a serviço dos grupos econômicos privatistas. Por tudo isso, somente a auto-organização popular, por meio dos locais de trabalho e dos bairros, poderá criar condições de o povo travar sua luta sem delegá-la a representantes com cargos burocráticos, menos atentos a ele e mais de olho nos cargos adquiridos em nome do povo. Assim o fazendo, cumprem com o dito de um paraibano: "A gente tem que encostar em um pau que tenha sombra".

Constituinte e turnos de trabalho

O tema é fundamental, especialmente para a classe trabalhadora nacional. Enquanto os senhores constituintes discutem emendas, subemendas, apresentam projetos, ministros das áreas militares e civis prestam declarações à imprensa a respeito de turnos de trabalho, alguém precisa *trabalhar*, quem o faz é o trabalhador que ainda não foi ouvido a respeito, sendo ele o diretamente interessado no assunto.

Os TATs (Turnos Alternados de Trabalho) atingem muito a saúde do trabalhador, pois é consenso na Medicina do Trabalho que os turnos alternados devam vigir somente em áreas imprescindíveis à vida social, como assistência médica, telecomunicações, polícia, bombeiros, transportes, e inexiste qualquer exigência tecnológica para a existência destes TATs.

Além dos prejuízos ocasionados pelo trabalho noturno, aliam-se os ocasionados pelos *turnos alternados*; a OIT (Organização Internacional do Trabalho), por meio de estudo realizado em 1977, constatou que 64% dos operários que trabalham dessa forma apresentam distúrbios nervosos de vários tipos: psiquiátricos, psicossomáticos e psicológicos; é uma porcentagem de alterações bem maior quando se compara com aquelas provocadas pelo trabalho fixo em horário noturno, em que os distúrbios nervosos atingem 25% de operários, porcentagem não desprezível, porém.

Aos prejuízos ocasionados pelo trabalho noturno, acrescentam-se os ocasionados pelo turno alternado, *os derivados das mudanças de ritmos fisiológicos decorrentes dos revezamentos*. São as alterações do ciclo fisiológico do sono e decorrentes do horário habitual da ingestão de alimentos, isto é, das refeições. Assim, a úlcera do estômago e do duodeno atingem mais os trabalhadores em TTA (Turno de Trabalho Alternado) do que os que trabalham em horários fixos. O diabetes se instala mais facilmente naqueles que trabalham em regime de TTA, e eles também estão mais facilmente sujeitos à obesidade.

Pesquisas realizadas entre trabalhadores em regime de TTA em Cubatão e São Paulo, entre 1980 e 1983, mostraram que tal regime de trabalho instaura a *fadiga patológica*, fruto do cansaço acumulado, que ocasiona alterações do sono, irritabilidade, desânimo, dor de cabeça e do corpo e, às vezes, perda do apetite.

Em uma pesquisa realizada entre funcionários do Setor de Operação e Movimento do Metrô – pelo Sindicato dos Metroviários de São Paulo, em 1986 –, outro problema a considerar é o fato de os acidentes de trabalho ocorrerem no final da jornada diária de trabalho, especialmente quando a natureza da tarefa exige altos níveis de atenção contínua e concentrada (como condução de veículos e operação de inúmeros tipos de equipamentos industriais), gerando considerável cansaço *mental*. Seria preferível falarmos de *desgaste mental* ocasionado pela *tensão* a que o trabalhador está sujeito em virtude de elevada responsabilidade em que estão em jogo equipamentos caros e vidas humanas. Há também o *calor*, que incrementa o cansaço geral e o desgaste mental, tornando necessária a *redução da jornada de trabalho*, tanto para quem trabalha em horários fixos como para os que trabalham em *horários alternados*. Pesquisas do Diesat (Departamento Intersindical e Saúde do Trabalhador) em Cubatão e em São Paulo mostraram que *no verão*, quando os trabalhadores trabalham à *noite*, o calor impede que tenham mais de quatro ou cinco horas de *sono diurno*.

São os fatores mencionados anteriormente que levaram a França à adoção da duração máxima da jornada semanal em TAT em *35 horas*.

Nos contatos do trabalhador com seus filhos, estudos feitos na França demonstram que o trabalhador em regime de TAT, na área siderúrgica, tem atitude diferente com seus filhos. Os trabalhadores que realizam tarefas de observação e controle, mais sujeitos à fadiga mental, assinalaram *evitar* o contato com os filhos por saberem que facilmente se irritam e apresentam explosões de cólera, especialmente nos horários em que retornam cansados do trabalho. Sabendo-se da importância da relação entre pai e filho no desenvolvimento psicológico e social da criança e do adolescente, pode-se inferir as consequências resultantes dessas condições especiais, em que o pai ou a mãe, ou ambos trabalham em regime de TAT.

No *relacionamento conjugal*, o trabalho noturno e o TAT interferem destrutivamente: não só são maiores os desajustes sexuais, mas menor o diálogo pela falta de convivência e pelo cansaço patológico decorrentes das condições inumanas de trabalho. Razão pela qual esperamos que os senhores constituintes não se rendam aos *lobbies* das multinacionais, estatais ou paraestatais e aprovem o turno de trabalho de seis horas, reivindicação sentida dos trabalhadores brasileiros.

Isso não esgota o problema. A manutenção de pausas adequadas e suficientes durante a jornada de trabalho e períodos de folgas maiores nos intervalos interjornadas para os que trabalham em turno alternado poderiam completar a decisão à Constituinte, mediante lei ordinária.

Um polo bélico?*

Há cerca de cem dias, a FMB, empresa do setor de siderurgia da Fiat (Grupo Teksid), enviou para os Estados Unidos a primeira remessa de ogivas que vem produzindo em suas instalações no Distrito Industrial Paulo Camilo de Oliveira Pena, no quilômetro 11 da BR-381, em Betim, estado de Minas Gerais. Isso se deu em atendimento a um pedido feito há um ano por uma indústria norte-americana de armamentos. O contrato inicial prevê a produção de cem mil unidades, das quais a FMB já entregou dez mil. O destino final dessas ogivas é a Força Aérea da Marinha norte-americana, porém o nome da indústria compradora e o valor da transação constituem segredo.

Segundo o diretor da FMB, José Monteiro de Castro, em entrevista à imprensa, o nome "ogiva" é inadequado para o tipo de peça que a empresa está exportando para os Estados Unidos, pois muita gente poderia pensar tratar-se de uma bomba, quando, na verdade, ela não tem poder de explosão. Trata-se, segundo o referido senhor, de uma peça com forma semelhante a uma ogiva para ser encaixada nos foguetes a serem disparados por avião, sem levar, contudo, qualquer carga explosiva. Com essas ogivas, a Força Aérea da Marinha norte-americana treina seus soldados nos lançamentos de bombas.

A produção de material bélico que, no momento, restringe-se a ogivas de foguetes, pode vir a ser ampliada, eis que na Itália a Fiat fabrica qualquer tipo de armamento, e isso poderia suceder aqui, na FMB, que desenvolve as mesmas técnicas da matriz italiana. Em caso de guerra, ela poderia, por exemplo, readaptar todas as suas cinco linhas de produção para fabricação dos mais variados tipos de armas. O Estado está atento a isso, como o prova recente declaração do ex-governador mineiro, atual vice-presidente Aureliano Chaves, que, pouco antes de assumir a vice-presidência, admitiu que, nos casos de emergência, toda indústria poderia transformar sua tecnologia de fins pacíficos em tecnologia de guerra.

No caso da FMB, tal transformação ocorrerá sem guerra mesmo. José Monteiro de Castro, da FMB, admite que a empresa venha a fabricar ogivas explosivas ou qualquer outro tipo de armamento tanto para o mercado

---

* *Folha de S.Paulo*, 22/02/1979.

interno como para o mercado externo desde que o negócio seja lucrativo. A exportação de ogivas para foguetes é utilizada pela FMB como cartão de visitas para outros negócios, embora a empresa garanta que, até o momento, não há nenhum contrato à vista com indústrias de armamentos, brasileiras ou estrangeiras. A direção da FMB afirma simplesmente que os planos da empresa são no sentido de procurar diversificar a produção, uma vez que, por motivos óbvios, "uma indústria não pode ficar cativa de um só mercado, pois, se esse mercado entra em crise, ela entra também".

É sabido que o diretor-geral de material e o diretor do arsenal da Marinha brasileira, acompanhados de cinco oficiais, estiveram em visita à FMB há alguns meses. Segundo o citado Monteiro de Castro, o objetivo dessa visita não foi discutir futuras encomendas da Marinha à FMB, mas sim fazer uma inspeção de rotina, dessas que as forças armadas fazem a todas as indústrias consideradas fornecedoras em potencial de material bélico.

A FMB é uma indústria recente; sua instalação se deu há três anos; no momento, ela produz em torno de sessenta mil toneladas mensais, das quais 60% são destinadas à Fiat Automóveis S. A.; o restante é absorvido por outras indústrias ou exportado ao exterior. Essa produção, entretanto, representa dois terços de sua capacidade real. Na realidade, a FMB está operando com capacidade ociosa, embora esse seja o problema de todas as indústrias de bens de capital do país. No caso da FMB, a fabricação de ogivas garante sua inserção no mercado de armamento, o segundo maior do mundo, com investimentos anuais da ordem de quatrocentos bilhões de dólares. Especula-se, também, com a possibilidade de formação de um polo da indústria bélica nacional em Minas Gerais, com base em sua posição geográfica: situado entre os três grandes centros do país (Rio de Janeiro, São Paulo e Brasília), contando também com suas jazidas do quadrilátero ferrífero e com grandes empresas siderúrgicas. Tal especulação é alicerçada nas declarações do general José Pinto Rabelo, que, em sua última visita a Minas Gerais, não descartou a hipótese de tal Estado tornar-se futuramente um polo industrial bélico. No entanto, tecnocratas ligados a órgãos oficiais e ao setor industrial acentuam que essa hipótese não se realizará, eis que o Pro-álcool, a fase 4 da Expansão da Usiminas e a possível implantação da usina de Tubarão, além da prioridade concedida à agricultura, proporcionarão à indústria de bens de capital grandes encomendas em equipamentos. Eles ponderam, ainda, que, apesar do *know--how* de muitas empresas localizadas em Minas Gerais, a reorientação do parque industrial mineiro para o mercado bélico seria inviável, pois exigiria grande inversão de recursos em importação de equipamento e novas instalações.

O fato de o mercado bélico não constar na lista de alternativas governamentais para a indústria mineira não impede que determinada empresa tente uma saída por conta própria; é o que está fazendo a FMB. O Brasil já fabrica lança-pontes, lança-chamas, canhões, mísseis, metralhadoras pesadas, tanques blindados e jatos de combate, e a Engesa, consórcio de 55 indústrias paulistas, exporta armas para a África e para o Oriente Médio. Por sua vez, há inúmeros fornecedores potenciais de material bélico em Minas Gerais. A Krupp, que contribuiu ativamente para a indústria de guerra de Hitler; a Mangels, em Varginha, que pode transformar seus balões de oxigênio em torpedo para navios; a Heliobras, de Itajubá, é muito versátil: faz helicópteros tanto para a paz como para a guerra. Esse quadro deveria mobilizar a sociedade civil a discutir o tema, e os senhores deputados deveriam ser os primeiros a discutir as implicações sociopolíticas de tal polo bélico, deixando sua postura de "deitados eternamente em berço esplêndido" nos cômodos assentos do Congresso Nacional.

Carga pesada[*]

Pobre País. Tinha razão Olavo Bilac quando iniciava uma poesia exclamando: "Criança, nunca verás um país como este!". Foi a conclusão a que cheguei após ter lido *A verdade sobre o capital estrangeiro no transporte rodoviário de carga*, editado em março de 1980 pelo presidente da ANETRC (Associação Nacional das Empresas de Transporte Rodoviário de Carga), Osvaldo Dias de Castro.

No arrazoado a seu favor, a TNT Transportes Ltda., que é uma divisão da Thomas Nationwide Transport Limited, à folha 15 do texto citado, enuncia, com toda a empáfia de uma multinacional na "colônia": "É fator de segurança nacional, em nosso entender, exigir dos dirigentes de transporte menos história e mais resultados, deixando-nos dar nossa contribuição ao progresso de nossa pátria". Caberia uma pergunta: qual pátria, Brasil ou Austrália?

---

[*] *Folha de S.Paulo*, 07/12/1981.

O fato é que a ANETRC encaminhou um texto a favor da aprovação, pelo Senado, do PCL (Projeto de Lei Complementar) n. 42/1979, salientando que, caso o referido projeto de lei demore em sua tramitação ou não seja aprovado, as multinacionais do setor dominarão o transporte de carga no país e o dividirão entre si em menos de cinco anos. O memorial data de 1980, e nele, a ANETRC situa que o investimento estrangeiro deva ser estimulado, desde que tenha reflexos positivos na balança de pagamentos e nas reservas cambiais. Para isso, pondera, caberia analisar a conveniência dos investimentos e as razões econômicas, técnicas e de segurança que militariam a seu favor. Haverá exceção quando houver necessidades que estejam sendo atendidas pelo capital privado ou público nacional, cuja tecnologia possa ser desenvolvida no país a preço baixo, de interesse especial para a segurança nacional. Na medida em que o capital nacional preencha todos os quesitos enumerados, é razoável que o transporte de carga seja reservado ao capital nacional.

O transporte rodoviário de carga no Brasil responde por 80% da circulação da produção do país. Quanto ao aspecto tecnológico, o memorial salienta que, comparativamente aos Estados Unidos, ao Japão e à Austrália, o Brasil nada tem a aprender, eis que as empresas lá localizadas não detêm qualquer *know-how* operacional que as empresas nacionais não conheçam ou não apliquem. Atendido pelo capital nacional, o setor de transporte de carga torna desnecessária a presença das multinacionais, que nada têm a transmitir na área tecnológica. Conforme anteprojeto da Lei Básica elaborada pelo DNER (Departamento Nacional de Estradas de Rodagem) em 1976, o transporte rodoviário de cargas em via terrestre no território nacional é "serviço público de interesse da economia e da segurança nacional".

O memorial da associação salienta que o transporte de carga reúne dez mil empresas, além de cem mil transportadores autônomos, gerando mais de três milhões de empregos efetivos, quantidade nada desprezível em uma época de desemprego. Em 1976, o setor apresentava alto índice de nacionalização. A empresa privada nacional detinha 96,6% do patrimônio líquido e 97,8% do faturamento global. Apesar da interferência das multinacionais, o índice de nacionalização ainda atinge 90%.

No entanto, o mercado está sendo invadido pela TNT, de capital australiano, pela Nippon Express, de capital japonês, pela National Freight Corporation, de capital inglês, pela Flexa-Ambrozzetti, de capital italiano, e pela Deimar, de capitão alemão.

A TNT australiana conta com incentivos fiscais da Austrália, operando com as empresas Pampa, Ristar e Kwikasair, com política de preços baixos e arrasadores, com altíssimos prejuízos, no intuito de monopolizar o mercado. Seria terrível, após o país ter conquistado uma fatia dos fretes marítimos, rompendo as barreiras da Conferência de Fretes, perder para as multinacionais os fretes internos. A TNT, além de praticar uma política de *dumping*, aviltando os preços, promove a dilatação de prazos de recebimento para levar as empresas nacionais do ramo à insolvência.

Saliente-se que as empresas estrangeiras de carga não trazem capital de risco, endividando suas subsidiárias com empréstimos do exterior (com as próprias matrizes ou outras subsidiárias), vencendo juros a taxas superiores às do mercado interno. Este tipo de investidor não melhora o nível das reservas cambiais do país e agrava e dívida externa.

Quanto à alegação de que críticas à TNT implicariam alterar relações Brasil–Austrália, basta verificar os termos do acordo comercial entre os dois países para verificar que o transporte rodoviário de carga dele está excluído.

Na realidade, a TNT não trouxe nenhuma contribuição tecnológica ao país, limitou-se a implantar, em 1974, um minicomputador IBM/3, quando, em 1972, a empresa nacional Transdroga alugava um computador B-500 da Burroughs Eletrônica.

Desde que se instalou no país, a TNT investiu como capital de risco quinhentos mil dólares. Enquanto isso, a Transpampa, subsidiária do grupo australiano, apresentava em seu balanço 4.150 dólares como dívida em moeda estrangeira provinda de empréstimos externos contraídos com uma financeira da Suíça pertencente ao grupo TNT. Essa dívida vence taxas que variam entre 1,12 e 2,25 acima da taxa interbancária de Londres. Conforme nota explicativa n.5 do Balanço da Pampa, sua dívida externa é o dobro de seu capital social e corresponde a mais de oito vezes o montante aqui investido como capital de risco da TNT.

Idêntico caso é da multinacional Four Winds do Brasil, empresa especializada em mudanças, subsidiária da Four Winds Removals Limited, multinacional com sede em Hong Kong. Conforme o Artigo 4º de seu contrato social, o capital é de cerca de cem mil cruzeiros a serem integralizados. Esse foi o investimento da multinacional de Hong Kong no país. Sequer é cadastrada no DNER, requisito para que opere no país, segundo o memorial da associação.

A respeito da política de *dumping* da TNT e da Transportadora Pampa, o Financial Engineering Unit, órgão do City Bank, em relatório de 8 de março de 1975, afirmava: "A Transportadora Pampa está sacrificando parte de seus lucros em função de uma dilatação nos prazos de recebimento, necessária para sua política de aumento de participação no mercado". Ela apresentava prazos de 84 contra 52 dias, prazos médios definidos pelos empresários nacionais. Alimentada por ilimitados empréstimos externos, a TNT pode esticar indefinidamente tais prazos, tornando impossível ao nacional sobreviver. Isso explica a falência da Empresa de Transporte Andrade, ocorrida há dois anos. A Pampa utiliza a eficiência como argumento para penetrar no mercado nacional, porém tal alegação é desmentida por matéria publicada no *Diário do Paraná*, de Curitiba, em 2 de fevereiro de 1980, quando, sob o título "Bagunça", informava que "a Transportadora Pampa, também conhecida como Transpampa, virou o reino da bagunça. Dezenas de clientes estão reclamando da desorganização administrativa com material que não é entregue ou é levado a mãos erradas".

Por tudo isso, caberia ao Senado sair da posição de "deitado eternamente em berço esplêndido" e aprovar o PLC n. 42/1979. Quem viver, verá.

Conflitos na sociedade[*]

Antes de analisarmos a temática dos conflitos, é necessário perguntar-se: conflitos em que sociedade?

A sociedade brasileira, segundo dados de 1986 (Jaguaribe et al., 1986, s. p.), apresenta no referente à renda 52,4 milhões de brasileiros integrantes da população economicamente ocupada, que se acham fortemente concentrados nos mais baixos níveis de renda salarial. Destes, só 29,3% dos trabalhadores (exclusivos os sem rendimentos) ganham até um salário mínimo. Esse percentual é de 42,9% para os trabalhadores rurais, dos quais 22,5% ganham de um a dois salários mínimos. A eles devem acrescer a percentagem de 12,9% dos sem rendimentos, condição que atinge a 27,3% dos trabalhadores rurais. Apenas 11,5%, por sua vez, têm uma remune-

---

[*] II RH Brasil, 1988.

ração de dois e três salários mínimos. Isso significa que 64,77% da população economicamente ocupada (incluídos os sem rendimentos) se encontram em níveis que variam da miséria (até um salário mínimo) à extrema pobreza (até dois salários mínimos). Os 50% mais pobres do país percebem apenas 13,6% da renda total. Os 10% mais ricos têm acesso a 46,2% dessa renda, da qual os 5% mais ricos detêm 33%.

Em relação ao emprego, para uma população de dez ou mais anos de idade, de 95,7 milhões, a população economicamente ativa é de 52,4 milhões, dos quais 35 milhões são homens. A população economicamente ocupada é de 50,2 milhões, sendo 33,6 milhões composta de homens. Dessa população, 29,8% trabalha na agricultura e 21,7%, nas várias modalidades de indústria. Os serviços não diretamente vinculados à produção absorvem 8,3 milhões da produção econômica ocupada, correspondendo a 16,6% dela.

Quanto à educação, 27% dos brasileiros de cinco ou mais anos de idade são analfabetos. Desses, 53,9% são analfabetos urbanos, predominantemente mulheres (29%). Não menos precária é a situação dos alfabetizados. Da totalidade da população, com dez ou mais anos, milhões de habitantes (1983), menos de 18% têm quatro anos de instrução primária completa, sendo sensivelmente menor a percentagem dos que completam os oito anos de ciclo básico: considera-se que entre 1984 e 1985 o número de analfabetos aumentou.

No que se refere à mortalidade, a esperança de vida ao nascer, que é o mais importante indicador do estado de salubridade da população, embora tenha acusado importante melhora nos últimos quarenta anos – passando de 41,5 anos, em 1940, para 60,1, em 1980 –, ainda é muito baixa em termos internacionais e acusa, como seria de se esperar, forte correlação com os níveis regionais e individuais de renda.

Em 1980, esse índice, que era de 60,1 anos para o conjunto do Brasil, situava-se em 51 anos para o Nordeste, enquanto era de 64,4 anos para o Sudeste e de 67,3 para o Sul. Esse mesmo índice era de 58,5 anos para os que tinham rendimentos de mais de um quarto até meio salário mínimo, e de 61,9 para os com mais de um salário mínimo.

O saneamento é pobreza de mais de metade das famílias brasileiras, expressa, de forma correspondente, em seu nível de vida. Dos poucos mais de 29 milhões de domicílios apurados pelo IBGE (Instituto Brasileiro de Geografia e Estatística) em 1984, apenas 66,2% estão ligados à rede de água e 25% à de esgoto. Somente 57% têm seu lixo coletado e somente 53,6% dispõem de um filtro. O quadro é incomparavelmente pior no tocante aos domicílios rurais; somente 35% desses domicílios dispõem de um filtro.

A miséria assola o Brasil. Segundo o estudo editado em livro citado (Jaguaribe et al., 1986, s. p.), um terço das famílias brasileiras vive em regime de miséria, em pobreza absoluta, com menos de um salário mínimo. Nesse universo familiar, a renda é insuficiente para atender ao mínimo da demanda nutricional. A miséria se caracteriza pela má nutrição e subnutrição crônicas. O fato é que essas pessoas ganham menos que o necessário para manter um regime alimentar razoavelmente equilibrado. Elas não têm suficiência alimentar; são pessoas que arrastam uma vida extremamente penosa, morrem cedo, são vítimas de toda a sorte de doenças. São cronicamente trabalhadores rurais e não ganham o suficiente para manter o equilíbrio nutricional.

Esse é o pano de fundo de uma situação social vivida pelos trabalhadores brasileiros, pela grande maioria dos assalariados, que as instituições existentes (Estado, Igreja, partidos e sindicatos) atingem pela rama.

Há várias lutas que polarizam os trabalhadores brasileiros, entre as quais se destaca a luta pela reforma agrária e pela reforma urbana.

A respeito da última, o ministro do Desenvolvimento Urbano e Meio Ambiente, Deni Schwartz, declarou: "Não acredito em reformas. Nos países socialistas, as reformas agrárias e urbanas deram certo porque tinham o respaldo de uma revolução" (*Folha de S.Paulo*, 1987, p.A.22).

A respeito de reforma agrária, o novo ministro da Reforma e Desenvolvimento Agrário, empossado em 5 de junho deste ano, Marcos Freire, do PMDB, fez uma autocrítica pública a respeito do andamento do Plano Nacional de Reforma Agrária: "Confesso, em uma manifestação pública de autocrítica, que o programa não tem se desenvolvido de acordo com nossa vontade, ou melhor, com nossas vontades" (*Folha de S.Paulo*, 1987, p.A-5). Depois, o presidente criticou a legislação vigente e a atuação do Poder Judiciário no que se refere à reforma agrária:

> Dificuldades diversas de estrutura e de conjuntura dificultaram nosso trabalho e hoje podemos verificar que é necessária uma reflexão sobre os instrumentos jurídicos que estão à disposição do governo nesta tarefa. Eu acredito que o Estatuto da Terra já esteja, de algum modo, desatuali-

zado e que a burocracia judiciária é, também, em grande parte, responsável pelo atraso das metas que foram estabelecidas (*Folha de S.Paulo*, 1987, p.A-5).

Uma das grandes lutas dos trabalhadores urbanos do país, especialmente os de São Paulo, o maior centro industrial da América Latina, onde estão concentrados mais de 50% da produção industrial nacional, é pela autonomia e liberdade sindicais.

A estrutura sindical brasileira, montada em 1934 por Lindolfo Collor, após a Revolução de 1930, caracterizava-se pelo contrário, heteronomia e tutela do sindicato pelo Estado em vigor até os dias de hoje.

O sindicalismo brasileiro, entre outras coisas, caracteriza-se por:

- Unidade: a lei permite apenas um sindicato para representar a mesma categoria econômica ou profissional ou profissão liberal, em uma base territorial (regime de sindicato único).
- Uniformidade: a estrutura sindical é a mesma e obrigatória para todos os empregadores (categorias econômicas e categorias profissionais).
- Controle do governo: somente as associações profissionais registradas no Ministério do Trabalho podem ser reconhecidas como sindicatos. O reconhecimento, sujeito a requisitos, depende do pedido feito pelo Ministério do Trabalho que expede, para esse fim, a Carta de Reconhecimento, especificando a representação econômica ou profissional conferida e a base territorial outorgada.
- Fiscalização financeira: o registro das operações financeiras e patrimoniais dos sindicatos está sujeito a plano de contas e instruções do Ministério do Trabalho. Os orçamentos devem discriminar receita e despesa segundo instruções e modelos expedidos pelo Ministério. Os sindicatos estão proibidos de receber financiamentos, empréstimos e doações sem prévia autorização oficial.
- Obrigações: são deveres dos sindicatos: (1) colaborar com os poderes públicos "no desenvolvimento da solidariedade social"; (2) manter serviço de assistência judiciária; (3) promover conciliação nos dissídios trabalhistas; (4) fundar cooperativas de consumo e crédito; e (5) fundar e manter escolas de alfabetização e pré-vocacionais.
- Direitos: prerrogativas dos sindicatos: (1) representar a categoria perante o governo e o Judiciário; (2) celebrar contratos coletivos de trabalho; (3) eleger representantes; (4) impor contribuições à categoria; (5)

colaborar com o Estado no estudo de problemas que se relacionam com a respectiva categoria ou profissional liberal; e (6) fundar e manter agências de colocação.
- Proibições: é proibido aos sindicatos: (1) propaganda de doutrinas incompatíveis com as instituições e os interesses da nação, bem como de candidaturas e cargos eletivos; (2) atividades fora das finalidades contempladas na lei, incluídas as de caráter político-partidário; e (3) cessão gratuita ou remunerada de natureza político-partidária.
- Base territorial: os sindicatos podem ser distritais, municipais, estaduais ou interestaduais. Excepcionalmente, o Ministério do Trabalho pode autorizar o reconhecimento de sindicatos nacionais. Ao outorgar a carta sindical, o Ministério do Trabalho fixa a base territorial.
- Intervenção do governo: pode ocorrer, se houver, "dissídio ou circunstâncias que perturbem o funcionamento da entidade sindical ou motivos relevantes de segurança nacional". Nesses casos, o Ministério do Trabalho pode intervir na entidade sindical, por intermédio de delegado ou junta interventora, com atribuições para administrá-la e executar ou propor medidas necessárias para normalizar o seu funcionamento. Ao nomear delegado ou junta interventora, o ministro destitui a diretoria da entidade. Essa decisão, entretanto, pode ser revista pelo Judiciário. Os destituídos de cargo administrativo ou de representação não podem ser eleitos para cargos nas eleições sindicais.
- Eleições: reguladas pela CLT (Consolidação das Leis Trabalhistas) e por portaria do Ministério do Trabalho. O ministro do Trabalho, Almir Pazzianotto, baixou portarias dispensando a disciplina oficial das eleições sindicais para os sindicatos que regularem o assunto em seus estatutos. O voto é obrigatório para os associados.
- Enquadramento: é feito por categorias econômicas ou profissionais, segundo quadro de atividades e profissões previsto na CLT e de acordo com subdivisões criadas pelo ministro do Trabalho, por proposta da Comissão de Enquadramento Sindical.
- Contribuição sindical: é obrigatória. Devida por todos os que participarem de determinada categoria econômica ou profissional, ou de uma profissão liberal em favor do sindicato representativo. É paga de uma só vez, anualmente. Para os empregados, é de um dia de trabalho; para autônomos e liberais, de 15% do maior valor de referência; para as empresas, é uma importância proporcional ao capital registrado. As

contribuições são a principal receita do sindicato, que também pode cobrar mensalidades dos associados.
- Graus: a lei classifica as entidades sindicais em dois graus: inferior e superior. De grau inferior são os sindicatos que podem ter base territorial de municipal até nacional, conforme a representatividade. De grau superior são as confederações. São necessários pelo menos cinco sindicatos para criar uma federação, que geralmente é estadual. Para constituir uma confederação, de caráter nacional, são necessários no mínimo três federações. A criação de federações depende do Ministério do Trabalho. As confederações vêm estabelecidas em lei: indústria, comércio, transportes, comunicações, crédito, educação e cultura, profissões liberais e agricultura e pecuária, respectivamente para as categorias econômica e profissional.

No entanto, embora todas as centrais sindicais concordem com a luta pela liberdade e autonomia sindical, interpretam diferentemente o que é essa luta pela autonomia e liberdade sindical.

O presidente do Sindicato dos Metalúrgicos do Rio de Janeiro, Waldir Vicente, afirma que "a CGT tem uma posição contra a extinção da contribuição sindical no momento; é contra o pluralismo sindical, definitivamente" (*Folha de S.Paulo*, 1986, s. p.).

Jorge Luís Coelho, presidente da CUT no estado de São Paulo, afirma que, em seu entender, basta que os sindicatos sejam atuantes e tenham compromissos com suas bases para que elas contribuíssem para a sobrevivência de suas entidades. Assim, a assistência médica e odontológica que o sindicato presta a seus associados deve ser tarefa do Estado.

Muito mais que os sindicatos, são os dirigentes de federações e confederações que se opõem à ratificação da Convenção 87 da OIT que propiciaria a autonomia e liberdades sindicais. Essas organizações de cúpula têm no imposto sindical o único meio de sustentação. A CUT desconfia de uma reforma da estrutura sindical sem promover a ratificação da Convenção 87 da OIT pelo governo.

Na realidade, a CGT, que tem o Sindicato dos Metalúrgicos de São Paulo como seu sustentáculo, confunde unidade com unicidade sindical. Mesmo com o pluralismo sindical como o existente nos Estados Unidos e na Europa, onde os sindicatos se vinculam às crenças ideológico-políticas definidas, não ocorre a divisão do movimento operário, pois, quando da luta por reivindicação que afeta os trabalhadores na sua amplitude, as centrais sindicais se unem. Pluralismo não significa separatismo. Sem pluralismo sindical não há autonomia sindical.

O Brasil conheceu sindicatos totalmente autônomos e independentes do Estado durante a Primeira República; nem por isso os interesses dos trabalhadores deixaram de ser defendidos, muito pelo contrário. Havia um sindicalismo de sindicalistas que viviam para o sindicato e não do sindicato.

Não havia, como hoje, "sindicalismo de ex" – ex-metalúrgicos, ex-bancários, ex-professores, que se encontram à testa dos sindicatos e nessa qualidade são facilmente cooptados pela burocracia de Estado.

Um sindicalismo autêntico é importante como um interlocutor válido nas negociações coletivas, em que realmente represente seus representados (os trabalhadores).

Da mesma forma, é muito importante a existência de Comissões de Fábrica, no interior de cada empresa, reconhecidas como instrumentos válidos de representação de interesses pela classe patronal, como as Comissões de Representação de Empregados, nas empresas e entidades estatais.

Isso pressupõe uma visão mais ampla e social por parte da elite industrial brasileira que ainda criminaliza o conflito social, por meio de intervenção em diretorias de sindicatos combatidos (época Murilo Macedo) destituindo arbitrariamente diretorias eleitas pelos trabalhadores, combatendo a greve pela repressão policial e pelas demissões coletivas. Vê-se o desenvolvimento da sociedade industrial nos Estados Unidos e na Europa: o conflito social não é criminalizado. Nos Estados Unidos, os trabalhadores fazem greve para pressionar as negociações que se seguirão com o patronato. Quando sai à rua em defesa de suas reivindicações, a polícia exige que, na passeata, tragam claramente expressas suas reivindicações. Ela acompanha a passeata para garanti-la contra aqueles que a ela se opõem.

E o que dizer das Comissões de Fábrica? Enquanto no Brasil seus membros são demitidos sumariamente pelas grandes empresas como criminosos comuns, sua presença é institucionalizada na França, Itália, Alemanha Ocidental e Estados Unidos. E não se diga que a existência de Comissões de Fábrica ou de um sindicalismo operário combativo seja um fator que leve o país à breca, ou ao tão temido comunismo. O caso norte-americano e europeu desmente tal visão conspirativa do processo social.

Hoje, o empregado assume uma visão mais contratualista e menos servil das relações trabalhistas. A verdade é que, durante mais de vinte anos, a participação de quem trabalha nas decisões a partir das empresas ficou sufocada no regime militar-industrial brasileiro. Essa autocracia permanente não deixou de contaminar presidentes, gerentes-gerais ou supervisores e encarregados. A partir dos anos 1978-80, culminando com a grave crise econômica de 1981-5, surgiu no tecido social a necessidade da participação. As Comissões de Representação de Empregados e as Comissões de Fábrica vieram e aqui permanecem. Muitos profissionais de recursos humanos preferem tapar o sol com a peneira, não acompanhando as mudanças sociais que atuam sobre a organização e o relacionamento entre seu *staff* e linha.

A crise atual e as demissões coletivas oriundas do plano Bresser estão acabando com uma série de mitos organizacionais: empregado bom não é demitido, o mérito é um estímulo ao empregado, o empregador recorrerá à diminuição de custos em sua empresa em vez de demitir, funcionário com vários anos de casa não é demitido. Isso tudo ruiu abaixo; até na Constituinte, a estabilidade não passou.

Por incrível que pareça, os que falam em milagre Japonês esquecem que a estabilidade do trabalhador é um de seus pilares, esquecem que o contratado pelo FGT jamais poderá ser considerado integrado na empresa ou "vestir sua camisa", como dizem, porque, com o FGTS (Fundo de Garantia por Tempo de Serviço), o patronato comprou o direito de despedir trabalhador com ou sem justa causa, o direito de controlá-lo pela rotatividade.

As principais causas do surgimento de Comissões de Fábrica ou Conselho de Representantes de Empregados foram a corrosão salarial, a baixa da qualidade de vida do assalariado e a burocratização do sindicalismo operário, especialmente o domínio do "peleguismo" nas cúpulas sindicais.

Seu reconhecimento pelo patronato e Estado seria um passo adiante no sentido de descriminalizar as organizações de trabalhadores, deixando de ser encaradas como a organização das classes perigosas, ótica pela qual o patronato europeu do século XIX olhava as organizações operárias.

Infelizmente, em nosso país, temos o passado no presente. No período em que o sr. Murilo Macedo foi ministro do Trabalho, a repressão se realizava mediante a intervenção em diretorias sindicais por parte do ministério e sua destituição e nomeação de "pelegos sindicais" em seu lugar. O sr. Joaquim dos Santos Andrade, presidente da CGT, foi interventor no Sindicato dos Trabalhadores Metalúrgicos de Guarulhos (cidade no estado de São Paulo), em 1964.

Atualmente, na Nova República, não há intervenção do Estado nos sindicatos de trabalhadores, a repressão ao trabalhador se transferiu do Estado às empresas privadas; elas despedem sumariamente pelo país milhares e milhares de trabalhadores que cometeram o "crime" de terem atuação sindical.

Enquanto o trabalhador brasileiro não tiver direito de cidadania, é impossível a democracia no país. A classe dominante toma conta do país, porém não o dirige. Isso quer dizer que ela domina por meio da força, pois sequer tem força para persuadir quem quer que seja. Por isso a democracia é instável no Brasil; no máximo ela tem sido intervalo entre pronunciamentos ditatoriais.

Os trabalhadores não podem ser vistos apenas como recursos humanos na organização. Em empresas onde isso ocorre, observa-se, em geral, altos custos, baixa produtividade, ambiente interno sob tensão, queda da qualidade e atrasos na produção.

As empresas brasileiras estão, na realidade, desaparelhadas para tratarem de assuntos referentes a trabalho organizado. A última pesquisa realizada pelo Management Center do Brasil oferece um retrato da pobreza franciscana que reina no setor. Em geral, considera-se que apenas 16% das empresas brasileiras têm estrutura formal específica para assuntos do trabalho. Na área de abrangência da pesquisa – 37 empresas de 18 setores industriais diferentes – a situação é pior: apenas 8% das empresas entrevistadas mantêm departamentos que servem de ponte entre a alta administração e os funcionários. Outros 3% das empresas não têm formalmente uma unidade, mas apenas uma série de procedimentos para enfrentar as reivindicações, enquanto 25% ainda estudam o assunto ou já aplicaram procedimentos que futuramente poderão se efetivar como políticas. Em geral, as empresas veem na área de recursos humanos apenas uma área que apaga incêndios.

Matéria publicada na *Gazeta Mercantil* em 17 de novembro de 1986 (s. p.) dá conta sob o título "Tribunal decide sob Comissão de Fábrica" que o TRT (Tribunal Regional do Trabalho) de Porto Alegre

> determinou, na semana passada, a Constituição de Comissão de Fábrica para as empresas que tiverem mais de cinquenta funcionários, com atuação no segmento de produção de sabão, velas, perfumarias e artigos de toucador, adubos e colas, tintas e vernizes, formicidas e inseticidas de produtos quími-

cos para fins industriais. A decisão resultou de solicitação do Sindicato dos Trabalhadores, no momento das negociações de dissídio coletivo da categoria. O TRT determinou que as comissões de fábrica tivessem composição paritária, com dois representantes dos empregados e dois dos empregadores, nos moldes das Cipas (Comissões Internas de Prevenção de Acidentes), inclusive com estabilidade de emprego aos trabalhadores.

O fato de o TRT gaúcho considerar a legitimidade e legalidade das Comissões de Fábrica pode abrir um espaço à cidadania do trabalhador no universo da produção com reflexos sobre o social.

Para o patronato, significa que ele poderá negociar com um interlocutor válido, na medida em que representa realmente os trabalhadores de determinada empresa, pois tem que prestar contas de sua atuação ao conjunto dos trabalhadores que o elegeu.

É claro, porém, que são necessárias profundas reformas no aparelho judicial brasileiro, pois, em 1986, o TRT de São Paulo condenou 99% das 480 greves que aconteceram no ano citado. Para um Estado onde 38,3% da população economicamente ativa recebe até dois salários mínimos mensais e abriga, ao mesmo tempo, 709 mil trabalhadores potenciais no setor informal da economia, é sinal que algo está errado. Sendo a greve um fato social em uma sociedade dividida por interesses de classes, grupos, ela não pôde ser criminalizada.

No mesmo sentido da "criminalização" da ação sindical está orientada a confecção do "Manual Sobre Negociações Coletivas", da Fiesp, que divulgou entre os 112 sindicatos patronais que dela fazem parte o referido "manual antigreve". O documento foi elaborado a partir de uma pesquisa realizada durante três meses pelo pessoal de recursos humanos sob orientação do Grupo de Ação Empresarial da Fiesp. O texto se divide em três partes: medidas preventivas – negociações –, a greve e a pós-greve. No primeiro item o documento é categórico ao empregador: "Exija o cumprimento das leis". Nas 18 cláusulas restantes, o empresário é aconselhado a organizar um sistema que propicie o recebimento de sugestões e queixas dos empregados com a ressalva de impedir qualquer forma de participação dos trabalhadores nas decisões da empresa: "A tônica do documento é orientar o empresário a não conceder nada sob pressão".

A preocupação com a influência das centrais sindicais nas decisões dos trabalhadores é uma constante na vida das empresas, e a direção proposta pelo Manual é severa: "Não personalize suas relações com dirigentes sindicais; eles não são amigos nem inimigos, são adversários".

Depois de deflagrada a greve, a orientação do documento é não ceder a pressões ou fazer concessões. Para lidar com o movimento, os chefes de seção devem estar bem preparados e informados: "Se possível, utilizem a contrainformação", lê-se no documento. A contrainformação seria a mesma arma utilizada pelos grevistas.

"Não premie grevistas", diz o Manual. Nesse item, há uma postura rígida a ser seguida pelo empresário em relação aos descontos de horas paradas, do descanso remunerado e do 13º salário, a orientação é não parcelar tais descontos: "Desconte o total de uma só vez".

No final de uma greve, conforme o documento, o empresário não deve adotar medidas disciplinares contra os trabalhadores por terem participado de greve, ainda que "ilegal". Mas o documento acrescenta que "essas medidas devem ser aplicadas, sem exceção, contra aqueles que, durante o movimento, aplicaram violências contra pessoas e bens". Isso se aplicaria também contra os líderes dos movimentos, embora não esteja explícito no documento, porque o "afastamento de um líder pode criar mais dez problemas no futuro".

Segundo informava a *Gazeta Mercantil* de 16 de outubro de 1986, há possibilidade de esse documento ser adotado pelo empresariado em nível nacional.

O relato apresentado mostra como na sociedade brasileira em vias de tornar-se uma sociedade industrial as relações trabalhistas são conflitivas, porém, a atitude das elites brasileiras diante do problema é ambígua – de um lado, o setor do empresariado reconhece *status* ao conflito social; de outro lado, o conflito é visto como obra de "uma classe perigosa", como era vista a classe operária no século XIX. De qualquer maneira, o importante é que quem lida com administração tenha sensibilidade para ver que a relação capital *versus* trabalho implica uma maior reflexão sobre o *status* do trabalho na sociedade industrial e, logicamente, da organização dos trabalhadores.

Isso é mais urgente, especialmente no momento em que a Comissão de Sistematização do Congresso Constituinte aprovou o direito de greve aos funcionários públicos, direito esse já exercido nos Estados Unidos e Europa. É sabido, então, que a categoria profissional mais organizada que possua esse direito tem possibilidade de atingir melhoras salariais significativas.

Seção II

Unicamp: um golpe de mestre*

A luta de alunos, funcionários e professores da Unicamp contra a intervenção desabusada dos membros do Bando da Lua, da USP, mancomunados com setores do *campus* de Piracicaba, havia atingido um clímax por ocasião da passeata pública realizada em Campinas que contou com o apoio maciço da população. Depois, caiu um pouco seu ritmo, em que diferenças internas entre várias unidades da Unicamp apareceram, com riscos de fragmentação do movimento, criando um clima de Réquiem. No entanto, a luta tomou outra dimensão quando quatro diretores demitidos por Sua Magnificência, o reitor, tiveram liminar concedida nas varas cíveis de Campinas, reconduzindo-os aos cargos.

Considere-se que a liminar concedida ao professor Eduardo Chaves, diretor da Faculdade de Educação, foi confirmada pelo presidente do Tribunal de Justiça do Estado, desembargador Young da Costa Manso.

Como reage o senhor reitor? Em 30 de dezembro de 1981, na calada da noite, data em que todos estão preocupados com o Ano-Novo, Sua Magnificência celebra um contrato milionário com o escritório de Alfredo Buzaid – por sinal, um dos assinantes do Ato n.5 – no valor de dez mi-

---

* *Diário do Povo*, 19/01/1972.

lhões de cruzeiros, isso em um momento em que a Unicamp tem seções impedidas de funcionarem por falta de recursos para aquisição de uma mísera chave elétrica!

Esse contrato reza que seu prazo se estenderá ao que for necessário ao acompanhamento e defesa da causa até a instância final e decisão definitiva na defesa da Unicamp perante todas as instâncias da Organização Judiciária Brasileira; isso significa que Sua Magnificência pretende recorrer a todas as instâncias na defesa da "intervenção branca" na universidade.

Em primeiro lugar, o que salta à vista é que o citado contrato se deu sem consulta à Comissão de Orçamento do Conselho Diretor da Unicamp, que, da mesma maneira que o Conselho Diretor, não se reúne desde outubro passado, o que mostra a acefalia em que vegeta uma das maiores universidades brasileiras, punida pela sede de poder de uma máfia burocrática.

Em segundo lugar, tal contrato externo para defesa de Sua Magnificência significa um diploma público de incompetência conferido à Assessoria Jurídica da Unicamp e a seu procurador-geral, pois a simples existência de tais órgãos na Unicamp tornam desnecessários quaisquer contratos externos à universidade, para defesa judicial do senhor reitor.

Tal contrato bilionário entre o senhor reitor e o ex-ministro de Justiça de Médici, sr. Alfredo Buzaid, pode ser objeto de questionamento pela comunidade acadêmica por meio de uma ação popular. Eis que, se um simples funcionário, na defesa de seus direitos, quando recorre à via judicial, paga de seu bolso as custas e honorários, por que Sua Magnificência disporia a seu bel-prazer dos recursos públicos, por meio de contratos milionários, quando Sua Magnificência detém o privilégio de promover sua defesa por sua assessoria jurídica própria?

É que Sua Magnificência deve sentir a impopularidade da causa que defende, qual seja, a escalada por um sindicato do crime mediante apropriação dos poderes de mando na universidade, daí confiar no carisma do ex-ministro de Médici para safar-se de uma derrota judicial – sem pré-julgar – que "pinta" no horizonte. No entanto, o custo social de tudo isso é muito caro. Dez milhões de cruzeiros é um preço muito alto para defender ignomínias como as praticadas contra a universidade, razão pela qual professores, funcionários e estudantes, mediante uma ação popular, devem pôr um dique a tais desmandos. Com tais atos, Sua Magnificência passará à história da Unicamp como um de seus coveiros, como um daqueles que apostaram no obscurantismo para tentar destruí-la. Sua gestão passará aos anais da Unicamp como o "tempo do desprezo". Possivelmente, Sua Magnificência será, a título de glória póstuma, nome de rua, aliás, também Dan Mitrione o foi em Belo Horizonte, e já não o é mais.

A Unicamp e um forte odor de ditadura[*]

Enquanto, em nível nacional, o presidente em exercício, Aureliano Chaves, reafirma seu compromisso com a abertura e a imprensa norte-americana, aproveitando a estada do presidente Figueiredo em Cleveland, e estampa como matéria de primeira página o processo de abertura no Brasil, a Unicamp assiste à volta de um forte odor ditatorial.

A Unicamp teve demitidos dois diretores de faculdade e seis de institutos, além de 14 funcionários pertencentes à Associação dos Servidores. A portaria demissória publicada no *Diário Oficial* (s. d.) não dá motivos das demissões, porém, *O Estado de S. Paulo* de 18 de outubro de 1981 noticia que "a decisão foi tomada pelo secretário Luís Ferreira Martins, que tem intenções de ser reitor da Unicamp". Isso para esvaziar as eleições diretas de candidatos a reitor, marcadas para os dias 20, 21 e 22 do mês corrente.

Esclareceu-se que um dos nomeados para o Instituto de Física, Shigeo Watanabe, não aceitou o convite, enquanto o professor Soares Amora, nomeado para o Instituto de Linguística, "está pensando". É lógico que tudo isso suscita algumas reflexões. É patente que a "abertura" tão falada ainda não chegou à Universidade, especialmente em nosso Estado. A atual onda de demissões é o ponto de chegada de um processo que se iniciou quando o governo do Estado nomeou seis novos representantes para o Conselho Diretor da Unicamp, entre eles membros do próprio Conselho Estadual de Educação – que havia emitido parecer sobre a consulta à comunidade que seria feita na Unicamp – e o próprio secretário da Educação.

Um editorial de um matutino paulista, mesmo criticando a consulta à comunidade que a Unicamp faria, reconhece que, "do ponto de vista da atividade científica e pedagógica, a Unicamp se transformou em um dos maiores e melhores centros do país, projetando sua reputação no exte-

---

[*] *Folha de S.Paulo*, 21/10/1981.

rior", passando depois a defender a urgência de a universidade criar sua estrutura de cargos, seguindo o exemplo da USP ou da UNESP.

É necessário salientar que, se a Unicamp se converteu em centro de excelência nacional e internacional em seus 14 anos de existência, apesar de não ter criado uma estrutura de cargos, o sistema estabelecido foi eficiente e produtivo. Uma universidade nova só pode começar como a Unicamp começou.

Uma universidade se define pela produção científica de seus professores e pelo reconhecimento de sua produção na comunidade acadêmica, nunca pela estrutura de cargos. Eis que os cargos são meio e não fim; ao burocratizar-se, o perigo é a universidade esquecer os fins para que foi criada – produção de saber – e a atividade meio ficar um fim em si; a preocupação pelos cargos predominar acima de qualquer outra consideração.

Ainda, para ser diretor de faculdade ou instituto, nos termos do regimento da Unicamp, é necessário ser titular, porém não é necessário que seja concursado. Os quatro diretores de institutos que foram mantidos pelo senhor reitor o foram porque são concursados em concursos abertos por decisão do Conselho Diretor, composto, em sua maioria, de não concursados, na época em que isso se deu.

Por sua vez, o próprio reitor foi escolhido em lista sêxtupla elaborada por professores não concursados, mas nem por isso sua legitimidade foi questionada.

Utilizar-se do legalismo para impedir que a comunidade universitária se manifeste é desconhecer que nem tudo que é legal é justo; assim, os Atos Institucionais e as leis racistas de Hitler em Nuremberg eram legais, mas nem por isso eram justas.

Fala-se muito de autonomia universitária, mas onde está ela? Como é possível uma universidade receber pitos do Conselho Estadual da Educação, como se fosse um ginásio suburbano?

Na realidade, a consulta à comunidade, que aparece tão perigosa aos olhos de alguns setores do Estado e da universidade, nada mais é que a volta à prática das universidades europeias do século XII, em que os alunos participavam da escolha do reitor. Se eles, como eleitores, podem eleger o presidente, por que não poderiam participar da escolha do reitor?

A Unicamp se encontra em um declive. O perigo é que se estabeleça em seu seio o regime de trabalho que vigorou quando da implantação da UNESP: o regime da triagem ideológica – geralmente pelos menos qualificados intelectualmente para fazê-la –, a vigilância e controle sobre funcionários e professores como fim em si mesmos, a delação institucionalizada. Isso tudo levará à hegemonia de uma mediocracia em que a delação será premiada pelo poder e converterá a Unicamp em um cemitério de vivos.

Ciência implica o exercício da crítica, e esta é inseparável na existência da liberdade. Pelo contrário, significa que o critério de julgamento da qualificação do professor não dependerá de sua capacidade de produção intelectual, e sim de estar em conluio com os órgãos de informação e repressão. Teremos, assim, a volta de um tipo social que até 1974 predominou no meio universitário: o falso professor e o falso aluno.

Cremos que não era esse o clima que o fundador da Unicamp, Zeferino Vaz, almejava para a instituição; com todas as limitações suas e as existentes na época em que foi reitor, o *campus* universitário nunca foi ocupado pela polícia, nem a discriminação ideológica se constituía no metro para medir o nível do professor ou do aluno.

As últimas decisões do senhor reitor nos convencem de que, na Unicamp, o passado tenta dominar o presente; porém, como dizia Auguste Comte, os mortos governam os vivos enquanto eles se deixam governar. Cabe à comunidade universitária nacional fazer ouvir sua voz enquanto é tempo.

As ilusões triunfalistas[*]

A crise da Unicamp se vinculou à repressão à consulta à comunidade por parte da reitoria, à mudança dos representantes do senhor governador no Conselho Diretor, escolhidos entre outros o próprio relator contra a consulta à comunidade, o senhor Augusto Ramos, reitor da UNESP e conselheiro do Conselho Estadual de Educação, e o futuro reitorável, o senhor Luís Ferreira Martins. Ao mesmo tempo, o reitor exonerou a diretoria da associação dos funcionários da Unicamp, todos atos políticos na medida em que são atos de poder.

O grande pretexto para a intervenção é que, até o momento, o senhor reitor não demitiu os interventores nomeados pelo *Diário Oficial do Estado*; é a institucionalização, ou seja, a burocratização da universidade com a criação dos cargos providos mediante concurso. Um pequeno número

---

[*] *Correio do Povo*, 21/11/1981.

de concursados é suficiente para criar a célebre Congregação, realizando, assim, o batismo burocrático acadêmico.

O movimento de reação à intervenção foi unitário: funcionários, alunos e professores reagiram a ela. A população de Campinas apoiou a resistência à intervenção, aclamando os que realizaram a passeata pela cidade sob o signo "Vá à rua, a Unicamp também é sua".

No entanto, o que o movimento contra a intervenção teve de ganhos pode ser perdido pela negociação. A negociação constitui o momento mais delicado por que passa o movimento.

O senhor reitor, ao aceitar diálogo somente com alguns professores – associados, excluindo Adunicamp (Associação dos Docentes da Unicamp), Assuc (Associação dos Servidores da Universidade Estadual de Campinas) e o DCE (Diretório Central) dos estudantes –, claramente pretende esvaziar as instituições representativas das categorias.

Se aqueles que se opõem à intervenção – especialmente os professores – aceitarem o canal alternativo que o senhor reitor abre ao "diálogo" por meio de professores associados, desconhecendo as entidades representativas, selarão sua própria derrota. Eis que, em março de 1982, novo reitor tomará posse – possivelmente escolhido entre os membros do Bando da Lua no Conselho Diretor – e aí não haverá diretor associado que defenda os professores, ao mesmo tempo que estará esvaziada a Adunicamp.

É importante operacionalizar em nível de negociação com o senhor reitor o decidido em Assembleia Geral da Unicamp, em 5 de novembro de 1981, quando foi definida a Comissão de Negociação composta de dois representantes por entidade, englobando Assuc, Adunicamp, DCE, CEDU (Centro de Educação) e dois diretores associados, se estes assim o quiserem.

De hoje em diante, a luta na Unicamp se dará sob o sigilo da tentativa de esvaziamento do movimento pela reitoria, que conta com o término do ano letivo a seu favor, para desmobilizar alunos e professores. Outra técnica de esvaziamento consistirá em negociar por meio de personalidades ilustres do meio universitário, negando às entidades representativas qualquer reconhecimento.

Isso é comum na luta na esfera industrial, quando o patronato procura esvaziar o sindicato na negociação com os trabalhadores, dialogando com os "mais velhos" na empresa ou no setor, personalizando a negociação. É contra essa técnica de esvaziamento que professores, funcionários e estudantes precisam estar alertas.

O apoio político, que porventura tenha o movimento por meio dos senhores deputados, senadores ou vereadores, sem distinção partidária, será bem recebido desde que professores, estudantes e funcionários percebam que a força para a luta advém da solidariedade e da união mantidas até agora no *campus*. Eis que há o perigo de pensarmos que "outros" lutarão por nós, enquanto mantemo-nos na passividade esperando terceiros para lutar por nós. Só a auto-organização e a solidariedade advindas são as armas na luta contra as máfias burocráticas que pretendem, a toque de caixa, burocratizar a universidade, sob os mais variados pretextos.

É fundamental que se perceba a impossibilidade da democracia na sociedade global sem que haja democracia nas instituições específicas. A democracia na fábrica, no hospital e na escola passa pela participação dos que contribuem com seu trabalho nessas instituições. Assim, uma escola democrática forma um cidadão para um regime democrático; isso somente é possível mediante a participação da comunidade. Da mesma forma, uma escola totalitária prepara um cidadão para um Estado totalitário, para a submissão e o conformismo inerente ao cemitério de vivos em que se transforma uma instituição burocratizada sob comando único e hierárquico, como fins em si mesma. O projeto do Bando da Lua é este: assaltar o poder dominando o Conselho Diretor, nomeando inclusive membros do próprio Conselho Estadual da Educação, entre os quais está o sr. Luís Ferreira Martins, candidato a reitor. Posteriormente serão abertos concursos, em que aqueles que passaram pela triagem ideológica prestarão e serão efetivados. Pronto, a Unicamp estará empalhada com homens empalhados em sua direção. Urge que mobilização seja feita em torno das entidades de professores, alunos e estudantes, pois, após as eleições de 1982, e a "escolha" do novo reitor, nenhum professor-associado terá força para conter a onda fascista, que se abaterá sobre a comunidade universitária.

Réquiem[*]

A Unicamp, por meio de seus funcionários, professores, estudantes, por passeatas, manifestos, assembleias setoriais e gerais, manifestou seu

---

[*] *Diário do Povo*, 02/12/1981.

repúdio à nomeação de interventores em suas várias unidades. Ao mesmo tempo, desfraldou a bandeira da luta pela autonomia universitária e pela legitimidade da consulta pública para formação da lista sêxtupla dos "reitoráveis".

Eis que se passou o tempo, as movimentações se amainaram, os conchavos proliferaram e as assembleias se esvaziaram.

O pano de fundo da desmobilização à mobilização está no fato de que a crise da Unicamp não pode ser vista apenas como mera consequência de intromissões externas à universidade, mas se deve ter em conta sua dinâmica interna.

Embora não institucionalizada, ou melhor, burocratizada, em um sistema de cargos a que correspondem determinados títulos, a Unicamp não deixa de ser uma universidade hierárquica, vertical e monocrática, em que há uma democracia estamental, isto é, a voz do docente na universidade depende do MS de sua classificação no conjunto da nomenclatura de cargos, embora, como dissemos anteriormente, nada tenha a ver com títulos acreditativos.

O que ocorre é que a universidade brasileira funciona na forma de uma catedral gótica, com o topo atingindo aos céus e a base bem lá embaixo. Essa estrutura burocrática determina que o processo decisório, em última instância, seja monocrático, esteja concentrado na figura do reitor – herança que mantém desde sua formação. Então, o colegiado estamental, o Conselho Diretor, na maioria dos casos se reduz a cumprir uma função homologatória de papéis e sugestões que lhe são encaminhados em tal número que não tem tempo material para discuti-los. Tudo é aprovado em bloco.

Daí a situação apresentar a existência de colegiados com função indicativa e homologatória no nível de Conselho Diretor e a existência de decisão monocrática concentrada na figura do reitor, isso no plano da Unicamp como organização formal.

Mas a burocracia é como Nêmesis: tem duas faces. No plano informal se dá articulação de grupos de interesses (panelas burocráticas tão bem estudadas por Dale), que lutam por hegemonia entre si e, nesse processo, as bases perdem seu dinamismo, a continuidade de sua auto-organização, ao perceberem que na maioria das assembleias que comparecem *a priori* estão fixadas as decisões, cabendo elas, ritualmente, aprová-las. Até parece eleição do Soviet Supremo!

É o quadro atual, a confrontação de "panelas burocráticas" estruturadas sob a liderança de reitoráveis de Piracicaba, outra panela sob liderança de assessores do próprio senhor reitor e outras "panelas burocráticas" que têm como solo outros institutos. Cada uma com meios de pressão próprios internos e externos à universidade. E a grande maioria dos professores e funcionários pouco a pouco começa a desinteressar-se do destino da mobilização. Eis que percebem que não influem em nada no processo decisório fundamental.

Mais uma vez, é necessário não tapar o sol com a peneira, por meio de uma visão maniqueísta em que os "bons" estariam dentro, e os sujeitos à danação eterna seriam os alienígenas. Nada disso. Lembremos o ensinamento de Pascal, ao referir-se ao Homem conceituou-o: "nem anjo nem besta, uma simbiose dos dois".

A luta dos professores não inseridos nas panelas burocráticas da Unicamp, dos funcionários não bafejados por prebendas do poder tem que ser levada autonomamente, sem jogar seu destino nas mãos de uma das "panelas burocráticas" que pretendem hegemonia no contexto da universidade. A auto-organização, a discussão franca e direta dos acertos e erros cometidos na mobilização é o ponto de partida para não cair na passividade, que significa sempre sujeitar-se à manipulação da "panela burocrática" mais audaciosa onde a anestesia ética predomina. Sem o respeito ao funcionário, independentemente de sua qualificação, do professor, independentemente de seu título burocrático ou de sua "celebridade acadêmica", não é possível um movimento autêntico e representativo.

Para isso, é mister que muitos PhDs universitários desçam do Olimpo em que se colocaram para enfrentar com seus colegas e com os funcionários a situação "pantanosa" em que se encontra a mobilização. Em suma, devemos internalizar a atitude de que a palavra do funcionário situado no último escalão burocrático é tão preciosa para a integridade do movimento quanto a do PhD titulado por Cornell, Stanford ou outras academias metropolitanas. Política de portas abertas em que a discussão franca supere os conchavos de corredor, em que poucos "iluminados" pretendem decidir a sorte de muitos "pobres de espírito". No entanto, é necessário lembrar que destes é o reino dos céus. Isso tudo porque, ouvi dizer, no início da mobilização, que a demissão da diretoria da Assuc é inegociável, lembram-se?

Curso noturno na Unicamp: uma exigência social[*]

Considerando a grave situação do povo brasileiro em decorrência da crise do sistema econômico e do achatamento salarial imposto pelo último pacote governamental, impõe-se a instalação do curso noturno, na Unicamp, propiciando a utilização maior de suas instalações e o acesso ao conhecimento de milhares de estudantes oriundos das classes médias e populares.

Nesse sentido, é urgente sua instalação, e os estudos não podem prolongar-se indefinidamente. Sabemos que há uma Comissão encarregada de estudar o problema, porém tememos que ocorra o que é comum no universo burocrático universitário: quando *não* se quer resolver praticamente um problema, cria-se uma Comissão para estudá-lo, isso significa que o assunto *morre* nas gavetas universitárias.

É sabido que uma universidade diurna atende aos abonados econômica e socialmente, daí a pergunta: haverá uma reserva de mercado para a PUC (Pontifícia Universidade Católica) de Campinas, para onde acorrem os estudantes pobres à noite, enquanto os mais abonados frequentam a Unicamp? Gostaríamos de ter uma resposta a ela por quem de direito.

O que não pode acontecer, e isso constitui uma imoralidade social, é o estudante pobre pagar a escola particular quando a escola estatal (Unicamp) se acha desativada no período em que poderia atendê-lo, à noite. Logicamente, somos pela instalação de cursos à noite, os que não exijam, por sua natureza, tempo integral, como é o caso da Medicina, por exemplo.

No entanto, como é muito antipopular opor-se ao curso noturno na Unicamp, doutas figuras concordam com o curso noturno, porém, argumentam restritivamente à oportunidade de sua instalação, alegando que o curso noturno baixaria a qualidade de ensino.

Argumento sério que necessita resposta igualmente séria. É ponto pacífico, nos últimos anos, na discussão do ensino brasileiro apontar-se sua má qualidade em função da expansão quantitativa das universidades, daí alguns argumentarem que houve confusão entre democratização do ensino e aumento de número de vagas na universidade, pois isso deteriorou o nível do ensino.

---

[*] *Diário do Povo*, 23/07/1983.

É necessário mostrar que sempre houve má qualidade de ensino no Brasil, só que antigamente havia para poucos, e hoje há para muitos. Não houve deterioração do ensino, e sim amplificação de uma deterioração que já existia. Em que época o ensino público foi de boa qualidade? Quantas eram essas escolas "excelentes" no país? Ninguém poderá mencionar mais que menos de meia dúzia, no passado.

Poder-se-ia argumentar que a educação piorou. Daí a pergunta: para quem? A piora se deu para aqueles minoritários que têm acesso à universidade estatal brasileira, pois a imensa maioria do povo brasileiro sequer chega ao Segundo Grau.

Daí muitos optarem por rejeitar qualquer universidade argumentando que a existente oferece um "arremedo" de ensino, especialmente no noturno, porém esse princípio educacional pode justificar a noção de que é preferível não oferecer ensino público gratuito nenhum à população pobre à noite, se não for possível oferecê-lo com alto nível de "excelência". Essa posição é que é fundamental à proposta fascista-elitista definida pelo educador do fascismo Giovanni Gentile: "poucas, mas boas escolas".

Sem dúvida, é preciso melhorar a excelência do ensino universitário, castrado por sucessivas cassações de professores com alto nível de competência, porém sonegá-lo à maioria é crime pedagógico. Razão pela qual a implantação do curso noturno na Unicamp constitui matéria de urgência e uma exigência social.

Na universidade, é ótimo que se debata tudo, porém é preciso tomar cuidado para que o debate prolongado não signifique paralisia, que os estudos feitos a respeito do curso noturno na Unicamp não sejam engavetados pela burocracia.

Daí a importância de os secundaristas de Campinas e outras cidades, futuros vestibulandos, organizarem-se para solicitar o que é um direito: o acesso à educação garantido a todos, sem diferença de cor, raça, religião ou classe. Os professores da Unicamp muito podem fazer por isso, pressionando pela implantação do período noturno, o que também pode ser feito pelas associações, sindicatos e demais membros da sociedade civil que pagam impostos. O curso noturno na Unicamp não é "favor" do Estado, é obrigação em devolver à sociedade civil na forma de "serviços" parte do que arrecada e aplica, sem consultá-la.

O grande inquisidor*

Não se trata de questionar Sua Magnificência o reitor Mac Dowell como pessoa, mas ao exercer um cargo e dele se valer para excluir professores que construíram o renome nacional e internacional da PUC-RJ.

A demissão de 28 professores mostra o quanto o magnífico reitor está distanciado do espírito cristão. Para este, o poder legítimo é o que emana da comunidade, não é o exercício vertical, autoritário e arbitrário do poder típico de Estados, em que a intolerância repressiva é institucionalizada. Ela poderá ter foros de legalidade, porém é profundamente injusta.

Na realidade, Wilde é quem tinha razão: a vida imita a arte. No capítulo "O grande inquisidor", Dostoievski faz Cristo descer à terra durante a Inquisição Espanhola. O grande inquisidor, autojustificando-se, proclama que é o verdadeiro amigo do homem: no lugar da liberdade que significa opção, insegurança e angústia, ele oferece ao homem segurança em troca da liberdade alienada. O Magnífico reitor carioca adotou o modelo do grande inquisidor, só que, em troca da liberdade, não ofereceu a segurança, mas demissões em massa.

A fúria inquisitória de Sua Magnificência não se coaduna com a própria trajetória da Igreja no tempo. Nas épocas de crise, ela sempre foi salva pelos heréticos. Assim se deu com os franciscanos no século IX e com os jesuítas no século XVI. Foram readequações da Igreja a situações de crise. Se ela tivesse abandonado o pluralismo e optado pela intolerância, possivelmente hoje nem se falaria em Igreja Católica, e, muito menos, em Universidade Católica.

No entanto, o Magnífico reitor, em vez de enfrentar a máfia burocrática que aufere altos salários na PUC-RJ, sugando seus recursos, consumindo 50% de seu orçamento, resolve cortar a cabeça de quem pensa e trabalha. Não sem antes recusar-se a pagar o descanso semanal remunerado aos professores, direito ganho pela categoria no TST (Tribunal Superior do Trabalho) desde o início de 1980.

Se a crise é financeira, como inicialmente alegou o senhor reitor, como explicar a demissão de 22 professores da PUC-RJ pagos pela Finep (Financiadora de Estudos e Projetos), com a qual a PUC mantinha convê-

---

* *Primeira Hora*, 27/03/1981.

nio que garantiu a ele, nos últimos dois anos, 12 a 13 milhões de cruzeiros além da dotação de 115 mil cruzeiros mensais para administração da universidade?

Na onda demissória, o responsável pela pós-graduação da PUC foi demitido, e o curso de pós-graduação em Filosofia foi desativado, resultando que 42 alunos, alguns já em fase de defesa de tese, sofrem as agruras da incerteza quanto a seu futuro acadêmico e profissional. O Magnífico faz uma pequena concessão: reconhece que tais demissões poderão comprometer um pouquinho o nível de ensino da PUC-RJ.

Sua Magnificência revela a face oculta das demissões quando admite que elas se deram porque os demitidos "têm um pensamento que não se coaduna com a filosofia da instituição". Resta saber qual é a filosofia da instituição, se há filosofia católica. Gilson já negou sua existência. E, para finalizar, cabe perguntar se o Magnífico reitor é seu braço secular!

Realmente, sentimos saudades da liberdade que existia nas universidades do século X, em que franciscanos e dominicanos dirimiam suas controvérsias pelo debate livre, eis que, já acentuava Galileu, "herético é muitas vezes aquele que acende a fogueira". Diríamos nós: aquele que demite em massa.

Outra pérola de sabedoria é produzida pelo Magnífico, justificando as demissões: "Quando a sociedade é fechada, a universidade deve ser aberta; quando a sociedade se abre, a universidade deve se fechar". Traduzido, isso significa: quando o Estado é repressor, cabe à Universidade ser libertária, quando o Estado pratica abertura, mesmo reduzida, a universidade deve praticar a repressão.

No entanto, a demissão dos professores não somente desagradou à Finep como também ao Sindicato dos Engenheiros do Rio de Janeiro, à Regional da SBPC (Sociedade Brasileira para o Progresso da Ciência), à Sociedade Brasileira de Física, à Sociedade Brasileira de Química e à Coordenação Regional da Entidade Nacional de Docentes Universitários. Sem contar os próprios estudantes da PUC-RJ e o conjunto do corpo docente, daí a eclosão da greve geral a partir de 11 de março. Neste momento, o Magnífico fundamenta seus atos como decorrentes do respeito à hierarquia e à disciplina. Valores não desprezíveis, porém não podem sobrepor-se ao valor da justiça. É em nome desse valor que se impõem a recontratação dos demitidos e a consequente pacificação da comunidade acadêmica. Comunidade violentada e perplexa, porém atenta.

Maurício Tragtenberg

Curso de Letras da USP não tem prédio desde 1968*

A ata da 11ª Reunião da Congregação da FFLCH (Faculdade de Filosofia, Letras e Ciências Humanas) da USP relata que foram suspensas as atividades dos Departamentos de Letras Clássicas e Vernáculas, Letras Modernas e Linguística e Línguas Orientais, por causa da ocupação, pelos alunos, dos Blocos B e C do antigo Crusp (Conjunto Residencial da USP).

O prédio do Crusp foi construído em 1961 para residência de universitários. Mas foram acontecendo vários fatos: o Bloco J foi demolido para dar lugar a uma rua; os blocos K e L hospedaram a reitoria. Até 1968, o Crusp contava com mais de dois mil residentes, expulsos pela Polícia Militar. E a distribuição seguida foi: Bloco A, Projeto Rondon; Bloco F, Fundusp (Fundo de Construção da Universidade de São Paulo); blocos B e C, curso de Letras; Bloco D, Coseas (Coordenadoria de Assistência Social). Os blocos G, H e I foram abandonados e se reduziram a esqueletos.

Já em 1979, os alunos da USP haviam solicitado moradias no Crusp e não foram atendidos. Então, os universitários retomaram o quinto e sexto andares do Bloco A. Mais tarde, ocuparam o primeiro e segundo andares.

O terceiro e quarto andares são utilizados pelo Itamarati; no Bloco A, estão os alunos. O Bloco E é administrado pela Coseas. Quando o Fundusp saiu do Bloco F, o local ficou sem infraestrutura, tendo sido sustado o fornecimento de água e luz. Atualmente, os estudantes disputam seu próprio espaço no Bloco F, com pessoas desocupadas.

Em 1981, os estudantes tentaram retomar o Bloco B, em um de seus andares, no que foram impedidos pela intervenção policial, solicitada pelo professor Rosenthal, então diretor da FFLCH. Mas, no ano seguinte, conseguiram retomar o primeiro andar do Bloco B, durante o mandato do professor Rui Coelho, que não chamou as forças policiais. No segundo semestre deste ano, os alunos retomaram os blocos B e C, tendo avisado antes os professores. Assim, nota-se que a pressão dos universitários por moradia é cada vez mais forte. É quase inevitável a gradativa retomada de outros blocos, segundo informaram os próprios estudantes.

Os alunos do curso de Letras da USP foram transformados em nômades, desde 1968, após a venda do prédio da rua Maria Antônia, permane-

---

* *Folha de S.Paulo*, 08/10/1982.

cendo amontoados nos barracões do curso de Psicologia, na Cidade Universitária. Em seguida, ocuparam o Crusp, mesmo depois de expulsos pelas forças policiais militares. Catorze anos mais tarde, continuam provisoriamente instalados no terceiro andar do Bloco B e no primeiro do C. Veio a ocupação, novo desalojamento e a absoluta falta de condições de trabalho.

O curso de Letras se compõe de 16 cursos de Licenciatura, oferecendo 950 vagas no vestibular, com um total médio de 2.200 alunos inscritos nos cursos de quatro anos de duração. Dos 950 alunos aprovados no vestibular, só 450 ingressos, graças à falta de salas de aula e de professores. E como o Magnífico reitor respondeu à situação? Em reunião de docentes, no dia 13 de setembro passado, quando professores reivindicaram urgência na aceleração da construção do prédio de Letras, preocupados com a segurança dos materiais que se encontravam nos apartamentos que seriam ocupados pelos alunos, o reitor falou sobre "segurança", insistindo em dizer que não havia condições para atender ao pedido.

Concluindo: o que não tem remédio, remediado está. Basta que os professores da FFCLH solicitem, por meio do diretor da unidade, a presença da polícia. Mesmo que se argumentasse ser a presença da polícia uma questão que nada resolveria e só serviria para adiar a crise.

Indagações

Isso tudo levanta muitas indagações. Por que, com a verba arrecadada do imóvel vendido na rua Maria Antônia, foram construídos os prédios dos cursos de Filosofia e de Ciências Sociais, e o do curso de Letras, apenas esboçado? Após 14 anos, só foram construídas seis salas para o curso de Letras que abriga quase três mil alunos e duzentos professores.

Nessa reunião, afirmou-se que as verbas da USP são estanques e definidas pelo órgão governamental responsável. Mas quem informa esse órgão ou as supremas secretarias sobre a alocação de verbas para a USP? O Conselho Universitário, indagado a respeito, não se manifestou. Por que foi considerada mais prioritária a construção do prédio da sede da Coseas e não do curso de Letras? Ou a postergação da alocação de recursos para o prédio do curso de Letras se deve ao fato de professores e estudantes do setor não se constituírem em poderosos grupos de pressão junto à burocracia universitária?

Atualmente, há 45 docentes do curso sem gabinete de trabalho. Diante de tal quadro, os professores de Letras decidiram paralisar, por tempo indeterminado, suas aulas, decisão assumida durante assembleia realizada no dia 21 de setembro passado. Reivindicaram, então, um prédio para o curso, reconhecendo ainda o prédio do Crusp como moradia estudantil.

Proposta

Os alunos de Letras têm uma proposta construtiva: que os órgãos "competentes" da USP encontrem uma locação global provisória até a conclusão urgente do prédio. Enfatizam o "provisório" dessa solução e a necessidade imperiosa da retomada da construção do prédio, atualmente desativada. Rejeitam a partilha do curso de Letras pelos prédios de outras unidades da USP, pela dificuldade de acesso por parte de funcionários, alunos e docentes.

Considerando que a USP é patrimônio da sociedade civil paulista, gerido pelo Estado, o destino de um de seus cursos interessa a toda a sociedade paulista e brasileira. Razão pela qual seria interessante que associações civis, partidos políticos e entidades de classe se manifestassem. Essa é uma maneira de se mostrar que estamos vivos e não mortos.

Pós-graduação exige uma política para a ciência[*]

A SBPC realizou, na Cidade Universitária, uma mesa-redonda sobre pós-graduação que, segundo a entidade, "se insere na luta em defesa da ciência e da tecnologia em São Paulo, ameaçadas pelo descaso do atual governo no Estado".

A reunião contou com a participação, entre outros, de Ernest W. Hamburger, professor de Física da USP; Linaldo Cavalcanti de Albuquerque, reitor da Universidade Federal da Paraíba; Sonia Dietrich, diretora do Instituto de Botânica do Ministério da Agricultura; Cláudio de Moura Castro, responsável pela Capes (Coordenação de Aperfeiçoa-

---

[*] *Folha de S.Paulo*, 02/12/1974.

mento de Pessoal do Ensino Superior); e Maurício Tragtenberg, professor da FGV (Fundação Getulio Vargas) e da Unicamp (Universidade Estadual de Campinas).

Cláudio de Moura Castro, responsável pelo órgão que apoia os programas de pós-graduação, afirmou, na ocasião, que "existem atualmente vários centros de pós-graduação de boa qualidade, principalmente na área de economia, o que não ocorria anos atrás". Para ele, "existiam 'dois Brasis', conforme já apontou Jacques Lambert há quarenta anos" – disse – e que hoje "os programas de pós-graduação provam de fato que o 'segundo Brasil' está penetrando no assunto".

Salientou, ao concordar que há muitos programas que não têm condições de ministrar cursos de bom nível, que a "qualidade atualmente é um sério problema". Segundo informou Moura Castro, atualmente há no Brasil 850 cursos de pós-graduação, sendo muitos deles "falsos mestrados de fins de semana". Porém, salientou que, se a quantidade começar a prejudicar a qualidade, a solução é a "homogeneização dos cursos de pós-graduação, em nível nacional, respeitando a importância da definição de prioridades".

Maurício Tragtenberg, por sua vez, refutou as afirmações de Cláudio de Moura Castro, ao mostrar a inconsistência dos conceitos de "dois Brasis" (Brasil Moderno e Brasil Arcaico) como estanques. Segundo Tragtenberg, "o Brasil possui áreas de economia capitalista avançada, como a região Centro-Sul, e áreas de economia coletiva, como o Xingu, e que são unificadas pela hegemonia do capital".

Tragtenberg salientou, ainda, que

> Florestan Fernandes há muitos anos demonstrou a inconsistência da teoria dos "dois Brasis" e, se ele não tivesse sido afastado de sua cátedra pelo arbítrio do AI-5, certamente seus ensinamentos teriam sido mais divulgados e Moura Castro não repetiria hoje teorias de ontem.

Para Maurício Tragtenberg, que reconheceu a existência de bons cursos na área de economia, se o ensino de pós-graduação é fraco, a culpa é do Estado que está colhendo o que plantou.

> Criticar a universidade, atribuindo a ela a incapacidade de definir seus projetos de pesquisa autonomamente, é esquecer que a culpa é do Estado

que, após 1964, implantou a hegemonia dos órgãos de segurança e informação nas universidades.

Segundo Tragtenberg, essa hegemonia reforçou o regime da "incompetência treinada, em que a cumplicidade com o poder, e não com a competência científica, constitui-se em títulos para ascensão na carreira".
Tragtenberg sugeriu a abolição da exigência de créditos na forma de cursos formais em nível de pós-graduação, substituindo-os por estágios e orientação da tese ou pesquisa, que, segundo ele, evitará transformar o aluno em "corretor de créditos".
Os objetivos de uma política científica e tecnológica a serem alcançados em nível nacional são condições básicas – segundo Tragtenberg – para situar uma discussão sobre a pós-graduação.
A importância da pós-graduação para as universidades do Nordeste e a importância da existência de centros de pesquisa e estudo de alto nível na região foram ressaltadas pelo reitor da Universidade Federal da Paraíba, engenheiro Linaldo Cavalcanti de Albuquerque. Para ele, a utilização dos critérios de "excelência" para julgar os cursos que deveriam ou não ser apoiados financeiramente significa um retrocesso, pois, segundo disse, "alguns cursos da Universidade da Paraíba, recentemente implantados, poderiam ser excluídos em favor de centros já estabelecidos na região centro-sul".
Sonia Dietrich, do Ministério da Agricultura, por sua vez, descreveu as atividades de pós-graduação dos Institutos da administração direta do Estado, e opinou favoravelmente a que os vários institutos (como o Biológico, o Adolfo Lutz e o Botânico) montassem em conjunto cursos de pós-graduação, mediante área-tronco afim.
O coordenador na mesa-redonda, o físico Ernest W. Hamburger, salientou que "a mudança de atitude de órgãos governamentais, que hoje criticam a pós-graduação e fazem cortes financeiros vultosos na área, leva o perigo da extinção de inúmeros programas".
Segundo Hamburger, há uma semelhança entre a pós-graduação e o MDB (Movimento Democrático Brasileiro). Explicou que o partido político, apesar de ter nascido de forma espúria, resultado de um ato de violência, adquiriu ao longo dos anos significado e força real, e sua extinção, pelo governo, caracterizou mais um ato de força do regime.

A pós-graduação implantada de forma errada e desenvolvida com muitas distorções formou milhares de pesquisadores que estão tomando consciência de seu papel. A desativação da pós-graduação neste momento redundaria em grave prejuízo ao país.

Acesso e retenção de alunos é questão central[*]

Nosso país cultiva aquilo que se chamou "O idealismo da constituição"; muitos creem que basta haver o texto legal para que a realidade a ele se curve.

Esse idealismo constitucional das elites, impregnadas de formação jurídica, fundamentou as constituições de 1824, 1891, 1937, 1946 e a última em vigor sob impacto do regime militar.

No entanto, a defasagem entre o texto e a realidade é tal que muitos estudiosos da realidade brasileira diferenciavam o Brasil "real" do Brasil "legal".

Atualmente, fala-se na Nova República, na convocação de uma Assembleia Constituinte, para uns vinculada à eleição direta dos membros do Congresso, para outros, eleita especificamente para esse fim.

Não acreditamos em soluções de *cima para baixo*, são pretensas soluções que acabam gerando novos problemas.

Podemos conceber uma Assembleia Constituinte como uma arena onde os problemas sociais, econômicos e políticos do país sejam debatidos. Daí a serem resolvidos vai uma distância que mede da Terra a Marte.

O Brasil, sob a égide do capitalismo tardio, enfrenta na área educacional problemas do século XIX, já superados em países de capitalismo desenvolvido, e problemas do século XX, que necessitam resposta.

Ressalta como um dos problemas centrais da educação brasileira a universalidade do acesso e retenção do aluno na escola pública, especialmente os de primeira série e quinta série do primeiro grau, em que se observa o maior número de evasão escolar.

Isso não quer dizer que no segundo grau e no terceiro grau não deva ser ampliada a rede de escolas públicas, pelo contrário, devem ser amplia-

---

[*] *Folha de S.Paulo*, 03/03/1965.

das quantitativamente sem perda do nível qualitativo do ensino a ser ministrado.

Com isso, terminaríamos com a "falsa identificação" que vigora no ensino desde 1964, em que se entendeu por "democratização" do ensino sua *privatização*. Quem pode pagar, estuda; daí a pergunta: quem não pode pagar a escola faz o quê?

A Constituinte deve discutir os elementos que integram a formação do professorado, definição de uma carreira uniforme e definição de um currículo que atende à especificidade das regiões, sem perder de vista a equalização da educação urbana à rural, eliminando as distorções existentes entre as regiões "ricas" e "pobres", entre Norte, Nordeste e a região Centro-Sul. Caberia à Constituinte discutir o montante dos recursos necessários para implementar tal política educacional.

Que os recursos *públicos* devam ser destinados às escolas *públicas*, não cabe dúvidas a respeito. No entanto, é fundamental que os futuros constituintes ouçam os interessados no processo educacional, especialmente os professores, que, por meio de suas associações de classe, terão propostas a fazer. Isso também vale para outros trabalhadores da educação, como os diretores, os supervisores, os psicólogos ou os orientadores educacionais.

A discussão dos recursos financeiros para manter a rede pública ampliando sua capacidade de recepção da clientela escolar é um dos aspectos fundamentais para implementação de qualquer política educacional. A discussão a respeito da tributação, do montante a ser *realmente* destinado à educação.

A discussão a respeito de um *salário mínimo profissional* para o magistério é fundamental, evitando, assim, situações como as vividas por muitas professoras primárias, no Nordeste, que preferem integrar as Frentes de Trabalho a receber a minguada remuneração como educadoras.

Os Conselhos Estaduais de Educação devem ser compostos por educadores comprometidos com a educação pública e gratuita, não podem esses Conselhos ser "caldo de cultura" de grupos de pressão privados em que muitas vezes o interesse público está em último lugar.

Ciências sociais na mira do Capes*

Regimes, pessoas e instituições repressivas precisam de bodes expiatórios, necessitam de vítimas para expiar os crimes dos verdugos. Assim como o nazismo tem seu judeu, como estruturas familiares rígidas necessitam do louco da família, regimes autoritários investem contra as ciências sociais, porque isso rende dividendos; em nome da funcionalidade, eficiência e objetividade, bajula-se o poder, mantém-se o cargo e, ao mesmo tempo, adquire-se respeitabilidade nos ambientes palacianos, como alguém que é portador de um saber legítimo e reconhecido. No caso nacional, o papel do judeu do regime é atribuído às ciências sociais, é a conclusão a que chegamos, após termos em mão o *paper* "A área de administração e a atuação do Capes", de autoria do Cláudio de Moura Castro.

S.Sa. – participante convidado pela Escola de Administração de Empresas de São Paulo, da FGV, para um seminário sobre o ensino e Administração – nota inicialmente que há um recrutamento pouco seletivo na graduação com reflexo em sua aceitação pelo mercado de trabalho, salientando que há uma cultura gerencial brasileira a ser transmitida. Mas, enquanto o mercado empresarial esvazia as escolas dos professores de administração, os professores de Economia, Política e Sociologia aumentam geometricamente. Como remédio, propõe o Método de Casos, sistema de jogos e história dos negócios nos cursos de Administração; para tanto, o Capes está se propondo a implementar uma política seletiva no oferecimento de suas bolsas de estudo, limitando fortemente sua alocação para elaboração de teses que sejam mais afetadas a outras áreas de conhecimento afins (Economia, Sociologia etc.)

Tal orientação tecnocrática não só contraria postura já clássica a respeito – do CF (Conselho Federal de Educação), por meio do Parecer n.307/1966 C.E.SU, publicado em "Documenta" n.56 (s. d.) –, como a orientação dominante no país onde se originaram os cursos sistemáticos de Administração, que serviram de parâmetros para a Europa e a América Latina: os Estados Unidos.

Em primeiro lugar, o CF, no parecer citado, define claramente, ao analisar as Diretrizes para o Currículo Mínimo de Administração, que "a es-

---

* *Folha de S.Paulo*, 02/06/1981.

trutura administrativa constitui fundamentalmente um problema político e jurídico e, apenas secundariamente, um problema de organização formal" (p.63). Daí a importância das Ciências Sociais que objetivam o conhecimento sistemático dos fatos e as condições institucionais em que se insere o fenômeno administrativo (p.62). Sem deixar de referir-se à experiência dos Estados Unidos, onde o fato administrativo passou a traduzir as condições políticas, sociais e econômicas muito mais que os padrões formais de organização, essa visão foi beneficiada pelas tendências da Sociologia e da Economia contemporânea (p.61).

Da mesma forma pensa o professor Frank C. Pierson, em *The Education of American Businessman* [A educação do empresário norte-americano] (1959, p.163). Ele pondera que o estudante deve ter oportunidade de transferir conhecimentos de caráter geral para a área de Administração. No mesmo sentido, os professores Robert A. Gordon e James E. Howell, na página 133 de um estudo a pedido da Ford Foundation Higher Education for Business, recomendam que, para a formação de um administrador em uma sociedade democrática, 40% a 50% das disciplinas dos currículos devam ter caráter geral e não técnico. No mesmo sentido, a AACBS (American Assembly of Collegiate Schools of Business – Assembleia Norte-Americana de Faculdades de Administração), que credencia as escolas de administração nos Estados Unidos, adota como critério de credenciamento que 40% a 50% das disciplinas ministradas estejam vinculadas às Ciências Sociais. Tudo isso mostra como nós, brasileiros, somos os últimos a saber das primeiras coisas. Quando os Estados Unidos abandonam o ensino pago pelo ensino subsidiado, descobrimos que a ampliação do ensino-mercadoria equivale a sua democratização; quando os Estados Unidos abandonam a estreiteza da visão tecnocrática, instrumental e empírica do ensino de Administração, fundando seus currículos nas Ciências Sociais, descobrimos as virtudes de saber cada vez menos coisas e exorcizar as Ciências Sociais como o demônio. Isso se deve, realmente, ao baixo nível de institucionalização das Ciências Sociais no continente. Se, na Argentina, a Psicanálise está proibida, não é de admirar que, no Brasil, as Ciências Sociais estejam na mira dos órgãos financiadores de pesquisa, como o Capes. Agrega-se a isso a descoberta de outro órgão financiador de pesquisa – o Finep – que pretende financiar pesquisas ligadas diretamente à indústria, portanto financiar tecnologia, deixando de lado o financiamento da pesquisa nas universidades, onde se faz ciência básica. Tudo isso mostra de que maneira o subdesenvolvimento material gera o subdesenvolvimento mental.

Assim, por exemplo, a pesquisa "Pequena e média empresa em São Paulo", coordenada pelo professor Rattner da FGV e publicada pela Editora Símbolo, jamais viria à luz, pois contou com sociólogos, especialistas em ciência política, finanças e economia política para ser implementada.

Não há dúvidas de que o estudo de casos em Administração ou os jogos administrativos auxiliam o aluno a ter uma visão da empresa; porém, de que valem se, não dispondo dos conhecimentos que a Economia, a Sociologia e a Política fornecem, não têm um universo conceitual para interpretar os fatos, para compreendê-los? Já dizia o velho e sempre atual Machado de Assis que "o fato é importante, porém, mais importante é a retina". Em outras palavras, possuir uma metodologia – que não pode ser confundida com técnica – para interpretar o fato. Não sucumbir à ditadura do fato pregado por Augusto Comte. Contrariamente a ele e ao positivismo, as Ciências Sociais, especialmente em suas orientações críticas, enfatizam que contra o fato não há argumento. Em última análise, o fato de privilegiar projetos tecnocráticos na área da Administração, excluídas as Ciências Sociais, não tende a formar um homem apto a viver em uma democracia. Tende a formar tecnocratas e burocratas empedernidos, contra os quais Max Weber lutava em sua época, classificando-os como "técnicos sem alma" e "especialistas sem coração". Em outros termos, uma ciência sem consciência ou, no melhor dos casos, uma tecnologia que pretende se apresentar como ciência. É isso que aqueles que não pensam com os pés precisam evitar. Daí a comunidade acadêmica estar com a palavra.

Os mandarins de uma escola*

Nosso país é profundamente infeliz. Em vez de criar mais cursos e menos presídios, é o contrário que ocorre. Constroem-se mais presídios e se fecham cursos. Daí não causar espanto o ato da Fundação Escola de Sociologia e Política – entidade mantenedora – de comunicar ao Conselho Departamental da Escola de Sociologia e Política que decidirá suprimir,

---

* *O Estado de S.Paulo*, 21/12/1988.

parcialmente, um turno do curso de bacharelado alegando evasão escolar e *deficit* financeiro.

Tudo isso ocorre atropelando um esforço de reformulação curricular sério levado a efeito pelos órgãos colegiados da escola. Triste sina dessa escola: tão logo o nível do curso se eleva, ou professores começam a trabalhar integradamente, e lá vem um *diktat* do pior estilo ditatorial pondo tudo por água abaixo. Até parece que um bom curso de Ciências Sociais na Escola de Sociologia e Política tem o condão de suscitar sentimentos de *inveja* e *ciúme*; parece que as coisas estão mais para Freud que para Marx.

Deixando de lado considerações inatuais, saiba o leitor que os departamentos com participação de diretoria da escola e corpo discente elaboram um projeto inovador de curso, vinculando ensino à pesquisa em torno da temática: poder e cidade. Esse projeto foi enviado à mantenedora com outro projeto. A carreira acadêmica ali definida enterrará definitivamente a atividade do professor como "bico" ou "quebra-galho".

Na realidade, o que ocorre é que a entidade mantenedora pretende transformar-se em mantida. Por isso, apresenta cifras de evasão que ela mesmo estipula, criando dificuldades aos alunos do curso eliminado, obrigando-os a deixarem os estudos ou estudarem em classes superlotadas.

A diretoria e o Conselho Departamental há muito sugeriram fontes alternativas de financiamento e atividades destinadas a diminuir o tão citado *deficit*, e isso se chocou com ouvidos de mercador. A mantenedora não mugiu nem turgiu. Da mesma forma, a mantenedora pretende extinguir a Escola Pós-Graduada de Ciências Sociais.

Triste o destino desta última também. Vegetando por mais de vinte anos, esse curso sofreu uma deformação inarredável: toda a pós-graduação era ministrada por dois professores. Discutiam-se os projetos dos pós-graduandos em torno de uma mesa, na qual um reforçava o outro e nada mais. Na hora em que o curso enterra esse passado, com 28 alunos regularmente matriculados e mais 12 inscritos para seleção, o diretor-geral da fundação, em 6 de fevereiro de 1987, determina a suspensão dos exames de seleção para o mestrado.

Cabe a pergunta: quem tem medo da Escola de Sociologia e Política e de seu curso de pós-graduação? A quem interessa esse desmantelamento?

É uma pergunta, caro leitor, difícil de responder, porém, posso lhe assegurar, como o poeta, que "são cheios de perigos os caminhos desta vida" ou sinteticamente utilizar a definição de Riobaldo: "viver é perigoso". Especialmente no âmbito da entidade mantenedora, acrescentamos.

O que a comunidade acadêmica, a Associação Brasileira de Sociologia e o Sindicato dos Sociólogos não podem é assistir calados à destruição de um esforço de professores e alunos para soerguer um curso comprometido com administrações canalhas anteriores. Nem calar diante do arbítrio de uma fundação que possuía em seus quadros elementos hoje procurados pela polícia comum.

A Escola de Sociologia é entidade complementar à USP. Seria importante que os professores de Ciências Sociais e estudantes se manifestassem contra essa destruição do curso de Sociologia e Política da rua General Jardim.

Acrescenta-se que as dificuldades enunciadas anteriormente ocorrem no momento em que professores e alunos apresentam projeto de um curso destinado a formar quadros para a administração pública, assessores a movimentos sociais e sindicatos. Nessa atitude de exclusão das Ciências Sociais da Escola de Sociologia e Política, sente-se um leve odor do espírito ditatorial e da intolerância política. Porém, o passado não pode dominar o presente. Têm a palavra os calados, os "mandarins" das ciências sociais.

"Coociência", êxito de uma cooperativa[*]

O interesse é coletivo, e o lucro não é o determinante da ação e reflexão intelectual. Com base nesse princípio, os professores mineiros Ricardo Prata, da Escola de Comunicações da PUC de Belo Horizonte, e Maria Cristina Maciel Graviro, demitida da mesma universidade onde lecionava na área de Serviço Social, criaram a "Coociência" – Cooperativa de Trabalho Técnico-Científico de Belo Horizonte, que funciona no bairro Santo Agostinho (Rua Porecatu, 1.035, apartamento 1).

A criação da "Coociência" foi uma resposta ao quadro de dificuldades que cerca os pesquisadores críticos, sufocados pelas limitações salariais nas universidades federais ou estaduais e pela impossibilidade de sobre-

---

[*] *Primeira Hora*, 13/01/1981.

vivência das faculdades particulares, confessionais ou não, sempre à beira do colapso financeiro. As dificuldades encontradas pelo pesquisador na universidade podem ser exemplificadas pelo caso da própria Maria Cristina Maciel Graviro, demitida da PUC de Belo Horizonte especialmente pelo fato de ter um alto nível de competência, conforme admitiu o grupo que pediu sua saída.

Na condição de associados, foi possível aos técnicos praticar a interdisciplinaridade, integrando-se livremente em grupos. Além disso, como autônomos, coproprietários da sociedade cooperativa, puderam preservar sua autonomia na pesquisa, recusando-se a prestar assessorias de caráter antissocial. Isso foi conseguido após dois anos de intenso trabalho para definir os rumos de um empreendimento estável, que garantisse as precondições da pesquisa científica.

Em uma ação multiplicadora, o grupo criador da "Coociência" propôs a formação do Cesu (Centro de Estudos Sociais Urbanos), tendo o cuidado de considerar a limitação que afeta empreendimentos desse tipo, que tendem a isolar-se em debates abstratos, paralelos aos debates universitários. Por isso, procurou-se uma estrutura que permitisse a inserção do grupo no mercado real de bens simbólicos, resultando, em 1978, na proposta de criação do Epac (Escritório de Pesquisa e Assessoria Comunitária).

Pesquisas

No momento em que estudavam a melhor estrutura para a montagem de uma equipe de planejamento, que visasse ao interesse coletivo e não ao lucro, alguns dos atuais sócios da "Coociência" foram contratados para pesquisar uma cooperativa de crédito mútuo, em Ouro Preto, experiência bastante assimilada pelo grupo. A partir dessa pesquisa, que se propunha a analisar especialmente uma saída cooperativista para trabalhadores do setor informal, eles passaram a estudar a teoria do cooperativismo em profundidade. Além disso, analisaram a prática cooperativa que resultou na criação do "Coojornal" de Porto Alegre e das Unimeds, no setor da saúde, coletando os subsídios que orientaram a formação da "Coociência".

Outros contatos com os demais órgãos do sistema cooperativista do país demonstravam a viabilidade desse tipo de empreendimento, uma opção superadora do patrão da empresa privada lucrativa e também uma alternativa ao capitalismo de Estado.

Assim, a "Coociência" teve a oportunidade de responder a vários tipos de demanda de trabalhos, como uma pesquisa sobre o cooperativismo mineiro, contratada pela Fundação para o Desenvolvimento Cooperativista. Essa pesquisa teve por finalidade definir o perfil do cooperativismo mineiro, enfatizando suas demandas específicas e os níveis de comunicação existentes entre seus integrantes.

A partir de um contato com a Cotramig (Cooperativa de Trabalho de Profissionais Especializados em Minas Gerais), o grupo criador da "Coociência" encontrou a solução para a estrutura da nova cooperativa, visando à integração de técnicos auxiliares à pesquisa. Buscou-se uma transferência de custos indiretos das empresas privadas aos custos diretos dos projetos contratados para as equipes de cooperados, o que resultou em preços mais baixos e em um maior número de clientes, uma vez que, atualmente, os escritórios de consultoria usam um multiplicador de 3,5 sobre os salários do pessoal técnico para determinar seus preços.

Vantagens

Uma das vantagens oferecidas pela experiência foi o aumento da qualidade e eficiência, possibilitado pela participação integral dos técnicos nos projetos, com igual interesse cooperativo.

Em sua maioria professores de tempo parcial na universidade, os associados da "Coociência" acrescentam à prática docente e ao convívio acadêmico outro tipo de convívio, o interprofissional com os demais técnicos, rompendo a especialização taylorista, parcial, que ocorre na departamentalização acadêmica.

As soluções em assessoria de pequenas cooperativas e associações comunitárias fatalmente se integrarão aos problemas teóricos da mudança social. A assessoria a comitês educativos de cooperativas se transformará em laboratórios sociais que propiciarão o surgimento de novas explicações em matéria de educação social.

A prática cooperativista exercida pelos associados da "Coociência" é uma forma nova de integrar universidade e sociedade. O destino desse projeto está vinculado ao próprio destino do cooperativismo com uma forma coletiva despida do conteúdo patronal-individual das empresas privadas tradicionais. A existência da empresa e do patrão como personalidades individuais está superada na "Coociência".

Não deu certo

Em 1966, em uma experiência sem a estrutura cooperativista, um grupo de arquitetos, engenheiros e sociólogos mineiros decidiu criar a 3P – Pesquisa Planejamento Projetos S. A. com a finalidade de elaborar o Plano de Desenvolvimento Urbano do município de Lavras, que estava sendo financiado pelo Serfhau (Serviço Federal de Habilitação e Urbanismo). O grupo pretendia manter a autonomia liberal, possível nas condições de atuação do Serfhau associado às prefeituras e, após algum tempo, seu trabalho passou a ser requisitado por diversos órgãos públicos.

A 3P foi chamada a participar, por exemplo, da elaboração do Plano de Desenvolvimento de Belém do Pará, consorciada com empresas do nível da Serete. Em outra atividade importante, classificou-se para pesquisar o cooperativismo no Rio Grande do Sul, integrando um consórcio liderado pela empresa gaúcha Planisul.

No entanto, a organização capitalista da empresa acabou por sufocar a autonomia liberal, base de sua criatividade. Seus técnicos, altamente qualificados, porém assalariados, mantiveram um alto nível de capacidade ociosa, levando à descapitalização da empresa, que coincidiu com o fim do *boom* do planejamento urbano. Seus técnicos ingressaram em órgãos estatais que passaram a monopolizar o planejamento urbano em função de uma nova política do governo federal, a partir da criação da CNPU (Comissão Nacional de Política Urbana).

Por sua vez, o *boom* universitário fez triplicar o número de formandos, criando legiões de diplomados desempregados, sem possibilidade de acesso à burocracia governamental, que rejeita 90% dos recém-diplomados. Além disso, uma parcela significativa dos recém-formados também adotou por comportamento negar-se a participar de pesquisas nas quais as conclusões eram previamente defendidas por interesses menores.

Acrescentou-se a isso a incompatibilidade entre a noção de planejamento social dirigida ao bem-estar coletivo e um trabalho submisso a interesses privados, levando o pesquisador a frustrar-se ao ter de colocar sua atividade a serviço do lucro e do interesse meramente individual.

Cooperativa

Essa situação não era peculiar a Minas Gerais. Ela também surgiu nos outros centros, como Rio de Janeiro e São Paulo, mas neles, pelo menos, o leque de alternativas oferecido ao planejador sempre foi maior. Em Minas Gerais, o problema foi agravado pelo fato de o estado ser levado a importar pesquisas e projetos dos grandes centros e por causa da dispensa de pequenas assessorias pelas grandes firmas planejadoras.

Foi essa situação de mercado, aliada aos problemas da universidade, que motivou uma saída para o esquema de cooperativa, como a criação da "Coociência".

Seção III

Antes de tudo, os problemas populares*

O orçamento federal contempla as forças armadas com 556 bilhões de cruzados para 1987, passando a receber de 1,80 para 2,62 do orçamento global, contando com recursos para sua modernização a partir do final deste ano.

As despesas militares correspondem a 0,5% do PIB (Produto Interno Bruto) em 1986. É muito para um país subdesenvolvido, onde a emenda Calmon, que manda destinar 12% do orçamento global à educação, está longe de ser aplicada; exceto alguns problemas sociais que demandam urgente solução, que serão agravados com a redução das verbas para a Previdência Social de 1,66 para 1,36, e de transportes, de 10,29 para 7,27, prevista para o orçamento de 1987.

Como é possível aumentarmos verbas para fins militares, quando, segundo relatório publicado sob título "Brasil 2000", de Hélio Jaguaribe, concluído a pedido do senhor presidente, em se tratando de concentração de renda, temos 52,4 milhões de brasileiros integrantes da população ativa concentrados nos mais baixos níveis de renda salarial? Esse percentual é de 42,9% para os trabalhadores rurais, em que apenas 22,5% ganham de um a dois salários mínimos. Significa que 64,77% da população ocu-

---

* *Folha de S.Paulo*, 25/10/1986.

pada se encontra em níveis que variam da miséria (até um salário mínimo) à extrema pobreza (até dois salários mínimos). Os 50% mais pobres do país recebem apenas 13,6% da renda total. Os 10% mais ricos têm acesso a 46,2% dessa renda, da qual os 5% mais ricos detêm 33%. Na área da educação, vê-se que 27% dos brasileiros de cinco ou mais anos de idade são analfabetos; destes, 53,9% são analfabetos urbanos, predominando mulheres, com 29%. Da totalidade da população acima de dez anos, de 95,7 milhões de habitantes (dados de 1983), menos de 18% têm instrução primária completa, sendo sensivelmente menor a porcentagem dos que completam os oito anos de ciclo básico.

Na área dos níveis de mortalidade, a esperança de vida passou de 41,5 anos em 1940 para 60,1 em 1980; porém, ainda baixa em termos internacionais. Em 1980, era de 60,1 anos para o país, 51 anos para o Nordeste, 64,4 anos para o Sudeste e 67,2 para o Sul. Esse mesmo índice era de 58,5 anos para os que tinham rendimentos de mais de um quarto até meio salário mínimo e de 61,9 para os com mais de um salário mínimo.

No que se refere a saneamento, salienta a pesquisa encomendada pelo senhor presidente, de pouco mais de 29 milhões de domicílios apurados pelo IBGE em 1984, apenas 62,2% estão ligados à rede de água e 25% à de esgoto. Somente 57% têm seu lixo coletado e somente 53,6% dispõem de um filtro.

Segundo o estudo citado anteriormente, dirigido por Hélio Jaguaribe e pelo padre Ávila, um terço das famílias brasileiras vive em regime de miséria, em pobreza absoluta, com menos de um salário mínimo.

Nesse universo familiar, a pesquisa salienta que a renda é insuficiente para atender ao mínimo da demanda nutricional. É sabido que a miséria se caracteriza pela má nutrição e subnutrição crônica. O fato real – salienta o estudo – é que essas pessoas ganham menos que o necessário para manter um regime alimentar razoavelmente equilibrado. Não se alimentam suficientemente: são pessoas que arrastam uma vida extremamente penosa, morrem cedo, são vítimas de todo tipo de doenças. São cronicamente trabalhadores rurais e não ganham o suficiente para manter o equilíbrio nutricional.

Inclusive um dos ministros da Aeronáutica, em um dos últimos governos, advertia publicamente sobre o alto grau de incapacitação para o serviço militar demonstrado pelos recrutas, consequência da baixa qualidade de vida que assola nosso povo.

Em nível de verbas, educação e saúde pública foram "esquecidas" pelos governos até hoje, razão pela qual tuberculose, maleita, lepra, sarampo e outras doenças sociais voltam a ser problemas nesse fim do século no Brasil.

É que nos países do Terceiro Mundo, especialmente na América Latina, os exércitos se equipam para guerras que não virão; se vierem, serão termonucleares com força capaz de destruir vinte vezes a Terra; no caso, serão desnecessários.

Pode-se argumentar que a Embraer (Empresa Brasileira de Aeronáutica S. A.) e a Engesa (Engenheiros Especializados S. A.) transformaram o Brasil em um dos maiores produtores atuais de armas. No entanto, quanto desses lucros derivados do comércio de armas foi destinado a acudir os urgentes problemas educacionais, de emprego e saúde pública que temos pela frente? Por tudo isso, sou a favor da distribuição de verbas no orçamento da união compatível com o caráter de urgência social que os problemas citados exigem. Caso contrário, corremos o risco de convertermo-nos em um grande hospital, sem equipamentos, médicos e enfermeiras de nível, e o Nordeste em uma população de pigmeus em virtude dos altos níveis de subnutrição existentes.

A (im)previdência social (2)*

Abordaremos o tema da atenção médica, especialmente a destinada à classe trabalhadora; eis que uma política, que enfatiza prioritariamente a construção de centrais nucleares, projetos como Carajás e Itaipu, torna a atenção médica um problema de primeira urgência, na medida em que as condições sanitárias em que vive a população deterioram-se rapidamente.

Nesse sentido, tem a análise como base a exemplar pesquisa feita e apresentada como tese de mestrado na Unicamp, na área de Antropologia Social, da psicóloga Cristina de Albuquerque Possas, "Saúde e Trabalho", a sair em livro pela Editora Graal, Rio de Janeiro.

A procura da atenção médica pela população assalariada se dá prioritariamente na área da Previdência Social, que, entre contribuintes diretos e

---

* *Folha de S.Paulo*, 19/01/1981.

indiretos ao Inamps, atinge a cifra de 18 milhões de segurados e 37 milhões de dependentes – sendo verdade que apenas metade destes tem acesso a ela. Em 1974, 40% dos que procuraram o Inamps não foram atendidos.

Por sua vez, verifica-se uma concentração de médicos nas grandes cidades; assim, 64% deles se localizam em grandes centros urbanos, enquanto 30% dos municípios brasileiros não têm médico, conforme dados do IBGE, de 1972.

O grosso da atenção médica previdenciária se dá por empresas privadas prestadoras de serviço médico, em que o Inamps cumpre o papel de repassador dos recursos públicos às empresas privadas. Essas empresas atendem, em sua maioria, o operário qualificado. O restante da população não qualificada só vê atenção médica em época de campanha de imunização e suplementa sua alimentação em precários postos de saúde estaduais ou municipais.

O Inamps combate as internações, porque a política de ambulatório permite que o trabalhador retorne rapidamente à produção. Na realidade, o Inamps atua como tranquilizador social, evitando maiores tensões. Só que, com o "pacote" da Previdência, além do aumento da alíquota do contribuinte assalariado, terá ele diminuição de benefícios; assim, terá de pagar consulta se quiser atenção médica do Inamps.

Os convênios que o Inamps mantém com as empresas médicas privadas implicam atenção médica diferencial: o executivo tem atenção médica A, e o não especializado, atenção médica de nível C, a mais baixa possível.

Quanto às condições sociais, verifica-se o aumento de doenças sociais. Assim, a Divisão Nacional de Tuberculose estima que trinta milhões de brasileiros estão infectados por ela, dos quais cem mil adoecem anualmente; cinco milhões têm doença de Chagas; há 150 mil leprosos; 14 mil pessoas morrem anualmente de tétano; são cinquenta mil cegos; dez milhões têm tracoma; e há igual número de afetados por doenças mentais, sendo que seis mil são excepcionais.

A desnutrição atinge quarenta milhões de brasileiros, dos quais 12 milhões são crianças; uma em cada dez crianças morre antes de atingir um ano. Entre 1962 e 1970, aumentou a mortalidade infantil; assim, morriam sete em cada mil nascidas vivas, paralelamente ao decréscimo de salários reais, à falta de alimentação e de saneamento básico. Entre 1964 e 1970, a mortalidade infantil em Recife aumentou 83%. A desnutrição (como causa de mortes) no Estado de São Paulo atingia a cifra de 40% e, na capital, 28%. Segundo o Ministério da Saúde, em 1973, só 28,8% das cidades do interior tinham água potável encanada, só 5,5% das cidades tinham esgotos, 70% das casas estavam sem banheiros, 74% sem lavatórios e 40% sem vasos sanitários. Quanto às escolas, 74,7% delas não tinham bebedouros, 47,7% estavam sem lavatórios, 58,3% sem filtros e 26,8% sem vasos sanitários.

Segundo o IBGE, em 1978, a esperança de vida para quem ganhava menos de um salário mínimo era de 54 anos e quatro meses; entre um e dois salários, 59 anos e seis meses, entre dois e cinco salários, 64 anos e dois meses; mais de cinco salários mínimos implicava viver 69 anos e oito meses.

A existência de condições sociais de saúde depende não de atenção médica, mas de esgotos, saneamento básico, bebedouros e filtros nas escolas. Isso implica uma política social não tecnocrática.

No entanto, é a partir de 1964 que se torna predominante uma política antissocial; ela é exemplificada pelo decréscimo dos gastos com saúde, que, em 1970, perfaziam 12,5% do total das despesas (união, estados e municípios), caindo para 6,8% em 1975! Enquanto, em 1965, as despesas com saúde médica coletiva representavam 42% do total dos recursos, em 1969 passaram a absorver apenas 15%. Enquanto a atenção médica individual era estimada, em 1965, em 58%, passava a absorver os recursos, em 1969, com 85% de gastos do setor saúde em nível nacional.

Segundo o próprio IBGE, em 1972, dez milhões de pessoas oficialmente não trabalhavam em virtude de péssima saúde. Daí a política malthusiana de "controle da natalidade" ou "planejamento familiar" para eliminar o pobre, não a pobreza.

Em vez de um redirecionamento da política econômica, prefere-se manter as prioridades tecnocráticas de um lado, e a sofisticação dos aparelhos repressivos, de outro, com o risco de transformar o país em Índia da América Latina, com a devida vênia de Paraguai e Bolívia.

A (im)previdência social (3)[*]

Gravíssimo problema é o dos acidentes de trabalho. Sem equipamentos de segurança, a maioria dos peões está sujeita a acidentes ou à morte.

---

[*] *Folha de S.Paulo*, 24/01/1982.

Jornadas de trabalho longas e ritmo de trabalho excessivo aumentaram o número de óbitos no meio operário.

Isso sem falar do contato com substâncias tóxicas de todo o tipo, que tornam universais a artrose e o reumatismo, pois, anualmente, três novas substâncias químicas são adicionadas à produção industrial. Falta de inspetores do trabalho, Cipas que não se preocupam com o problema, tudo leva o trabalhador a ficar exposto a poeiras tóxicas, invisíveis a olho nu, porém, com graves efeitos sobre o organismo.

Dos duzentos mil ceramistas existentes, 25 mil estão afetados pela silicose. Na legislação social brasileira, doenças do trabalho como bronquites, varizes, hérnia e reumatismo deixaram de ter amparo legal nos termos da Lei n. 6.367, de 19 de outubro de 1976. Em média, de vinte a trinta mil trabalhadores são afetados pela silicose pulmonar. O auxílio-acidente, entre 1971-6, não beneficiou sequer 4% dos acidentados na indústria; 40% dos acidentados trabalham mais que cinquenta horas semanais, e a fadiga é um dos grandes fatores de acidentes no trabalho. Segundo o Dieese, em 1976, 52% dos acidentados no setor metalúrgico faziam hora extra. O maior número de acidentes ocorre no fim da jornada de trabalho, por causa do cansaço; na indústria de calçados, em um total de 79 acidentes, setenta ocorrem entre 16h e 17h. Em mil acidentes estudados, as máquinas industriais foram responsáveis por 85,5% deles, sendo os 14,5% restantes causados por vigas, canos, barras, bobinas e chapas metálicas.

Entre 1970-8, apesar do sub-registro havido no país, ocorreram 14 milhões de acidentes do trabalho, com afastamento; trezentas mil mortes e quinhentos mil casos de incapacitação permanente. Na construção civil, concentram-se 60% de acidentes fatais. O governo proclamou, entre 1975-8, ter reduzido os acidentes no trabalho, no que não acreditou o sindicalista norte-americano Ken Morris, da Federação dos Trabalhadores na Indústria Automobilística, "por ser a redução muito grande em tão pequeno espaço de tempo". Ele pode ser norte-americano, nem por isso é burro!

O sub-registro nos acidentes de trabalho decorre do fato de a empresa não notificar o Inamps de que os acidentes aconteceram; isso implica, além de gasto de papel e tempo, o uso de funcionários. Para a medicina particular, conveniada com o Inamps, é vantajoso caracterizar o acidente de trabalho "sem perda de tempo", devolvendo o trabalhador doente à produção. Como as empresas tendem a pagar os primeiros 15 dias do acidentado no trabalho por seu afastamento, elas não notificam o Inamps do acontecimento, resolvendo o problema em seus ambulatórios. Não declarando os acidentes, as empresas contribuem para que, no papel, seu índice diminua assustadoramente. Na maioria dos casos, o operário leva menos de 15 dias para voltar ao trabalho.

No entanto, se os acidentes diminuíram em número, aumentou sua gravidade. Entre 1971 e 1977, a proporção de mortos acidentados no trabalho cresceu em 47%; de 1976 a 1977, a proporção aumentou, em nível nacional, em 27%. Em 1970, com a exclusão da construção civil, um quarto da mão de obra ativa se acidentou no país.

A construção civil tem uma das taxas mais altas de morte no trabalho: 60% dos acidentes levam à morte o operário.

Na agricultura, pelo fato de 40% dos trabalhadores não terem carteira assinada – concorrem com os atores do Canal 2, que não têm contrato de trabalho – e o Inamps transferir às empresas o ônus por acidentes que elas resolvem em seus ambulatórios, há o sub-registro dos acidentes. No setor industrial, apesar de as pequenas empresas ocuparem 29,5% da mão de obra industrial, nelas ocorrem 51,7% dos acidentes graves. Acidentes graves são comuns nas indústrias de produtos alimentares, metalúrgicas, de material elétrico e mecânico. As padarias contribuem com 58,8% dos acidentes; as indústrias de massas e biscoitos, com 14,1%; estamparia de metais, com 48%; artefatos de ferro e metais, com 20,3%.

Fadiga é fator decisivo no número de acidentes e índice de sua gravidade. Baixo nível de auto-organização da mão de obra, sindicalismo em sua maioria controlado por pelegos contribuem para a piora do quadro.

Os trabalhadores são descontados compulsoriamente em seus salários para contribuírem ao Inamps, porém não participam em nenhum processo decisório. Da mesma maneira como o Inamps transfere seus recursos às empresas médicas privadas, o PIS (Programa de Integração Social) e o FGTS, recursos arrancados do trabalhador, constituem pilares da política financeira estatal.

Condições de trabalho típicas da Revolução Industrial inglesa, atendimento médico somente curativo e aumento da alíquota na contribuição previdenciária são os alicerces da política antissocial do regime.

A luta pela participação dos trabalhadores nos colegiados do Inamps e sua própria auto-organização, a partir do local de trabalho, constituem-se nos antídotos à espoliação, conhecida como "pacote previdenciário".

A saúde está doente (1)*

A procura de atenção médica significativa se dá na área da Previdência Social pela mão de obra assalariada, que atinge, entre contribuintes diretos e indiretos ao Inamps, a cifra de 18 milhões de segurados e 37 milhões de dependentes; porém se sabe que apenas metade desse total tem acesso a ela. Na Grande São Paulo, 40% dos que procuraram o Inamps não tiveram atendimento algum, em 1974. Por sua vez, 64% dos médicos se concentram nas grandes cidades; dados do IBGE, em 1972, mostram que 30% dos municípios brasileiros não têm sequer médico.

A atenção médica que o Inamps dedica ao proletariado se dá por empresas médicas particulares, que atendem, em geral, ao operário qualificado. Por aí é que se dá a transferência de recursos do Estado para o setor privado médico. O restante da população, não qualificada, é atingida por campanhas de imunização, suplementação alimentar em precários postos de saúde estaduais ou municipais. Da mesma maneira que os recursos do trabalhador captados pelo Inamps são transferidos à rede médica particular, com deficiência e comercialização da medicina, os recursos que o trabalhador destina ao FGTS são destinados ao BNH (Banco Nacional de Habitação), sem que ele nem de longe seja beneficiado, servem para construir suntuosos prédios nos centros das grandes cidades, como escárnio à situação precária da mão de obra ativa nacional.

Por um lado, o cuidado médico oferecido pelo Inamps ao trabalhador é apenas para assegurar que ele volte o mais depressa à produção, daí a preferência pelo tratamento de ambulatório em detrimento das internações. A expansão da rede médica do Inamps é apenas para neutralizar, entre outras coisas, a tensão social entre capital e trabalho, em que o Inamps atua como para-choque, que o operário mantém e não é beneficiado em nada.

Por outro lado, só 2% da população brasileira têm condições de pagar consulta médica individual, em médico particular. O Inamps serve, também, como agência de controle, pelo Estado, da população trabalhadora, distribuindo benefícios como aposentadoria e atenção médica, embora muito precária. O instituto procura garantir as condições mínimas de saúde para que seja um corpo produtivo.

---

* *A Ação*, 04/03/1981.

Os convênios que mantém o Inamps com empresas particulares implicam atenção médica diferencial: assim, a vida do executivo vale mais que do operário qualificado, que vale mais que o não qualificado, e a vida de todos eles vale mais que o camponês, daí a atenção médica ser diferencial socialmente falando. A Divisão Nacional de Tuberculose estima em trinta milhões a quarenta milhões de brasileiros infectados por ela, cem mil adoecendo anualmente, cinco milhões têm a Doença de Chagas (1975), 150 mil são leprosos, 14 mil pessoas morrem anualmente de tétano, quinhentos mil cegos, dez milhões têm tracoma, igual número de doentes mentais e seis milhões são excepcionais.

A desnutrição atinge quarenta milhões de brasileiros, dos quais 12 milhões são crianças; uma em cada dez crianças morre antes de completar um ano de vida. Entre 1962-70, aumentou a mortalidade infantil, morrendo sete em cada mil nascidos vivos, paralelo ao decréscimo dos salários reais e à falta de alimentação e de saneamento básico. Recife teve 83% de aumento em sua mortalidade infantil entre 1964-70; a desnutrição é a causa básica de 28% de mortes em São Paulo e de 40% em Recife, segundo a OEA (Organização dos Estados Americanos).

Segundo o Ministério da Saúde, em 1973, só 28,8% das cidades do interior brasileiro tinham água potável encanada, 5,5% tinham esgotos, 70% das casas não tinham banheiros, 74% estavam sem lavatórios e 40% estavam sem vasos sanitários; escolas: 74,7% das escolas sem bebedouros, 47,7% sem lavatórios, 58,3% sem filtros e 26,8% sem vasos sanitários. Morte por enterites constituem 5% a 13% dos óbitos. Entre 1971 e 1973, a mortalidade infantil no país atingiu índices de saneamento básico água Suécia não atinge a 2% e no Japão baixou a 8%.[1]

Em 1978, a esperança de vida ao nascer, segundo o IBGE, era, para quem ganhava menos de um salário mínimo, 55,4 anos; entre um e dois salários mínimos, 59,6 anos; entre dois e cinco salários, 64,2 anos, e mais de cinco salários mínimos, 69,8 anos. Saúde não está ligada à medicina como se pensa, a base da saúde social de um povo está nas condições de saneamento básico, água, esgotos, bebedouros e filtros nas escolas, e isso implica política social, só que, a partir de 1964, predomina a política antissocial, o pobre pode morrer porque há ex-

---

1 Foi mantida esta frase, ainda que obscura, por não ser possível restaurar o original. (N. O.)

cesso de oferta de mão de obra para o capital, daí ser mais "barata" sua morte que sua vida com "atenção médica", mesmo do Inamps.

Os gastos com saúde decresceram de 1970, quando perfaziam 12,5% do total da despesa (União, estados e municípios), para 6,8% em 1975! Em 1965, despesas com saúde médica coletiva representavam 42% do total dos recursos, e passaram, em 1969, a absorver apenas 15% desse total, enquanto o volume de recursos voltados à assistência médica individual estimado, em 1965, em 58% passa, em 1969, a concentrar 85% dos gastos do setor, em nível nacional. Segundo o IBGE, em 1973, dez milhões de pessoas oficialmente não trabalhavam por causa da saúde péssima. Daí a razão de o governo pretender não eliminar a pobreza e sim o pobre chamado "planejamento familiar", introduzindo a "democracia da pílula", pois a política inexiste e, na prática, só existe no papel.

A saúde está doente (2) – Final*

O trabalhador em contato com substâncias tóxicas de todo tipo tende à degeneração orgânica, a ter artrose ou reumatismo, pois, anualmente, três novas substâncias químicas são adicionadas à produção industrial. Falta de inspetores para fiscalizar segurança e higiene no trabalho, corrupção dos outros que existem, sindicatos fracos, tudo isso leva o trabalhador a ficar exposto a poeiras tóxicas invisíveis a olho nu com efeitos graves sobre o organismo.

De duzentos mil ceramistas no país, 25 mil estão afetados pela silicose. Na legislação social brasileira, doenças resultantes do trabalho, como bronquites, varizes, hérnia, reumatismo, deixaram de ter amparo legal, conforme a Lei n. 6.367, de 19 de outubro de 1976; vinte mil a trinta mil trabalhadores são afetados pelo silicose pulmonar. O auxílio-acidente em 1971-6 não chegou a beneficiar 4% dos acidentes ocorridos na indústria nacional; 40% dos acidentados na indústria trabalham mais de cinquenta horas semanais, daí a fadiga ser a maior causa nos acidentes de trabalho. Segundo o Dieese, em 1976, 52% dos acidentados no setor metalúrgico faziam hora extra. Maior número de acidentes se dá no fim da jornada de

---

* *O São Paulo*, 03/04/1981.

trabalho, por conta do cansaço do trabalhador. É o caso da indústria de calçados, em que, das 7h às 8h, o total de acidentes atinge a 79; entre 16h e 17h, atinge a 70, em São Paulo! Segundo Paul Singer, 30% dos trabalhadores urbanos de São Paulo trabalham mais de cinquenta horas semanais.

O tempo de trabalho para adquirir alimentação mínima tem aumentado em São Paulo, entre 1965-75. Por sua vez, entre 1958-69, o salário do chefe de família sofreu redução de 36,5% em São Paulo. Em 1965, para adquirir a ração mínima de alimentação, o trabalhador trabalhava 87 horas e vinte minutos e, em março de 1974, precisa trabalhar 176 horas e 65 minutos. Em cem acidentes estudados, as máquinas industriais foram responsáveis por 85,5% dos acidentes, sendo os 14,5% restantes causados por vigas, canos, barras, bobinas e chapas metálicas.

Entre 1970-8, apesar do sub-registro havido no país, houve 14 milhões de acidentes com afastamento do trabalho, trezentas mil mortes e quinhentos mil casos de incapacidade permanente para o trabalho. Na construção civil, concentram-se 60% de acidentes fatais. O governo proclamou ter reduzido, entre 1975-8, 25% dos acidentes do trabalho, no que não acreditou o sindicalista norte-americano Ken Morris, da Federação dos Trabalhadores na Indústria Automobilística, "pela redução ser muito grande em tão pequeno espaço de tempo" (*Folha de S.Paulo*, 1977).

Há sub-registro nisso, para a empresa notificar ao Inamps os acidentes "com perda de tempo" leva a gasto de tempo, papel e funcionários. Para a medicina particular conveniada com o Inamps, é lucrativo caracterizar o acidente de trabalho como "sem perda de tempo", devolvendo o trabalhador doente à produção. Como as empresas tendem a pagar os primeiros 15 dias do acidentado no trabalho por seu afastamento, elas não notificam o Inamps, resolvendo o problema em seus ambulatórios. Não declarando os acidentes, as empresas contribuem para que, no papel, os acidentes diminuam assustadoramente, porque, na maioria dos casos, o operário leva menos de 15 dias para voltar ao trabalho: sem estar recuperado, é convocado para tal pela empresa. É o caso da Cobrasma, onde operários trabalham até de muletas, conforme jornal *Visão Trabalhista* do sindicato.

Se diminuíram os acidentes em número, aumentaram em sua gravidade. Assim, entre 1971-7 a proporção de mortos acidentados no trabalho cresceu em 47%; entre 1976-7, em um ano, a proporção de mortes sobre acidentes aumentou em 27% em nível nacional. Em 1970, excluída a construção civil, um quarto da mão de obra se acidentou no país. A Construção Civil tem uma das taxas de morte mais altas no trabalho: 60% dos acidentes levam à morte do operário.

Na agricultura, também ocorre sub-registro de acidentes no trabalho. Isso é favorecido pelo fato de 40% dos trabalhadores do país não terem carteira assinada, e o Inamps transferir às empresas ônus por acidentes que elas resolvam no ambulatório sem comunicar a ele. Isso permite diminuir no papel o número de acidentes no trabalho. Não pense que acidente é privilégio de grande empresa: apesar de as pequenas empresas ocuparem 29,5% da mão de obra industrial, nelas ocorrem 51,7% dos acidentes graves. Na Grande São Paulo, as pequenas e médias empresas que concentram 66,5% da mão de obra industrial respondem por 84,5% dos acidentes graves. Acidentes graves são mais comuns na indústria de produtos alimentares, metalúrgicas, mecânica e de material elétrico. As padarias contribuem com 58,8% dos acidentes; indústrias de massas e biscoitos com 14,1% dos acidentes; estamparia de metais com 48%; artefatos de ferro e metais com 20,3%.

A fadiga é fator decisivo no número de acidentes e índice de sua gravidade. Em suma, baixo nível de organização dos trabalhadores, sindicalismo de cúpula: eis que sindicalistas autênticos são reprimidos; veja-se o processo dos 13 do ABC, que levou à piora das condições de trabalho nas fábricas, em seu interior.

Além de a extorsão dos recursos provindos do salário se dar no plano externo, o fato de os trabalhadores não participarem do processo decisório dos aparelhos estatais, que manejam recursos provindos da mão de obra, faz com que o Inamps transfira seus recursos às empresas médicas comerciais; os recursos do FGTS sejam transferidos ao BNH (como procurador) dos trabalhadores e os recursos do PIS/Pasep (Programa de Integração Social/Programa de Formação do Patrimônio do Servidor Público) sejam transferidos ao mercado de ações e títulos, sem controle algum dos diretamente interessados: os assalariados.

Miséria crescente, mortalidade crescente, piora nas condições de nutrição, falta de saneamento básico nas cidades e nos campos tornam a saúde "doente". Aí falar em medicina perde qualquer sentido.

Referências bibliográficas

ARTICULAÇÃO. *Articulação*: um novo período. s. n. t.
_____. *Articulação*: uma proposta de massas e socialista. s. n. t.
ASAMA INDÚSTRIA DE MÁQUINAS S/A. "Estatutos da Comissão de Fábrica". s. n. t.
BAER. Y. *The Arab Revolt*, v.9, n.7. Tel-Aviv: New Outlook, set. 1966.
"Bagunça", *Diário do Paraná*. Curitiba: s. n., 2 fev. 1980.
BERGER, M. *La Nouvelle Allemagne*, Paris: s. n., 1919.
BERNANDO, J. *O inimigo oculto*. Porto: Afrontamento, 1979.
_____. *Para uma teoria do modo de produção comunista*. Porto: Afrontamento, 1975.
BLOCH. H. *Sua Majestade, o presidente do Brasil*. Brasília: UnB, 1981.
"Boletim de Greve de Gdansk", n.5, s. l.: Mpaspero, 26 ago. 1980.
"Boletim Informativo", n.4, s. l., s. n., 25 ago. 1980.
_____. n.8, s. n. t.
BRITO, J. C. *A tomada da Ford*: o nascimento de um sindicato livre. Petrópolis: Vozes, 1983.
BRUCK, A. M. van den. *O terceiro Reich*. s. l.: s. n., 1823.
CASTRO "A Área de Administração e a Atuação do Capes", s. n. t.
CASTRO, O. D. *A verdade sobre o capital estrangeiro no transporte rodoviário de carga*. s. l.: ANETRC – Associação Nacional das Empresas de Transporte Rodoviário de Carga, 1980.
CHEVALLIER, J. J. *As grandes obras políticas de Maquiavel a nossos tempos*. s. l.: Agir, 1980.
CLARK, J. *The Guinea Pigs*. s. n. t.
CLASTRES, P. *Sociedade sem estado*. s. l.: s. n., 1974.

ESTATUTOS DE COMISSÕES DE FÁBRICAS. Núcleo de Educação Popular, 1982.
FABBRI, L. *Ditadura e revolução*. s. n. t.
Folha de S.Paulo, 24 ago. 1977.
Folha de S.Paulo, 1 out. 1981.
Folha de S.Paulo, 30 maio 1982a.
Folha de S.Paulo, 31 maio 1982b.
Folha de S.Paulo, 10 jun. 1982c.
Folha de S.Paulo, 25 jun. 1982d.
Folha de S.Paulo, 11 jul. 1982e.
Folha de S.Paulo, 21 jul. 1982f.
Folha de S.Paulo, 30 jul. 1982g.
Folha de S.Paulo, 19 set. 1982h.
Folha de S.Paulo, 20 set. 1982i.
Folha de S.Paulo, 22 maio 1983.
Folha de S.Paulo, 26 maio 1986a.
Folha de S.Paulo, 6 jul. 1986b.
Folha de S.Paulo, 3 ago. 1986c.
Folha de S.Paulo, 29 ago. 1986d.
Folha de S.Paulo, 10 jan. 1987a.
Folha de S.Paulo, 29 abr. 1987b.
Folha de S.Paulo, 5 jun. 1987c.
Folha de S.Paulo, 24 jan. 1990a.
Folha de S.Paulo, 2 out. 1990b.
Frente a Frente, mar. 1983.
FREUD, S. *A psicologia das massas e a análise do eu*. 21v. Trad. Luiz Lopes Ballesteros y De Torres. Buenos Aires: Americana, 1943a.
_____. *Novas contribuições à psicanálise*. 21v. Trad. Luiz Lopes Ballesteros y De Torres. Buenos Aires: Americana, 1943b.
_____. *Obras completas*. 21v. Trad. Luiz Lopes Ballesteros y De Torres. Buenos Aires: Americana, 1943c.
_____. *Totem e tabu*. 21v. Trad. Luiz Lopes Ballesteros y De Torres. Buenos Aires: Americana, 1943d.
Gazeta Mercantil, 16 out. 1986.
GORENDER. J. "64: O Fracasso das Esquerdas", *Movimento*, s. n. t.
GRAMSCI, A. "Conselhos de Fábrica, Sindicatos e Partidos", *Revista Cara a Cara*, dez. 1978.
GRESHER, O. *Curso de coordenação*, mimeo.
GRONDIN, M. *Diagnóstico dos Motivos de sindicalização dos trabalhadores*: estudo na área da Grande São Paulo. s. l., s. d.

HAYASU, Y. Controle de qualidade e CCQ, mimeo.
HILEL, R. "Thalmud de Babilônia". s. n. t.
HILLEL, M. *Au nom de la race*. Paris: Fayard, 1975.
HISTADRUT – CENTRAL SINDICAL DE ISRAEL. "Informativo Mensal", *Frente a Frente*, n.5. s. l.: s. n., abr. 1983.
HOPLE, J. "Os trabalhadores sob o *apartheid*". Johannesburg: s. n., 1974.
JAGUARIBE, H. et al. *Brasil Ano 2000*. Paz e Terra: Rio de Janeiro, 1986.
"Japan Quality Control Circles". Hong-Kong: Asian Productivity Organization, 1972.
KAPELIOUK, A. "Governo Beguin: uma estratégia radical", *Shalom*, jun. 1982a.
———. *Sabra et Cathila*: 'enquête sur um massacre'. Paris: Editiones Du Seuil, 1982b.
KAUTYLA. *Arthasastra*. s. n. t.
KESSLER. G. H. W. *Rathenau, Sein Leben un sein Werk*. 2.ed. Verlag Hermann Klemm: A.G, 1928.
KOLAKOWSKI. L. *L'esprit revolutionnaire*. Paris: PUF, 1972.
L'Alternative. n. 12, Paris, set./out. 1981.
La Commune de Cronstad. Paris: Belibaste, 1979.
La Commune de Kronstadt. Paris: Belibaste, 1969
LASWELL, H. *Power and Personality*, s. l.: s. n., 1948.
Le Monde Diplomatique, jul. 1964.
Le Monde, 9 set. 1984.
Le Monde, 24 out. 1979.
LÊNIN. "Teses de Abril". s. l.: s. n., 1917a.
———. *O Estado e a revolução*. s. l.: s. n., 1917b.
LÍVIO, T. *A História Romana*. s. n. t.
LUDWIG, E. *Genie und Charakter*. Berlim: s. n., 1924.
LUXEMBURGO, R. *Crise da Social-Democracia*. s. l.: s. n., 1915.
———. *La Revolution Russe*. Paris: Spartacus, 1946.
MAGNES, J. L. *Essais on Zionism and Jewish-Arab Cooperation*. Jerusalém: Martin Buber, 1947.
MALATESTA, E. *Entre camponeses*. s. n. ta.
———. *Nas eleições*. s. n. tb.
———. *No café*. s. n. tc.
"Manifesto da Aliança Liberal", *O Estado de S.Paulo*, 21 set. 1929.
MANOILESCO, M. *Le parti unique*. Paris: Les Oeuvres Française, 1936.
"Manual de Atividades dos Grupos Pensantes". s. l.: Kawasaki Steel Corporation, s. d.
MAQUIAVEL, N. *Obras políticas*. Buenos Aires: Poseidon, s. d.

MARX, C. *A guerra civil em França*. Coimbra: Centelha, 1975.
MICHELS, R. *Os partidos políticos*. São Paulo: Senzala, 1977.
MILLER, R. P. *Espírito e fisionomia do bolchevismo*. Rio de Janeiro: Globo, s. d.
Movimento, s. d.
NIXON, R. M. *La verdadera guerra*. s. l.: Planeta, s. d.
"O Caminho de Praga". In: *Encontros com a civilização brasileira*. Rio de Janeiro, set. 1979.
O Estado de S. Paulo, 18 out. 1981.
PARTIDO DOS TRABALHADORES. *Governe o Brasil, entre para o PT*. s. l.: s. n., 1981.
PIERSON, F. C. *The Education of American Businessman*. Nova York: McGraw-Hill, 1959.
"Polícia Agride Mais Negros e Pardos, diz o IBGE", *Folha de S.Paulo*, 2 dez. 1990.
POSSAS, C. A. "Saúde, Medicina e Trabalho no Brasil". Campinas, 1980. Tese (Mestrado em Antropologia Social) – Universidade Estadual de Campinas/ Unicamp.
RATHENAU, W. *Von Kommenden Dingen*. s. l.: s. n., 1917.
_____. *An Deutschlands Jugend*. Werke: s. n., 1918a.
_____. *Die Neue Wirtschaft*. s. l.: s. n., 1918b.
_____. *Gesammelte Schriften*. s. l.: s. n., 1918c.
_____. *Der Kaiser, Nach der Flut e Kritik der Dreifachen Revolution*. s. l.: s. n., 1919a.
_____. *Der Neue Staat*. s. l.: s. n., 1919b.
_____. *Die Neue Gesselschaft*. s. l.: s. n., 1919c.
_____. *Gedachtnisrede fur Emil Rathenau*. Berlim: S. Fischer Verlag, 1925a.
_____. *Gesammelte Werke*. Berlim: S. Fischer Verlag, 1925b.
_____. *Briefe, Carl Ressner*. Dresden: s. n., 1926.
RATTNER. "Pequena e média empresa em São Paulo". s. l.: Símbolo, s. d.
REICH, W. *A Psicologia de massas do fascismo*. Lisboa: Escorpião, 1974.
REIS, D. A. dos. "Círculos de Qualidade: satisfação e produtividade", *Revista Brasileira de Produtividade*, n.17. São Paulo: Idort, abr./set. 1981.
"Relatório de atividades da Johnson & Johnson", s. d., mimeo.
"Resolução do Grande Conselho do Fascismo", 13 out. 1923.
RÉVESZ, I. *Walter Rathenau und sein wirtschaftliches Werk*, Dresden: s. n., 1927.
Revista Encontro, n.1, 1983.
Revue Française de Gestion. n.27/8, set. 1980.
ROCHA, J. J. *Três panfletários no segundo reinado*. São Paulo: Nacional, 1956.
SATOSHI, K. *Japão: a outra face do milagre*. s. l.: Brasiliense, 1975.
_____. *Os traços dos passos de Gulliver*. s. n. ta.
_____. *Sohyo News*. s. l.: s. n., 1980.

_____. *Toyota, a indústria do desespero*. s. n. tb.
Science. Paris, 1983
"Semana da Siderurgia Japonesa/Cosipa". s. d., mimeo.
SIMON, H. *Comportamento Administrativo*. Rio de Janeiro: FGV, 1979.
SOMBART, W. *Apogeu do capitalismo*. s. l.: s. n., 1927.
_____. *Os judeus e a vida econômica*. s. l.: s. n., 1911.
STALIN, J. *Os fundamentos do Leninismo*. s. l.: s. n., 1924.
The Economist, 2 jun. 1984.
THION, S. *Le racisme sud-africain*. Paris: Du Seuil, 1969.
TOLEDO, C. N. *Iseb, fábrica de ideologias*. São Paulo: Ática, 1977.
"Tribunal Decide sob Comissão de Fábrica", *Gazeta Mercantil*, 17 nov. 1986.
TROTSKY, L. *Escritos sobre Espanha*. Lisboa: Arcadia, 1976.
_____. *Terrorismo e comunismo*. s. l.: Saga, 1969.
Trybune Ludu, 16 ago. 1980.
"Viagem ao País do Consenso Social", *Les Temps Modernes*, fev. 1981.
VICTOR, T. "Confissões de um ex-torturador". São Paulo: Semente, 1980.
VIEIRA, A. *Arte de furtar*. s. l.: Melhoramentos, 1926.
Wall Street Journal, 26 jun. 1976.
WEBER, M. *Os pensadores*. São Paulo: Abril, 1974.
WEIBERGER, E. *L'economie sociale de Rathenau*. Paris: PUF, 1924.

COLEÇÃO MAURÍCIO TRAGTENBERG
Organização de Evaldo Amaro Vieira

Administração, poder e ideologia

Burocracia e ideologia

Reflexões sobre o socialismo

A Revolução Russa

Sobre educação, política e sindicalismo

A falência da política

SOBRE O LIVRO

Formato: 16 x 23 cm
Mancha: 28 x 50 paicas
Tipologia: Iowan Old Style 10,5/14,5
Papel: Off-set 75g/m² (miolo)
Cartão Supremo 250g/m² (capa)
1ª edição: 2009

EQUIPE DE REALIZAÇÃO

Edição de texto
Daniela Medeiros e Thelma Babaoka (Copidesque)
Henrique Zanardi (Preparação de original)
Carmen S. Costa e Alberto Bononi (Revisão)

Editoração Eletrônica
DuSeki (Diagramação)

Edições Loyola

impressão acabamento
rua 1822 nº 341
04216-000 são paulo sp
T 55 11 3385 8500
F 55 11 2063 4275
www.loyola.com.br